Verner Lips

Nicht verpassen!
Karte S. 3

4 **Praça Comércio [W22]**
Vom Praça Comércio bis zum Praça Figueira erstreckt sich die Baixa. Ein lebendiger Stadtteil mit zahllosen Cafés und Pastelarias, der nach einem verheerenden Erdbeben am Reißbrett entstanden ist (s. S. 80).

5 **Elevador de Santa Justa [V20]**
Ein im wahrsten Sinne des Wortes „bewegendes" Monument der Eiffel-Schule. Ein Aufzug, der Ober- und Unterstadt verbindet, mit einer Aussichtsplattform auf 32 m Höhe (s. S. 81).

11 **Kathedrale Sé Patriarcal [X21]**
Sakralmonument und archäologische Stätte in einem, errichtet auf dem Fundament einer maurischen Moschee (s. S. 92).

32 **Hieronymos-Kloster von Belém [G24]**
Musterbeispiel des weltweit einmaligen Baustils der portugiesischen Manuelinik. Mit seinen Museen und den Sarkophagen von Königen, Entdeckern und Literaten ist dies eine der Hauptattraktionen der Stadt (s. S. 121).

36 **Torre de Belém [D26]**
Auf den Spuren der portugiesischen Entdecker – die einst kanonenbewehrte Verteidigungsanlage an der Tejo-Mündung. Das UNESCO-Weltkulturerbe ist heute das Wahrzeichen Lissabons (s. S. 126).

42 **Museu Nacional do Azulejo [b17]**
Für Liebhaber der blauen Kacheln. Die in einer ehemaligen Klosterkirche untergebrachte Sammlung vom 15.–18. Jh. ist ebenso sehenswert wie der prunkvoll ausgestattete Sakralbau selbst (s. S. 137).

43 **Parque das Nações [g4]**
Modernes Expo-Gelände u. a. mit einem Ozeanarium der Superlative. Es ist das zweitgrößte seiner Art weltweit und vereint künstlich fünf verschiedene Unterwasserklimazonen (s. S. 138).

55 **Palácio Nacional de Sintra [II B1]**
Aushängeschild portugiesischer Schlossarchitektur, an dem Ludwig II. seine Freude gehabt hätte. Das mit seinen unübersehbaren Zwillingsschloten markante Bauwerk liegt zentral im Altstadtkern (s. S. 157).

Tram Nummer 12
Eine nostalgische Stadtrundfahrt, die ihresgleichen sucht. Auf den 90 cm breiten Schienen geht es durch teilweise sehr enge, urige Gassen steil hinauf und hinunter (s. S. 82).

Leichte Orientierung mit dem cleveren Nummernsystem
Die Sehenswürdigkeiten der Stadt sind zum schnellen Auffinden mit **fortlaufenden Nummern** versehen. Diese verweisen auf die ausführliche Beschreibung im Buch und zeigen auch die genaue Lage **im Stadtplan**.

Lissabon auf einen Blick

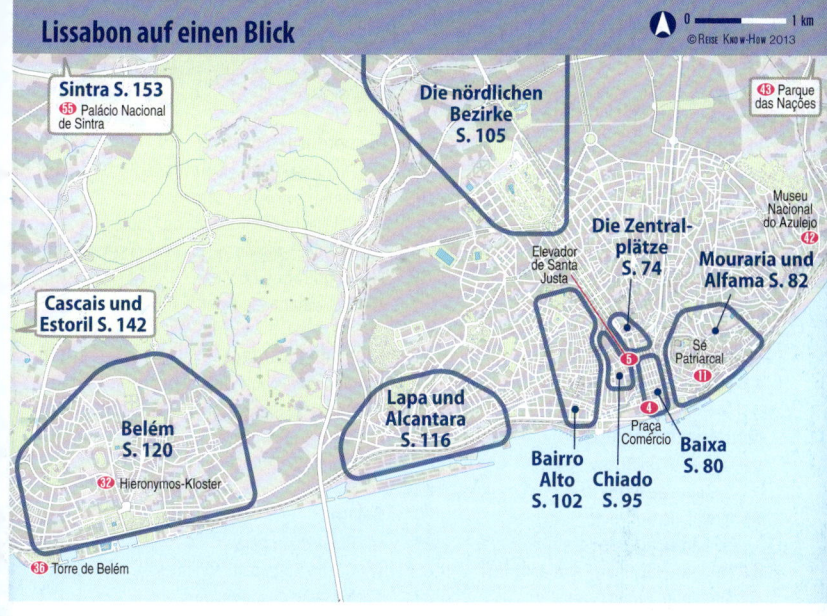

Inhalt

Hinweise zur Benutzung 7
Impressum 8

Das Beste auf einen Blick 9

Lissabon an einem Tag 10
Lissabon an einem Wochenende 10
Lissabon in fünf Tagen 11
Zur richtigen Zeit am richtigen Ort 13

◁ *Vasco da Gama überblickt den Tejo in Richtung Neue Welt (Abb.: 100lb-jg)*

Auf ins Vergnügen 17

Lissabon für Citybummler 18
Lissabon für Kauflustige 19
Lissabon für Genießer 24
Lissabon am Abend 31
Lissabon für Architektur- und Kunstfreunde 39
Lissabon zum Träumen und Entspannen 47
Lissabon für den Nachwuchs 48

Am Puls der Stadt 49

Das Antlitz der Metropole 50
Von den Anfängen bis zur Gegenwart 51
Leben in der Stadt 64
Die Lissabonner und ihr Alltag 70
Großflughafen Alcochete 71

Inhalt

Lissabon entdecken 73

Die Zentralplätze 74
1. Praça dos Restauradores ★ 74
2. Rossio (Praça Dom Pedro IV) ★ 75
3. Praça da Figueira ★ 76

Baixa 80
4. Praça Comércio ★★ 80
5. Elevador de Santa Justa ★★★ 81

Mouraria und Alfama 82
6. Convento da Nossa Senhora da Graça ★★ 83
7. Igreja und Convento de São Vicente de Fora ★★★ 83
8. Panteão Nacional (Pantheon) ★★ 85
9. Miradouro Santa Luzia ★★ 87
10. Castelo de São Jorge ★★★ 87
11. Sé Patriarcal (Kathedrale) ★★★ 92
12. Igreja de Santo Antonio da Sé ★★ 93
13. Museu Militar ★ 94

Chiado 95
14. Igreja und Convento do Carmo ★★ 95
15. Igreja São Roque ★★★ 96
16. Largo Chiado und Praça de Camões ★ 97

Bairro Alto 102
17. Miradouro São Pedro Alcântara ★ 102
18. Jardim Botânico und Museu Nacional da Ciência ★ 103
19. Cais do Sodré ★ 104

Die nördlichen Bezirke 105
20. Fundação Gulbenkian ★★★ 105
21. Jardim Zoológico (Zoo) ★ 107
22. Palácio dos Marquêses de Fronteira ★ 107
23. Campo Pequeno ★ 108
24. Parque Eduardo VII ★★ 108
25. Die Avenida (da Liberdade) ★★ 109

Lapa und Alcântara 116
26. Museu Nacional de Arte Antiga ★★★ 116
27. Docas de Santo Amaro ★★ 118
28. Museu da Carris ★ 119
29. Ponte 25 de Abril ★ 119

Belém 120
30. Praça do Império ★ 121
31. Centro Cultural de Belém ★ 121
32. Mosteiro dos Jerónimos ★★★ 121
33. Museu Nacional de Arqueológia ★★ 124
34. Museu da Marinha ★★ 125
35. Padrão dos Descobrimentos ★★ 125
36. Torre de Belém ★★★ 126
37. Palácio Nacional de Belém ★★ 132
38. Palácio Nacional da Ajuda mit Jardim Botânico ★★ 133

Einzelpunkte 136
39. Basilica da Estrela ★★ 136
40. Aqueduto das Águas Livres ★ 136
41. Campo Grande ★ 136
42. Museu Nacional do Azulejo ★★★ 137
43. Parque das Nações ★★★ 138
44. Cristo-Rei-Statue ★ 140

Stadtspaziergänge

Stadtspaziergang 1: Zentralplätze und Baixa 77
Stadtspaziergang 2: Mouraria und Alfama 88
Stadtspaziergang 3: Chiado und Bairro Alto. 100
Stadtspaziergang 4: Avenida 112
Stadtspaziergang 5: Belém 127

Entdeckungen außerhalb der Stadt — 141

- **45** Cascais und Estoril — 142
- **46** Stadtpark und Casino ★ — 143
- **47** Strandpromenade „Muralha" ★★ — 143
- **48** Zitadelle ★ — 148
- **49** Parque Municipal ★ — 148
- **50** Condes Castro Guimarães ★ — 148
- **51** Igreja de Nossa Senhora da Assunção ★ — 148
- **52** Museu do Mar ★★ — 148
- **53** Queluz – Palácio Nacional ★★★ — 151

- **54** Sintra — 153
- **55** Palácio Nacional de Sintra ★★★ — 157
- **56** Quinta da Regaleira ★ — 159
- **57** Museu do Brinquedo (Spielzeugmuseum) ★ — 160
- **58** Castelo dos Mouros (Maurenkastell) ★★ — 160
- **59** Palácio Nacional da Pena und Parque da Pena ★★★ — 161
- **60** Museu de Arte Moderna ★ — 162

Praktische Reisetipps — 165

An- und Rückreise — 166
Autofahren — 172
Ausrüstung und Kleidung — 174
Barrierefreies Reisen — 174
Diplomatische Vertretungen — 175
Ein- und Ausreisebestimmungen — 175
Elektrizität — 177
Geldfragen — 177
Informationsquellen — 178
Internet und Internetcafés — 182
Medizinische Versorgung — 183
Notfälle — 184
Öffnungszeiten — 185
Post — 185
Radfahren — 185
Schwule und Lesben — 186
Sicherheit — 187
Sport und Erholung — 188
Sprache — 189
Stadttouren, organisierte — 190
Telefonieren — 192
Uhrzeit — 192
Unterkunft — 192
Verhaltenstipps — 206
Verkehrsmittel — 207
Versicherungen — 212
Wetter und Reisezeit — 213

Anhang — 215

Glossar — 216
Kleine Sprachhilfe — 217
Register — 224
Der Autor — 230

Cityatlas — 231

Lissabon, Umgebung — 232
Lissabon, Cityatlas — 234–246
Liste der Karteneinträge — 248
Zeichenerklärung — 252

Karten und Pläne

Lissabon, Metro ...... Umschlag vorn
Karte I: Cascais/Estoril 146
Karte II: Sintra 154
Lissabon, Unterkünfte 194
Lissabon, Umgebung 232
Cityatlas 234–246
Lissabon, Blattschnitt ..... Umschlag hinten

Exkurse zwischendurch

Das gibt es nur in Lissabon 13
Die portugiesischen Azulejos 22
Smoker's Guide 33
Portugiesische Literaten
   von Weltruhm 42
Vasco da Gama 55
Portugals Tempelritter
   und der Ordem de Christo 56
Das große Erdbeben von 1755 58
Vorbild für Asterix 60
Portugiesische Wirtschafts-
   flüchtlinge in Deutschland 63
Tabak an den Kais von Lissabon.... 66
Bahnhof Rossio – Prunkstück
   im Herzen der Altstadt 75
Luis de Camões,
   Portugals Nationaldichter 98
Der Marquês de Pombal 110
Die portugiesische Manuelinik 123
Afonso de Albuquerque 134
Lissabon preiswert 177
Meine Literaturtipps 180

Schreiben Sie uns

Dieser CityGuide-Band ist gespickt mit Adressen, Preisen, Tipps und Infos. Nur vor Ort kann überprüft werden, was noch stimmt, was sich verändert hat, ob Preise gestiegen oder gefallen sind, ob ein Hotel, ein Restaurant immer noch empfehlenswert ist oder nicht mehr usw. Unsere Autoren sind zwar stetig unterwegs und erstellen alle zwei Jahre eine komplette Aktualisierung, aber auf die Mithilfe von Reisenden können sie nicht verzichten.

Darum: Schreiben Sie uns, was sich geändert hat, was besser sein könnte, was gestrichen bzw. ergänzt werden soll. Wenn sich die Infos direkt auf das Buch beziehen, würde die Seitenangabe uns die Arbeit sehr erleichtern. Gut verwertbare Informationen belohnt der Verlag mit einem Sprechführer Ihrer Wahl aus der über 220 Bände umfassenden Reihe „Kauderwelsch".

Bitte schreiben Sie an:
REISE KNOW-HOW Verlag Peter Rump GmbH, Postfach 140666, D-33626 Bielefeld, oder per E-Mail an: info@reise-know-how.de

Danke!

Bewertung der Sehenswürdigkeiten

★★★ auf keinen Fall verpassen
★★ besonders sehenswert
★ wichtige Sehenswürdigkeit für speziell interessierte Besucher

Restaurantkategorien

€€€ Hauptgericht/Menü ab 25 €
€€ Hauptgericht/Menü 15–25 €
€ Hauptgericht/Menü bis 15 €

Hinweise zur Benutzung

Karteneinträge

Eine Liste der im Buch beschriebenen **Örtlichkeiten** wie Sehenswürdigkeiten, Restaurants, Cafés, Hotels usw. befindet sich auf S. 248.

Vorwahl
› **Internationale Vorwahl** nach Portugal: **00351**
› Die Lissaboner **Ortsvorwahl 21 muss immer mitgewählt werden**

Orientierungssystem

Zur schnelleren Orientierung tragen alle Hauptsehenswürdigkeiten und Lokalitäten die gleiche Nummer sowohl im Text als auch im Kartenmaterial:

❷ Die Hauptsehenswürdigkeiten werden in den Abschnitten „Lissabon entdecken" und „Entdeckungen außerhalb der Stadt" beschrieben und mit einer fortlaufenden magentafarbenen Nummer gekennzeichnet, die auch im Kartenmaterial eingetragen ist.

Stehen die Nummern im Fließtext, verweisen sie auf die jeweilige Beschreibung der Sehenswürdigkeit im genannten Abschnitt.

❍32 Mit Symbol und fortlaufender Nummer werden die sonstigen Lokalitäten wie Cafés, Geschäfte, Restaurants, Hotels, Infostellen usw. gekennzeichnet.

› Die farbigen Linien markieren den Verlauf der Stadtspaziergänge.

[V20] Die Angabe in eckigen Klammern verweist auf das Planquadrat der jeweiligen Karte, in diesem Beispiel auf das Planquadrat V20.

Ortsmarken ohne Angabe des Planquadrats liegen außerhalb unserer Karten. Sie können aber wie alle Örtlichkeiten in unseren speziellen Luftbildkarten auf der Produktseite dieses Buches unter www.reise-know-how.de oder direkt unter http://cg-lissabon14.reise-know-how.de lokalisiert werden.

Preiskategorien Unterkünfte

Einstufung	Hotel/Pousada	Albergaria/Residencial	Pensão
€€€€€	ab 230 €	–	–
€€€€	140–200 €	100–150 €	80–120 €
€€€	70–140 €	75–100 €	60–80 €
€€	40–70 €	50–75 €	45–60 €
€	–	30–50 €	25–45 €

Impressum

Werner Lips

REISE KNOW-HOW Lissabon

erschienen im
REISE KNOW-HOW Verlag Peter Rump GmbH,
Osnabrücker Str. 79, 33649 Bielefeld

© REISE KNOW-HOW Verlag
Peter Rump GmbH 2009, 2013
3. neu bearbeitete und komplett aktualisierte Auflage 2014
Alle Rechte vorbehalten.

ISBN 978-3-8317-2438-3
PRINTED IN GERMANY

Dieses Buch ist erhältlich in jeder Buchhandlung Deutschlands, der Schweiz, Österreichs, Belgiens und der Niederlande. Bitte informieren Sie Ihren Buchhändler über folgende Bezugsadressen:
Deutschland: Prolit GmbH, Postfach 9, D-35461 Fernwald (Annerod) sowie alle Barsortimente
Schweiz: AVA Verlagsauslieferung AG, Postfach 27, CH-8910 Affoltern
Österreich: Mohr Morawa Buchvertrieb GmbH, Sulzengasse 2, A-1230 Wien
Niederlande, Belgien: Willems Adventure, www.willemsadventure.nl
Ebenfalls erhältlich in unserem Internet-Bookshop: **www.reise-know-how.de**

Herausgeber: Klaus Werner
Umschlag: M. Schömann, P. Rump (Layout); K. Werner (Realisierung)
Lektorat und Layout: amundo media GmbH
Karten: Ingenieurbüro B. Spachmüller, amundo media GmbH
Druck und Bindung: Media-Print, Paderborn
Fotos: siehe Bildnachweis S. 252
Anzeigenvertrieb: KV Kommunalverlag GmbH & Co. KG, Alte Landstraße 23, 85521 Ottobrunn, Tel. 089 928096-0, info@kommunal-verlag.de

Alle Informationen in diesem Buch sind vom Autor mit größter Sorgfalt gesammelt und vom Lektorat des Verlages gewissenhaft bearbeitet und überprüft worden.
Da inhaltliche und sachliche Fehler nicht ausgeschlossen werden können, erklärt der Verlag, dass alle Angaben im Sinne der Produkthaftung ohne Garantie erfolgen und dass Verlag wie Autor keinerlei Verantwortung und Haftung für inhaltliche und sachliche Fehler übernehmen. Die Nennung von Firmen und ihren Produkten und ihre Reihenfolge sind als Beispiel ohne Wertung gegenüber anderen anzusehen. Qualitäts- und Quantitätsangaben sind rein subjektive Einschätzungen des Autors und dienen keinesfalls der Bewerbung von Firmen oder Produkten.

Wir freuen uns über Kritik, Kommentare und Verbesserungsvorschläge:
info@reise-know-how.de

Latest News
Unter www.reise-know-how.de werden aktuelle Ergänzungen und Änderungen der Autoren und Leser zum vorliegenden Buch bereitgestellt. Sie sind auf der Produktseite dieses CityGuide-Titels abrufbar.

www.reise-know-how.de
- Ergänzungen nach Redaktionsschluss
- kostenlose Zusatzinfos und Downloads
- das komplette Verlagsprogramm
- aktuelle Erscheinungstermine
- Newsletter abonnieren

Verlagsshop mit Sonderangeboten

Das Beste auf einen Blick

Das Beste auf einen Blick

Lissabon an einem Tag, Lissabon an einem Wochenende

Historische Burgen und Paläste, beruhigendes Treiben auf dem Fluss, Hügel inmitten der Stadt, die Wogen des Atlantiks in greifbarer Nähe, nostalgische Tramfahrten, modernste Einkaufszentren, Grünanlagen und ein unvergleichlicher Charme – all das wird dem Besucher der „weißen Stadt", wie Lissabon in der Literatur voll Ehrfurcht bezeichnet wird, in der Erinnerung haften bleiben.

Je nachdem, wie viel Zeit der Gast in der Metropole verbringt, kann er die verschiedensten kulturellen Anziehungspunkte der portugiesischen Hauptstadt für sich erschließen. Die hier vorgestellten Vorschläge gehen davon aus, dass Besichtigungsteile möglichst optimal gestaltet werden und die wesentlichen Höhepunkte Lissabons beinhalten sollen.

Lissabon an einem Tag

Ein Tagesausflug kommt im Rahmen eines Stopover, vor allem aber für Besucher anderer Touristenziele auf dem portugiesischen Festland in Betracht, zum Beispiel Algarve-Urlauber. Ganz gleich, ob per Tourbus oder als Selbstfahrer – die Zeit in der Hauptstadt muss man einfach optimal nutzen und hierfür bieten sich **zwei Hauptabschnitte** an. Zum einen (am Vormittag) fährt man mit der Straßenbahn **nach Belém** und besichtigt dort das **Jerónimos-Kloster** ❸❷ nebst einem der dortigen Museen sowie die Promenade mit dem **Torre de Belém** ❸❻ und dem **Padrão dos Decobrimentos** ❸❺.

Der (späte) Nachmittag gehört dann der **Altstadt**, hier hauptsächlich der **Fahrt mit der alten Tram** (Nr. 12 oder 28) durch die verwinkelten Gassen hinauf zum **Castelo de São Jorge** ❿. Den Abend schließlich genießt man in einem der zahlreichen **Altstadtlokale** der Bezirke Baixa oder Chiado – und hat damit insgesamt einige der schönsten Höhepunkte Lissabons für sich entdeckt.

Selbstverständlich werden für Reisende mit wenig Zeit auch thematisch unterschiedliche, **organisierte Stadtrundfahrten** angeboten (s. S. 190).

Lissabon an einem Wochenende

Unter der Annahme, dass im Rahmen eines verlängerten Wochenendes/Kurzurlaubes drei Tage zur Verfügung stehen, bietet sich das folgende Rahmenprogramm für eine umfangreiche Besichtigungstour an. Dabei sei auf die **Lisboa-Card** (s. S. 207) hingewiesen, die öffentliche Verkehrsmittel und viele Eintritte abdeckt. 36 € für 72 Stunden Gültigkeit sind eine wirklich lohnende Investition.

Erster Tag: Durch die Altstadt

Hier bietet sich zunächst eine **Fahrt durch die Alfama/Castelo-Bezirke** mit

> **EXTRAINFO**
> **Stadtspaziergänge**
> Die zentralen Altstadtviertel wie auch den Vorort Belém kann man sehr gut zu Fuß erkunden. Für die Stadtspaziergänge (s. Kap. „Lissabon entdecken") sollte man jeweils ca. 2–3 Stunden einplanen (Museumsbesichtigungen usw. nicht eingerechnet), für Belém ist ein halber Tag, mit Besuch mehrerer Sehenswürdigkeiten besser ein ganzer Tag sinnvoll.

Lissabon in fünf Tagen

Steht vor Ort etwa eine ganze Woche zur Verfügung, könnte ein Rahmenprogramm, natürlich jederzeit nach den eigenen Interessensschwerpunkten abänderbar, wie folgt aussehen:

Hierbei wurden die Tagesprogramme so zusammengestellt, dass man für die vielen innerstädtischen Einzelfahrten der ersten drei Tage eine **Lisboa-Card** für 72 Stunden nehmen könnte, dann ab dem vierten Tag für die gezielten Vorortrouten Einzelfahrscheine löst. Es wäre auch kein Fehler, nacheinander zwei 72-Stunden-Lisboa-Cards zu kaufen – allein schon die Tramfahrten durch die Altstadtviertel kann man getrost mehrfach zusätzlich zu den Ausflügen der Tage 4 bis 6 unternehmen, sie sind immer wieder ein großes Vergnügen!

Erster Tag

Am ersten Tag unternimmt man einen **Streifzug durch die Altstadtviertel** (Baixa, Alfama, Castelo, Chiado) mit Kastell ⑩, Kathedrale ⑪, Vinzenzkloster ⑦, Baixa, Rochuskirche ⑮, Basilica da Estrela ㊴ und/oder dem botanischen Garten ⑱. Alle Punkte können wunderbar **mit der alten Tram angefahren** werden, wobei man nicht nur eines der schönsten städtischen Verkehrsmittel kennenlernt, sondern auch zahlreiche Einblicke in das Leben der Altstadtbewohner gewinnt. Den Abend könnte man in einem typischen Lokal in der Altstadt verbringen.

den nostalgischen Trams 12 und/oder 28 an, wobei die Aussichtspunkte *(Miradouros)*, das Castelo de São Jorge ⑩ und die Kathedrale ⑪ unbedingt besichtigt werden sollten. Den ersten Abend verbringt man mit Flanieren in der Baixa, besucht ein gemütliches Lokal in der Kneipenstraße Rua das Portas de Santo Antão (s. S. 32) oder ein gediegenes Musical/eine Revue im Teatro Politeama (s. S. 38).

Zweiter Tag: Nach Belém

Nach dem Besuch der Altstadt sollte man einen ganzen Tag Belém mit dem **Jerónimos-Kloster** ㉜, dem **Torre de Belém** ㊱, dem **Padrão dos Decobrimentos** ㉟ sowie dem **Palácio Nacional da Ajuda** ㊳ widmen. Abends bietet sich je nach Interesse ein **Streifzug durch die Vergnügungsmeile Docas** ㉗ mit Restaurants und Bars oder der **Besuch eines klassischen Fado-Restaurants** im Bezirk Chiado an.

Dritter Tag: Entdeckungen außerhalb

Das moderne Lissabon erlebt man am besten bei einem **Ausflug in den Parque das Nações** ㊸ mit dem Ozeanarium. Von dort kann man dann direkt per S-Bahn vom Bahnhof Oriente nach **Sintra** ㊴ fahren und dort zumindest den Palácio Nacional de Sintra ㊵, das Castelo dos Mouros ㊽ und den Palácio Nacional da Pena ㊾ besuchen. Für den letzten Abend bietet sich vielleicht ein **Shoppingtrip in einem der großen Einkaufszentren** an, z. B. im bis Mitternacht geöffneten Colombo Shoppingcenter (s. S. 20) (hier auch Restaurants).

◁ *Seite 9: Detail des Torre de Belém* ㊱

Zweiter Tag

Auch der zweite Tag ist dem innerstädtischen Bereich vorbehalten, z. B. mit dem Besuch zweier der **großen zentralen Museen** (C. Gulbenkian ⑳, Museu Nacional do Azulejo ㊷ usw.). Auch einen der großen Stadtparks (z. B. Eduardo VII.) und das überwältigende Colombo Shoppingcenter (s. S. 20) sollte man gesehen haben.

Dritter Tag

Den **Parque das Nações** ㊸ mit dem berühmten Ozeanarium und ein Einkaufsbummel im Centro Vasco da Gama (s. S. 21) sollte man ganztägig am dritten Tag erleben. Hier kommen nicht nur Freunde der Meeresflora und -fauna auf ihre Kosten, der „Park der Nationen" bietet Unterhaltungs- und Freizeitmöglichkeiten für alle Altersstufen.

Vierter Tag

Der **Stadtteil Belém** mit seinen Prachtbauten und großen Sehenswürdigkeiten darf bei keinem Besuch in Lissabon ausgelassen werden. So könnte man am vierten Tag per Fähre zur Cristo-Rei-Statue ㊹ fahren und von dort wieder per Fähre direkt nach Belém übersetzen. Dort besteht die Qual der Wahl: Jerónimos-Kloster ㉜, Torre de Belém ㊱, Padrão dos Descobrimentos ㉟, Palácio Nacional de Ajuda ㊳ ... Am Abend fährt man schließlich mit der Straßenbahn direkt zurück ins Zentrum oder genießt das Nachtleben an den Docas de Santo Amaro ㉗.

Fünfter Tag

Es lohnt sich unbedingt, je nach Interesse einen kompletten Tag für einen der beiden etwas außerhalb gelegenen Orte Sintra oder Cascais/Estoril einzuplanen.

Für Historiker und Architekturfreunde bietet sich eine **Fahrt nach Sintra** (s. S. 153) an. Dort sind insbesondere der Palácio Nacional de Sintra ㊽, das Castelo dos Mouros ㊾ und der Palácio Nacional da Pena ㊿ sehenswert.

Wer dagegen ein eher leichtes Programm mit Baden, Bummeln, Besichtigungen usw. bevorzugt, sollte den Tag am Atlantik verbringen und einen **Ausflug nach Cascais/Estoril** (s. S. 142) einplanen.

◁ *Ein Muss für jeden Lissabon-Reisenden ist eine Fahrt mit der berühmten 28*

Zur richtigen Zeit am richtigen Ort

Bedingt durch eine Verquickung von morbidem Charme und modernen Bauten liegen in Lissabon Historie und Moderne dicht beieinander. Die pulsierende portugiesische Hauptstadt hat sich bis zum heutigen Tag ihre verklärte Position als Entdeckernation erhalten, gleichzeitig pulsiert jedoch ein modernes und faszinierendes Leben. Ganz gleich ob Straßenfeste, Theaterdarbietungen, klassische Konzerte, sportliche Events aller Art oder Kunstausstellungen – in Lissabon ist eigentlich immer etwas los und den Besucher erwartet alljährlich ein umfangreicher Veranstaltungskalender mit zahlreichen Ereignissen größerer und kleinerer Natur.

Natürlich kann man die portugiesische Hauptstadt mit ihren vielfältigen Sehenswürdigkeiten jederzeit besuchen. Doch die zu bestimmten Zeiten stattfindenden Stadtfeste, Messen, Konzerte oder auch Feiertagsprozessionen haben ihren besonderen Reiz und ziehen nicht nur Einheimische in Scharen an, sondern können auch dem touristischen Aufenthalt eine besondere Note verleihen, wenn die Gäste „zufällig" zur richtigen Zeit am richtigen Ort sind.

› Unter www.agendalx.pt findet man eine portugiesischsprachige Informationsseite (auch ohne Sprachkenntnisse verständlich), auf der man nach genauen Kalenderdaten, aber auch nach Wochen oder Monaten sortiert die jeweils stattfindenden aktuellen Veranstaltungen aller Art von Theater bis Straßenfest suchen kann. Sogar speziell für Kinder geeignete Veranstaltungen werden gesondert aufgelistet (unter „Crianças").

› Ähnliches bieten die bei den Touristeninformationen ausliegenden **Monatshefte „Follow me Lisboa"** (englisch) mit einem Überblick über die aktuellen Events und Veranstaltungen.

Das gibt es nur in Lissabon

› *Wer sich in der portugiesischen Metropole aufhält, sollte sein Augenmerk auf einige ganz typische Besonderheiten lenken. Manchmal sieht man an einigen Stehausschänken Menschen aller Altersstufen schon vormittags den **einzigartigen Kirschlikör Ginjinha** genießen – kein Alkoholismus, sondern purer Genuss!*

› *Aus der Schule des Eiffelturm-Erbauers Gustave Eiffel stammt eines der ältesten „Verkehrsmittel" der Stadt, der **kunstvolle Aufzug Elevador de Santa Justa** ❺ im Zentrum, der seit Jahrzehnten die Bewohner der Oberstadt Chiado hinunter in die Unterstadt Baixa und wieder zurück befördert.*

› *Das moderne Lissabon sehen die Einheimischen gerne im **hypermodernen Parque das Nações** ㊸ verwirklicht, insbesondere das einzigartige Oceanário sticht hervor.*

› *Die **Manuelinik**, jener verspielt-ornamentreiche Baustil aus dem Zeitalter der Entdeckungen, wurde nirgends so ausgeprägt realisiert wie gerade in und um Lissabon (Exkurs s. S. 123).*

Tickets, Eintrittskarten

Für alle Ereignisse – vom Stierkampf über Fußballspiele bis hin zum Theaterbesuch – existieren **Tageskassen vor Ort**. Um Wartezeiten zu vermeiden oder gesichert eine Karte frühzeitig zu reservieren, gibt es in Lissabon einige allgemeine Vorverkaufsstellen. Die wichtigste ist die

- ●1 [V20] **Agência de Billetes para Espectáculos Públicos (ABEP)**, Tel. 213475824, deren Verkaufsstelle sich an der südöstlichen Ecke des Praça dos Restauradores ❶ nahe der Touristeninformation im Pavilhao Abep befindet.
- Eine weitere günstig gelegene Vorverkaufsstelle, **FNAC**, findet man im 1. Stock des Centro Colombo (s. S. 20), die auch unter www.fnac.pt im Web vertreten ist.
- Unter **www.ticketline.pt** kann für zahllose Veranstaltungen vom Theaterbesuch bis zum Rockkonzert lange vorab online gebucht werden, bei Großereignissen ist dies ohnehin unabdingbar.

Winter (Dezember bis Februar)

- **Weihnachten** ist ein reines Familienfest und wer über **Neujahr** nach Lissabon reist, mag vielleicht enttäuscht sein: Feuerwerke werden überwiegend öffentlich-organisiert im Parque das Nações ㊸ und auf dem Praça Comércio ❹ gezündet, kaum dagegen von den Einwohnern selbst. Auch der Fasching, der vor allem im Rheinland eine herausragende Position einnimmt, spielt in Portugal keine große Rolle.
- **Mitte Februar** bietet das Teatro Nacional de Sao Carlos (s. S. 38) im Rahmen des „**European Opera Day**" nach Art eines Tages der offenen Tür einmalige Einblicke hinter die Kulissen des Opernlebens, die sonst nur Künstlern und der High Society vorbehalten sind.

Workshops für Jung und Alt, Performances, Filmvorführungen und Opernübertragungen aus anderen teilnehmenden Städten stehen auf dem Programm. Künstler, Maskenbildner und Kostümdesigner entführen interessierte Besucher in die Theaterwelt hinter den Kulissen. Informationen unter www.saocarlos.pt.

Frühjahr (März bis Mai)

- Eine ganze Reihe von Stadtfesten bietet attraktive gastronomische und kulturelle Einblicke in das Freizeitleben in der portugiesischen Metropole. Sehr beliebt ist auch bei Reisenden das jährliche **Fischfest „Peixe em Lisboa"** (meist **erste Aprilhälfte**) rund um den Terreiro do Paço [X22] mit einer riesigen – und auch preiswerten – Vielfalt an Fischgerichten aller Art, Weinen, Bieren usw. Gourmetköche präsentieren hier ihre Kreationen, im Tagesticket (derzeit 15 €) ist eine Mahlzeit mit Wein sowie der Zutritt zu allen musikalischen und folkloristischen Darbietungen enthalten. Informationen unter Tel. 808103805 oder www.peixemlisboa.com.
- Ausdauersportler kennen vielleicht den **Halbmarathon von Lissabon** (meist **Mitte März**, www.lisbon-half-marathon.com), der jährlich etwa 25.000 Läufer aus aller Welt an den Tejo lockt. Der Startschuss fällt spektakulär auf der „Brücke des 25. April" ㉙, die Ziellinie wird am Hieronymus-Kloster ㉜ in Belém überquert.
- Am **25. April** – dem **Jahrestag der „Nelkenrevolution"** – wird am frühen Vormittag eine Militärparade in Belém abgehalten.
- Rund um die Kapelle Nossa Senhora da Saúde am Praça Martim Moniz [W19] findet am **ersten Sonntag im Mai** eine **Prozession**

▷ *Folklore am Praça Comércio* ❹

im Angedenken an die große Pestwelle von 1569 statt, die nur mithilfe der Muttergottes überstanden worden sein soll.
› Wie es sich für ein traditionelles Seebad gehört, stehen die **Veranstaltungen in Estoril** vorwiegend im Zeichen des Sports. Während der **Estoril Open (Anfang April)** putten hier die besten Meister ihres Fachs um die Wette, anschließend stellt die internationale Tenniselite während der **Portugal Open** (www.estorilopen.net) ihr Können unter Beweis. Ein mannigfaltiges Rahmenprogramm geht mit beiden Veranstaltungen einher.

Sommer (Juni bis August)

› „Rock in Rio" heißt es alljährlich **Ende Mai und Anfang Juni**, oft im Zusammenhang mit einem international aktuellem Thema. Im Parque da Bela Vista (Metro: Bela Vista) gab sich bereits die Crème de la Crème des internationalen Musikgeschäfts von Sting über Shakira bis Carlos Santana das Mikro in die Hand. Weitere Infos, das aktuelle Programm usw. findet man unter www.rockinrio-lisboa.sapo.pt.
› **Ab Mitte Juni** werden **zahlreiche kleinere Stadtfeste** (*Festas de Lisboa*) in Form von Jahrmärkten in der Altstadt zwischen Castelo ❿ und Rua do São Miguel [Y21] sowie am Praça Martim Moniz [W19] organisiert. Bei Fado, gegrillten Sardinen und Tänzen können Besucher den Charme der portugiesischen Kultur hautnah erleben.
› Wichtigstes Datum ist hier der **13. Juni**, der Geburtstag des hl. Antonius von Padua (*Casamentos de Santo António*), Stadtpatron von Lissabon. Ihm zu Ehren finden entlang der Prachtstraße Avenida da Liberdade am Vorabend ab ca. 21 Uhr über mehrere Stunden **prächtige Prozessionen und Umzüge diverser Musik- und Folkloregruppen** aus den einzelnen Stadtteilen Lissabons statt (*Marchas Populares*). Besucher sollten sich nicht wundern, wenn Kinder rund um dieses Datum Passanten mit den Worten *Uma moedinha de Santo António* um (Münz-)Geld anzubetteln scheinen – dies ist lediglich eine ähnliche Tradition wie das Neujahrssingen/Erscheinen der Heiligen Drei Könige in den überwiegend katholischen Gebieten im deutschsprachigen Raum.
› Das Ende der Junifeste „Festas de Lisboa" bilden **prächtige Feuerwerke und Open-Air-Konzerte** auf dem Praça Comércio ❹.
› In **Sintra** spielen im Mai/Juni Amateurgruppen klassische und zeitgenössische Theaterstücke im Rahmen des **Festival do Teatro Amador de Sintra** (Amateurtheaterfestival von Sintra). Von Juni bis Juli werden unter

dem Namen „**Festival de Sintra**" in den dortigen Schlössern Festivals der klassischen Musik sowie Ballettabende abgehalten. Die Veranstaltungen werden hauptsächlich vom Kulturzentrum (Centro Cultural Olga Cadaval, Tel. 219107110) und dem benachbarten Casa Teatro do Sintra (Tel. 219233719) organisiert, Vorabinformationen bietet auch die offizielle Homepage www.cm-sintra.pt.
- Das Goethe-Institut Lissabon organisiert **Mitte Juli** das zweiwöchige **Festival do Jazz Europeu** (Festival des europäischen Jazz). Informationen hierzu unter www.goethe.de/lisboa oder Tel. 218850003.
- Jazzfans sollten das **Estoril Jazzfestival** im Juli in ihrem Kalender notieren.
- Weiteres Highlight der Jazzszene ist das zehn Tage dauernde internationale Jazzfestival **Jazz em Agosto** der Gulbenkian-Stiftung (**im August,** www.camjap.gulbenkian.org).
- Bei Einheimischen und Touristen gleichermaßen beliebt ist das von **Mitte August bis Mitte September** stattfindende Open-Air-Spektakel „**Com'out Lisbon**", wo unterschiedliche Konzerte und Aufführungen (Fado, Jazz, Klassik) bei freiem Eintritt an verschiedenen Plätzen in der Altstadt für Stimmung sorgen. Das Programm wechselt jährlich, die aktuellen Pläne mit Programm und Örtlichkeiten sind bei den Touristeninfos erhältlich.
- Das Thema Weltmeere spielt im Parque das Nações 43 beim noch relativ jungen, zweiwöchigen **Festival der Ozeane** (meist **erste Augusthälfte**) die Hauptrolle. Geboten werden Konzerte, Sportwettkämpfe, Ausstellungen und Unterhaltung für die ganze Familie.
- Im **Juli/August** findet rund um das Casino von Estoril (s. S. 143) die recht beliebte **FIARTIL-Kunsthandwerksausstellung** (Feira Internacional de Artesanato) statt, bei der neben der Präsentation von Produkten des Einzelhandels abends auch Folkloreveranstaltungen usw. auf dem Programm stehen.

Feiertage

- 1. Januar (Neujahr)
- Faschingsdienstag (2013: 12. Februar, 2014: 4. März,)
- Karfreitag (2013: 29. März, 2014: 18. April)
- 25. April (Nelkenrevolutionstag)
- 1. Mai (Tag der Arbeit)
- Fronleichnam (Ende Mai/Juni, 2014: 19. Juni, 2015: 4. Juni)
- 10. Juni (Todestag des Nationaldichters L. de Camões)
- 13. Juni (Antoniusfest/lokaler Feiertag)
- 15. August (Himmelfahrt)
- 5. Oktober (Tag der Republik, Sturz der Monarchie am 5.10.1910)
- 1. November (Allerheiligen)
- 1. Dezember (Restaurationstag/Unabhängigkeitserklärung von Spanien am 1.12.1640)
- 8. Dezember (Maria Immaculata/Fest der unbefleckten Empfängnis)
- 25. Dezember (1. Weihnachtstag, 26.12. ist kein Feiertag)

Herbst (September bis November)

- Freunde des Reitsports dürften die **Turniere der Escola Portuguêsa de Arte Equestre** im Nationalpalast von Queluz (**Mai bis Juli und September/Oktober,** Tel. 214356158, Fax 214356189, recepcao.dmaria@pousadas.pt) interessieren. Auch einige Teile des „Festival de Sintra" (s. o.) werden im Nationalpalast von Queluz abgehalten.

Auf ins Vergnügen

Besucht man eine europäische Metropole, so hat jeder seine eigenen Vorstellungen davon, was vor Ort ganz besonders von Interesse sein könnte. Will man einfach nur aufs Geratewohl eine neue Stadt kennenlernen? Ist man vor allem am kulturellen Erbe des Reiseziels interessiert? Steht Shopping ganz oben auf der Liste? Sind es das ausschweifende Nachtleben oder aber die speziellen kulinarischen Genüsse, auf die der Besucher abzielt? Sucht man vielleicht friedliche Oasen in einer brodelnden Metropole oder möchte man als Reisender mit Kindern dem Nachwuchs den Blick auf eine fremde Kultur öffnen? Die portugiesische Hauptstadt bietet sicherlich jedem etwas.

Lissabon für Citybummler

Der unvoreingenommene Besucher Lissabons wird sehr schnell **die Vielfalt und die Kontraste der Metropole** spüren. Weniger gläserne Paläste und moderne Weitläufigkeit als vielmehr die enge Vermischung der alten traditionellen Stadtteile, die unterschiedlicher kaum sein können, begegnet dem Besucher schon auf dem kurzen Weg vom Flughafen ins Zentrum, wo entlang der Avenida da República und der Avenida da Liberdade ㉕ sowie rund um die großen Prachtplätze Rossio ❷, Restauradores ❶ und Praça Comércio ❹ das Leben pulsiert.

Doch kaum erkundet man die das Zentrum unmittelbar flankierenden Bezirke der Alfama (s. S. 82) und des Bairro Alto (s. S. 102), wähnt man sich in einer anderen Welt, wo die Uhr der Zeit irgendwann zu schlagen aufgehört zu haben scheint. Unten hektische Betriebsamkeit, reger Verkehr und Prunk, oben Altertümlichkeiten und ruhende Pole wie stille Gärten, friedliche Aussichtspunkte und prächtige Sakralbauten – diese wie auch viele andere Kontraste erschließen sich dem Gast unmittelbar.

Sucht man **Orte der Betriebsamkeit**, so stehen für die Bewohner der Stadt zuvorderst die **vielfältigen modernen Einkaufszentren** (s. S. 20) im Zentrum des Interesses. Diese Zentren sind weit mehr als nur Orte, an denen die Notwendigkeiten des täglichen Lebens erworben werden können, sie haben sich als Schauplätze des modernen Lebens längst verselbstständigt und verfügen über ein Angebot, das zu nutzen man Tage benötigen würde. Auch der umfangreiche Parque das Nações ㊸ im Osten gilt gemeinhin als Symbol des modernen Lissabon.

Wer dagegen mehr die **ruhige, authentische Atmosphäre** einer historisch gewachsenen Metropole sucht, wird zuvorderst mit den klassischen, alten Verkehrsmitteln (s. S. 207) – vom Elevador ❺ über das Funicular bis zu den alten Tramlinien 12 und 28 – die Viertel beidseitig der Baixa erkunden und sich dabei von der beinahe schwermütigen Langsamkeit der Einheimischen anstecken lassen. Da wundert es nicht, dass die moderne, schnelle Metro zwar die pulsierenden Schlagadern der Unterstadt mit den Randbezirken verbindet, nicht jedoch

◁ *Vorseite: José I. blickt über den Praça Comércio*

die traditionellen Viertel weiter oben. Während man rund um das Castelo de São Jorge ⑩ östlich der Baixa kulturhistorische Bauten bewundern kann, bietet sich auf der anderen Seite im Bairro Alto Gelegenheit für den Besuch von Theatern, Museen (s. S. 41) und zahlreichen, noch heute in Portugal unübertroffenen Fado-Lokalen (s. S. 37).

Natürlich kann man sich die wichtigsten Sehenswürdigkeiten der portugiesischen Hauptstadt im Rahmen einer wie auch immer gearteten Stadtrundfahrt oder eines geführten Rundgangs erschließen (s. S. 190), doch das ist im Falle Lissabons nicht notwendig, ja widerspricht sogar der **besonderen, eher bedächtigen Atmosphäre der alten Viertel**. Denn Lissabon begreift man nicht mit einer schnellen Stadtrundfahrt, sondern nur gemütlich und mit Zeit, viel Zeit ...

Lissabon für Kauflustige

„Die schönsten Mitbringsel sind und bleiben die Erinnerungen", heißt es in einem Sprichwort. Auch wenn regionale Spezialitäten – von einigen kulinarischen abgesehen – in Lissabon eher selten sind, so bietet doch auch die portugiesische Hauptstadt nicht nur geistige, sondern auch landestypische materielle Souvenirs und gilt – für portugiesische Verhältnisse – als Einkaufsparadies.

Souvenirs/Mitbringsel

An erster Stelle stehen sicherlich die berühmten **Azulejos**, jene allgegenwärtigen blau-weißen Kacheln, die als Topfuntersetzer, Hausnummer, Wandbild usw. zu haben sind.

Liebhaber der **Terrakottakunst** werden einen der zahllosen Händler und Fabrikanten besuchen wollen. Vom Blumenkasten bis zur lebensgroßen Amphore kann man Terrakotta recht preiswert einkaufen – hat dann aber das Problem der Beförderung sperriger Gegenstände.

Sehr beliebt sind natürlich auch die **portugiesischen Weine (s. S. 28)**, von denen der Matéus-Bocksbeutel (rosé oder weiß) oder der Vinho Verde als in heimischen Gefilden unbekannte Weine besondere Erwähnung verdienen.

In den Geschäften werden – neben allerlei Krimskrams – **Lederwaren** (Gürtel), Aquarelle mit **Landschaftsmalereien** und gelegentlich auch **afrikanische und brasilianische Kleinkunst** (Figuren, Gewänder etc.) vertrieben – nicht unbedingt landestypisch, aber mithin einen Blick wert.

Shoppingregionen und Flohmärkte

Es gibt in Lissabon mehrere Gebiete, in denen sich der Handel konzentriert. Die **älteste Einkaufsgegend** der Stadt ist die Unterstadt (Baixa) und dort die **Rua Augusta** [W21] als zentrale Einkaufsstraße. Dort finden sich neben den üblichen Ladenketten auch viele Traditions- bzw. Familienbetriebe. Vor allem in den kleineren Nebenstraßen der R. Augusta findet man nette, winzige Geschäfte, in denen man nahezu alles vom Nähgarn über Socken bis hin zu Souvenirs bekommt. Auf der breiten **Avenida da Liberdade** ㉕

> ### Shoppingareale
> Die wichtigsten Shoppingbereiche der Stadt sind im Kartenmaterial mit einer rötlichen Fläche markiert.

Auf ins Vergnügen
Lissabon für Kauflustige

de Santa Clara [Y/Z19] beim Mosteiro de São Vicente de Fora ❼ (links von der Klosterkirche durch den Torbogen 50 m) interessant. Sie liegen zudem praktisch auf dem Weg einer Besichtigungstour zu bedeutenden Sehenswürdigkeiten.

Einkaufszentren

Bei einheimischen wie auch bei auswärtigen Shoppingbegeisterten sind heute vor allem die großen Einkaufszentren beliebteste Ziele. Diese großen Einkaufsarkaden verfügen nicht nur über eine große Auswahl an Shops, sondern zudem auch über Supermärkte, Restaurants und Snackbars, Kinos und teilweise kleine Vergnügungsparks für Jung und Alt. Ein weiterer Vorteil sind die langen Öffnungszeiten: von täglich gegen 10 Uhr bis 23 Uhr oder teilweise sogar bis Mitternacht haben die Einkaufszentren ihre Pforten geöffnet.

reiht sich eine schöne Boutique an die andere.

Wer gerne auf **Flohmärkten** stöbert, findet auch in Lissabon hierzu reichlich Gelegenheit. Neben allerlei Kleinkram finden interessierte Schnäppchenjäger und Sammler durchaus interessante Antiquaria und landestypische Utensilien. Die größten Flohmärkte werden dienstags und samstags abgehalten (vormittags), dabei sind vor allem jener in **Belém** (schräg gegenüber vom Hieronymus-Kloster ㉜ in der Grünanlage) und im Zentrum der Flohmarkt am **Campo**

🛍 **2** [K9] **Centro Colombo**, Av. Lusíada, tgl. 9–24 Uhr, www.colombo.pt. Allen voran steht das Colombo Shopping Center, das 1997 gebaute und bis dato größte Einkaufszentrum der Iberischen Halbinsel. Der wegen seiner südländischen Architektur mehrfach preisgekrönte Bau der Superlative verfügt über mehr als 400 Läden (u. a. Continente-Supermarkt, Bäckereien, Cybercafé) und 65 Restaurants, Bowlingbahnen, eine kleine Achterbahn, Kino, Gokarts ... Hier findet sich für jeden etwas. Das Colombo Shopping Center liegt gegenüber vom Benfica-Stadion „Estádio da Luz", am einfachsten erreicht man es mit der Metro (blaue Linie, Station „Colégio Militar/Luz") – das Einkaufszentrum liegt direkt über der Station.

Moderne Einkaufszentren – hier das Centro Vasco da Gama – bieten alles, was das Herz begehrt

🛍 **3** [Q17] **Amoreiras Shopping Center**, Av. Eng. Duarte Pacheco, www.amoreiras.com, tgl. 10–23 Uhr. Westlich der Altstadt liegt in

Auf ins Vergnügen
Lissabon für Kauflustige

Zentrumsnähe das Amoreiras Shopping Center mit mehr als 300 Läden (überwiegend Nobelboutiquen), Supermarkt, Kinos, Post und zahlreichen Restaurants.

🔒4 [f4] **Centro Vasco da Gama**, Av. D. João II, www.centrovascodagama.pt, tgl. 9–24 Uhr. Einen Besuch des Parque das Nações ㊸ (Expo-Gelände) verbindet man automatisch mit einem Besuch des Centro Vasco da Gama (direkt über der Metrostation „Oriente" [rote Linie] gelegen). In dem futuristisch anmutenden Bauwerk findet man über 150 Läden (u. a. Post, Worten-Supermarkt, Buch- und Zeitschriftenhandel), die Luzomundo-Kinowelt und 30 Restaurants und Snacklokale (günstiger als im Expo-Gelände). Neben den großen Ketten wie Vobis, H&M, Zara, Benetton usw. sind auch edlere Luxusmarken vertreten.

> **Freeport-Designer-Factory-Outlet-Center**, Avenida Euro 2004, 2890-164 Alcochete, Tel. 212343500, www.freeport.pt, tgl. 10–24 Uhr. Wem diese riesigen Einkaufszentren der Stadt noch nicht genügen oder wer speziell Markenwaren (z. B. Hugo Boss, Calvin Klein, Lacoste, Zara ...) zu günstigen Preisen sucht, sollte das kurz FOC (Freeport Outlet Center) genannte Einkaufsparadies besuchen. Das auch Freeport Leisure genannte Areal, nach eigenen Angaben das größte Outlet-Center Europas, liegt etwa 15 km südlich der Vasco-da-Gama-Brücke und ist mit 70.000 m² Verkaufsfläche und über 140 Läden der größte Umschlagplatz für Designerware mit über 200 Marken im Angebot. Meist handelt es sich dabei um Überproduktionen oder Produkte der Vorsaison. Ein großes Kinozentrum (11 Säle) und eine Diskothek gehören ebenfalls zum Areal, für das leibliche Wohl sorgen zahllose Restaurants und die bekannten Fast-Food-Ketten. Für leidgeprüfte Eltern, die in Ruhe shoppen möchten, wurde extra eine

Kinderbetreuung eingerichtet. Das FOC erreicht man über die Autobahn A-2 über die Ponte Vasco da Gama Richtung Faro/Algarve (Ausfahrt: Alcochete) oder mit dem öffentlichen Bus der Gesellschaft TST (Transportes Sul do Tejo) ab Metrostation „Oriente" mit den Linien 431, 432 oder 437. Noch einfacher geht es mit dem kostenlosen Freeport-Shuttlebus, der täglich um 10 und 15 Uhr ab Pr. M. de Pombal kauflustige Kunden transportiert, um 13.30 und 18 Uhr geht es zurück in die Stadt (Businfo unter Tel. 212343501).

Bücher

🔒5 [U22] **RBMDC – Livros e Arte Lda.**, Travessa do Carvalho 25, Tel. 213421927, Mo.–Fr. 10–19 Uhr, Metro: Cais do Sodré

🔒6 [T9] **Bulhosa**, Campo Grande 10B, Tel. 217994194 und 217615480, Mo.–Sa.

↗ Einer der vielen Flohmärkte kann jeden Dienstag und Samstag hinter dem Pantheon ⑧ besucht werden

Die portugiesischen Azulejos

Wohl kaum ein anderer Artikel im Sortiment portugiesischer Souvenirhändler dürfte so typisch und einzigartig sein wie die blau-weißen Kacheln, genannt „Azulejos". Irrtümlich wird noch heute vielfach angenommen, der Begriff „Azulejo" stamme vom spanisch-portugiesischen Wort „azul" (blau) ab – weit gefehlt! Die heute nach der italienischen Keramikhochburg Faenza „Fayence" genannte, ursprünglich bunte (nicht blaue!) Keramikkachelkunst **kam bereits mit den Arabern als rein unfigürliche Ornamentik nach Südspanien und Portugal,** *die auch den Begriff prägten (aus arab. „Al-Zuleig" = polierter Stein).*

Eine erste Blütezeit erfuhren die Azulejos unter König Manuel I. (1495–1521), der sich auf einer Reise durch Andalusien, Toledo und Saragossa von den maurischen Hinterlassenschaften inspirieren ließ und nach seiner Rückkehr die bislang nur sporadisch verwendete Wandverkleidung im großen Stil für sein Schloss in Sintra (s. S. 153) bestellte. Bald tat es ihm der Hofadel nach, sodass die hohe Nachfrage niederländische Künstler ins Land rief, die eine **Mischung aus gemalter Erzählung und Verzierung** *entwickelten. So entstanden Schlachtengemälde, Heiligengeschichten, Alltagsszenen aus Jagd und Schäferei und Darstellungen der portugiesischen Kolonialgeschichte.*

Mit dem **Wiederaufbau zahlloser Bauwerke nach dem Erdbeben von 1755** *stieg der Bedarf an Azulejos erneut stark an und führte zur Errichtung mehrerer Azulejo-Fabriken. Auch wandelte sich das Anwendungsgebiet von der reinen Innen-*

ausgestaltung hin zur (wetterbeständigen) **Außenverkleidung von Fassaden und Bauwerken.** *In dieser Zeit entwickelte sich ein städtisches Gesamtbild, das als so typisch für Portugal gilt.*

Heute sind nicht nur Kirchen und Paläste, sondern auch Zweckbauten (Bahnhöfe, Metrostationen), Cafés, Markthallen und viele andere Gebäude mit den typischen Azulejos verkleidet. In Lissabon wird der Besucher die **Verquickung aus praktischer Innenauskleidung und hoher Kunst** *in vielen Klöstern und Palästen, oftmals auch in Hotels oder Restaurants bewundern können. Wen die Azulejo-Kunst besonders interessiert, dem sei das Azulejo-Museum* ❷ *empfohlen.*

Lissabon für Kauflustige

9–19.30 Uhr, Metro: Campo Grande. Eine der größten Buchhandlungen Lissabons, die auch Foto- und Kunstbände, v. a. aus Spanien und Großbritannien, sowie fremdsprachliche Belletristik vertreibt. Mittwochs werden Lesungen live im Radiosender RPL übertragen. Sitzgelegenheiten und kleine Café-Bar.

Kleidung, Boutiquen

🔴7 [T21] **Tomtom Accessoires,** Rua do Século 4, Tel. 213479733, Mo.–Fr. 11–20, Sa. 11–19 Uhr. Interessante, teilweise skurrile Einrichtungsgegenstände zum Bestaunen und als Anregung.

🔴8 [U21] **Sneakers Delight,** Rua do Norte 30 (Bairro Alto), Tel. 213479976, Mo.–Do. 13–23 Uhr, Fr. 13–24 Uhr, Sa. 14–24 Uhr. Schuhgeschäft, hauptsächlich für Markenware (Puma, Adidas).

🔴9 [U21] **Jimmy Portuguese Styleshop,** Rua das Flores 100, Tel. 21918984695, Mo.–Sa. 10.30–19.30 Uhr, Haltestelle Tram/Bus: Praça Luís De Camões. Man fragt sich: Kitsch oder Kunst? Kleinkunst-Handwerk, von dem die Inhaber garantieren, es sei von lokalen und nationalen Künstlern individuell angefertigt und echt portugiesisch.

🔴10 [V20] **Chapelaria Azevedo Rua,** Praça Dom Pedro IV 72–73, Mo.–Fr. 9.30–19 Uhr, Sa. 9–13 Uhr, Tel. 213427511. Hüte und Spazierstöcke für besondere Gelegenheiten.

Antiquitäten und Souvenirs

🔴11 [U21] **A Carioca,** Rua da Misericórdia 9, Tel. 213420377, Mo.–Sa. 9–19.30 Uhr. Tee, Kaffee und Souvenirs aus aller Herren Länder.

🔴12 [U21] **Atelier Renaissance,** Rua da Emenda 26, Tel. 213424606, Mo.–Fr. 9–13 u. 14.30–18 Uhr. Kunsthandwerk und Teppiche.

🔴13 [V21] **Vida Portuguesa,** Rua Anchieta 11, Mártires, www.avidaportuguesa.com, Tel. 213465073. Antiquitäten, Sammlerstücke, Küchenutensilien, Düfte und Skurriles.

🔴14 [X21] **A Arte da Terra,** Rua Augusto Rosa 40, Tel. 212745975, www.aartedaterra.pt. Allerlei Souvenirs, Dekorationsgegenstände und Kacheln nahe der Kathedrale.

🔴15 [U21] **Sant'Anna,** Rua do Alecrim 95, Tel. 213422537, www.santanna.com.pt, Mo.–Fr. 9–19 Uhr, Sa. 9–13 Uhr. Spezialgeschäft für Keramikkunst: Azulejos, bemalte Töpfe usw.

Weine und Delikatessen

🔴16 [V20] **Garrafeira Manuel Tavares,** Rua de Betesga 1A&B, Mo.–Sa. 9.30–19.30 Uhr, Tel. 213424209. *Die Adresse in Altstadtnähe für portugiesische Weine und Delikatessen wie geräucherte Würste, Olivenöl oder Käsespezialitäten.

Lebensmittel

Frisches Brot gibt es in den örtlichen Bäckereien, die ab 6 Uhr geöffnet haben. Es dominiert das Weizenbrot, entweder in Form der französischen Stangenbrote *(filão de pão longo)* oder als kross gebackener, dunklerer runder Laib *(filão de pão redundo)*. Daneben werden auch Brötchen aus dem gleichen Teig *(pãozinho)* und verschiedene süße Teilchen *(bolinho)* gebacken.

Alles Weitere findet der Kunde in den **örtlichen Minimärkten** (ab 7.30 Uhr geöffnet). Vor allem für Selbstversorger mit Ferienwohnung sind die in den großen Einkaufszentren (s. S. 20) vertretenen **Supermärkte** interessant, etwa Continente (riesig, neben Kleidung, Haushalts- und Freizeitartikeln auch mit Fisch-, Fleisch-

und Käsetheken, die ihresgleichen suchen), Modelo, Intermarche (beide ebenfalls mit Frischwarentheken) und die portugiesische Gruppe Pingo Doce.

> **EXTRATIPP**
>
> **Schnelles Frühstück auf die Hand**
> In vielen Metrostationen hat sich eine Filiale der sehr preiswerten Kette „Sical" niedergelassen, die Teilchen und Kaffee anbieten.

Lissabon für Genießer

Lissabon ist selbstverständlich der Ort schlechthin, um die portugiesische Küche einschließlich all der Einflüsse aus den einstigen Überseebesitzungen zu probieren. Grundsätzlich gibt es eine ebenso reichhaltige Gastronomie wie in anderen Weltstädten auch, in Lissabon scheint es jedoch weniger ausländische Küchen (Italiener, Chinesen, Inder usw.) zu geben als in Mitteleuropa vielleicht üblich. Das mag u. a. daran liegen, dass überseeische Kücheneinflüsse direkten Einzug in das kulinarische Angebot portugiesischer Restaurants gefunden haben.

Zuallererst hat **das Meer die lokale Gastronomie geprägt** und zu hervorragenden Gerichten mit Fisch und Meeresfrüchten inspiriert, die nicht nur auf vielen Speisekarten zu finden sind, sondern auch alljährlich mit dem Fest „Peixe em Lisboa" – „Fisch in Lissabon" (s. S. 14) gefeiert werden. In Lissabon findet man zudem Einflüsse der Mittelmeerküche wie Brot, Olivenöl, Käse, Würste und eine große Anzahl von Kleinigkeiten und Snacks.

Das **Preisniveau** in mittelpreisigen Lokalen ist mit rund 4 € für Suppen, Hauptspeisen ab 7 € und Bier ab 2,50–3 € (0,5 l) für eine europäische Hauptstadt recht niedrig. Dabei sind die Preise rund um die großen Touristenziele naturgemäß höher als in weniger frequentierten Vierteln.

Essen und Trinken

Kulinarischer Tagesablauf

Der Besucher, der kein **Frühstück** *(pequeno almoço)* im Hotel gebucht hat, wird sich oftmals vergeblich nach öffentlichen Frühstücksmöglichkeiten umsehen. Zwar serviert man in den Cafés und Bars Espresso oder Milchkaffee *(galão)* auch zu früher Morgenstunde, doch belegte Brötchen *(sandes)* oder Teilchen *(bolos)* werden eher selten angeboten. Die Portugiesen frühstücken nämlich für gewöhnlich höchstens mal ein Häppchen auf dem Weg zur Arbeit; auch haben nur wenige Touristen echten „Frühstücksbedarf" außer Haus.

In den Ferienregionen Portugals hat die Gastronomie das Dilemma des Spätaufstehers erkannt und kredenzt dem mitgenommenen Nachtschwärmer bis in die Nachmittagsstunden hinein ein Katerfrühstück mit Schinken und Ei usw. So etwas wird man in Lissabon vergeblich suchen, wer das Hotelfrühstück verpasst, ist auf vielfach vertretene Ketten wie „Casa dos Sandes" (belegte Baguettes nebst Kaffee/Softdrink) oder sonstige Fast-Food-Einrichtungen angewiesen. Einen ausgezeichneten Kaffee bekommt man dagegen praktisch den ganzen Tag über in den Cafés der Stadt.

Wegen des eher kargen Frühstücks bilden **Mittag- und Abendessen** in Portugal die Hauptmahlzeiten, zu denen warm

Auf ins Vergnügen
Lissabon für Genießer

gegessen wird. Das Mittagessen *(almoço)* wird in den Restaurants von ca. 12 bis 14 Uhr, das Abendessen *(jantar)* zwischen 19 und 22 Uhr serviert.

Zu einem gelungenen Urlaub gehört auch gutes Essen – und davon gibt es in Lissabon reichlich! Doch das richtige Restaurant zu finden, erweist sich oft als gar nicht so einfach. Die alte Regel „Wo viele sitzen, wird es schon gut schmecken" trifft oft nicht zu – abends sind fast alle Gaststätten übervoll und da es sich gerade im Zentrum oftmals um Touristen handelt, ist eine Orientierung schwierig. Die „Gefahr" besteht übrigens weniger in etwaiger Übervorteilung als vielmehr darin, dass es bei einer Massenabfertigung einfach nicht so gut schmeckt – und das sollte es schließlich bei den manchmal recht gesalzenen Preisen.

Bei der Ankunft im Restaurant wird man von einem Kellner zu einem freien Tisch geleitet. Hat man Platz genommen, wird zunächst ein **Couvert** serviert (ein Korb Brot, ein paar Pasteten und Butter), das unbestellt auf den Tisch kommt und von dem man deshalb annehmen könnte, es handele sich um eine kostenlose Aufmerksamkeit des Hauses. Weit gefehlt: Jedes Stück Brot und jedes Butterflöckchen werden berechnet. Diese Praxis ist in Portugal legal, für unvorbereitete Touristen jedoch bisweilen ein Ärgernis. Geht das Couvert unangetastet zurück, wird es aber in der Regel nicht in Rechnung gestellt. Eine Ausnahme machen Toprestaurants, die das Couvert in jedem Fall berechnen.

Dann wird bestellt, was das Herz begehrt: Suppe, Vorspeise, Hauptspeise (Fisch, Fleisch, Gemüse), Nachspeise, das Ganze ausgewählt aus einer drei- bis sechssprachigen Speisekarte, die ganz zu lesen eine abend- statt magenfüllende Beschäftigung werden kann. Da die Mehrzahl der Restaurants vom Tourismus lebt, sind viele Küchen auf den internationalen Massengeschmack ausgerichtet. So findet man neben „Bœuf Stroganoff" etwa „Wienerle an Kartöffelchen" oder „Plumpudding Yorkshire Style" – über die Authentizität des Geschmacks sei damit nichts gesagt!

Teilweise kann man schon an der Zusatzbezeichnung eines Restaurants erkennen, welche „Grundrichtung" angeboten wird. Eine **Churrasqueira** hat vor-

◿ *Cascais* ㊺ *bietet eine große Auswahl an Restaurants*

Auf ins Vergnügen
Lissabon für Genießer

Getrocknete Chilischoten – die scharfe Frucht ist die Basis aller Piri-Piri-Gerichte

wiegend Grillgerichte auf der Karte, die **Marisqueira** dagegen Meeresfrüchte (Fisch und Muscheln). Die **Cervejaria** ist im Prinzip eine Bierhalle mit nicht allzu gehobener Küche (gutbürgerlich-zünftig), die **Tasca** schließlich eine Snackbar, die Kleinigkeiten serviert.

Rechnung und Trinkgeld

Um die **Rechnung** bittet man den Kellner mit den Worten *A conta, se faça favor* („Die Rechnung bitte"), wobei den meisten Touristen das englische *The bill, please* leichter über die Zunge geht, zumal das Personal vielfach hervorragend Englisch spricht. Der Kellner bringt dann ein kleines Tablett mit der Rechnung. Man kann nun die genaue Summe oder den mit einem **Trinkgeld** aufgerundeten Betrag darauf hinterlegen und sich ohne Weiteres entfernen. Hat der Gast nur große Scheine (oder bleibt er einfach sitzen), wird der Kellner das Wechselgeld bringen und das Tablett erneut (in Erwartung eines Trinkgelds) stehen lassen. Als Trinkgeld sind etwa fünf Prozent des Rechnungsbetrages angemessen, man rundet meist auf den nächsthöheren 5er-Euroschritt auf. Ein Trinkgeld ist übrigens am Tresen, für reinen Getränkeverzehr und in Cafés unüblich.

War die gebotene Qualität wirklich einmal erbärmlich oder die Rechnung zu hoch, dann sollte der Gast nicht zögern, das *livro do reclamações,* das **Beschwerdebuch**, zu verlangen. Jedes Restaurant (nicht aber Snacklokale) ist verpflichtet, ein solches zu führen. Das Buch wird auch von der Zulassungsbehörde geprüft – es steht also durchaus der Lizenzentzug auf dem Spiel, was bei so manchem „Missverständnis" Wunder wirken kann.

Nationalgerichte

Typisch portugiesische Gerichte bestehen – ob der Meereslage kaum verwunderlich – vorwiegend aus Fisch. Der wohl beliebteste Speisefisch, *bacalhau* (**Kabeljau**, auf den englischsprachigen Speisekarten „codfish" genannt), wird als eine Art Risotto mit Kartoffel, Zwiebel und Ei gebraten *(bacalhau à brás)*, gekocht *(bacalhau cozido)* oder gegrillt *(bacalhau na brasa)*. Tatsächlich soll es – wie die offiziellen Seiten Fremden gegenüber immer wieder versichern – genau 1001 Arten der Zubereitung geben. Auf den Speisekarten findet der Gast zudem oft **Tintenfisch** in verschiedenen Zubereitungsarten. Der große, gefüllte Tintenfisch wird *polvo* genannt, die kleinen (meist gegrillten) heißen *lulas.*

Ein weiteres typisch portugiesisches Gericht ist der **Eintopf**, entweder als Fischeintopf *(caldeirada)* oder Bohneneintopf *(feijoada)* gekocht. Als Spezialität unter den Eintöpfen gilt die *cataplana,* ein herzhaft-würziges Muschelgericht. Auch das *porco à alentejána* sollte man einmal probieren, gebackenes Schweinefleisch wird hierbei mit Herzmuscheln kombiniert.

Die wichtigsten **Beilagen** sind Kartoffeln *(batatas)* und Reis *(arroz),* erstere werden oft in Form von Pommes frites gereicht. Gemüse und Salate ergänzen je nach Saison (Tomaten, Mohrrüben, Bohnen, Paprika, seltener Feld- oder grüner Salat) den Speisezettel. Die Beilagen werden übrigens gesondert bestellt (und bezahlt).

Als **Dessert** wählt man entweder Kuchen *(bolo)* oder Süßspeisen wie *toucinho do céu* (aus Zucker, Eiern und Mandeln), *leite creme* (aus Milch und Eiern, mit Zucker überbacken) und *pudim flan* (Pudding mit Karamellsoße). Mittlerweile hat sich zudem Eiscreme *(gelado)* weitgehend durchgesetzt.

Natürlich bietet das Land auch eine **volksnahe Küche,** Gerichte also, die etwa mit Bratwurst, Leberkässemmel oder Broiler hierzulande vergleichbar sind. Serviert werden diese preiswerten und oft erstaunlich schmackhaften Schnellgerichte in sogenannten **Tascas.** Hierbei handelt es sich um unscheinbare ältere Häuschen mit drei, vier Tischen oder auch um reine Straßengrills mit Steh- oder kleiner Sitzgelegenheit für den Verzehr.

An erster Stelle der Snackrangliste stehen *sardinhas grilhadas* (**gegrillte Sardinen**), die mit Brot serviert werden – ein leckeres Nationalgericht! Ebenfalls sehr beliebt ist das *frango* (**Grillhähnchen**). Eine afro-portugiesische Variante ist das feurige *frango piri-piri,* wobei Piri-Piri eine aus Angola stammende, auf Chili basierende, höllisch-scharfe Würzmischung bezeichnet – ähnlich dem bei uns bekannten Tabasco. Sardinen wie auch Hähnchen sind übrigens oftmals als günstige Gerichte auf den Speisekarten der mittel- und oberklassigen Restaurants zu finden.

Ansonsten trifft man des Öfteren auf *rissóis* (frittierte Fischstücke), *tosta mista* (Toast mit Käse und Schinken überbacken), *salada de atum* (Thunfischsalat mit Kartoffeln, Salat und Tomaten, angemacht mit Olivenöl), *prego no pão* (Fleischbrötchen), *pastéis de bacalhau* (frittierte Kartoffel-Fisch-Petersilienkugeln) und *chamuça* (Teigtasche mit pikant gewürztem Hackfleisch).

Daneben erfreuen sich Kleinpizzerien, Sandwichbäcker (Kette Casa dos Sandes) und die bekannten internationalen Fast-Food-Ketten zunehmender Beliebtheit, insbesondere bei der jüngeren Generation. Originär portugiesisch sind die **allgegenwärtigen und preiswerten Pastelarias**, Stehimbisse für köstlich gefüllte Teigtaschen sowie kalte und warme Kleinigkeiten aller Art.

Getränke

Das Angebot an **Erfrischungsgetränken** in Gaststätten und Geschäften entspricht dem in Mitteleuropa, einschließlich Mineralwasser *(agua minéral)* mit oder ohne Kohlensäure *(con gás* = mit, *sin gás* = ohne).

Die häufigsten **Biermarken** sind das helle Sagres (Pilsener), gebraut bei Lissabon, gefolgt vom exportähnlichen Superbock (beide sind auch in allen Supermärkten erhältlich). Die wichtigsten Vokabeln für Biertrinker sind *caneca* (großes Bier vom Fass), *imperial* (kleines Bier vom Fass) und *cerveja*, was zwar direkt übersetzt „Bier" bedeutet, womit allerdings „Flaschenbier" gemeint ist.

Eine dominante Stellung nimmt in Portugal der **Weinanbau** ein. Das Land ist in 40 Qualitätsweinregionen mit insgesamt rund 400.000 Hektar Rebfläche aufgeteilt, womit Portugal zu den zehn führenden Weinproduzenten weltweit gehört. Das höchste Gütesiegel für 15 Regionen heißt DOC *(Denominação de Origem Controlada)*, gefolgt von VQPRD *(Vinhos de Qualidade Produzidos em Região Determinada)* für weitere 25 Anbaugegenden. 25 Regionen befinden sich zudem gewissermaßen in „Wartestellung" auf eine höhere Einstufung, sie tragen die Bezeichnung IPR *(Indicação de Proveniência Regulamentada)* und gelten daher nicht als Qualitätsweinregionen. Als wichtigste DOC-Regionen gelten Madeira, Alentejo, Vinho Verde, Douro, Bairrada, Dão und Setúbal.

Eine besondere portugiesische Spezialität ist der bekannte, den weltweit strengsten Weingesetzen unterliegende **Portwein** aus dem Douro-Tal, der ausschließlich in Porto hergestellt wird (daher der Name). Er wird mit Weinbrand als Gärungshemmer versetzt und erlangt so seinen einmaligen Geschmack. Auch in Lissabon ist dieser nationale Tropfen, wie alle Weine des Landes, überall zu bekommen. Ob in Supermärkten oder eigens eingerichteten Weinshops, es sind alle im Lande angebauten Rebsäfte in sämtlichen Güte- und Preisklassen erhältlich.

Eine ganz besondere Spezialität wird im Raum Monchique (Algarve) gewonnen: der **Medronho**. Im Herbst wird aus den stacheligen roten Früchten des Erdbeerbaums *(medronheiro)* der „Aguardente de Medronho" destilliert, ein Branntwein mit 40 Vol.-% Alkohol. Die Beeren gären etwa drei Monate zusammen mit Wasser in Holzfässern, erst im Frühjahr (Kenner behaupten keinesfalls vor März) folgt die eigentliche Destillation durch Erhitzen im Kupferkessel. Der überall in Supermärkten und kleineren Geschäften erhältliche Medronho wird dagegen industriell (und mit allerlei Zusätzen) hergestellt, den „echten" findet man in den Dörfern um Monchique (bei Bauern oder in Kneipen nachfragen) oder in Lissabonner Fachgeschäften. Guten Medronho erkennt man am „Schütteltest" – wenn dabei Luftbläschen in der Flüssigkeit zu erkennen sind, ist er hochwertig.

Es existiert eine Art Lissabonner Variante des Medronho: In sogenannten *Ginjinhas* (z. B. am Rossio) wird für 1 € pro Glas ein exquisiter **Kirschlikör** angeboten, der nicht nur gut schmeckt, sondern in Flaschen auch ein nettes Mitbringsel ist.

Empfehlenswerte Restaurants

- **17** [U20] **Adega Machado** €€€, Rua do Norte 91, Tel. 213422282, www.adegamachado.pt. Das seit den 1930er-Jahren aktive Fado-Lokal ist überaus empfehlenswert: ein herrlich thematisch ausgeschmücktes Gewölbe und Komplettmenüs inkl. Fado-Unterhaltung ab 25–30 €, Mo. Ruhetag.
- **18** [M24] **A Veranda** €€, Av. Fontes Pereira de Melo 5, Tel. 213568800, tgl. geöffnet, im Hotel Eduardo VII. Geboten wird vorzügliche portugiesisch-brasilianische Küche, an den Tischen am vollverglasten Halbrondell hat man zudem eine schöne Sicht auf die Altstadt.
- **19** [U21] **Canto do Camões** €€, Travessa da Espera 38, Tel. 213465464, http://cantodocamoes.pt, nur April–Dez. geöffnet, So. Ruhetag. Hier spielen häufig die städtischen Fado-Barden A. Candida, C. Oliveira und J. Luiz. Fischgerichte kosten 15–22 €, Fleischgerichte 14–20 €.
- **20** [W20] **Casa do Leão** €€€, Castelo São Jorge, Tel. 218875962. Äußerst nobel diniert man in diesem Lissabonner Nobelrestaurant („Löwenhaus"), das stilvoll in das Gewölbe des Kastells integriert wurde. Die Aussicht ist traumhaft, daher sollte man abends unbedingt reservieren.
- **21** [U20] **Cervejaria Trindade** €, Rua Nova da Trindade 20, Tel. 213423506, www.cervejariatrindade.pt, tgl. 10-2 Uhr. Als feiner Tipp der Mittelklasse sei dieses Brauhaus mit angeschlossenem Restaurant und Bierkeller erwähnt. Ursprünglich seit 1283 ein Klosterspeisesaal (1755 zerstört), übernahm 1934 die Trindade-Brauerei das Gelände und eröffnete 1936 zunächst eine reine Bierhalle, die mehrfach als Lissabon-

Preiskategorien

€	Hauptgericht/Menü bis 15 €
€€	Hauptgericht/Menü 15–25 €
€€€	Hauptgericht/Menü ab 25 €

Eines der vielen einfachen Straßenlokale im Zentrum

ner Kulturgut ausgezeichnet wurde. Essen und Bier (auch dunkles!) sind vorzüglich und für Hauptstadtverhältnisse sehr preiswert. Im vorderen Bereich wird nur Bier ausgeschenkt, die hinteren Speisehallen füllen sich ab 18.30 Uhr recht schnell – man sollte vorher dort sein oder reservieren!

22 [X21] **Clube de Fado** €€€, Rua S. João da Praça 92, Tel. 218852704, www.clube-defado.com. Eher teuer (Gericht inkl. Fado ab 25–30 €), das Nachwuchslokal schlechthin, wo alle, die im Fado etwas werden wollen, auftreten müssen.

23 [U18] **Buffet do Plaza** €€€, Travessa do Salitre 7 (im Hotel Lisboa Plaza), Tel. 213218218, geöffnet nur Mo.–Fr. Das Restaurant hat sich auf originär portugiesische und eine ausgezeichnete mediterrane Küche spezialisiert. Angenehm und modern, aber nicht billig.

24 [R14] **Eleven** €€€, Rua M. de Fronteira, Jardim A. Rodrigues beim Parque Eduardo VII, Tel. 213962211, Sa. u. So. geschlossen. Eines der aktuellen und von Gästen sehr gelobten Toprestaurants in Lissabon! Der deutschstämmige Chefkoch Joachim Koerper war zuvor in mit mehreren Michelin-Sternen prämierten Spitzenrestaurants u. a. in Paris verantwortlich und zaubert im unvergleichlichen Ambiente mit toller Aussicht des von J. Vasconcelos künstlerisch grandios ausgestalteten Lokals mediterrane Kreationen, die ihresgleichen suchen. Koerper garantiert die Verwendung ausschließlich lokaler Erzeugnisse und verfügt über eine der besten Weinkarten des Landes. Für das zugegeben perfekte Dinner muss man allerdings auch mit rund 100 € p. P. rechnen.

25 [U18] **La Caffé** €€, Avenida da Liberdade 129, Tel. 213256736, www.la-caffe.com, Mo.–Sa. 12–15.30 u. 19.30–23 Uhr, Metro: Avenida. Das moderne Designrestaurant bietet recht ausgefallene und delikate Menüs wie etwa schwarze Spaghetti mit Lachs-Walnuss-Sauce, Entenrisotto mit Spargel und Hüttenkäse oder Kartoffelgnocchi mit Shrimps und gerösteter Ananas.

26 [X21] **Casa de Fado Marquês da Sé** €€€, Largo M. do Lavriadio 1, Tel. 218880234, geöffnet tgl. außer Mo. 20–2 Uhr. Direkt bei der Igreja Santo kredenzt dieses Fado-Lokal Menüs (35–40 €) oder À-la-carte-Gerichte zu gediegener Fado-Musik.

27 [W22] **Café-Restaurante Martinho da Arcada** €€, Pr. do Comércio, Tel. 218866213, geöffnet tgl. außer So. 7–23 Uhr. In den Arkadengänge des Pr. do Comércio ist das Martinho da Arcada eingebettet. Schon um 1782 als Café gegründet, nennt es eine lange Historie und viele prominente Stammgäste sein eigen, u. a. soll Fernando Pessoa (s. S. 43) hier einige seiner Werke verfasst haben.

28 [X21] **Restaurante Cabacinha** €€, Rua do Limoeiro 10, Tel. 218872204. Auf dem kurzen Weg zwischen Kastell und Kathedrale sieht das Lokal von außen ein wenig wie eine umgebaute Garage aus, tatsächlich handelt es sich um eines der ursprünglichsten Amateur-Fado-Lokale Lissabons. Fado wird freitags bis sonntags angeboten, Menüs zum Festpreis oder à la carte Fleischplatten ab 22 € und Fischplatten ab 24 € (jeweils für 2 Personen). Bei Livemusik kosten die Hauptgerichte je nach Vorstellung zwischen 15 und 25 €.

29 [V19] **O Sitar** €, Rua dos Condes 7, Tel. 213430004, tgl. ab 11.30 Uhr bis Mitternacht. Das indische Restaurant bietet schmackhafte Tandoori-Küche (auch vegetarisch) mit hausgebackenen indischen Fladenbroten und preiswerte Mittagsmenüs zum Festpreis von 6,90 € inkl. Huhn oder Lamm mit Reis, Salat und Kaffee.

30 [V17] **Velho Páteo de Sant'Ana** €€€, Rua Dr. A. Amaral 6, Tel. 213140063, geöffnet tgl. außer Mo. 19.30–1 Uhr, www.velhopateodesantana.com. Etwas versteckt liegt eines der besten Fado-Restaurants Lissabons, mehrfach prämiert (z. B. Arch of Europe, Frankfurt 2007). Uriges, traditionelles Haus mit vorzüglichen Komplettmenüs (Suppe, Fisch- oder Fleischgericht, Nachspeise, Getränke und Kaffee) inkl. Fado ab 50 €. Spezialität: *Espetadas* (Minifleischspieße vom Grill), Reservierung empfehlenswert.

Cafés

◯**31** [V21] **Café A Brasileira do Chiado**, tgl. 8–2 Uhr. Das vielleicht traditionellste Kaffeehaus der Stadt – hier bedeutet der Kaffee noch Genuss. Eine Tasse kostet an der Theke 1 €, am Tisch 1,50 € und draußen 2 € – da draußen die Gefahr der Zechprellerei besteht. Außerdem werden auch Weine und Spirituosen sowie eine durchaus beachtliche Auswahl an Speisen und Snacks serviert.

◯**32** [V20] **Café Nicola**, Rossio 24, Tel. 213460579. Das traditionsreiche Café am Rossio kredenzt bereits seit 1929 an dieser Stelle seine hauseigenen Kaffeesorten. Das Wandgemälde und die Statue im Inneren zeigen den Lebemann und Dichter Manuel Barbosa (1765–1805), der in dem gleichnamigen Vorgänger des heutigen Cafés regelmäßig verkehrte.

◯**33** [G25] **Pastelaria Pastéis de Belém**, R. de Belém 84, Tel. 213637423. Geöffnet tgl. 8–23 Uhr, im Sommer bis Mitternacht. Die sehr beliebte Pastelaria bietet über 450 Gästen Platz. Das dort angebotene gefüllte Blätterteiggebäck soll auf Originalrezepturen des Hieronymus-Klosters zurückgehen.

◯**34** [V21] **Solar des Chavez**, zwischen Rua de Ouro und Rua Nova Almada schräg gegenüber vom Elevador de Santa Justa ❺, Tel. 213973539. Sehr große Auswahl an Kuchen und Teilchen.

Lissabon am Abend

Auch wenn sich die nostalgische Stadt vehement davor zu wehren scheint, eine typisch europäische Metropole zu werden, bietet Lissabon als Hauptstadt den Nachtschwärmern aller Altersklassen doch ein reichhaltiges Angebot an Klubs und Diskotheken aller Art, wobei manchen Einrichtungen allerdings nur eine kurze Lebensdauer beschieden ist.

Nachtleben

Der frühe Abend

Prinzipiell sollte man sich gerade in Lissabon auf einen deutlich späteren Start des Nachtlebens als in Mitteleuropa üblich einstellen. Es wird spät (ab 20 Uhr) und lange gegessen, sodass man anschließend frühestens ab 21 oder 22 Uhr zunächst durch das **traditionelle Kneipenviertel Bairro Alto** mit seinen unzähligen Bars zieht. Hier findet man, östlich vom botanischen Garten, u. a. den **Hot Clube de Portugal**, den zu Zeiten Salazars als Widerstandsnest bekannten ältesten Jazzklub des Landes. In dem heimeligen Kellergewölbe finden jeden Dienstag und Mittwoch Jamsessions statt, an Wochenenden treten hier auch internationale Meister ihres Fachs wie Pat Metheny und Charlie Madon auf.

Zentrum des Nachtlebens im Bairro Alto ist die **Rua da Atalai** [U20], besonders populär ist das immer brechend volle **Portas Largas** mit Musik von Fado bis zu Drum'n'Bass und einheimischem

Auf ins Vergnügen
Lissabon am Abend

Publikum wie Touristen gleichermaßen. In einer der bekanntesten und traditionellen Tavernen, der **Flor da Branca**, scheint die Zeit seit der (vorletzten) Jahrhundertwende stehen geblieben zu sein. Der in die Jahre gekommene Inhaber, Senhor Antonio, hat schon vor Jahrzehnten die ältliche Innendekoration mit Kacheln und Spiegeln vorgenommen, aber auch mit seinem heute geschäftsführenden Sohn Manuel eine lukullische Eigenkreation, den *Carajillo,* entwickelt. Hierfür wird hochprozentiger Traubenschnaps flambiert und mit Kaffee gelöscht – beinahe eine Art „Bio-Ecstasy". Sehr beliebt, tolle Stimmung!

Aber auch die **Kneipenstraße Rua das Portas de Santo Antão** [V19] direkt parallel zur Avenida da Liberdade ㉕ mit unzähligen Restaurants, Bars und Kneipen hat ihren Reiz. Die Jugend geht hier gerne ins **Hard Rock Cafe** mit gigantischen Burgermenüs und etlichen Originalausstellungsstücken wie der ESP-Gitarre von Metallica, einem Anzug von Elton John, handsignierten Beatles-Kostümen oder der E-Gitarre von Noel Gallagher (Oasis).

Die **Mehrzahl der Bars und Fado-Lokale** befindet sich zwischen der Rua do Norte und der Rua da Rosa [U20/21] im Bairro Alto, erstklassige Fado-Lokale findet man auch heute noch vor allem in der Nähe des Kastells im Bezirk Alfama.

- ❼35 [T19] **Hot Clube de Portugal**, Pr. da Alegria 39/Ecke Rua das Taipas, Tel. 213460305, Di.–Sa. 22-2 Uhr
- ❼36 [U20] **Portas Largas**, Rua da Atalaia 105/Ecke Travessa da Queimada, Tel. 213466379, tgl. 22-3 Uhr
- ❼37 [U20] **Flor da Branca**, Rua Diário das Notícias 65/Ecke Travessa dos F. de Deus, Tel. 213427187, tgl. außer So. 22-3 Uhr

EXTRATIPPS

Lecker vegetarisch
Folgende Lokale sind für Vegetarier gut geeignet, da sie eine große und gute Auswahl an vegetarischen Speisen anbieten:
- › Pastelaria Pastéis de Belém (s. S. 31)
- › La Caffé (s. S. 30)
- › O Sitar (s. S. 30)

Dinner for one
Alleinreisende finden in Lissabon zahlreiche sehr angenehme Restaurantbetriebe, ganz besonders hervorzuheben sind:
- › Cervejaria Bessa (s. S. 82)
- › Cervejaria Trindade (s. S. 29)
- › Restaurante Sinhal Vermelho (s. S. 104)

Für den späten Hunger
Wer noch vergleichsweise spät etwas zu essen sucht, braucht in Lissabon nicht zu verzweifeln. Zum einen wird ohnehin später als in Mitteleuropa zu Abend gegessen, zum anderen bieten viele Restaurants ohnehin bis (mindestens) Mitternacht warme Küche an. Vor allem die Pizzerien, Burgerläden usw. der Shoppingarkaden (s. S. 20) haben lange geöffnet.

Lokale mit guter Aussicht
Zuvorderst sollte man ein Lokal wegen der kulinarischen Kreationen aufsuchen, doch heben sich auch einige der Lissabonner Gastronomiebetriebe durch eine zusätzlich besonders schöne Aussicht bzw. Lage ab:
- › A Veranda (s. S. 29)
- › Vela Latina (s. S. 135)
- › Eleven (s. S. 30)

Auf ins Vergnügen
Lissabon am Abend

❶38 [V19] **Hard Rock Cafe,** Rua das Portas de Sto. Antão, Zugang an der Av. da Liberdade 2, Tel. 213245280, tgl. 11–2 Uhr, am Wochenende bis 3 Uhr, warme Küche bis 1 Uhr

Neben den beschriebenen Etablissements sind noch einige weitere Bars und Kneipen hervorzuheben:

❶39 [T19] **Pavilhão Chinês,** Rua Dom Pedro V 89, Tel. 213472144, tgl. 18–2 Uhr, So. 21–2 Uhr. Gleicht einem Trödelladen mit Billardsalon. Für Nostalgiker.

❶40 [T22] **Lounge,** Rua da Moeda 1 (unten am Elevador da Bica), Tel. 213973730. Elektronik, Hip-Hop, cooles Publikum.

❶41 [S21] **Fluid,** Av. Dom Carlos I 67, Tel. 213955957. Tanzbar wie in den 1970er-Jahren, klein, angesagt, wechselnde Musik.

❶42 [N24] **Op Art,** Docas de Santo Amaro, Tel. 938558258, Mo. geschlossen. Glaspavillon am Rand der Docas, internationale DJs.

❶43 [U21] **MaJong,** Rua da Atalaia 3, Tel. 213421039. Chinesische Bar mit Restaurant, gemütlich, mit Kicker.

❶300 [U20] **Grapes & Bites** €€, Rua do Norte 81, Tel. 213472431. Leser loben diese kleine Bar mit Live-Musik (kein Fado, Pop, Folk), tollen Tapas und einer guten Weinauswahl.

Smoker's Guide

Man wird in Lissabon lediglich in seinem Hotelzimmer oder in Gaststätten und Bars mit abgetrenntem Raucherbereich sowie Einrichtungen ohne das rote Verbotsschild zur Zigarette greifen können (Exkurs s. S. 66). Eines der traditionellen Häuser, in denen man der Meinung ist, Kaffee und Zigarette gehörten zusammen wie Lissabon und sein Kastell, ist das traditionelle Kaffeehaus **Café A Brasileira** (s. S. 31) im Zentrum.

In Lissabons beleuchteten Gassen erwacht das Nachtleben

Lissabon am Abend

> **Gastro- und Nightlife-Areale**
> Bläulich hervorgehobene Bereiche in den Karten kennzeichnen Gebiete mit einem dichten Angebot an Restaurants, Bars, Klubs, Discos etc.

Der späte Abend

Frühestens gegen Mitternacht – eher später – wechselt man dann zum eigentlichen Zentrum für Nachtschwärmer, den **Docas de Santo Amaro** ㉗, gemeinhin nur als „Docas" bekannt. Unmittelbar unterhalb der markanten Hängebrücke über den Tejo (Ponte 25 de Abril ㉙) findet man die angesagtesten Klubs der Stadt, gemischt mit Restaurants, Pubs usw. Auch wenn es sich bei den renovierten ehemaligen Lagerhäusern am Jachthafen um eine auf den ersten Blick künstliche und im Vergleich zur Altstadt wenig urige Vergnügungsmeile handelt, so macht die direkte Lage am Fluss und unterhalb der Brücke den Nachteil der eher konventionell gestalteten Bars und Restaurants mehr als wett.

Beliebt sind hier zurzeit das Musikcafé **Zona Doca**, das schon ziemlich lange im Geschäft befindliche **In Seven Seas** und vor allem das Jugendcafé **Hawaii Lisboa** mit Dancefloor, Großbildschirm usw. Drinks kosten hier in der Gegend 7–8 €, das Bier ab 5 € (0,5 l).

› **Wegbeschreibung Docas:** Ab Cais do Sodré Straßenbahn 15 Richtung Belém bis „Avenida Infante Santo", hier dann Zugang zu den Docas via Unterführung (sieht alles ein wenig dubios aus, ist eben kein Nobelviertel!), einfacher: eine Station per S-Bahn ab Cais do Sodré bis „Alcântara-Mar", dann Ausgang „Gare-Maritim" zu den roten Backsteinbauten. Zurück hilft nur das Taxi.

❹44 [N24] **Zona Doca**, Tel. 213972010, tgl. außer Mo. bis 2 Uhr, Sa./So. und an Feiertagen bis 4 Uhr
❹45 [N24] **In Seven Seas**, Tel. 213562931, tgl. 22–4 Uhr, bei Events bis 6 Uhr
❹46 [N24] **Hawaii Lisboa**, Tel. 213958110, tgl. 0–5 Uhr

Nicht bei den „Docas", sondern in unmittelbar Nähe des Bahnhofs Santa Apolónia am Tejo-Ufer finden Nachteulen den wahrscheinlich angesagtesten Klub der portugiesischen Metropole, wenn nicht des ganzen Landes: das Mitte der 1990er-Jahre eröffnete **LuxFragil**. Auf zwei Etagen legen lokale wie internationale Star-DJs Platten unterschiedlicher Stilrichtungen auf den Teller. Vor allem im Sommer finden regelmäßig Livekonzerte von nationalen Coverbands, Newcomern usw. statt. Der Eintritt beträgt je nach Event zwischen 12 und 15 € (meist erhält man Verzehrgutscheine), für Longdrinks zahlt man je nach Getränk 6–9 €, Wasser und Bier gibt es für 3–5 €. Die Drinks genießt man am besten auf der Dachterrasse des Klubs mit Ausblick über die Altstadt und den Fluss.

❹47 [Z20] **LuxFragil**, Av. D. Infante Henrique/Cais da Pedra, am Ufer hinter dem Bahnhof Santa Apolónia, Di.–Sa. ab 22 Uhr (vor 2 Uhr ist es allerdings noch ziemlich ruhig, dafür wird die letzte Scheibe erst gegen 7 Uhr morgens aufgelegt), Metro: „Santa Apolónia", Bus Nr. 203 und 210, Infos zu Veranstaltungen, Livekonzerten usw. unter Tel. 218820890, www.luxfragil.com

Ehe man nun auf einen der Klubs zusteuert, muss man wissen, dass in den Klubs und Discos eine wichtige Person einige Macht in ihren Händen hält: **der Türsteher**. Er entscheidet „nach Nase",

Auf ins Vergnügen
Lissabon am Abend

wer eingelassen wird und wer nicht. Ein System oder Vorgaben gibt es nicht, der eine wird kostenlos eingelassen, ein anderer, der dem Türsteher vielleicht weniger genehm erscheint, soll utopisch hohes Eintrittsgeld im dreistelligen Eurobereich berappen. Auch die Anzahl der um Einlass bittenden Gäste spielt bei der willkürlichen Höhe eine Rolle. Grundsätzlich scheint sich die Chance, ohne Eintritt eingelassen zu werden, immens zu erhöhen, wenn man gut und stilvoll gekleidet ist und den (äußeren) Anschein erweckt, viel Geld ausgeben zu wollen. Frauen haben hierbei prinzipiell die besseren Chancen, daher ist es nie verkehrt, in weiblicher Begleitung diese Hürde zu nehmen. Manchmal gibt der Türsteher auch für den geleisteten Eintrittspreis Freicoupons für ein oder zwei Getränke aus oder der Eintritt wird gänzlich als Verzehrgutschein erstattet.

Gelegentlich wird per Aushang ein *Consumo Minimo* (Mindestkonsum) verlangt, was man getrost ignorieren kann. Dieser Hinweis dient einigen Bars und Klubs lediglich dazu, eher „sparsam erscheinende" Gäste abzuschrecken, und wird in der Praxis nur selten tatsächlich umgesetzt.

Casinos

Zwei staatlich lizenzierte Spielcasinos locken Einheimische wie Besucher:
- ❶48 [f5] **Casino Lisboa**, Alameda dos Oceanos Lote, Parque das Nações, Tel. 218929000, www.casino-lisboa.pt, tgl. 15–3 Uhr, an Wochenenden 15–4 Uhr. Das Casino organisiert auch zahlreiche thematische Veranstaltungen.
- ❶49 [I D1] **Casino Estoril**, Tel. 214667700, www.casino-estoril.pt, tgl. 15–3 Uhr. Hier werden auch Revue-, Theater- und Konzertveranstaltungen abgehalten.

Musikszene

Popmusik

Außerhalb der Landesgrenzen sind portugiesische Songs nur höchst selten zu hören und nur sehr wenigen Gruppen gelingt es, internationale Bekanntheit zu erlangen. Die **Popgruppe Madredeus** erlangte internationale Bekanntheit durch den Film „Lisbon Story" von Wim Wenders. Die Band um Leadsängerin Teresa Salgueiro macht vor allem mit Liedern des Albums „Um Amor Infinito" (Eine unendliche Liebe) längst auch außerhalb Portugals Furore. Richtig fetzige Musik wird natürlich auch gespielt, u. a. von Peste e Sida (Punk), Joker (Hardrock) oder GNR (Rock). Die lokalen Rundfunksender und nationalen Charts favorisieren jedoch die Interpreten und Gruppen der **Schlagermusik** wie etwa

Lissabons Hard Rock Cafe

Auf ins Vergnügen
Lissabon am Abend

Trovante, José Afonso, Sérgio Godinho oder die Delfins, was dem ruhigen und gemächlichen Portugal wohl am ehesten entspricht. Spätestens seit der Fußball-Europameisterschaft 2004 in Portugal kennt man natürlich auch die portugiesischstämmige **Nelly Furtado** und ihren damaligen EM-Titelsong „Força".

Die großen internationalen Popgrößen spielen alle im eigens für Großereignisse gebauten
- ●50 [g4] **Pavilhão Atlântico**, Rossio dos Olivais (im Parque das Nações), Tel. 218 918 409, www.pavilhaoatlantico.pt. Hier entstand übrigens auch das YouTube-Video zu Madonnas Sturz während ihres Lissabonkonzertes.

Fado

Vielleicht nicht wirklich bekannter als die Vertreter der zeitgenössischen musikalischen Ausrichtungen, unbedingt aber landestypischer ist der Fado. Tatsächlich werden als Antwort auf die Frage, woran das Herz der Portugiesen hängt, stets zwei Antworten gegeben: Fußball und Fado. Schon der Begriff (lat. *fatum* = Schicksal) deutet auf die wesentliche Grundausrichtung dieses wohl typischsten portugiesischen Musikstils hin. Am besten lässt sich der portugiesische Fado als „**schwermütiges Chanson**" beschreiben, die Akteure treten häufig in dunkler, schon äußerlich eine schwermütige Stimmung ausstrahlenden Kleidung auf und erzählen in ihren **Balladen von Missständen, der Heimat, von Schicksalen oder der Liebe**. Begleitet wird der Text von traurigen Klängen, die auf der spanischen Akustikgitarre gezaubert werden. Dabei wird deutlich, dass die erzählten schicksalhaften Ereignisse zu den Wünschen und Bestrebungen des Interpreten offenbar konträr verliefen. Die Atmosphäre im Publikum harmoniert nahezu automatisch – es herrscht stets eine beinah andächtige Stille.

Die **Entstehungsgeschichte** des Fado konnte bislang nicht umfassend wissenschaftlich aufgearbeitet werden, man akzeptiert jedoch weithin das Jahr 1840 und das seinerzeitige **Matrosenlied „Fado do Marinheiro"** als den Zeitpunkt, an dem die Grundcharakteristika des Fado unsterblich wurden. Vorläufer soll es schon vor vielen Jahrhunderten, möglicherweise sogar schon vor der Existenz Portugals als eigenständiger Staat, gegeben haben. Dabei wird häufig auf die Musik der damals in Portugal ansässigen Mauren, später auch auf die Gesänge der brasilianischen Sklaven Bezug genommen.

◁ *Fado-Klänge auf dem Miradouro de São Pedro de Alcântara*

Zu den **bekanntesten Fadoeiros**, wie man die Fado-Interpreten in Portugal nennt, gehören Carlos Alberto Ascensão de Almeida („Carlos do Carmo"), Lucília do Carmo (die Mutter von Carlos), Camané, Maria da Fé, Fernando Farinha, Nuno da Camaro Pereira, Mísia, Mafalda Arnauth und Maria Ana Bobone. Diese Aufzählung wäre mehr als unvollständig ohne die gebührende Erwähnung der „Übermutter" des portugiesischen Fado: **Amália Rodrigues** (1920–1999). Amália da Piedade Rebordão Rodrigues, genannt „Königin des Fado", nahm rund 170 Platten auf und wirkte auch in zahlreichen Filmen mit. Letztmalig trat sie bei der Weltausstellung in Lissabon 1998 auf. Nach ihrem Tod im Oktober 1999 wurde eine dreitägige Staatstrauer ausgerufen und ihre sterblichen Überreste 2001 im Lissabonner Pantheon beigesetzt, wo noch heute nahezu täglich Blumen niedergelegt werden.

Als ihre unangefochtene „Thronerbin" gilt die 1973 in Mosambique geborene **Mariza Nunes**, die schon im Alter von fünf Jahren im Lokal ihres Vaters sang und vom Schauspieler Raul Solnado entdeckt wurde. Im Jahre 2000 wurde sie zur „Besten Fadostimme des Jahres" gekürt, 2007 ihr Album „Concerto em Lisboa" für den Latin Grammy in der Kategorie „Bestes Folk Album" nominiert.

Nach **Rodrigues' Tod** brach die Begeisterung für den Fado gewaltig ein, heute geben Künstler wie Camané, Carminho, Kátia Guerreiro, Mariza, Mísia, Ana Moura, Hélder Moutinho, Ana Sofia Varela und die auch bei uns nicht ganz unbekannte Band Deolinda dem Fado eine moderne Note.

Ein Fado-Abend mit einem der genannten Fado-Interpreten gehört zu den unvergesslichen Erlebnissen eines Abends in Lissabon. Auf wirklich **gute, traditionelle Fado-Lokale** trifft der Besucher tatsächlich **fast nur noch in Lissabon**. Diese Lokale sind meist auch Restaurants, die über etwas höhere Speisen- und Getränkepreise den Auftritt finanzieren. Die Vorstellung wird übrigens traditionell mit *Silêncio, que se vai cantar o fado* („Ruhe bitte, es wird Fado gesungen") eröffnet. Wer sich näher mit dem portugiesischen Fado beschäftigen möchte oder auch eine musikalische Einstimmung sucht, findet eine sehr gut aufbereitete englischsprachige Homepage unter:
❯ http://paginas.fe.up.pt/~fado

Hier eine **Auswahl empfehlenswerter Fado-Lokale:**
❯ **Adega Machado** (s. S. 29). Das Gewölbe des seit den 1930er-Jahren aktiven Fado-Lokals ist thematisch ausgeschmückt! Komplettmenüs inkl. Fado-Unterhaltung gibt es hier ab 25–30 €.
❯ **Canto do Camões** (s. S. 29). Im Canto spielen häufig lokal berühmte Fado-Barden wie A. Candida oder C. Oliveira.
❯ **Clube de Fado** (s. S. 30). Gilt als Aushängeschild der Lissabonner Fado-Szene.
❯ **Casa de Fado Marquês da Sé** (s. S. 30). Typisches, zentral gelegenes Fado-Lokal, gediegener Fado.
❯ **Restaurante Cabacinha** (s. S. 30). Uriger Amateur-Fado-Klub, Fr. bis So. geöffnet.

Theater und Oper

Auch ein Theaterbesuch unterschiedlicher Ausrichtung bietet sich für eine gepflegte Abendunterhaltung in Lissabon an. Karten können entweder an der Abendkasse, über die angegebenen Webseiten oder die zentralen Kartenver-

Lissabon am Abend

kaufsstellen (s. S. 179) gebucht werden. Hier eine kleine Auswahl:

⊙**51** [T12] **Teatro Aberto,** Rua A. Cortes/Ecke Rua R. Orligão, Tel. 213880089, www.teatroaberto.com, Metro: Praça da Espanha. Beliebtes Theater für Oper, Musik und klassische wie moderne Theaterstücke am Nordrand des Zentrums.

⊙**52** [U20] **Teatro da Trindade,** Largo da Trindade 7a, http://teatrotrindade.inatel.pt, Tel. 213420000, Metro: Baixa-Chiado, dann Elevador de Santa Justa hinauf zum Largo do Carmo nehmen. Oper, klassisches Theater, Kino (auch fremdsprachig, manchmal schon ab 1 €!) und Ausstellungen im Stadtteil Chiado. Auch Führungen in Gruppen ab 10 Personen (2 €/Pers.) durch alle Theaterteile sind hier möglich.

⊙**53** [V21] **Teatro Nacional de São Carlos,** Rua Serpa Pinto 9, Vermittlung Tel. 213253000, Reservierungen Tel. 213253045, www.saocarlos.pt, Abendkasse ab 10 €, Metro: Baixa-Chiado oder Tram 28. Die Lissabonner Oper Teatro Nacional de São Carlos organisiert neben klassischen Aufführungen auch Wechselausstellungen.

⊙**54** [V20] **Teatro Nacional Dona Maria II,** Praça D. Pedro IV, www.teatro-dmaria.pt, Tel. 213250835, Metro: Rossio. Nationaltheater direkt am Rossio, gebaut 1836–1846 im neoklassizistischen Stil zu Ehren von Maria II. (1819–1853). Zwischen 1964 und 1978 mehrfach umgestaltet, ist das Nationaltheater einer der auffälligsten Monumentalbauten im Zentrum. Klassische und moderne Stücke, Ausstellungen und Filmvorführungen. Führungen durch das Theater jeweils Mo. 11.30 Uhr, Eintritt 6 €.

⊙**55** [V19] **Teatro Politeama,** Rua Portas de Sto. Antão 109, www.teatro-politeama.com, Tel. 213245500, Metro: Restauradores. Dieses weniger bekannte Theater liegt sehr zentral in der Kneipenstraße Rua das Portas de Santo Antão und ist spezialisiert auf Musicals/Revues von Hausregisseur Filipe La Féria. Er inszeniert hier internationale Erfolge wie My Fair Lady, Jesus Christ Superstar, West Side Story usw. auf portugiesische Art oder typisch portugiesische Musicals wie jenes über die Fado-Königin Amália Rodriguez („Amalia"). Preise zwischen 18 und 40 €, Vorführungen i. d. R. Di.–Sa. 21.30 Uhr, Sa., So. auch 16 Uhr.

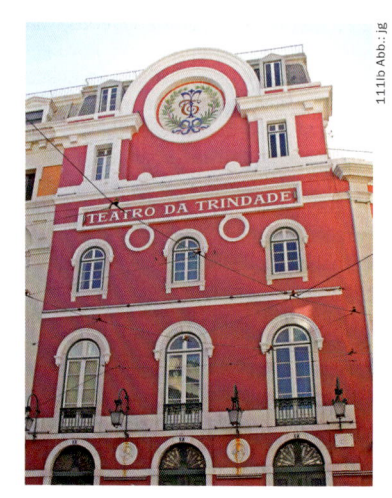

⊙**56** [V21] **Teatro São Luiz – Teatro Municipal,** Rua António Maria Cardoso 38, Tel. 213257650, www.teatrosaoluiz.pt, Tram 28 fährt direkt vorbei, Metro: Baixa-Chiado. Das Stadttheater Lissabons präsentiert sich mit einer ungeheuren Vielfalt im Programm. So werden neben klassischen Dramen, Opern und Operetten auch moderne, experimentelle Stücke, Konzerte, Fado oder des Öfteren auch brasilianische Tanzgruppen angeboten.

Kunst und Kultur spielen in Lissabon eine große Rolle

Lissabon für Architektur- und Kunstfreunde

Architektur

Wer in Lissabon architektonische Prachtbauten und kulturelle Zeugnisse der bewegten Geschichte Portugals erwartet, wird auf seine Kosten kommen: Prunkschlösser und Herrensitze, aber auch aufwendige Sakralbauten wurden während der bewegten Geschichte Portugals vorwiegend in Lissabon gebaut. Hier lag schließlich der „Nabel der Welt".

Doch ist auch ein eher verblichener Glanz festzustellen: Während der Kolonialzeit übernahm gerade der einfache und mittlere Adel vom Land Posten in Übersee, weshalb das portugiesische Mutterland außerhalb der Hauptstadt personell, materiell, aber auch optisch ins Hintertreffen geriet. Und schließlich darf nicht vergessen werden, dass das **verheerende Erdbeben von 1755** sein Übriges tat, um die vorhandenen Güter erheblich zu dezimieren und ganze Teile der Lissabonner Innenstadt zu zerstören. Das Portugal des 18. Jh. war bereits so sehr im Niedergang begriffen, dass an eine neue Blüte kaum mehr zu denken war.

Städtebauliche Prachtbauten der frühen Neuzeit

Ende des 15./Anfang des 16. Jh. wurde in Portugal unter König Manuel I. die nach ihm benannte, **verspielt-ornamentale Stilrichtung der Manuelinik** (s. S. 123) entwickelt. Zahlreiche Prachtbauten wie etwa das Hieronymus-Kloster ❷ in Belém sind in diesem Stil ausgestaltet. Während diese Entwicklung an der Algarve praktisch vollkommen vorüberging, war die Manuelinik für den Großraum Lissabon prägend. Die klassisch-europäische Renaissance spielt im Portugal des 16./17. Jh. praktisch keine Rolle, da man sich auf die Manuelinik konzentrierte und später aufgrund wirtschaftlicher Probleme kein Spielraum für Prachtbauten vorhanden war. Erst mit der Erschließung brasilianischer Goldvorkommen und dem Abschluss von Handelsverträgen mit Britannien wurden um die Wende vom 17. zum 18. Jh., insbesondere zur Zeit von König João V., **barocke Paläste und Kirchen** gebaut. Beispiele hierfür sind die Igreja São Roque ⓯ im Bairro Alto oder die Kathedrale ⓫.

Nach dem Erdbeben von 1755 und der weitgehenden Zerstörung der Innenstadt Lissabons erfolgte ein **Wiederaufbau** ganz im Sinne des Marquês de Pombal (s. S. 110) **mit schachbrettartigem Grundriss** – als Paradebeispiel gilt die Baixa. Ein nettes „Abfallprodukt" des Erdbebens soll übrigens der für Portugal, aber auch für einige der einstigen Kolonien typische kunstvolle, schwarz-weiße Pflasterboden vieler Fußgängerzonen sein. Angeblich wurden die Trümmer gleich für derartige Mosaiken verwendet.

Das Stadtbild der Gegenwart

Der städtische Wohnungsbau des 19. und 20. Jh. war geprägt von **typischen dreistöckigen Wohnhäusern mit Flachdach** *(açoteia),* die noch heute in den Kleinstädten dominieren. Die Lissabonner Innenstadt weist dagegen ebenso zahllose neoklassizistische Prunkbauten wie gutbürgerliche Wohnhauszeilen auf, in den Randbezirken dominieren heute

Lissabon für Architektur- und Kunstfreunde

freudlose Trabantenstädte mit schlichten Hochhausbauten.

Mit der Tourismuswelle des späten 20. Jh. änderte sich auch das architektonische Bild Lissabons drastisch. **Große Hotelbauten** wurden errichtet, in den Außenbezirken Golfplätze und Freizeiteinrichtungen angelegt, Restaurants und Souvenirgeschäfte aus dem Boden gestampft. Hinzu kamen und kommen etliche Villen reicher Portugiesen in den Randgemeinden – vornehmlich in Cascais/Estoril –, die in ruhigere Gefilde umgezogen sind und mit ihren modernen Domizilen einen optisch doch eher angenehmen Beitrag leisten.

Insgesamt darf man die gegenwärtige Architektur keinesfalls mit den verbauten, hässlichen Küstenregionen anderer Mittelmeerstaaten vergleichen. Auch an der Küste wurde sehr darauf geachtet, ein gewisses Flair zu erlangen bzw. zu erhalten und – auch bei größeren Anlagen – eine harmonische Integration der Bauten in die Küstenregion zumindest anzustreben.

◨ *Einer der Prachtbauten im Zentrum: das Teatro Nacional Dona Maria II*

Lissabon für Architektur- und Kunstfreunde

Malerei und Literatur

Selbst in der „zweiten Garnitur" bedeutender Maler und Künstler – also jenseits von Renoir, Picasso oder van Gogh – muss man recht lange suchen, um auf international bekannte Namen aus Portugal zu stoßen. Als Legende und Aushängeschild der portugiesischen Malerei zählt zweifelsohne **Eduardo Alarcão (1930–2003)**, dessen naiv-grelle Impressionen von Lissabon – meist mit der gelben *Eléctrico* (Straßenbahn) als Motiv – deutlich an den Lebensstil der 1950er-Jahre erinnern. Einst Bohemien und Casanova, lebte der Maler lange Zeit in Lissabon.

Als der bekannteste Skulpteur ist **José Franco** (1920–2009) zu nennen, dem „goldene Hände" nachgesagt wurden. Sein bekanntestes und werbewirksamstes Projekt schuf er 1945 in Mafra bei Lissabon unter dem Titel „Aldeia Típica do Sobreiro": eine großflächige Freiluftplastik in Form eines kompletten zeitgenössischen ländlichen Dorfes mit allen Details. Von den zeitgenössischen Bildhauern erlangte João Cutileiro in den 1960er- bis 1980er-Jahren einen guten Ruf. Einige Werke der hier angesprochenen Künstler stehen im Museu Calouste Gulbenkian ⓴ oder im Museu Nacional de Arte Antiga ㉖.

Zu den **bedeutendsten Dichtern des 20. Jahrhunderts** und der Gegenwart zählen Fernando Pessoa (1888–1935), Mário de Sá-Carneiro (1890–1916), José Saramago (*1922–2010) sowie Lídia Jorge (*1946). Die beiden letzteren haben vor allem die Nelkenrevolution von 1974 literarisch verarbeitet. Fernando Pessoa dagegen erlangte nicht nur durch seine Werke Beachtung, sondern auch aufgrund seiner in diesem Umfang selten dokumentierten Schizophrenie: Der Dichter lebte unter (mindestens) vier mit einer vollständigen Biografie ausgestatteten, eigenständigen Heteronymen („Rollen", hierzu Exkurs s. S. 42).

Museen

Lissabon bietet historisch und Kunstinteressierten eine ganze Reihe größerer und kleinerer Museen. Die bedeutendsten im Kapitel „Lissabon entdecken" eingehender beschrieben, für spezielle Interessen findet der Leser hier eine Kontaktliste der Museen der portugiesischen Hauptstadt.

🏛 **57** [O23] **Museu do Oriente,** Avenida de Brasília, Doca de Alcântara Norte, Tel. 213585200, www.museudooriente.pt, geöffnet Di.–So. 10–18 Uhr, Fr. bis 22 Uhr, Mo. sowie am 1.1. und 25.12. geschl., Eintritt 5 €, Kinder (6–12)/Studenten 2 €, Familienkarte 3+2 12 €. Fernostmuseum zu den Einflüssen des Orients auf die portugiesische Kultur, etwa der ehemaligen Kolonie Macau.

🏛 **58** [Q19] **Casa-Museu Fernando Pessoa,** Rua Coelho da Rocha 16–18, Tel. 213962190, http://casafernandopessoa.cm-lisboa.pt, Mo.–Fr. 10–18 Uhr. Museum über den portugiesischen Dichter Fernando Pessoa. Galerie zu Leben und Werk mit angeschlossener Bibliothek. Eintritt frei.

🏛 **59** [T14] **Casa-Museu Dr. Anastácio Gonçalves,** Avenida 5 de Outubro 6–8, Tel. 213540823, www.cmag.imc-ip.pt, Di. 14–18, Mi.–So. 10–18 Uhr, 3 €, Rentner, Studenten und Kinder 1,50 €. Kunstsammlung im Haus Dr. Anastácio Gonçalves (1889–1965). Der vermögende Optiker sammelte hauptsächlich Bilder, Möbel und chinesisches Porzellan.

Lissabon für Architektur- und Kunstfreunde

60 [Y21] **Museu do Fado,** Largo do Chafariz de Dentro 1, Tel. 218823470, www.museudofado.pt, Di.–So. 10–18 Uhr, 5 €, ermäßigt 2,50 €. Museum über den traditionellen Musikstil Fado mit permanenter Bilderausstellung zum Fado und Wechselausstellungen zu bestimmten Künstlern, Instrumenten usw. Auch die Nachbildung eines Fado-Hauses steht hier.

61 [V20] **Museu Arqueológico do Carmo,** Largo do Carmo, Tel. 213478629, www.arqueologos.pt, Di.–Sa. 10–18 Uhr (im Winter 10–17 Uhr), 5 €. Archäologisches Museum in der Carmo-Kirche, das Exponate über frühe Funde aus dem Stadtbereich, prähistorische Funde und Sarkophage berühmter Persönlichkeiten (12.–18. Jh.) beherbergt.

62 [T19] **Museu Nacional de História Natural e da ciencia (MNHNC),** Rua da Escola Politécnica 58, Tel. 213921816, www.mnhnc.ul.pt, Di.–Fr. 10–17 Uhr, Sa./So. 11–18 Uhr, 5 €, Kombiticket mit dem Botanischen Garten 6 €; Kinder unter 6 Jahren frei. Naturkundemuseum der Universität Lissabon, hier sieht man Flora und Fauna Portugals und zahlreiche Pflanzenimporte aus Übersee.

63 [P16] **Museu da Água,** Mae d'Água das Armoeiros, http://museudaagua.epal.pt/museudaagu oder www.servicoaguaslivres.com, Tel. 218135522, Mo.–Sa. 10–18 Uhr, 3,50 €. Wassermuseum am Ende des Aquädukts mit Zisterne und Wasserspeicher aus dem 18. Jh.

28 [M24] **Museu da Carris,** Rua 1 do Maio 100–103, Tel. 213613087, www.carris.pt (unter „The Company"), Mo.–Sa. 10–17 Uhr (So. geschlossen), Eintritt 3 €, Familienkarte 5 €; mit Lissabon-Card 30 % Nachlass. Das Straßenbahnmuseum Lissabons mit alten Bussen, Trams und öffentlichen Fahrzeugen aus den Anfängen des Nahverkehrs.

64 [S7] **Museu da Cidade,** Pavilhão Branco e Pavilhão Preto, Campo Grande 245, Tel.

Portugiesische Literaten von Weltruhm

Einer der bedeutendsten Schriftsteller Portugals ist der 1922 geborene **José Saramago.** *Aus ärmlichen Verhältnissen stammend, eignete sich der gelernte Automechaniker autodidaktisch Literaturkenntnisse an. Im Alter von 54 Jahren widmete sich Saramago ganz diesem Hobby und 1980 gelang ihm mit dem sozialkritischen Roman „Levantando do chão" (Hoffnung im Alentejo) der nationale Durchbruch. Zentrales Thema seiner Texte ist die Sicht der kleinen Leute auf Geschichte und Gesellschaft Portugals, wiedergegeben in zahlreichen Gedichten, Novellen, Dramen und Erzählungen. Dabei nimmt der bekennende Atheist und Kommunist kein Blatt vor den Mund: Sein Roman „O Evangelio Segundo Jesus Cristo" (Das Evangelium nach Jesus Christus) von 1991 erregte wegen seiner mutmaßlichen blasphemischen Inhalte den Unmut der katholischen Kirche, weshalb die Verantwortlichen Saramagos Nominierung für den Europäischen Kulturpreis zurücknahmen. Als Konsequenz dessen wanderte Saramago aus Protest nach Spanien aus. Er erhielt u. a. 1995 den höchsten Preis für portugiesischsprachige Literatur („Prémio Camões") und 1998 schließlich den Literaturnobelpreis. Er starb 2010.*

António Lobo Antunes *(*1942) gilt als zeitgenössischer portugiesischer Romancier mit akademischem Hintergrund. Der studierte Mediziner arbeitete während des Unabhängigkeitskrieges als Militärarzt in Angola und später in Portugal als Psychiater. Seine Erfahrungen während des Krie-*

Portugiesische Literaten von Weltruhm

ges verarbeitete er in dem Roman „O Cus de Judas" (Der Judaskuss), mit dem ihm 1979 der nationale Durchbruch gelang. Auch er thematisiert in seinen Romanen die Geschichte Portugals, wobei im Zentrum immer das Schicksal normaler Menschen steht. Antunes wurde mit zahlreichen Preisen ausgezeichnet, u. a. 2007 mit dem „Prémio Camões", dem bedeutendsten Literaturpreis Portugals, außerdem gilt er seit Jahren als heißer Kandidat für den Literaturnobelpreis.

Fernando Pessoa (1888-1935) gilt nach dem Nationaldichter Luís Vaz de Camões als der bedeutendste portugiesische Dichter und Poet. Pessoa wird zu den großen literarischen Erneuerern gezählt, der nicht nur die moderne Dichtung Portugals, sondern auch die zeitgenössische Dichtung im Allgemeinen prägte. Pessoas Leben in einigen Zeilen zusammenzufassen ist schier unmöglich, daher sei an dieser Stelle auf den Link http://arlindo-correia.com/060104.html verwiesen. Wichtig zu Pessoa ist vor allem die Tatsache, dass er - wie die moderne Psychiatrie es wohl nennen würde - an „multipler Schizophrenie" litt, also an einer besonderen Form der Persönlichkeitsspaltung, die dazu führte, dass Pessoa unter verschiedenen Pseudonymen lebte (zum Beispiel Alberto Caeiro, Ricardo Reis, Álvaro de Campos) und dies sogar durch verschiedene Schreibstile und unterschiedliche Handschriften in seinem Werk manifestierte.

Einige **Lesetipps:**

› Thorau, Henry (Hg.): **Portugiesische Literatur,** Suhrkamp Verlag 1997. Überblick über die wichtigsten Literaten Portugals und deren Werke.

› Pessoa, Fernando: **Lissabon. Was der Tourist sehen sollte,** TFM 1995. Bis dato unveröffentlichter, um 1925 verfasster Führer durch Lissabon aus dem Nachlass Pessoas.

› Pessoa, Fernando: **Mein Lissabon,** Ammann 2001. Hier reflektiert und besingt F. Pessoa die Geheimnisse der unvergleichlichen Stadt am Meer in Gedichten und Notaten. Hinter mannigfaltigen Masken huscht Pessoa durch die engen Gassen der weißen Stadt, um fortwährend neue Blicke auf die Bühne des kleinen Welttheaters zu werfen.

› Pessoa, Fernando: **Das Buch der Unruhe des Hilfsbuchhalters Bernardo Soares,** Fischer (Tb.) 2006. Seine Erstfassung „Das Buch der Unruhe des Hilfsbuchhalters Bernardo Soares" nannte Pessoa selbst „Zufallsbuch seines Nachsinnens" - und trifft damit auch den Kern der um 260 Seiten (!) erweiterten Neuauflage, die im Prinzip eine lose Sammlung aus Pessoas literarischem Nachlass darstellt. Das recht schwierig zu lesende Werk gilt als autobiografische Fundgrube von Beobachtungsfragmenten, Gedankensplittern und Aphorismen des Dichters.

› Pires, Jose Cardoso: **Lissabonner Logbuch. Stimmen, Blicke, Erinnerungen,** Carl Hanser 1997. Lissabon aus dem Blickwinkel eines großen portugiesischen Dichters betrachtet. Die „weiße Stadt" erscheint dem Leser als ein Hort der Dichter und Katzen sowie als Paradies für Trinker und Barbesucher. Der Blick des Lesers wird ebenso auf Pflaster und Fliesen der Stadt wie auch auf Monumente von Königen, Dichtern und Heiligen gelenkt.

Lissabon für Architektur- und Kunstfreunde

217513200, www.museudacidade.pt, Eintritt frei. Museum über die Stadt Lissabon, u. a. mit einem Modell aus der Zeit vor dem Beben von 1755, außerdem Münzen, Bilder und Stiche diverser Epochen.

65 [T21] **Museu da Farmácia**, Rua Marechal Saldanha 1, Tel. 213400600, www.anf.pt, werktags 10–18 Uhr, am letzten Sonntag im Monat 14–18 Uhr, Eintritt 5 €, ermäßigt 3,50 €, Kinder unter 2 J. frei. Apothekenmuseum, das aus über 5000 Jahren Medizinge-

schichte abhandelt, u. a. der frühen Neuzeit in Portugal und in den ehemaligen Kolonien.

34 [F25] **Museu de Marinha**, Tel. 213628354, www.museu.marinha.pt, geöffnet tgl. 10–17 Uhr (Sommer bis 18 Uhr), Eintritt 5 €, ermäßigt 2,50 €, Familienkarten je nach Anzahl der Kinder 10–12,50 €. Interessantes Marinemuseum mit Galeeren, Kleinseglern, Wasserflugzeugen, Karavellen u. v. m.

66 [M8] **Museu da Música**, Rua João de Freitas Branco, Tel. 217710990, www.museudamusica.imc-ip.pt. Museum für Musik, hauptsächlich zur portugiesischen Musikgeschichte und der Musik in den Kolonien.

20 [S13] **Museu Calouste Gulbenkian.** Das Gulbenkian-Kunstmuseum genießt Weltruf, sozusagen der Louvre Portugals.

67 [I25] **Museu de Electricidade**, Avenida de Brasilia, Tel. 210028130, www.edp.pt/pt/sustentabilidade/fundacoes/fundacao edp/museudaelectricidade, Di.–So. 10–18 Uhr, 3 €. Elektrizitätsmuseum in einem alten Kohlekraftwerk am Tejo-Ufer. Interaktive Modelle zum „Ausprobieren" der Grundprinzipien der Energiegewinnung und mehrere Dauerausstellungen.

68 [V21] **Museu do Chiado** (Museu Nacional de Arte Contemporânea), Largo do Chiado, Rua Serpo Pinto 4, www.museuartecontemporanea.pt, Tel. 213432148, Di.–So. 10–18 Uhr, Mo. geschl., Eintritt 4 €, Besucher bis 25 und über 65 Jahre 2,50 €, mit Lissabon-Card Eintritt frei. Museum für moderne Kunst.

69 [W21] **Museu do Design e da Moda**, Rua Augusta 24, www.mude.pt, Di.–Do. 10–18 Uhr, Fr./Sa. 10–22 Uhr. Designmuseum Lissabon für Möbel- und Modetrends.

70 [P2] **Museu Nacional do Teatro**, Estrada do Lumiar 10, museudoteatro.imc-ip.pt, Tel. 217567410, Di.–So. 10–18 Uhr, 4 €, etliche freie Eintritte (unter 14 J., Lisboa-Card

---

Museen, die mit einer magentafarbenen Nummer (**5**) als Hauptsehenswürdigkeit ausgewiesen sind, werden im Kapitel „Lissabon entdecken" ausführlich beschrieben. Dort finden sich auch alle praktischen Informationen wie Adresse, Öffnungszeiten usw.

Lissabon für Architektur- und Kunstfreunde

etc.), So. bis 14 Uhr Eintritt frei, Metro bis Campo Grande, von dort Bus 7 bis zum Museum. Alternativ Metro Lumiar, Beschilderung folgen (etwas weiter). Museum für Theater mit portugiesischen Originalmanuskripten, Kostümen, Portraits und Schauspielerbüsten, Bühnenbilder, Theaterzubehör usw.

🏛71 [P1] **Museu Nacional do Traje**, Largo Júlio de Castilho, http://museudotraje.imc-ip.pt, Tel. 217590318. Trachtenmuseum mit über 25.000 landestypischen Einzelstücken (Trachten, Puppen, Textilien), die in einer etwa alle zwei Jahre wechselnden Teilausstellung gezeigt werden. Wie das Museu do Teatro im Distrikt Lumiar am Parque do Monteiro gelegen (gleiche Anfahrt, Öffnungszeiten, Eintrittspreise).

🏛72 [X20] **Museu de Artes Decorativas Portuguesas**, Largo das Portas do Sol 2, Tel. 2188146800, www.fress.pt, tgl. 10–17 Uhr (außer Di., 1.1., 1.5. und 25.12), 4 €, mit Lissabon-Card 3,20 €, Studenten bis 25 J. 2 €. Kunstakademie und Museum für angewandte Kunst.

🏛73 [S19] **Museu Fundaçao Amália Rodrigues**, Rua de Sao Bento 193, Tel. 213971896, www.amalia.com, Di.-So. 10–18 Uhr, 5 € (inkl. engl. Broschüre zur Biografie und den einzelnen Einrichtungsstücken). Museum über die Fado-Legende Amália Rodrigues in ihrem nach ihrem Tod unverändert belassenen Wohnhaus. Nur Führung in Kleingruppen.

⑬ [Z20] **Museu Militar**, Largo dos Caminhos de Ferro, Tel. 218842516, www.geira.pt/mmilitar, geöffnet tgl. außer Mo. 10–17 Uhr. Umfangreiches Militärmuseum mit Waffensammlung und thematischen Sälen. Eintritt 2,50 €, ermäßigt 1–1,30 €, Kinder unter 10 Jahren frei.

◁ *Portugals Nationaldichter Luís de Camões*

> **EXTRATIPP**
>
> **Günstig ins Museum**
>
> Wer sehr viele Museen besuchen möchte, sollte sich entweder eine **Lisboa-Card** (s. S. 207) oder den **Museums-Pass** „Passes dos Museus e Palácios do IMC" für 2 Tage (7 €), 5 Tage (11 €) oder 7 Tage (14 €) zulegen, der alle staatlichen Museen abdeckt (Details s. www.ipmuseus.pt) und über die Touristeninfo bzw. an den Tageskassen der Museen erworben werden kann.

⑱ [T19] **Museu Nacional da Ciência**. Naturwissenschaftliche Dauer- und Wechselausstellungen und Planetarium nebst interessantem angeschlossenen botanischen Garten mit zahlreichen importierten Pflanzen aus den ehemaligen Überseegebieten Portugals.

㉝ [F25] **Museu Nacional de Arqueológia**. Archäologisches Nationalmuseum mit zwei permanenten (portugiesische Archäologie und ägyptische Sammlung) und zwei Wechselausstellungen.

㉖ [Q22] **Museu Nacional de Arte Antiga**. Nationale Kunstgalerie, wichtigstes Kunstmuseum neben dem Museu Calouste Gulbenkian.

㊷ [b17] **Museu Nacional do Azulejo**. Wunderschönes Azulejo-Museum in prächtigem Sakralbauwerk.

🏛74 [H25] **Museu Nacional dos Coches**, Praça Afonso de Albuquerque, Belém, Tel. 213610850, www.ipmuseus.pt und www.museudoscoches.pt, Di.-So. 10–18 Uhr, 5 €, Jugendliche 3 €, So. bis 14 Uhr Eintritt frei. Historisches Kutschenmuseum.

🏛75 [S6] **Museu Rafael Bordalo Pinheiro**, Campo Grande 382, Tel. 218170667, www.museubordalopinheiro.pt, Di.-Sa. 10–18 Uhr, an Feiertagen geschlossen, 2 €, unter 18 J. sowie über 60 J. Eintritt frei. Museum zu Leben und Werk des landesweit bekannten Künstlers.

🏛76 [X21] **Museu Teatro Romano**, Pátio do Aljube 5 (neben der Rua Augusto Rosa, links oberhalb der Kathedrale), Tel. 218820320, www.museuteatroromano.pt, Di.–So. 10–13 u. 14–18 Uhr, Eintritt frei. Museum über das römische Theater von Lissabon (archäologische Ausgrabung).

Galerien

📷77 [S13] **Centro de Arte Moderna Jose de Azeredo Perdigao**, Rua Nicolau de Bettencourt, Tel. 217823474

📷78 [R17] **Fundação Arpad Szenes (Vieira da Silva)**, Praça das Amoreiras 56–58, Tel. 213880044, http://fasvs.pt

📷79 [S8] **Galeria 111**, Campo Grande 113, Tel. 217977418

📷80 [d12] **Galeria da Mitra**, Rua do Açúcar 12, Tel. 218680537

📷81 [T21] **Novo Século** (New Century Art Gallery), Rua do Século 23, Tel. 213427712

📷82 [R22] **Palacete dos Marqueses de Pombal**, Rua das Janelas Verdes 37–39, Tel. 218814655

📷83 [W21] **Sala do Risco Art Gallery**, Largo de Santo António 22, Tel. 218886117

Film

Der portugiesische Film steht deutlich im Schatten des Wirkens anderer westeuropäischer Nationen. Aus der nationalen Filmgeschichte gingen bislang **kaum Filmstars, große Regisseure oder international beachtete Filme** hervor, lediglich Joana Bárcia macht als echtes Sternchen über die Landesgrenzen hinaus von sich reden. Im deutschsprachigen Raum wurde beispielsweise der sehr sehenswerte Film „O Rio do Ouro" (1998, dt.: Der goldene Fluss) von Paolo Rocha ausgestrahlt. Von den älteren Schauspielern dürfte allenfalls Raúl Solnado, der größte Komödiant des Landes, den Filmfreunden außerhalb Portugals ein Begriff sein. Den internationalen Durchbruch schafften bislang nur wenige **portugiesische Schauspieler** wie Maria de Medeiros („Pulp Fiction") oder Joaquim de Almeida („Das Kartell", „Desperado").

Zu den aktuell meistgesehenen Filmen Portugals gehört insbesondere die 2012 abgeschlossene Trilogie „**Balas & Bolinhos**" („Kugeln & Kuchen") von Luís Ismael. Zu erwähnen ist thematisch auch die 2013 im deutschsprachigen Raum angelaufene Verfilmung Pascal Merciers „**Nachtzug nach Lissabon**" von Oscar-Regisseur Bille August (mit Christopher Lee, Martina Gedeck und Jeremy Irons).

Die bedeutendsten in Lissabon jährlich abgehaltenen **Filmfestivals** sind das Internationale Festival unabhängiges Kino „IndieLisboa" *(Festival internacional de cinema independent,* www.indielisboa.com), das internationale Dokumentarfestival DocLisboa (www.doclisboa.org) und das Festival des schwulen und lesbischen Kinos „Queer Lisboa" *(Festival de Cinema Gay e Lésbico de Lisboa,* www.lisbonfilmfest.com). Besonderer Beliebtheit erfreut sich auch das jährliche allgemeine Filmfestival **Festa do Cinema**, das im Estádio do Inatel, Rua Rio de Janeiro (Tel. 210027150, www.inatel.pt, Komplettkarte für rund 15 Filme 20 €) stattfindet.

Größere Lichtspielhäuser mit Sälen für Vorstellungen aller Art findet man vor allem in den großen Einkaufszentren (s. S. 20), auch einige der Theater (s. S. 38) verfügen über eigene Filmsäle für thematisch orientierte Vorführungen.

Lissabon zum Träumen und Entspannen

Möchte man einfach nur dem bunten Treiben der portugiesischen Hauptstadt zusehen, den Alltag vergessen oder schlicht die Vielfalt der ruhenden Pole der Stadt genießen, dann bietet Lissabon dem Ruhe suchenden Besucher eine breit gefächerte Angebotspalette.

Was gibt es Schöneres, als ohne jeglichen Besichtigungsdruck mit einer der **alten Trams** (Nr. 12 oder Nr. 28, s. S. 82) durch engste Gassen rund um das Castelo de São Jorge ❿ zu zuckeln und dabei an den auf dem Weg gelegenen famosen **Aussichtspunkten** *(miradouros)* das geschäftigen Treiben auf dem Tejo und in der Stadt unter sich vorüberziehen zu lassen?

Während einer **Bootsfahrt auf dem Tejo** (s. S. 211) genießt man eine ganz neue Sicht auf die „weiße Stadt". Hierbei ist die Tradition der einstigen großen Seefahrernation zum Greifen nah.

Zahlreiche Stadtparks und Gärten, vollkommen unterschiedlich in Art und Gestaltung, laden zum Verweilen ein, allen voran die botanischen Gärten in Belém ㊳ und im Bairro Alto ⓲, aber auch einfache Stadtparks wie der Parque Pr. Afonso de Albuquerque [H25] im traditionsreichen Belém oder der Parque Eduardo VII ㉔ im Zentrum mit Blick über die monumentale Statue des in Lissabon allgegenwärtigen Marquês de Pombal bis hinunter zum Tejo.

Entspannung verspricht auch ein Spaziergang an den **Promenaden entlang des Tejo,** hier zuvorderst im Parque das Nações ㊸ oder in Belém zwischen Padrão dos Descobrimentos ㉟ und Torre de Belém ㊱. Natürlich darf auch die **wunderschöne Atlantikpromenade** zwischen Cascais und Estoril (s. S. 142) nicht unerwähnt bleiben – ein echter Leckerbissen für Freunde des gepflegten Flanierens.

☐ *Entspannte Freizeitbeschäftigung: eine Partie Boule*

Lissabon für den Nachwuchs

Eine Großstadt sei nicht unbedingt ein lohnenswertes Reiseziel für Familien mit Kindern, ist oftmals zu hören oder zu lesen. Dies kann für Lissabon so nicht stehen bleiben, die Stadt hat sicherlich auch den kleineren Gästen einiges zu bieten.

Rundgänge auf den Mauern alter Schlösser und Burgen wie etwa in Sintra (s. S. 153) oder auf dem Castelo de São Jorge ❿ faszinieren mit Sicherheit auch die jüngere Generation. Mit einer **alten Tram** (s. S. 82) durch die engen Altstadtgassen zu zuckeln hat ebenso seinen Reiz wie eine **Bootsfahrt auf dem Tejo** (s. S. 211). Jedes Kind wird sich auch für einen Besuch des **Parque das Nações** ㊸ mit Seilbahn und dem europaweit bekannten Aquarium und vielen anderen Attraktionen erwärmen lassen.

Ein **Tag am Strand** – etwa in Cascais/Estoril (s. S. 142) – gehört für Kinder zu einem Urlaub in Küstennähe einfach dazu. Bei einem Gang durch das **Spielzeugmuseum** von Sintra (s. S. 160) schlagen auch die Herzen der Eltern höher.

Für **Jugendliche**, die vielleicht mehr Wert auf „actionbetonte" Ereignisse legen, hält die Stadt mit einem breiten Angebot an Sportereignissen – vom Stierkampf bis zum Spitzenfußball (s. S. 188) – und an Konzerten und Festen genügend Alternativen zum langweiligen Museumsbesuch bereit.

Noch ein paar **praktische Hinweise**: Wer mit dem Kinderwagen – und das gilt analog für Rollstühle – unterwegs ist, wird spätestens bei den Metrozügen (Treppen) oder dem Erklimmen von Altstadthügeln des Öfteren an die Grenzen des Machbaren stoßen. Tragerucksäcke sind für die Nutzung öffentlicher Verkehrsmittel deutlich besser geeignet.

EXTRATIPP

Entspannter Kaffeegenuss
Im stilvollen **Café A Brasileira** (s. S. 31) am Largo do Chiado genießt man südamerikanischen Kaffee in Reinkultur und kann dabei, vor dem Café sitzend, Straßenmusikanten, emsige Geschäftsleute, diskutierende Studenten, fliegende Händler und klingelnde Straßenbahnen beobachten.

▷ *Auch die Kleinen haben ihren Spaß*

Am Puls der Stadt

Das Antlitz der Metropole

Schon seit unzähligen Generationen berichten heimkehrende Seeleute von der faszinierenden, hügeligen „weißen Stadt", die sich majestätisch vor dem Hintergrund eines stahlblauen Himmels rund um das Castelo de São Jorge ❿ erhebt, einer Weltstadt, von der aus einst ein weltumspannendes Imperium geleitet wurde und nachhaltige Forschungs- und Entdeckungsfahrten ausgingen.

Ein vielleicht ähnlich erhebendes Gefühl erleben Flugreisende beim Landeanflug, wenn vom Atlantik her die Küste, der Fluss mit seinen mächtigen Brückenkonstruktionen, die großen Prachtstraßen und die herrlichen klassischen Bauten überflogen werden und dem Passagier einen ersten unvergesslichen Eindruck von Lissabon bescheren.

Ähnliches fühlt der Einzelne, im Zentrum am Rossio ❷ stehend, inmitten einer historischen Altstadt, die einen unverwechselbaren Charme ausstrahlt und trotz ihrer heute verloren gegangenen Bedeutung als Machtzentrum der Welt dem Gast Respekt abverlangt.

Auf der anderen Seite dürfen auch **trabantenhafte Vorstädte** mit einförmigen, mehrstöckigen Wohnbauten, deren Zweck der zügigen Wohnraumschaffung ebenso unverkennbar ist wie die teilweise an sozialistische Plattenbauten erinnernde Farb- und Charakterlosigkeit, nicht verschwiegen werden.

So treffen Größe und Anmut, Kulturschatz und historisches Erbe, aber auch erkennbarer Verfall – ob durch Naturkatastrophen wie Erdbeben oder Brände oder auch schlicht durch Nachlässigkeit – und ein Anflug von Armut unmittelbar aufeinander und erzeugen einen spannungsgeladenen Kontrast, der vielleicht erst auf den zweiten Blick deutlich wird.

Lissabon gliedert sich administrativ in 53 kleine Stadtteile *(freguesias),* die auch den Wahlbezirken entsprechen. Sie sind wiederum in **vier sogenannten „bairros"** (etwa: Stadtviertel, Bezirke) zusammengefasst und recht fantasielos von 1 bis 4 durchnummeriert. Dabei ist das, was man heute als Altstadtzentrum bezeichnet, in etwa das 1. Bairro, dessen *freguesias* meist nach den örtlichen Pfarrkirchen benannt wurden. Das 2. Bairro erstreckt sich etwa von den Ha-

◁ *Vorseite: Das nach dem Erdbeben neu errichtete Viertel Baixa und der Tejo*

fenanlagen bei den Docas bis nach Belém und gilt traditionell als Nobelgebiet.

Das 3. Bairro, das sich nordwestlich der beiden ersten Bairros bis Pontinha und Flughafen erstreckt, beherbergt heute hauptsächlich ältere Vorstadtsiedlungen und Trabantenstädte. Hier liegen auch die **Problembezirke Lissabons** mit hoher Arbeitslosigkeit und sozialen Missständen wie etwa Benfica.

Das 4. Bairro schließlich zwischen Flughafen, Flussufer und Altstadt ist durch moderne Trabantenstädte und das Vorzeigeobjekt Parque das Nações ❹❸ geprägt. Dabei möchten die Stadtplaner den Flughafen schließen und nach einer Entscheidung von Premier Sócrates etwa 40 km östlich nach Alcochete (bei Setubal) verlegen. Das heutige Flughafengelände soll anschließend dem (gehobenen) Wohnungsbau zur Verfügung gestellt werden.

Basisdaten Lissabon

Lissabon liegt im äußersten Südwesten Europas nahe der Einmündung des Tejo in den Atlantik. Der **Regierungsbezirk Lissabon** mit seinem Einzugsgebiet (sogenannte *Área Metropolitana de Lisboa*) umfasst u. a. die Orte Oeiras, Cascais, Almada und Amadora. Hier leben insgesamt ca. **2,85 Millionen Menschen** oder rund 25 % der portugiesischen Bevölkerung. Auf das eigentliche Stadtgebiet *(Grande Lisboa:* nördliche Bank des Tejo und Península de Setúbal im Süden) entfallen rund 520.000 Einwohner auf einer Stadtfläche von 84,8 km², was einer relativ hohen Bevölkerungsdichte von 6132 Einwohner/km² entspricht. Zum Vergleich: Berlin und Wien weisen eine Bevölkerungsdichte von etwa 4000 Ew./km² auf, Hamburg etwa 2200 Ew/km².

Von den Anfängen bis zur Gegenwart

Vor- und Frühgeschichte

Spuren menschlichen Daseins lassen sich in Portugal **rund 20.000 Jahre zurückverfolgen**, Ritzzeichnungen in Felsen und Höhlenmalereien deuten auf eine frühe Besiedlung der Region hin. Mit der **Kupferzeit** (ca. 5000 v. Chr.) setzt die

☐ *Blick über die Altstadt zum Castelo de São Jorge* ❿

Am Puls der Stadt
Von den Anfängen bis zur Gegenwart

Urbarmachung des Bodens durch Brandrodung ein, gleichzeitig die sogenannte Megalithkultur, für die Grabstätten und Tempel aus großen, roh geschlagenen Steinblöcken charakteristisch sind.

Ab etwa 2500 v. Chr. besiedeln die **Iberer**, von Nordafrika über Gibraltar kommend, die später nach ihnen benannte Halbinsel. Es handelt sich um einen Volksstamm umstrittener Herkunft, dessen Ursprünge mal in Nordafrika, mal im Nahen Osten vermutet werden. Die „iberischen" Iberer verbreiten sich rasch und siedeln auch im Raum der Algarve, wo sie ab etwa 1000 v. Chr. mit dem Seehandelsvolk der Phönizier, ab 600 v. Chr. auch mit den Griechen in Kontakt kommen (Zinn- und Bernsteinhandel).

Etwa gleichzeitig (ca. 1000–700 v. Chr.) wandern keltische Stämme von Norden her zu und vermischen sich mit den Iberern zu den **Keltoiberern und Lusitanern**, wobei letztere später den ethnischen Hauptanteil der Portugiesen ausmachen. Sie errichten erstmals befestigte Verteidigungspunkte auf Hügeln, die sogenannten *Citânias,* darunter auch die Siedlung Alis Ubo („liebliche Bucht"), aus der später Lissabon hervorging. Im fünften und vierten vorchristlichen Jahrhundert fällt die Iberische Halbinsel jedoch in den Machtbereich der nordafrikanischen Großmacht Karthago und gerät somit in den Blickpunkt des Interesses zweier damaliger Weltmächte: Karthago und Rom.

Römer und Goten

Der Zweite Punische Krieg zwischen Karthago und Rom (218–201 v. Chr.) bringt für die gesamte Iberische Halbinsel richtungsweisende Veränderungen mit sich. Nach dem Sieg der Römer über Karthago fällt um 200–180 v. Chr. auch Lusitania als Teil der Provinz Hispania Ulterior an Rom und erfährt **starke romanische Einflüsse in Kultur und Sprache.** Um 150 v. Chr. erwächst in den lusitanischen Stämmen unter der Anführerschaft des noch heute als Nationalheld verehrten Viriatus vermehrter Widerstand gegen die römische Bevormundung. Durch ein Komplott wird Viriatus 139 v. Chr. gemeuchelt, was die Bewegung der Aufständischen erlahmen lässt und die endgültige „Befriedung" unter Julius Caesar von 61–45 v. Chr. ermöglicht.

Unter Augustus (63 v.–14 n. Chr.) wird **die Provinz Hispania in die Provinzen Baetica** (Andalusien) **und Lusitania** (etwas größer als das heutige Portugal) **geteilt** und somit die **Eigenentwicklung Portugals begründet.** Zahlreiche Straßen, Anlagen und Gebäude besonders in Südportugal (Algarve) gehen auf die Römer zurück, so etwa die heutige Bundesstraße N-125, die römischen Bäder in Estói oder die Brücke in Silves. Lissabon erhält unter Caesar als Olisipo letztlich das Stadtrecht als Hauptort der Provinz Lusitania.

Für das 3. Jh. n. Chr. sind bereits christliche Zeugnisse belegt und unter dem Migrationsdruck der Völkerwanderung dringen Alanen, Vandalen und Sueben um 410 n. Chr. nach Portucale vor, ehe die **Westgoten** zwischen 418 und 585 ganz Lusitanien erobern, in Faro einen Bischofssitz errichten und Toledo zu ihrer Hauptstadt ernennen. Unter den Westgoten entwickelt sich das **Christentum** in Portugal ungehindert, bis schließlich im Jahre 711 von Süden her über die Straße von Gibraltar ein neuer Feind naht: die Mauren.

Mauren und Reconquista

Die Iberische Halbinsel wird 711 binnen kürzester Zeit fast vollständig erobert (Lissabon 719), Portugal dem Emirat von Córdoba zugeschlagen. Hauptstadt der Algarve wird Xelb (Silves), das – wie das gesamte Land – **unter der Hochkultur der nordafrikanischen Mauren erblüht:** Handel, Landwirtschaft, Kunst, Medizin, Wissenschaft und Seefahrt erfahren eine revolutionäre Entwicklung, bis dato unbekannte Nutzpflanzen wie Feige, Dattel und Olive gelangen nach Europa. Da die arabischen Mauren (*mouros*) die Fremdvölker (Juden, Christen) ungehindert ihren Glauben ausüben lassen, entwickelt sich ein wohlhabendes und friedliches Nebeneinander, insbesondere in den Städten. Lissabon bleibt wie schon unter den Römern das Zentrum des Landes und profitiert am meisten von den maurischen Einflüssen. Heute noch sichtbares Beispiel sind die blauen Fliesen, die Azulejos.

Ausgehend vom Königtum Kastilien-León werden im 11. Jh. **Rückeroberungsbemühungen (Reconquista)** verstärkt, womit die „Zweite Front der Kreuzzüge" (neben dem Heiligen Land) errichtet wird. Insbesondere der **Templerorden** erlangt bei der Reconquista eine herausragende Bedeutung auf der gesamten Iberischen Halbinsel, was ihn während der späteren Verfolgung hier besonders schützt (Exkurs s. S. 56).

1139 wird das arabische Heer mit Unterstützung fränkischer und germanischer Kreuzritter in der **Schlacht von Ourique** von Afonso Henrique geschlagen, woraufhin dieser sich „König von Portucale" nennt und bis 1147 Lissabon und Santarém erobert. Seinem direkten Nachfolger auf dem Königsthron, Sancho I., gelingt 1189 mithilfe berühmter Kreuzritter wie Richard Löwenherz oder Friedrich I. Barbarossa kurzzeitig die Eroberung der maurischen Hochburgen Silves und Albufeira, doch erst Sancho II. und Afonso III. können die Reconquista um 1240–1249 zu einem erfolgreichen Ende bringen und 1250 die Algarve an das Königreich Portugal anschließen. Damit hat das Land ungefähr seine heutige territoriale Ausdehnung erreicht. In dieser Phase – im August 1195 – wird in der Hauptstadt der **heilige Antonius von Padua** geboren, der demzufolge auch Antonius von Lissabon genannt wird (Igreja de Santo Antonio da Sé ⑫).

Entdeckungen und Kolonien

König João I., Großmeister der Christusritter (Christusorden) und Begründer der Avis-Dynastie, regiert gemäß dem Ordensziel, der **Verbreitung des Christentums in alle Himmelsrichtungen.** Die

Bahnhof Rossio – Paradebeispiel der portugiesischen Manuelinik

Am Puls der Stadt
Von den Anfängen bis zur Gegenwart

Die Nachfahren der Einwanderer aus den ehemaligen Kolonien prägen das Stadtbild

Ausweitung des Reichs und die Eroberung überseeischer Besitzungen beginnt jedoch erst mit seinem Sohn, Dom Infante Henrique el Navigador, bekannt unter dem Namen **Heinrich der Seefahrer** (1394–1460). Er ist an der ersten Kolonialeroberung in Marokko (1415) beteiligt und wird 1419 zum Gouverneur der Algarve ernannt.

Seine Vorliebe für Nautik und Seefahrt (obgleich er selbst nicht zur See fuhr) führt nicht nur zur Gründung der berühmten Seefahrerschule in Sagres, sondern ermöglicht auch **zahlreiche aufwendige Expeditionen und Erkundungsfahrten**. Sagres ist das theoretische, Lissabon und dort genauer der etwas vorgelagerte Distrikt Belém das praktische Zentrum dieser Seeexpeditionen – alle Entdeckungsreisen werden von Belém aus gestartet.

So werden 1432 die Azoren entdeckt und dem Reich einverleibt, 1434 das bis dato als Ende der Welt bezeichnete Kap Bojador in Südmarokko von Gil Eanes umschifft und 1444 mit der Entdeckung des Senegal der **Gewürz- und Sklavenhandel begründet**.

Unter König Manuel I. (1495–1521) beginnt die eigentliche Expansion und Gründung von Handelsniederlassungen in Indien, Ostasien, Brasilien und Afrika. 1488 umsegelt Bartolomeu Diaz **das Kap der Guten Hoffnung** und bereitet so den Weg für den wichtigsten portugiesischen Entdecker: **Vasco da Gama** (s. Exkurs). Zu den **berühmten Entdeckern** dieser Epoche gehört, neben Cristóvão Colombo, der 1492 in Amerika landet, und Vasco da Gama auch der Portugiese **Pedro Álvares Cabral**, der am 22. April 1500 Brasilien und somit Portugals wichtigste Goldgrube entdeckt.

Am Puls der Stadt
Von den Anfängen bis zur Gegenwart

Vasco da Gama

*Die Geschichte der Entdeckung der Seeverbindung von Europa nach Indien begann mit der **abenteuerlichen Reise des Pedro de Covilhão**, der - als Araber verkleidet - 1484 auf arabischen Handelsschiffen mitsegelte und so nach Indien gelangte. Auf seine Berichte stützten sich die nachfolgenden Entdecker: Auf der Suche nach diesem Seeweg um Afrika herum war **Bartolomeu Diaz** 1487 bereits bis Südafrika gelangt und hatte das **Kap der Guten Hoffnung umsegelt**, musste jedoch wegen Meuterei umkehren.*

*Nachdem sich Kolumbus' Westroute nach Indien 1492 ebenfalls als unzutreffend erwiesen hatte, ließ der portugiesische König Manuel I. (1495-1521) die Suche nach der Ostroute wieder aufnehmen. Er wählte als Expeditionsleiter Vasco da Gama, der mit vier Schiffen im Juli 1497 die Reise begann. Das größte Hindernis nach der Umrundung des Kap der Guten Hoffnung waren die Araber, die bislang das Handelsmonopol im indischen Ozean innehatten. Nach etlichen Schwierigkeiten kaperte da Gama im April 1498 ein arabisches Schiff und tauschte es in Malindi (nahe dem heutigen Mombasa) gegen einen arabischen Lotsen ein. Dieser führte die kleine Flotte binnen 23 Tagen nach Calikut (alter Name für Kalkutta), der Seeweg nach Indien war somit von da Gama für Portugal „entdeckt". Hiermit begann die **langjährige Vormachtstellung Portugals** unter den europäischen Seefahrernationen.*

*Da Gama wiederholte die Reise 1502-04, wurde für seine Verdienste mit dem Titel eines Grafen von Vidigueira ausgezeichnet und schließlich 1524 **als Vizekönig nach Ostindien entsandt**, wo rasch zahlreiche portugiesische Handelsstationen gegründet worden waren. Er starb im Dezember desselben Jahres in Kotschin (Indien). Da Gamas Leben und seine Taten regten den portugiesischen Dichter Luis de Camões zu dessen Nationalepos „Die Lusiaden" an.*

1508 folgt die Entdeckung der Malediven durch Francisco de Almeida, womit die wichtige Zwischenstation zu den Gewürzinseln (Molukken, 1512) und zur Straße von Malakka (1511) gefunden war. Den Triumph der Portugiesen vervollständigt **Fernão de Magelhão (Magellan)**, der von 1519 bis 1522 die Erde umsegelt und den Beweis für die von Galilei postulierte Kugelform erbringt.

Im Jahre 1557 schließlich gelingt es, das südchinesische Aomen (Macau) von China zu pachten. Im Vertrag von 1887 wird der koloniale Status bestätigt, was Portugal über Jahrhunderte einen **Vorsprung im Chinahandel** verschafft. Lissabon, bereits im 16. Jahrhundert **zur reichsten Stadt Europas aufgestiegen**, bietet nun Waren aus aller Herren Länder feil. Allerdings ist für die Eroberungen und die Verwaltung ein erheblicher Personalaufwand vonnöten. Bei allen Vorteilen, die die Kolonialmacht Portugal genießt, führt dies doch zu einer erheblichen Belastung der Bevölkerung im Mutterland.

Portugals Tempelritter und der Ordem de Christo

*Nach dem (erfolglosen) Ende der Kreuzzüge wurden die Militärorden, die ursprünglich zum Schutz der Wallfahrer ins Leben gerufen worden waren, allmählich überflüssig. Allerdings waren sie durch ihren unermüdlichen, zweifelsohne auch tapferen Dienst und Kampf für das Christentum **mit Ländereien und Privilegien reich belohnt** worden. Während der Deutschritterorden fortan als Bollwerk in Ostpreußen fungierte und der Johanniterorden auf Rhodos (später Malta) einen Vorposten gegen die „Türkengefahr" bildete, konzentrierten sich die Templer auf den Ausbau einer florierenden Wirtschaftskraft. Sie waren schließlich sogar die ersten Christen, die gegen Zinsen Geld verleihen durften.*

*Während also Johanniter und Deutschherren als Funktionsträger auch weiterhin geduldet waren, wurde die **Finanzkraft der Templer**, möglicherweise auch ein bedeutendes historisches Geheimnis, zum **Ausgangspunkt eines der dunkelsten Kapitel europäischer Ordensgeschichte**. Ludwig IV. („der Schöne") hatte Anfang des 14. Jh. das damalige Frankreich mithilfe eines teuren Beamtenapparates straff organisiert, was jedoch zu chronischem Geldmangel führte. Er ließ am 13. Oktober 1307 in einer streng geheimen Nacht- und Nebel-Aktion alle Templer Frankreichs gleichzeitig verhaften, durch Folter zahlreiche Geständnisse zu aus der Luft gegriffenen Anschuldigungen erpressen und eignete sich auf diese Weise vermutlich große Geldmengen und viele Reichtümer des Ordens an. Gleichzeitig hatte er Papst Clemens V. in der Hand. Er bewirkte dessen Befehl an die Regenten Europas, in allen Ländern ähnlich vorzugehen (alle Orden unterstanden der päpstlichen Justiz). 1312 wurde der **Templerorden letztlich aufgelöst und verboten** - der schwache Papst konnte sich immerhin dazu durchringen, den verbliebenen Grundbesitz den Johannitern (und nicht Frankreich) zuzusprechen.*

*Auch der **portugiesische Templerorden** mit Sitz in Tomar (100 km nördlich von Lissabon) wurde aufgelöst. Da jedoch ein Großteil des wichtigen und bedeutenden höfischen Adels dem Orden angehörte, vollzog sich die **Auflösung auf rein formaler Ebene ohne Folter oder Konfiszierungen** - und das auch nur, um Papst und Ludwig IV. zufriedenzustellen. Außerdem waren die Templer ein wichtiger Aktivposten während der Reconquista.*

*Nachdem sich die Aufregung gelegt hatte, wurde unter König Diniz I. im Jahre 1319 in Castro Marim (bei Vila Real) der sogenannte **Christusritterorden** („Ordem de Christo") gegründet - wobei alle Besitzungen und Gelder der portugiesischen Templer diesem „neuen" Orden zufielen. Auch die Ritter blieben dieselben, sodass mithilfe dieses gewitzten Zugs der portugiesische Teil der Templer unbehelligt weiter existierte - sogar die Burg Tomar wurde 1356 wieder bezogen. Als neues Symbol wurde dem alten Templerkreuz (ein achtzackiges rotes Kreuz auf weißem Grund) einfach noch ein dünnes weißes Kreuz hinzugefügt - fertig war der neue Orden.*

Von den Anfängen bis zur Gegenwart

*Formale Zielsetzung des Christusritterordens war die **Bekämpfung des Islam** sowie die **Erweiterung des portugiesischen Machtbereiches**, was im 15. und 16. Jahrhundert erheblich zur Kolonialisierung der Überseebesitzungen beitrug. Nicht zuletzt bedeutende Könige (z. B. Manuel I.) und Seefahrer (u. a. Dom Infante Henrique, Vasco da Gama, Bartolomeu Diaz und Pedro Cabral) gehörten dem Orden an.*

*Auch in anderen europäischen Ländern konnten die Templer bald weiter existieren, allerdings ohne die verlorenen Besitzungen. Außerdem waren viele Ritter in andere Orden übergetreten. Erst Napoleon Bonaparte rehabilitierte den Templerorden um 1810. Portugal wurde erneut zum Zentrum der Templer, als der belgische Großmeister E. C. Vandenberg wegen der Besetzung Belgiens durch die Nationalsozialisten (1940) alle **Ordensunterlagen in das neutrale Portugal** schaffen ließ. 1942 trat er aus Sicherheitsgründen zugunsten des Portugiesen Dom F. Pinto de Sousa-Fontes zurück, der dem Orden bis heute vorsteht.*

Seit dem Jahr 1991 ist Jerusalem wieder Sitz des Templerordens, der sich seit 1996 „Ordo Militiae Templi Hierosolymitani" (Christlicher Ritterorden vom Tempel zu Jerusalem) nennt und 5000 Mitglieder hat. Das Generalsekretariat liegt in Köln (Infos im Web unter www.tempelritterorden.de). Prominentestes deutsches Mitglied des portugiesischen Ordem de Christo war übrigens der „kölsche Alte" Konrad Adenauer.

Spanische Fremdherrschaft

1569 wird Lissabon von der großen europäischen Pestwelle überrollt, wobei Quellen zufolge über 50.000 Bewohner ums Leben kommen. Auch politisch wird das Land bald darauf hart getroffen, denn die prächtigste Phase des portugiesischen Kolonialismus endet mit König Sebastião, der 1578 von Lagos aus einen „Kreuzzug" gegen die marokkanischen Berber unternimmt und während der für die Portugiesen vernichtenden Schlacht von Alcaçer Quebir fällt. **Mangels Thronfolger wird vom Adel der spanische König nominiert** – in diesem Fall Philip II. –, womit die sogenannte „Fremdherrschaft" beginnt. Englische Piraten nutzen die Verwirrung und fallen zwischen 1587 und 1596 wiederholt in den südlichen Regionen Portugals (Sagres, Lagos und Faro) ein.

In der Regierungszeit Philips als König beider Länder beuten die Spanier ihre iberischen Nachbarn mehr oder minder aus und vermehren die eigenen Besitzungen auf Kosten der Portugiesen immens.

Unter der Führung des Herzogs von Bragança wird die spanische Fremdherrschaft im **Aufstand vom 1. Dezember 1640** (Nationalfeiertag) beendet. Als João I. restauriert er die portugiesische Krone umfassend und begründet das bis 1910 bestehende Haus von Bragança. In zahllosen militärischen Expeditionen versucht Spanien, Portugal erneut zu annektieren, wird aber von den Portugiesen mit englischer Militärhilfe immer wieder zurückgeschlagen. Alle derartigen Bestrebungen Spaniens werden mit dem Friedensvertrag von 1669 endgültig beendet.

Die Bragança-Dynastie

Zwei Faktoren prägen die Regentschaft des Hauses Bragança: Zum einen **verarmt Portugal infolge der Fremdherrschaft** und der anschließenden Absicherungskriegen, zum zweiten gerät das Land (da Gegenleistungen für die britische Unterstützung gefordert wurden) in eine **Abhängigkeit von England**, welche die engen Beziehungen zwischen beiden Ländern bis in die Gegenwart begründet.

Zwar gelingt 1699 unter João V. die Erschließung der lange begehrten brasilianischen Goldminen, doch ist der **unvermeidliche Niedergang** durch verschwenderische Hofhaltung und aufgrund der „Altlasten" nicht mehr aufzuhalten. Auch der sogenannte **Methuen-Vertrag** von 1703 trägt zur fatalen Lage bei: Dieser nach dem britischen Botschafter in Portugal, Sir John Methuen, benannte Vertrag gestattet es Großbritannien, als einzige ausländische Nation Textilien auf den portugiesischen Markt zu bringen und den berühmten Portwein ohne Zahlung einer Exportsteuer zu erwerben.

Höfischer Prunk und Absolutismus erfahren unter José I. (1750–1777) ihren Höhepunkt, während sein **Premierminister Marquês de Pombal** (Exkurs s. S. 110) **Wirtschaftsreformen** durchführt, um die zunehmende Abhängigkeit von England zu beenden. Auch das **verheerende Erdbeben von 1755**, in dem weite Teile Lissabons zerstört wurden, fällt in diese Ära (Exkurs s. S. 58). Zwar lässt der Marquês sowohl die Hauptstadt als auch Städte der Algarve (insbesondere Vila Real de Santo António 1774) gemäß seinen Vorstellungen wiedererrichten, doch seine wichtigen Reformen werden nach dem Tod von José I. aufgehoben.

Das große Erdbeben von 1755

*Am 1. November 1755, gegen 9 Uhr 40, wurde Europa von Skandinavien bis zu den Azoreninseln von einem **Erdbeben von bis dahin unbekanntem Ausmaßen** getroffen. Die schwersten Schäden hatten dabei die portugiesischen Küstenregionen, zuvorderst Lissabon und einige Städte an der Algarve zu verzeichnen. Nach heutigen Schätzungen lag das Epizentrum etwa 200 km südwestlich der portugiesischen Küste und forderte mit einer Stärke von 8,5 bis 9 auf der Richterskala neben zahlreichen Zerstörungen rund 100.000 Menschenleben.*

*Wie man später anhand von Augenzeugenberichten rekonstruierte, dauerte das **erste Hauptbeben** rund drei bis sechs Minuten. Dieses brachte bereits viele Gebäude zum Einsturz, riss meterbreite Spalten in die Straßen und löste zahlreiche lokale Brände aus. Es muss schon zu diesem Zeitpunkt viele Opfer gegeben haben, die eigentliche Katastrophe sollte jedoch erst noch folgen: Durch das Beben sank der Meeresspiegel kurzzeitig rapide ab - zahlreiche intakte Schiffe lagen in dem kurzzeitig wasserfreien Fluss verankert oder im Hafen vertaut - wenige Minuten später tobte eine **Tsunamiwelle** den Tejo hinauf, die in ihrer Wucht Gebäude und Menschen gleichermaßen mit sich riss.*

Königliches Exil und Miguelistenkriege

Die Truppen Napoleon Bonapartes besetzen Portugal zwischen den Jahren 1807 und 1811 und errichten eine erneut kurze Fremdherrschaft, während

Es folgten im Anschluss noch zwei kleinere Flutwellen und später auch noch zwei Nachbeben.

Jeder Dritte der damals 275.000 Einwohner Lissabons war tot, **85 % der Gebäude zerstört,** *darunter die Königspaläste und die Nationalbibliothek mit 70.000 Werken u. a. von Tizian, Rubens oder den Aufzeichnungen Vasco da Gamas. Im Zentrum der Altstadt stehen noch heute die Ruinen des Convento do Carmo* ⓮ *als Denkmal an diese Katastrophe.*

Das Beben hatte **eine ganze Reihe mittelbarer und unmittelbarer Folgen.** *Zunächst litt König José I. fortan an einer Klaustrophobie, konnte daher nicht mehr in geschlossenen Räumen leben und wohnte in einer Zeltstadt vor den Toren Lissabons. Tiere hatten in Scharen noch vor dem Beben instinktiv den Weg auf Hügel gesucht - was zum Auslöser der Instinktforschung in Portugal wurde. Auch die Seismologie als eigener Wissenschaftszweig ging als Konsequenz aus dem Beben hervor. Ferner wurde eine Abkehr vom ausufernden Kolonialismus der Entdeckerzeiten beschlossen, man wollte sich mehr auf die Heimatnation konzentrieren. Nicht zuletzt begannen portugal- und europaweit philosophisch-theologische Dispute über die Frage, wie Gott eine solche Katastrophe - und allgemeiner das Übel in der Welt - zulassen konnte (sogenanntes Theodizee-Problem).*

Der pragmatische Premierminister Sebastião de Mello, der später zum **Marquês de Pombal** *erhoben wurde, soll quasi als Anstoß für einen zügigen Wiederaufbau gesagt haben „Und nun? Beerdigt die Toten und ernährt die Lebenden." Er ordnete gegen den Widerstand der katholischen Kirche Massenseebestattungen an, stellte Brandbekämpfungstruppen auf, ließ Plünderer aufknüpfen und als Abschreckung diverse Galgen im Stadtgebiet aufstellen.*

Ein Jahr später war die Hauptstadt aufgeräumt und Pombal ließ die **Altstadt (Baixa) schachbrettförmig mit breiten Straßen anlegen** *- als Begründung führte er an, auch diese Straßen würden eines Tages klein sein, ferner könnten Rettungstrupps so leichter zu brennenden Häusern gelangen. Häuser sollten erdbebensicher gebaut werden, weshalb er Holzmodelle bauen und die Armee rundherum exerzieren ließ, um Beben zu simulieren. Nach diesem pombalinischen Vorbild wurden zahlreiche Städte reorganisiert, als Muster gilt - neben Lissabons Baixa - Vila Real de Santo António an der Algarve.*

derer König João VI. nach Brasilien übersiedelt. Zwar schlagen englisch-portugiesische Truppen die Franzosen bei Coimbra entscheidend, doch wird der **britische General W. C. Beresford** erst Oberbefehlshaber aller portugiesischen Truppen und von 1816 bis 1820 quasi ein **Gouverneur Portugals zum Nutzen Britanniens.** Der deutliche Einfluss Englands prägt seidem weite Teile der portugiesischen Gesellschaft und führt ab 1820 zu Aufständen in Nord- und Zentralportugal mit dem Ziel einer liberalen Verfassung.

Vorbild für Asterix

Jeder kennt den einleitenden Satz in den weltbekannten Asterix-Heften: „Ganz Gallien ist von den Römern besetzt. Ganz Gallien? Nein, ein kleines Dorf ..." Tatsächlich existiert **für dieses Szenario ein reales Vorbild** - und zwar in Portugal.

Im Jahre 1580 begann die Personalunion Portugals mit Spanien, als der spanische König Philip IV. als Philip III. ganz Portugal dem spanischen Reich einverleibte. Ganz Portugal? Nein, es war in der Tat ein im Vergleich zu den gigantischen, weltumspannenden Besitzungen Portugals kleines „Dorf", das sich 60 Jahre lang, bis zum Ende der spanischen Fremdherrschaft 1640, penetrant und standhaft weigerte, die Oberhoheit Spaniens zu akzeptieren, geschweige denn die spanische Flagge zu hissen. Es handelte sich dabei um die erste und bis ins 19. Jahrhundert einzige Kolonie einer europäischen Macht in China: Macau. Die Stadt konnte sich ihren Widerstand, geschützt durch ihre mit Festungen bewehrte Halbinsellage, durchaus leisten. (Macau konnte in seiner Geschichte niemals erobert werden.)

1640, mit dem Ende der Fremdherrschaft, verlieh das portugiesische Mutterland der treuen Kolonie für ihren tapferen Widerstand den (bis zur Rückgabe an China 2000 gültigen) offiziellen Namen „Cidade Do Nome De Deus De Macau Não Ha Outra Mais Leal" („Stadt im Namen des Herren, Macau, es gibt keine treuere").

Noch immer in Brasilien weilend, akzeptiert João VI. die **Ausrufung einer liberalen Verfassung** (u. a. mit Pressefreiheit, Wahlrecht und Verbot der Inquisition) und kehrt nach Lissabon zurück. Sein Sohn Pedro IV. bleibt in Brasilien und ruft dessen Unabhängigkeit aus, Pedros Bruder Miguel widerruft jedoch 1828 die neue Verfassung und löst damit die sogenannten **„Miguelistenkriege"** zwischen den Konservativen (um Miguel) und Liberalen (um Pedro) aus. Pedro IV. setzt sich 1834 durch und verbannt Miguel nach dem militärischen Sieg am Cabo de São Vicente ins Exil.

Erste Republik und Diktatur

In der zweiten Hälfte des 19. Jh. ist Portugal bemüht, den Anschluss an die führenden Nationen herzustellen, die Industrialisierung schreitet jedoch zu langsam voran. Vor allem Korkproduktion und Fischerei spielen an der Algarve eine zunehmend wichtige Rolle, logistisch unterstützt durch die Errichtung einer Eisenbahnlinie von Faro nach Lissabon.

Die zunehmende Verarmung im Vergleich zu den führenden Nationen Europas und die Unfähigkeit des Königshauses zu ökonomischen Reformen führt 1910 schließlich zu einer von weiten Teilen der Bevölkerung und des Militärs getragenen Erhebung, während derer Manuel II., der letzte König des Hauses Bragança, nach England flieht. In Saus und Braus lebend, doch politisch völlig machtlos, muss er am **5. Oktober 1910** aus der Ferne die **Ausrufung der Republik** auf dem Rathausbalkon in Lissabon miterleben. Diese kann sich allerdings bei 44 Regierungswechseln in den folgenden 16 Jahren nicht stabilisieren.

Am 28. Mai 1926 schließlich **putscht das Militär** unter Gomes da Costa, unter dessen Nachfolger General Carmona der spätere **Diktator António de Oliveira Salazar** zum Finanz- und 1932 dann zum Premierminister ernannt wird. Mithilfe der von Salazar selbst aufgebauten Einheitspartei „União Nacional" ruft er die „**Estado Novo", die neue Verfassung**, aus und errichtet eine quasi-faschistische Diktatur.

Im Zweiten Weltkrieg strikt neutral, wird Portugal 1949 zum Gründungsmitglied der NATO und orientiert sich damit an Westeuropa. In den 1960er-Jahren sieht sich Portugal den **Befreiungskriegen der ehemaligen Kolonien** ausgesetzt, in denen nacheinander Angola (1961), Guinea-Bissau (1963) und schließlich Mosambik (1964) ihre Unabhängigkeit erklären.

Das **Stadtgebiet Lissabons wird unter Salazar drastisch modernisiert**, der Flughafen ausgebaut, 1959 die erste Metrolinie eröffnet und 1966 die Ponte 25 de Abril (damals noch „Salazar-Brücke") errichtet. Dabei gingen Salazars Modernisierungsbestrebungen zugunsten der Hauptstadt stets zu Lasten der anderen Regionen des Landes.

Insbesondere an der Algarve (Südportugal) nimmt ein zunächst **vorsichtiger, gelenkter Tourismus** seinen Anfang, gefördert durch den Bau des Flughafens von Faro (1965). Gesamtwirtschaftlich gelingt Salazar jedoch kein Durchbruch. 1968 erleidet er einen Gehirnschlag und wird von M. Caetano abgelöst.

▷ *Büste von Ex-Präsident Francisco da Costa Gomes (reg. 1974–1976) im Nationalpalast von Queluz*

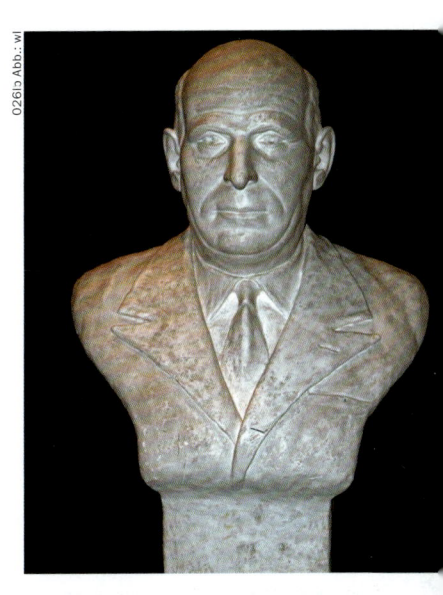

Nelkenrevolution und Demokratie

Im Zuge der linksliberalen Bewegungen in Westeuropa mehren sich auch in Portugal die Stimmen gegen die Diktatur. Am **25. April 1974 putschen linksorientierte Offiziere** durch Besetzung von Regierungsgebäuden und Sendeanstalten gegen das Regime und erklären es unter dem Jubel der Bevölkerung für abgesetzt. Der Begriff „Nelkenrevolution", der sich für dieses Geschehen eingebürgert hat, geht auf die Friedhofsblume zurück, die viele Befürworter des Putsches als Symbol für die Beendigung der Diktatur im Knopfloch trugen.

Eine **sozialistische Verfassung bei pro-westlicher Grundhaltung** wird erarbeitet, Agrarreformen und Entlassung aller Kolonien in die Unabhängigkeit (mit Ausnahme Macaus) folgen in den

1970er-Jahren. Zu einem großen innenpolitischen Problem werden die etwa **750.000 Heimkehrer aus den einstigen Überseegebieten**, die nicht alle rechtzeitig ihren Besitz liquidieren konnten und nun als mittellose Flüchtlinge in ihre Heimat Portugal zurückkommen. Wirtschaftspolitische Verbesserungen werden durch die Verstaatlichung von Industriebetrieben, Banken sowie Versicherungen angestrebt.

Portugal im Kreis der EU

Nachdem die portugiesischen Sozialisten als Gewinner aus den Parlamentswahlen 1976 hervorgegangen sind, werden allmählich normale Zustände erreicht, die Landbesetzungen von 1974 revidiert und konservative Reformen umgesetzt. 1986 wird Portugal **Vollmitglied der EU** (damals EG), angelockt sicherlich auch von den in Aussicht gestellten rund 11 Mrd. Euro Finanzhilfe. Zwar streicht man 1989 schließlich den Verfassungsauftrag der klassenlosen Gesellschaft, doch bleiben die Sozialisten auch in den 1990er-Jahren die führende Kraft im Lande.

Ende des 20. Jh. beginnt eine **neuerliche Modernisierungswelle in Lissabon**. Der Bau der riesigen Ponte Vasco da Gama und des Expo-Geländes Parque das Nações (Expo 1998) sind die prominentesten Projekte.

Der liberalkonservative und ehemalige Bürgermeister von Lissabon, Jorge Sampáio, wird Staatspräsident und übergibt in dieser Eigenschaft am 20. Dezember 2000 die **letzte Kolonie, Macau, an die Volksrepublik China** zurück. Im Januar 2002 löst dann der **Euro** den Escudo ab und als sei dies ein Zeichen für einen politischen Kurswechsel, sehen sich die Liberalkonservativen (PSD) im Zuge der Parlamentswahlen vom Februar 2002 gezwungen, unter ihrem neuen **Premier José Manuel Durão Barroso** eine Koalition mit der christdemokratischen Volkspartei (CDS/PP) einzugehen.

Trotz vielversprechender Projekte (etwa die Fußball-EM 2004) wird diese Regierung bei der vorgezogenen Parlamentswahl im Februar 2005 wegen wirtschaftlicher Misserfolge wieder abgewählt und mit **José Sócrates** erneut ein Sozialist mit der Regierungsbildung beauftragt. Hauptaufgaben der neuen Regierung sind der Abbau des ständig wachsenden Haushaltsdefizits und damit die Erfüllung der Brüsseler Konvergenzkriterien für das Jahr 2008 sowie die Senkung der Arbeitslosenquote.

Nachdem mit dem rechtsliberalen Präsidenten Anibal Cavaco Silva (Amtszeit 2006–2011) zunächst ein neues Staatsoberhaupt inauguriert wurde, erhält Sócrates am 1. Juli 2007 als turnusmäßiger **Ratspräsident der Europäischen Union** die Möglichkeit, sich in einem international gewichtigen politischen Amt zu profilieren. Dies gelingt mit dem für die künftige europäische Verfassung richtungsweisenden Vertrag von Lissabon am 13. Dezember 2007. 2010 wird bald klar, dass auch Portugal (neben Irland, Griechenland, Spanien und Italien) zu jenen EU-Mitgliedsländern gehört, die von akuter Zahlungsunfähigkeit bedroht sind. **Präsident Silvas** wird 2011 mit 53% wiedergewählt, als dann die Regierung im Einvernehmen mit dem Präsidenten unpopuläre, aber notwendige rigorose Sparmaßnahmen einzuführen versucht (unter anderem wird das Großprojekt Flughafenneubau/Alcochete vorübergehend gestoppt), sehen sowohl die Großunter-

Portugiesische Wirtschaftsflüchtlinge in Deutschland

2012 kam es zu einer geradezu grotesken und kolumnenreifen Posse im Zusammenhang mit einer Anzeige der Bundesagentur für Arbeit in Schwäbisch-Hall.

Nach einem Besuch zahlreicher europäischer Journalisten in der Stadt, auf deren Steinen man bekanntlich bauen kann, schrieb die portugiesische Journalistin Madalena Queirós im „Diário Económico" einen Artikel, worin eine Stadt beschrieben wurde, in der Milch und Honig zu fließen scheinen. An die 3000 € betrage dort der Durchschnittsverdienst, der Schulbesuch für die Kinder sei kostenlos, auch Studiengebühren gibt es nicht mehr – dank des neuen grünen Ministerpräsidenten! Schwäbisch-Hall sei außerdem sehr gesund, staufrei und rühme sich zudem einer bemerkenswert niedrigen Arbeitslosenquote, so niedrig, dass die örtliche Bundesagentur „händeringend nach Arbeitskräften suche". Und damit ihre portugiesischen Landsleute ihre Bewerbungen gleich an die richtige Stelle senden konnten, lieferte Queirós die Internetadresse mit Bitte um englischsprachige Bewerbungen in ihrem Artikel praktischerweise gleich mit!

Die örtlichen Sachbearbeiter der Bundesagentur rieben daher verwundert die Augen, als nach Erscheinen des Artikels buchstäblich über Nacht rund 2500 Bewerbungen aus Portugal in Schwäbisch-Hall eingingen. Damit nicht genug: nachdem sie einige Tage darauf von dem Ansturm erfahren hatte, schrieb Queirós erneut einen Artikel, dass der Zuspruch so hoch sei und die Bundesagentur alles in ihren Kräften stehende tun würde, um die Menschen auch tatsächlich unterzubringen. Dies vervielfachte den Ansturm nochmals auf eine fünfstellige Bewerbungszahl, wobei es etliche nicht bei einer Initiativbewerbung beließen, sondern gar direkt aus Portugal nach Schwäbisch-Hall anreisten, teilweise sogar unter Aufkündigung ihres Jobs in der Heimat.

Erneut staunten die Haller nicht schlecht, bemühten sich nach Kräften um eine adäquate Aufarbeitung und schafften es tatsächlich, einige Bewerber zu vermitteln, viele mussten allerdings vertröstet werden. Die Bundesagentur vor Ort zog aus der Angelegenheit mithin die Lehre, künftige internationale Gesuche um Arbeitskräfte deutlich mehr zu steuern ...

nehmen (Banken, Baugewerbe) als auch die breite Bevölkerung (Arbeitsplätze) ihre Pfründe schwinden.

Bei den 2011 vorgezogenen Parlamentswahlen erhält dann **Pedro Passos Coelho** mit seiner Partei PSD knapp 40 % der Stimmen. Er wird von Präsident Silvas mit der Regierungsbildung beauftragt und im Juni 2011 zum Ministerpräsidenten Portugals ernannt. Coelhos Amtszeit trifft mit dem Höhepunkt der Eurokrise 2012/13 zusammen. Mehrfach kommt es zu Protestbewegungen in Lissabon, da die Regierung insbesondere die Staatsausgaben weiter zu senken bemüht ist, um die Vorgaben der „Troika" zu erfüllen und den angeschlagenen Staatshaushalt zumindest langfristig zu sanieren.

Leben in der Stadt

Regierung und Parteienlandschaft

Mit dem Ende der Diktatur wurde Portugal zur **parlamentarischen Demokratie** mit einem im Fünfjahresturnus direkt vom Volk gewählten Präsidenten an der Spitze (bis 2016 ist dies Anibal Cavaco Silva) und einer von einem Premier geführten Regierung. Als Ergebnis der Wahlen (alle 4 Jahre, Verhältniswahlrecht) zum 230 Sitze umfassenden Parlament wird das Land seit 2011 von einer **konservativen Regierung** unter der Führung von Premierminister Pedro Passos Coelho (PSD, Partido Social Democrata) regiert.

Weitere **politische Gruppierungen** in der aktuellen portugiesischen Parteienlandschaft sind die Sozialdemokraten (PS) unter der Führung von Ex-Premierminister José Sócrates, die Christdemokraten (CDS/PP), die etwas dubiose monarchistische PPM (Partido Popular Monarqico), „Os Verdes" (die Grünen) und die kommunistische Partido Comunista Português (PCP).

Die Regierung unter Passos Coelho hat es sich zum Ziel gesetzt, die Wirtschaft neu zu beleben und politische Binnenstabilität innerhalb der EU zu schaffen. Zudem sind beispielsweise **Umweltschutz oder Vollbeschäftigung postulierte Verfassungsziele** seit 1976. In der Aktualisierung des Reformprogramms für die Jahre 2011 bis 2016 strebt die aktuelle Regierung innenpolitisch außerdem Veränderungen in der öffentlichen Verwaltung, des Gesundheitswesens und in der Arbeitsgesetzgebung an – dies im Rahmen der Schuldenkrise zahlreicher EU-Mitgliedsstaaten stets unter dem Damoklesschwert von einem gegen Null gehenden Finanzspielraum.

So vielversprechend sich all dies anhört, die Zielsetzung der „politischen Stabilität" war schon seit der Zeit des Monokraten Salazars praktisch eine ständige politische Formel aller demokratischen Regierungen in Portugal. Und das Thema „wirtschaftliche Verbesserung" spielt ohnehin stets eine Schlüsselrolle im Wahlkampf, erst recht seit der Misere, dass das Land innerhalb der EU (osteuropäische Staaten nicht berücksichtigt) mittlerweile auf einen hinteren Platz fiel. Ungeachtet dessen konnten Silva/Sócrates vor allem 2007 und 2008 **beachtliche wirtschaftliche Erfolge** vorweisen, insbesondere eine Verringerung des Haushaltsdefizits auf unter 3 %, ein Wirtschaftswachstum von gut 2 % sowie eine Verringerung der Arbeitslosenquote auf rund 7 % (EU-Durchschnitt: 7,5 %). Das aber erwies sich bald als Luftblase und führte letztlich auch mit zum Regierungswechsel 2011 und der Inanspruchnahme von 78 Milliarden Euro im Rahmen des sogenannten „Rettungsschirms".

Wirtschaft und Handel

Gemessen am Indikator der Wirtschaftsleistung, dem Bruttoinlandsprodukt (BIP), steht Portugal mit knapp 23.000 US-$ pro Kopf (2012, das entspricht etwa 65 % des EU-Durchschnitts) nach der letzten Erweiterung (2013, Kroatien) immer noch in der unteren Hälfte der Europäischen Union. Dabei muss man aber innerhalb des Landes **zwischen strukturschwachen, ländlichen Gebieten und relativ wohlhabenden Regionen unterscheiden**.

Die beiden **großen Zentren** sind **Lissabon und Porto**, in deren unmittelbaren Einzugsbereichen rund ein Drittel der Gesamtbevölkerung lebt und einer durchaus lukrativen Tätigkeit in Industrie, Handel, Dienstleistung oder Verwaltung nachgeht. Vom **Sonderfall Algarve** abgesehen, wo die meisten der 350.000 portugiesischen Algarve-Bewohner über im Landesvergleich überdurchschnittliche Löhne und Einkünfte aus dem Tourismussektor verfügen, lebt ansonsten der **überwiegende Teil der Bevölkerung in Dörfern und Kleinstädten in vergleichsweise bescheidenen Verhältnissen** von Landwirtschaft und Weinbau. 50 % der Fläche Portugals werden von der nur in geringem Umfang zum Inlandsprodukt beitragenden Landwirtschaft genutzt.

Größtes Ärgernis sind die alljährlichen Übertretungen der Brüsseler Konvergenzkriterien, insbesondere der **defizitäre Staatshaushalt** (die Staatsverschuldung lag bis 2012 jeweils über 5 % des BIP). Nicht dass man „blaue Briefe" aus Brüssel sonderlich ernst genommen hat – es folgten bis 2011 keine Sanktionen –, doch will die Regierung die nötigen Strukturanpassungen auch deshalb weiter vorantreiben, um die **internationale Wettbewerbsfähigkeit** des Landes wieder zu heben. Sie bemüht sich daher konstruktiv um einen stabilitäts- und wachstumsorientierten Wirtschaftskurs. Doch wie Griechenland, Irland und Zypern bewegt sich Portugal auch 2013 weiter am Rande der Zahlungsunfähigkeit.

◁ *Protest-Graffiti gegen Bodenspekulationen in Lissabon*

Tabak an den Kais von Lissabon

Was kaum jemand weiß: Es war der Hafen von Lissabon, in dem damals, vor fast 500 Jahren, die Entdecker und Abenteurer den skeptischen Händlern erstmals eine in Europa seinerzeit vollkommen unbekannte Heil- und Nutzpflanze aus den neu erworbenen überseeischen Besitzungen in Lateinamerika zeigten – das Tabakblatt! Denn laut einem Beitrag der portugiesischen Zeitschrift Público schrieb Jesuitenpater und Missionar Manuel da Nóbrega in einem Brief aus Brasilien 1550, dass die dortigen Mahlzeiten für Europäer schwer verdaulich seien, mithin aber ein Wundermittel existiere:

„Gott schenkte Abhilfe mit einem Kraut, dessen Rauch sehr bei der Verdauung und bei anderen körperlichen Beschwerden und beim Abführen des Magenschleims hilft. Bis jetzt gibt es noch keinen von unseren Brüdern, der es nutzt, wie es auch andere Christen nicht tun, um sich nicht mit den Ungläubigen zu vermischen, die es (das Rauchen) sehr schätzen."

10 Jahre später schickte Jean Nicot, der französische Botschafter am Lissabonner Hof, seiner an Kopfschmerzen leidenden Königin Katharina de Medici eine Probe – sie schien zu genesen, der Wirkstoff wurde fortan nach Nicot benannt: Nikotin. Zunächst also als Medizin, dann als gerollte Zigarren für die Wohlhabenden (auch ohne körperliche Leiden), später schließlich als geschnittener Restetabak für Pfeife und noch später als Zigarette trat die neue Kulturpflanze von den Kais von Lissabon aus ihren Siegeszug durch Europa und die Welt an. Das staatliche Tabakmonopol lohnte sich für die königlichen Schatullen: Rund 20 % der Staatseinnahmen brachte die sich rasch verbreitende Lust der Bürger nach Tabak.

Erst im Zuge der Nichtraucher-Bewegungen des 20. Jh. wurde auch in Portugal über ein Rauchverbot in der Öffentlichkeit nachgedacht, aber erst seit 1.1.2008 gilt ein Nichtraucherschutzgesetz (Lei 37/2007), wonach in öffentlichen Einrichtungen (also auch Casinos, Gaststätten, Bars usw.) nur noch in ausgewiesenen, abgetrennten Raucherbereichen dem blauen Dunst gefrönt werden darf. Ausgenommen sind lediglich Einrichtungen von einer Größe unter 100 m², deren Eigentümer/Pächter das Rauchen erlauben dürfen, wenn eine Dunstabzugsanlage eingebaut wurde. Wer als Gast dagegen verstößt, zahlt mindestens 75 € Geldstrafe, begehen die Betreiber der Lokalitäten einen Gesetzesverstoß, zahlen sie gar satte 10.000 €. Das gilt auch dann, wenn ein Wirt kein Schild an der Tür angebracht hat, welches das Etablissement als Nichtraucherzone kennzeichnet (rotes Schild mit durchgestrichener Zigarette und den Worten „Nao Fumadores/No Smokers").

Übrigens war Portugal schon vor 2008 das Land mit der europaweit höchsten Nichtraucherquote: 58 % sind Nichtraucher, nur 27 % greifen regelmäßig zum Glimmstengel. Die Mehrheit der Portugiesen unterstützt folgerichtig das Rauchverbot: 81 % der Bevölkerung sind für das Gesetz (in Deutschland nur 66 %), und selbst für ein generelles Rauchverbot in Gaststätten und Kneipen stimmen in Portugal knapp 70 %, wohingegen sich in Deutschland keine Mehrheit fand (46 %)!

Am Puls der Stadt
Leben in der Stadt

Dabei ist das **produzierende Gewerbe** (Düngemittel-, Papier- und Haushaltsgeräteindustrie) aufgrund der Rohstoffarmut (lediglich Wolfram, Eisen, Zinn, Kupfer, Mangan, Gold und Kohle werden abgebaut) vorwiegend auf Importe angewiesen, was erheblich zum Einfuhrüberschuss und einer negativen Handelsbilanz beiträgt. Aufgrund der **geringen Lohnkosten innerhalb der EU** wurde das Land für Investoren in den Bereichen Leder, Textil und Schuhe interessant. Fischkonserven, Wein, Kork, Kleinmaschinen und Holz bilden nach wie vor die wichtigsten Ausfuhrgüter. Deutschland ist nach Spanien der bedeutendste Handelspartner Portugals mit einem jeweiligen Anteil am Gesamtimport bzw. -export von ca. 15 %.

Bedingt durch die kulturelle, wirtschaftliche und auch arbeitsqualitative Vormachtstellung der beiden Zentren Porto und Lissabon sieht sich Portugal seit Jahren Problemen wie städtischer Zuwanderung, Elendsvierteln, schlechter Infrastruktur, Analphabetentum und **starken Gefällen zwischen Arm und Reich, aber auch zwischen Stadt und Land** ausgesetzt. Daher war die Bereitschaft zum EU-Beitritt sehr hoch.

Der **Strukturausgleich** brachte die erwarteten Milliarden aus Brüssel, ohne jedoch die Unterentwicklung mancher

Der Hafen zeugt noch heute von Lissabons einstiger Bedeutung als Zentrum der Seemacht Portugal

Gebiete bislang wirksam beseitigen zu können. In Lissabon wird oft auf „geografische Nachteile Portugals" wie Hitze und Wassermangel verwiesen. Ob man dieser Argumentation angesichts ähnlich gelagerter Klimaverhältnisse etwa auf Zypern oder Malta bei deutlich besseren Ergebnissen Glauben schenken kann, darf bezweifelt werden.

Letztlich wurde Portugal **das riesige Kolonialreich zum Verhängnis**, da das Mutterland für die Überseeverwaltung eine große Anzahl fähiger Leute verlor. Zudem führte die im Mittelmeerraum nicht unübliche Laissez-faire-Mentalität zu einer Vernachlässigung des Aufbaus einer unabhängigen Versorgung innerhalb Portugals: Es war eben bequemer, Rohstoffe und Nahrungsmittel der Kolonien auszubeuten. Peinlichstes Beispiel war schon in den 1980er-Jahren Macau, wo das Bruttoinlandsprodukt stets deutlich über dem des Mutterlandes lag.

Bildung und Soziales

Seit der Nelkenrevolution von 1974 wird **erhöhter Wert auf die Ausbildung** zum mündigen Bürger gelegt. Immerhin waren selbst gegen Ende der Salazar-Diktatur noch immer knapp ein Drittel der über 16-Jährigen des Lesens und Schreibens unkundig. Noch heute wird in portugiesischen Amtsstuben in manchen Fällen die Beurkundung durch Fingerabdruck anstatt einer Unterschrift akzeptiert!

Die Schulpflicht beträgt neun Jahre, ab dem 10. Schuljahr beginnt die Spezialisierung des Schülers in berufsvorbereitenden oder studienrelevanten (allgemeinbildenden) Schwerpunktklassen, nach der 12. Klasse endet die Schullaufbahn. Weiterführende Hochschulen und Fachakademien gibt es u. a. in Lissabon, Porto und sogar Faro. Dennoch verzeichnet Portugal noch heute eine **vergleichsweise hohe Analphabetenrate** von knapp 7 %. Die **Gleichberechtigung der Geschlechter** bleibt weiterhin eine Baustelle. Politik ist auch heute noch überwiegend Männersache, wobei auch das Militär stärker repräsentiert ist als in Mitteleuropa üblich. Frauen lösen sich erst ganz allmählich aus der traditionellen Rolle als Hausfrau und Mutter. Immerhin sind die Löhne und Gehälter zwischen den Geschlechtern mittlerweile annähernd gleichgestellt worden und eine moderne Sozialgesetzgebung ermöglicht mittels Erziehungsurlaub die Berufstätigkeit auch für Mütter.

Staatliche Krankenhäuser und Gesundheitszentren gewährleisten eine grundlegende **medizinische Grundversorgung** aller Bevölkerungsschichten. Qualität und Leistung hängen jedoch häufig vom Arbeitseifer der bis zum Einschlagen des letzten Sargnagels bereits versorgten Beamten ab.

Die Stellung Lissabons

Lissabon als Hauptstadt werden, wie das in vielen Hauptstädten der Welt der Fall ist, besonders viele Kapitalressourcen zugewiesen, was zu einer **zunehmenden Stadtflucht in die Lissabonner Randbezirke** führte, wo heute (mit Innenstadt) gut 2,85 Millionen Menschen oder knapp ein Viertel der Gesamtbevölkerung Portugals ihrem Broterwerb nachgehen.

Längst nicht alle, die in Lissabon arbeiten, wohnen auch in der Stadt (und umgekehrt). Das **tägliche Pendeln** aus dem immer näher an die Stadtgrenzen heranrückenden Umland forcierte den Straßenbau und die nachhaltige Verbesserung der öffentlichen Verkehrsmittel. Viele der wohlhabenderen *Lisboetas* – so die Bezeichnung für die Bewohner der portugiesischen Hauptstadt – haben nicht nur eine Stadtwohnung, sondern auch ein Eigenheim in einem der per S-Bahn zügig erreichbaren Vororte.

Die **Lebensqualität** gilt in Lissabon als **überdurchschnittlich hoch**, neben einem vielfältigen kulturellen Freizeitangebot, nahe gelegenen Stränden und bewaldeten Mittelgebirgsregionen ist auch die Umweltbelastung für eine Metropole dieser Größe recht gering. Die unmittelbare Atlantiknähe und die damit einhergehenden Luftströme wie auch eine an sich schon relativ geringe industrielle Belastung sorgen für positive Rahmenbedingungen.

Aufgrund der wirtschaftlichen Attraktivität der Großstadt (Arbeitsplätze) streben viele Menschen in den Großraum Lissabon, ohne dann aber direkt vom allgemeinen Wohlstand, der hier über dem Landesdurchschnitt liegt, zu partizipieren. Dies wiederum bedingt auch die Entstehung einer gewissen sozialen Unterschicht, die sich mit all ihren Randerscheinungen in den **tristen Plattenbausiedlungen** der Vorstädte wiederfindet.

Derzeit spielen in der **aktuellen Stadtentwicklung** zwei Themen eine besondere Rolle, die auch in den Medien und in der Öffentlichkeit kontrovers diskutiert werden. Erstes Thema ist der die Anlieger naturgemäß störende **Stadtflughafen Lissabon**. Erst 2007 wurde das neue Terminal 2 eingeweiht (Inlandsflüge) – und schon 2008 wurde bekannt gegeben, dass auf dem Campo de Tiro Alcochete, einem Militärgelände ca. 40 km

◁ *„Lissabon ist wunderschön"* – meinen auch die Einheimischen

Die Lissabonner und ihr Alltag

Den Portugiesen im Allgemeinen und den Bewohner Lissabons im Besonderen zu charakterisieren ist aufgrund der mannigfaltigen kolonialen Einflüsse und Vermischungen nur eingeschränkt möglich, schließlich handelt es sich um eine Weltstadt, die seit Jahrhunderten den Umgang mit anderen Kulturen pflegt.

Und dennoch: Man würde der portugiesischen Seele nicht gerecht, würde man nicht an dieser Stelle das Thema „Saudade", diese spezifisch portugiesische Variante des Weltschmerzes, ansprechen, die sich nirgends so deutlich wie im nationalen Fado-Gesang (s. S. 36) widerspiegelt. Dieser Gesang ist tatsächlich einzigartig, er betrifft den Wehmut oder Weltschmerz der Portugiesen über den Verlust des einstigen Großreiches. Man hat scheinbar Ersatz gefunden: Statt über das Großreich spricht man heute – auch am Stehausschank – über Dichter und Opern, über Weltpolitik und Philosophie.

Während man überwiegend metaphysische Diskurse als Tourist nur beim Fado bzw. beim intensiven Eintauchen in die lokale Kneipenszene miterleben kann, gibt es mithin **einige interessante Angewohnheiten** – man mag auch „Macken" dazu sagen –, die im Alltag auffallen. Obwohl die Lissabonner beispielsweise alles andere als Ordnungsfanatiker sind, stellt man sich hier an der Haltestelle an, die Reihenfolge des Einsteigens entspricht jener des Eintreffens des Fahrgastes an der Haltestelle, gedrängt wird praktisch nie! Will ein Lissabonner etwas erreichen, dann spielt er

östlich des jetzigen Flughafens, ein vollständig neuer nationaler und internationaler Flughafen aufgebaut werden soll, mit dessen Eröffnung etwa 2017 zu rechnen sein wird. Die Opposition spricht – erst recht angesichts der Schuldenkrise 2012/13 – von Steuergeldverschwendung, die Regierung sieht das Projekt dagegen als zukunftsweisend für die Region an (s. S. 71).

Das zweite Dauerthema in Lissabon ist die **Grundstücks- und Bodenspekulation**, die für den „kleinen Mann" zu nahezu schwindelerregenden Mietpreisen geführt hat. Hier haben sich mittlerweile Bürgerinitiativen und auch außerparlamentarischer Widerstand entwickelt, der bei genauer Beobachtung auch im Alltag sichtbar wird – man achte einmal auf angeklebte Flugblätter oder Graffitis zu diesem Thema.

Lissabon ist der **wirtschaftliche Motor des Landes,** hier werden 45 % des portugiesischen BIP erzeugt, vorwiegend im Dienstleistungssektor. Während aber für die Hotel- und Gastronomiebetriebe die Touristen und Ausflügler (auch Binnentouristen) lebensnotwendig sind, scheint die Mehrheit des sonstigen Lissabon gut auf Touristen verzichten zu können. Nicht dass irgendwo Vorbehalte den Touristen gegenüber bestehen würden, sie fallen nur eben nicht sonderlich als solche auf. Tatsächlich ist es aber so, dass dem Staatshaushalt ein erhebliches Loch in den Etat gerissen würde, wenn nicht so viele Menschen die Hauptstadt Portugals besuchen würden.

Beim Plausch

nicht die Axt im Walde, und sei etwa eine Beschwerde auch noch so gerechtfertigt. Immer scheu und schüchtern, ein häufiges *com licença* (etwa: Wenn sie gestatten ...) hilft hier 100-mal mehr.

Auch der Biorhythmus des *homo lissabonicus* dürfte dem Mitteleuropäer gewöhnungsbedürftig erscheinen. So wird es dem normalen Lissabonbesucher nicht leicht fallen, eine Disco zu finden, in der vor 1 oder 2 Uhr nachts etwas los ist. Auch das abendliche Mahl startet hier gerne erst um 20 Uhr oder gar später.

Der **familiäre Zusammenhalt** ist nach wie vor sehr groß. Die Familie bildet den Kern der sozialen Gemeinschaft. Während bei uns Familiennamen wie Müller, Meier oder Schulze nichts mehr über die Beziehung ihrer Träger untereinander aussagen, steht in Portugal hinter Namen wie Oliveira, Pinto oder da Silva immer eine Großfamilie, die nicht nur auf gemeinsame Vorfahren zurückblickt, sondern innerhalb derer auch heute noch tatsächlich engere Bande bestehen.

Die **jüngere Generation** versucht sich jedoch, sofern durch einen städtischen Arbeitsplatz die Möglichkeit dazu besteht, zunehmend abzunabeln und einen eigenen Weg zu gehen. Ein derartiger Generationenkonflikt ist zwar nichts Neues, führt aber zu einem Auseinanderklaffen der sozialen Schere zwischen den Jungen in der Stadt und den Alten auf dem Land.

Zu jeder Wohnung gehört längst auch ein **Fernseher**, das In-die-Röhre-Gucken ist das wohl **beliebteste Freizeitvergnügen** und ein preiswertes obendrein. Ansonsten trifft man sich zu einem Plausch vor der Tür, spaziert durch die Parks, beobachtet die örtlichen Fußballmannschaften beim Training oder spielt eine Partie Boccia (s. S. 188). Am Sonntag treffen sich die Männer nach dem Kirchgang zum Frühschoppen in einer der vielen Bars und diskutieren die jüngsten Fußballergebnisse ihrer Lieblinge aus Porto oder Lissabon.

Großflughafen Alcochete

In aller Munde scheint der **geplante Neubau eines Großflughafens bei Lissabon**. Erst 2007 wurde das neue Terminal 2 auf dem derzeitigen Stadtflughafen eingeweiht (für Inlandsflüge), doch schon Mitte 2008 beschloss die Regierung, dass auf dem Campo de Tiro Alcochete ein vollständig neuer nationaler und internationaler Flughafen aufgebaut werden soll, mit dessen Eröffnung etwa 2017 zu rechnen sein wird.

Großflughafen Alcochete

Höchst kontrovers wird dabei die Frage diskutiert, warum den nationalen wie auch Stadtpolitikern erst jetzt einfällt, dass der Lissabonner Flughafen sowohl mit künftigen Passagierzahlen nicht fertig wird als auch (da von Wohnsiedlungen umgeben) einer modernen Umweltpolitik nicht auch nur annähernd gerecht werden kann. Die Opposition spricht – erst recht seit der über Portugal massiv hereingebrochenen Schuldenkrise – von **Steuergeldverschwendung**, die Regierung sieht das Projekt dagegen als zukunftsweisend für die Region und das Land an. Hinter allem stecken naturgemäß massive wirtschaftliche Interessen. So wurde auch dieses Großprojekt zwecks Haushaltseinsparungen 2010 kurzzeitig gestoppt, 2011 aber schon wieder weitergeführt.

Hierzu muss man wissen, dass in Portugal, anders als in vielen anderen EU-Staaten, eine Staatsgesellschaft (ANA, Aeroportos de Portugal) alle Zivilflughäfen des Landes verwaltet. Die ANA-Gruppe beherrscht alle wichtigen portugiesischen Flughäfen sowie das Catering und tritt zudem als Finanzdienstleister in Erscheinung. Eine Privatisierung, auf die auch in Brüssel immer wieder gedrängt wird, soll nun gleichzeitig mit dem neuen Flughafenprojekt erfolgen. Böse Stimmen behaupten nun, dass die mit diesem Großprojekt einhergehenden Risiken auf den Privatsektor abgewälzt werden sollen.

Ungeachtet dessen soll der etwa 42 km östlich vom Stadtzentrum gelegene **Militärflughafen Campo de Tiro Alcochete** möglichst bald geräumt werden, wodurch 7200 Hektar Gesamtfläche zur Verfügung stehen. Rund ein Drittel davon soll für den neuen Flughafen verwendet, der Großteil dagegen für Umweltschutzzwecke verwendet werden. Hierfür wurde eigens eine Umwelteinflussstudie durchgeführt, an die die Betreiber- und Baufirmen gebunden sind.

Für den Flughafen selbst sind zwei Start-/Landebahnen für alle Großraumflugzeuge sowie allgemeine Flughafeninfrastruktur für 22 Millionen Passagiere plus 133 Millionen Tonnen Fracht jährlich vorgesehen (mit Erweiterungsmöglichkeiten für bis zu 50 Millionen Passagiere plus 405 Millionen Tonnen Fracht, die man für das Jahr 2050 prognostiziert). Die **Kosten** werden mit rund **4 Milliarden Euro** veranschlagt, wobei der Nutzen für die gesamte portugiesische Volkswirtschaft neben der Schaffung von etwa **35.000 neuen Arbeitsplätzen** bei kaum glaubhaften 1,6 % des gesamten portugiesischen Bruttoinlandsproduktes liegen soll. Die Europäische Kommission in Brüssel scheint jedenfalls von diesem gigantischen Projekt vollständig überzeugt zu sein und räumt dem neuen Flughafen Alcochete höchste Priorität im „Trans European Transport Network" ein.

Mit Abschluss der gesetzlich vorgeschriebenen Ausschreibungsfristen begannen der Prozess der Privatisierung der ANA sowie die ersten Bauabschnitte. Dabei soll der Flughafen an die geplante Hochgeschwindigkeitsbahnstrecke Lissabon – Madrid direkt angebunden werden. Hierzu wird auch eine Kombibrücke (Bahn und KFZ) bei Chelas über den Tejo gebaut (TTT – Terceira Travessia do Tejo), Schnellzüge verbinden dann den neuen Flughafen 4-mal stündlich mit der Innenstadt in ca. 20 Minuten.

Lissabon entdecken

Die Zentralplätze

Am Rossio, DEM Zentralplatz Lissabons, beginnt das teilweise monumentale und unbedingt sehenswerte Altstadtzentrum Lissabons, in dem neben einer Handvoll Hotels vor allem Pensionen zu finden sind, ferner unzählige Schänken, Restaurants, Altstadtgassen, urige Trams, wundervolle Aussichtspunkte und, und, und ...

❶ Praça dos Restauradores ★ [V19]

Der Praça dos Restauradores bildet den Nordwestrand des Altstadtzentrums und das verkehrslogistische Zentrum für Besuche der Avenida da República sowie für Fahrten vom/zum Bahnhof Rossio.

In der Mitte des monumentalen Praça erinnert ein **Obelisk** an die Wiederherstellung der nationalen Unabhängigkeit nach der spanischen Fremdherrschaft (1580–1640). Alljährlich findet hier eine Gedenkfeier an den Aufstand des portugiesischen Adels vom 1. Dezember 1640 statt. Der 30 m hohe Obelisk „Monumento dos Restauradores de Portugal" wurde mit Hinweisen zu den Daten der Kämpfe sowie den Bronzefiguren Viktoria und Genius versehen.

Der mächtige neomanuelinische Steinbau des **Bahnhof Rossio** (Exkurs s. S. 75) an der Westseite des Platzes war einst wichtigster Verkehrsknotenpunkt, hat aber diese Bedeutung an die moderneren Bahnhöfe der Außenbezirke, insbesondere Oriente, abgegeben.

An der Ecke zur Calçada da Gloria fährt eines der urigen, alten Transportmittel Lissabons, welches man auf keinen Fall verpassen sollte: der **Elevador da Gló-**

Bahnhof Rossio – Prunkstück im Herzen der Altstadt

Eine **architektonische Besonderheit** findet man am zentralen Platz Praça Dom Pedro IV, den jedoch jeder Einheimische schlicht „Rossio" nennt: den benachbarten gleichnamigen Sackbahnhof, dessen äußeres Erscheinungsbild mutmaßen lässt, der Erbauer sei ein erzkonservativer Kirchenfürst der strengeren Art aus der Zeit der Inquisition gewesen.

Tatsächlich versuchte Architekt J. Monteiro, der den Bahnhof 1887 erbauen ließ, eine zu dieser Zeit übliche Wiederbelebung des „Século d'Oro", des goldenen Zeitalters der Entdeckungen, in sein Werk zu integrieren. **Maurische Bögen und manuelinische steinerne Taue** als Verzierung verleihen dem Bahnhofsgebäude ein Aussehen irgendwo zwischen Palast und Klosteranlage.

Der im Oktober 2004 wegen Einsturzgefahr geschlossene, 2,6 km lange **Eisenbahntunnel**, welcher die Stationen Rossio und Campolide miteinander verbindet, wurde erst am 16.02.2008 wieder freigegeben. Mit einem Kostenaufwand von 39,5 Millionen Euro wurde der schon 1890 errichtete Tunnel wieder nutzbar gemacht. Der Bahnhof Rossio, der auch für den Touristen (S-Bahn-Züge nach Sintra 54 und Queluz 53) von Bedeutung ist, wird tagtäglich von durchschnittlich rund 75.000 Fahrgästen frequentiert.

ria [U20]. Der Begriff *elevador* (Aufzug) passt nicht so ganz, denn es handelt sich um eine schräg gebaute und durch das Gegengewicht einer gleichzeitig in die entgegengesetzte Richtung fahrende Tram angetriebene Bergstraßenbahn (alle 15 Minuten). Aus diesem Grund werden diese Verkehrsmittel von den Lissabonnern auch *funicular* genannt (Funicular da Glória). Zielpunkt ist der **Aussichtspunkt Miradouro S. Pedro Alcântara** 17 (kleiner Park) an der Rua Alcântara mit einem famosen Blick über die Altstadt hinüber zum Castelo S. Jorge 10.
› Metro: Restauradores

◁ *Vorseite: Das unmittelbare Zentrum der Hauptstadt bilden der Praça Dom Pedro IV* 2 *...*

◁ *... und der Bahnhof Rossio*

2 Rossio (Praça Dom Pedro IV) ★ [V20]

Vom Pr. dos Restauradores dem Straßenknick Richtung Tejo folgend öffnet sich ein weiterer beeindruckender Platz: der Praça Dom Pedro IV bzw. Rossio, seit der vollständigen Restaurierung wieder einer der prunkvollsten Plätze der Innenstadt.

In der Mitte des Platzes bestimmen Springbrunnen und die 23 m hohe Säule mit dem **Standbild des Pedro IV.** das Geschehen. Letzterer war zwischen 1826 und 1828 König von Portugal (später als Pedro I. Kaiser von Brasilien) und verzichtete zugunsten seiner Tochter Maria II. da Gloria auf den Thron. Durch ihre Ehe mit Ferdinand von Sachsen-Coburg wurde das Haus Sachsen-Coburg-Bragança gegründet. Die Säule wurde 1870 aufgestellt und am Sockel mit den Symbolfiguren Mut, Weisheit, Gerechtigkeit und Bescheidenheit – den Hauptcharaktermerkmalen Pedros – versehen.

Seiner Tochter Dona Maria II. zu Ehren wurde das **Nationaltheater Teatro Dona Maria II** benannt (s. S. 38), das 1842 im neoklassizistischen Stil an der Stelle des früheren Inquisitionspalastes von F. Lodi errichtet wurde. 1964 bei einem Brand zerstört, wurde es bis 1978 restauriert und gleichzeitig modernisiert. Augenfällig sind am Giebel die Symbolfiguren der Komödie (Thalia) und der Tragödie (Melpomene).

Gesäumt wird dieser geschichtsträchtige Platz, der im Volksmund wie auch als Metrostation nur „Rossio" genannt wird, von **Straßencafés und kleineren Geschäften,** auch zahlreiche fliegende Händler, Schuhputzer und Losverkäufer gehen hier ihren Arbeiten nach.

Östlich des Nationaltheaters öffnet sich ein kleiner Platz, der **Largo São Domingos,** ein beliebter Treffpunkt der einfachen Leute und Zuwanderer aus den ehemaligen Kolonien. Man trifft sich zu einem Plausch, trinkt ein Gläschen Ginjinha (Kirschlikör) beim Verkaufsstand an der Ecke oder lässt sich die Schuhe putzen.

Hier am Platz steht auch eine Kirche, die seit Jahrzehnten in Baugerüste gehüllt ist. Die **Igreja de São Domingos** wurde nach 1755 an der Stelle eines zerstörten Dominikanerkonvents errichtet und mit prächtigen *talha dourada* (Holzschnitzereien) ausgekleidet, brannte im Jahr 1959 jedoch nahezu vollständig aus. Das einschiffige Kircheninnere wurde bislang absichtlich nicht restauriert, was dem Gotteshaus einen etwas merkwürdig morbiden Gesamteindruck verleiht.

❸ Praça da Figueira ★ [V20]

Ein Durchgang durch die östliche Häuserzeile führt zum Praça da Figueira, ursprünglich ein Garten mit Feigenbäumen aus der Zeit des Wiederaufbaus der Baixa (Unterstadt) unter dem Marquês de Pombal. Ab 1775 wurde der Garten als städtischer Marktplatz benutzt, 1885 die Feigenbäume gefällt und riesige Markthallen errichtet.

Um 1950 wurde der Platz schließlich eingeebnet und in seine heutige Form ohne Marktbetrieb umgestaltet, wobei die zentrale **Statue des portugiesischen Königs João I.** als Mittelpunkt aufgestellt wurde. João I. war als Großmeister des Ordem de Christo (Exkurs s. S. 56) und als Vater des späteren Infanten Henrique von Bedeutung. Der Pr. da Figueira ist **deutlich ruhiger als der benachbarte Rossio,** für den Besucher von besonderer Bedeutung sind die hier verkehrenden alten Tramlinien 28 und 12.

Kulinarisches

Rund um die zentralen Plätze im Zentrum reihen sich Snacklokale, Cafés und Restaurants aneinander und nicht zuletzt findet man hier mit der Rua das Portas de Santo Antão [V19] eine der bedeutendsten Kneipenstraßen Lissabons.

90 [V20] **A Ginjinha,** Largo São Domingos. Am Stehausschank gibt es eine lokale Spezialität: Kirschlikör. Ein Gläschen mit *(com)* oder ohne Kirschen *(sem)* kostet 1,50 € und kann den ganzen Tag genossen werden.

91 [V20] **Pastelaria O Lírio** €, Largo São Domingos 2, Tel. 213425798, So. Ruhetag. Gegenüber der Kirche am L. São Domingos bietet die einfache Pastelaria schmackhafte Kleinigkeiten und Festpreismenüs ab 7,80 €.

Stadtspaziergang 1: Zentralplätze und Baixa

Dieser Rundgang umfasst die „Unterstadt" zwischen dem Rio Tejo und dem Bahnhof Rossio, wobei die großen Plätze und die schachbrettartige pombalinische Baixa-Architektur im Mittelpunkt stehen. Idealer Ausgangspunkt ist der **Praça Dom Pedro IV** ❷ *mit dem Standbild von König Pedro IV und dem Nationaltheater Teatro Dona Maria II, der einen nachhaltigen Eindruck über die monumentale Größe und die einstige Bedeutung der portugiesischen Metropole hinterlässt. An der Ostseite etwa mittig durchbricht ein kleines Sträßchen, gesäumt von fliegenden Losverkäufern und Schuhputzern, die geschlossene Häuserzeile, um sich unvermittelt zum* **Praça da Figueira** ❸ *mit der Statue des portugiesischen Königs João I. zu öffnen. Die emsige Geschäftigkeit der vorbeieilenden Passanten steht im starken Kontrast zu den mit wiederholtem Klingeln dahinzuckelnden Straßenbahnen. Am Südrand des Praça da Figueira, an der Rua Betesga, beginnt jene vom Marques de Pombal geschaffene Unterstadt* **Baixa**, *die er nach dem Erdbeben von 1755 als schachbrettartigen Grundriss erschaffen ließ. Hier schlendert man nun die* **Rua Augusta** *gemächlich hinab, vielleicht einen Blick in die kleinen Läden und Einzelhandelsgeschäfte werfend, die Waren aus aller Welt feilbieten. Am Ende der Rua Augusta wartet das monumentale Portal Arco Triunfal und die Baixa endet auf dem sich geradezu majestätisch zum Fluss hin öffnenden* **Praça Comércio** ❹, *jenem einstigen Warenumschlagsplatz, an dem die aus den Kolonialgebieten Portugals eintreffenden Waren gehandelt wurden. Die Reiterstatue von König José I. überwacht noch heute in Stille das Schaffen der Ministerien rund um den Prachtplatz Lissabons. Ein Stückchen die Rua Arsenal nach Westen entlang erreicht man den deutlich kleineren* **Praça do Municipio**, *um den sich die städtischen Verwaltungsbehörden angesiedelt haben.*

Vom Nordostrand schlendert man wieder hinauf in die Baixa zur **Rua Aurea**, *der heutigen Hauptverkehrsader durch die Baixa, der man zurück zum Praça Dom Pedro IV folgt. Hier wäre nun die Gelegenheit, an dem* **Stehausschank A Ginjinha** *(s. S. 76) eine der nationalen Spezialitäten zu kosten oder aber links am Nationaltheater Maria II. vorbei den* **Zentralbahnhof Rossio** *zu bestaunen. Unmittelbar nördlich schließt sich der Prachtplatz Praça dos Restauradores* ❶ *an, von wo aus die monumentale* **Avenida da Liberdade** ㉕ *(s. Stadtspaziergang 4) nach Nordwesten führt. Links wartet eines der urigen städtischen Verkehrsmittel, das* **Funicular da Glória**, *auf den müden Rundreisenden, um sich mit ihm ein kurzes, aber steiles Stück hinauf in die Oberstadt zur* **Rua S. Pedro de Alcântara** *zu schleppen. Hier wendet man sich nach rechts, um nach wenigen Metern das Ende dieses Rundganges am Aussichtspunkt* **Miradouro S. Pedro Alcântara** ⓱ *mit einem herrlichen Ausblick über die Unterstadt zu erreichen.*

Lissabon entdecken
Stadtspaziergang 1: Zentralplätze und Baixa

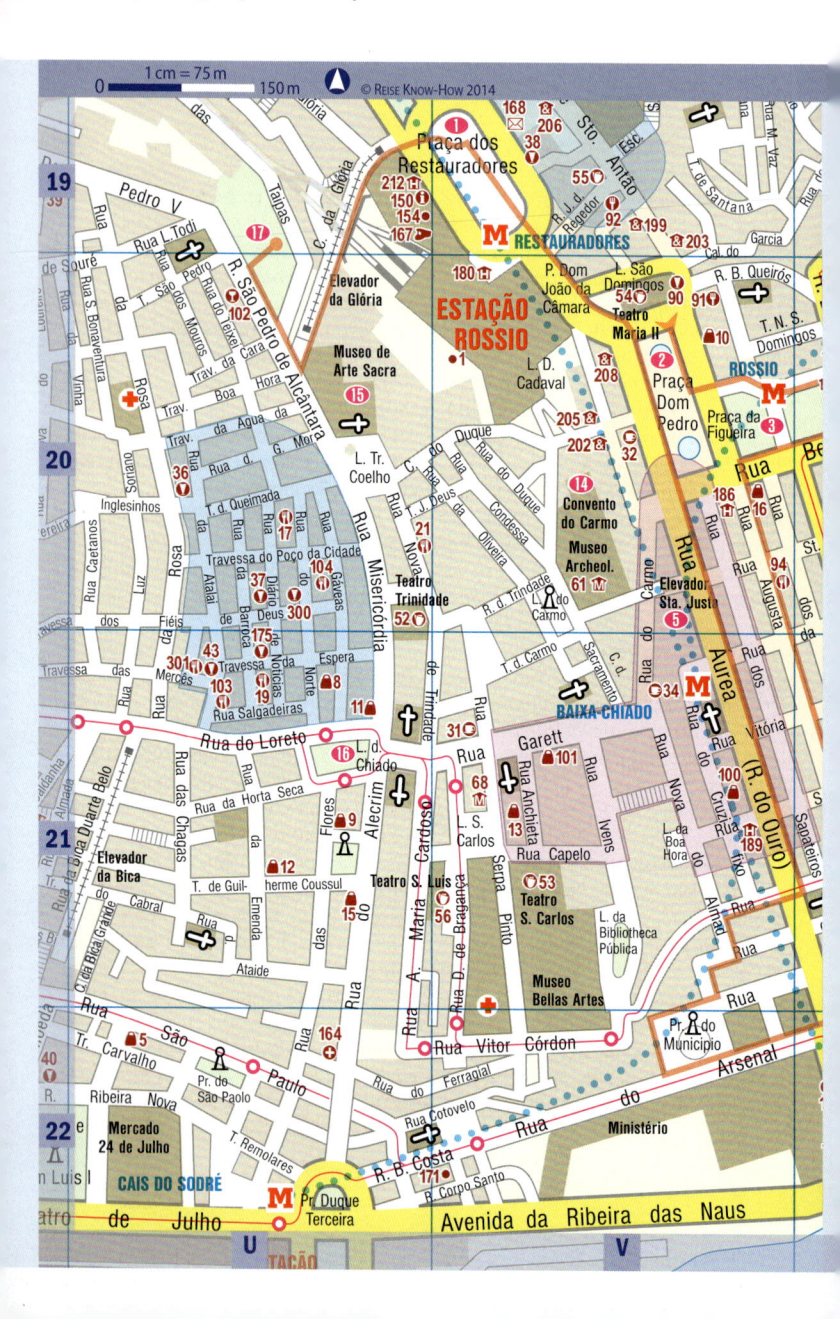

Lissabon entdecken

Stadtspaziergang 1: Zentralplätze und Baixa

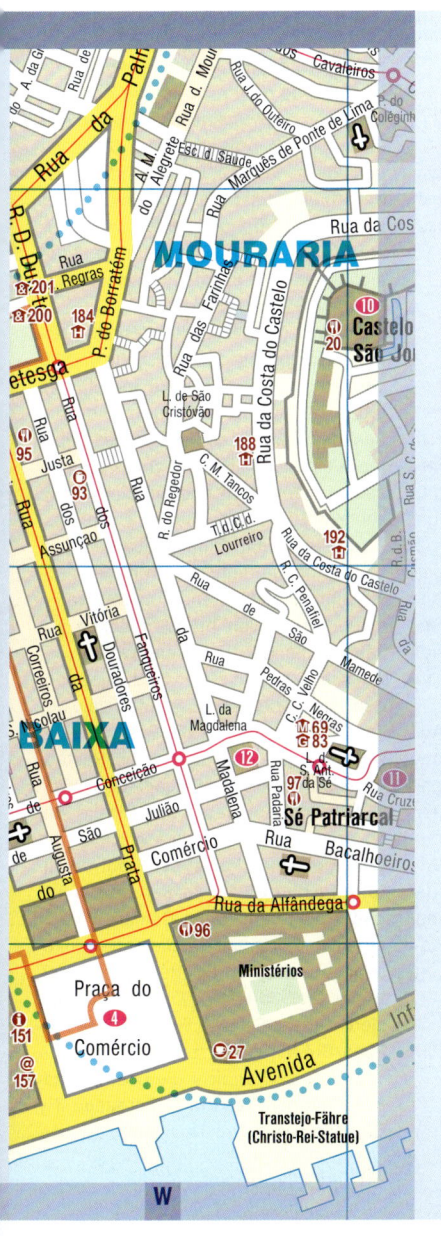

- ❶ [V19] Praça dos Restauradores S. 74
- ❷ [V20] Rossio (Praça Dom Pedro IV) S. 75
- ❸ [V20] Praça da Figueira S. 76
- ❹ [W22] Praça Comércio S. 80
- ❺ [V20] Elevador de Santa Justa S. 81
- ⓬ [W21] Igreja de Santo Antonio da Sé S. 93
- ⓮ [V20] Igreja und Convento do Carmo S. 95
- ⓯ [U20] Igreja São Roque S. 96
- ⓰ [U21] Largo Chiado und Praça de Camões S. 97
- ⓱ [U19] Miradouro São Pedro Alcântara S. 102

Alle weiteren Karteneinträge s. S. 249

🍴92 [V19] **Bodega Santo Antão,** Rua das Portas S. Antão 42, Tel. 213661942. Die hier servierten Fischgerichte suchen ihresgleichen.

❯ Kleine Kneipen, Pastelarias und Pizzerien liegen Tür an Tür in der **Rua das Portas S. Antão** (parallel zum Rossio). In diesen Lokalen findet man auch einfache Tafelweine und das in Lissabon sehr beliebte Mischgetränk Sangria.

Baixa

Die Unterstadt „Baixa" ist jenes ebene, von rechtwinkligen schnurgeraden Sträßchen durchzogene Viertel, das sich vom Rossio/Praça Figueira bis zum Praça de Comércio am Tejoufer erstreckt. 1755 durch das Erdbeben zerstört, wurde die Unterstadt unter dem Marquês de Pombal erneuert (Exkurs s. S. 110). Der größte Teil der Baixa ist heute Fußgängerzone. Zahllose Cafés und Pastelarias in den Gassen und gleichförmigen Händler-, Bank- und Bürgerhäusern laden zu einem Päuschen ein.

Hauptader des Viertels ist die **Rua Augusta** [W21], die durch den monumentalen Torbogen **Arco Triunfal** (Triumphbogen) zum Praça Comércio führt. Der 1873 erbaute Triumphbogen zeigt die Statuen von Viriatus (lusitanischer Widersacher gegen die Römer), Vasco da Gama, des Marquês de Pombal und Nuno Álvares Pereira (Unabhängigkeitskämpfer gegen Spanien).

▷ *Der Praça Comércio mit dem Reiterstandbild König Josés I. und dem Arco Triunfal im Hintergrund*

❹ Praça Comércio ★★ [W22]

Früher Warenumschlagplatz, dann Parkplatz, wurde der Praça Comércio wieder in seinen alten Zustand zurückversetzt und erstrahlt in würdevollem Glanz vor den Wogen des Tejo. Bis 1755 stand hier der Königspalast Paço da Ribeira, der aber beim Erdbeben vollkommen zerstört wurde, nach dem aber noch heute die Anlegestelle Estação Fluvial Terreiro do Paço/Sul benannt ist.

Huldvoll überblickt das heutige Treiben auf dem Platz das 14 m hohe und 30 Tonnen schwere **Standbild José I.**, des großen Königs der Aufklärung und Gönners des Marquês de Pombal. Das Denkmal wurde 1775 im heutigen Militärmuseum ⓭ gegossen und mit einer Bronzeplakette des M. de Pombal versehen.

Die **Pracht- und Funktionsbauten** rund um den Praça Comércio, in denen heute zahlreiche Ministerien untergebracht sind, werden **von Arkadengängen gesäumt**, die den Fußgängern auch im Hochsommer kühlenden Schatten spenden. Hier findet man u. a. eine Filiale der Touristeninformation, die Post, die Polizei sowie das traditionsreiche Restaurant-Café Martinho da Arcada (s. S. 30).

Während vom Praça Comércio die Rua do Arsenal via Praça do Municipio und dem mondänen **Palast der Stadtverwaltung** Richtung Cais do Sodré ⓮ führt, bietet sich vom Praça Comércio noch ein kurzer Abstecher in die entgegengesetzte Richtung an. Auf der anderen Seite der Avenida Infante D. Henrique passiert man die Estação Fluvial Terreiro do Paço/Sul (Hauptfährstelle zum anderen Tejo-Ufer) und erreicht die Doca da Marinha mit der **Fregatte D. Fernando II y Gloria**, einen stolzen Dreimaster der portugiesischen Marine von 1843, der heute als Museums- und Veranstaltungsschiff dient.

Anlässlich der großen Wiedereröffnung des Platzes 2010 wurde übrigens eine 2,50 €-(!)-**Gedenkmünze** als limitierte Sonderauflage herausgegeben, die sich bei Sammlern großer Beliebtheit erfreut.
> Metro: Terreiro do Paço

❺ Elevador de Santa Justa ★★★ [V20]

Diese zweifelsohne spektakulärste und ungewöhnlichste Sehenswürdigkeit der Baixa am westlichen Ende der Rua Santa Justa verbindet Ober- und Unterstadt.
Da es recht mühselig war, von der Baixa über die Rua Carmo, Rua Garrett und Rua Sacramento in die westliche Oberstadt Chiado zu gelangen, ersann *der Fachmann für ungewöhnliche Metallkonstruktionen, kein geringerer als der* **Eiffelturm-Erbauer Gustave Eiffel**, einen Unter- und Oberstadt verbindenden Aufzug. Geplant und erbaut wurde der Koloss allerdings von seinem Schüler R. Mesnier de Ponsard im Jahre 1902.

Für einen kleinen Obolus wird man auf eine **Aussichtsplattform in luftigen 32 m Höhe** befördert – hervorragende Rundumsicht inbegriffen. Oben bietet ein kleiner Kiosk Erfrischungen, der obere Übergang zur Rua do Carmo im Chiado-Viertel war wegen akuter Einsturzgefahr nach einem Großbrand (1988) viele Jahre lang gesperrt. Seit 2005 kann sich der Besucher Lissabons aber den Gang die Altstadtgassen hinauf wieder auf höchst angenehme und stilvolle Weise ersparen.
> Fahrpreis: 2,80 € einf., frei für alle Tagestickets (Bus/Metro) und Lisboa-Card-Besitzer, Metro: Baixa-Chiado

Mouraria und Alfama

Die kleinen, hügeligen Viertel östlich der Baixa sind für den Besucher Lissabons eines der attraktivsten Ziele der Stadt – und das nicht nur wegen der vielen historischen und kulturellen Sehenswürdigkeiten oder der wunderbaren Aussichtspunkte. Das Besondere ist hier auch der höchst komfortable Umstand, dass man die engen und teilweise recht steilen Gassen bequem mit zwei alten Einkabiner-Trams durchqueren kann – eine nostalgische Zeitreise für Jung und Alt.

Auf Entdeckungstour mit den Tramlinien 12 und 28

Am Praça da Figueira ❸ bietet es sich an, mit der **rustikalen alten Tram Nr. 12** die östliche Altstadt mit den zusammengewachsenen, kleinen und durch ihre Hanglage urigen Vierteln Mouraria, Graça und Alfama zu erkunden – eine ebenso nostalgische wie faszinierende Tour. Vorbei am **Praça Martim Moniz** [W19], einer Mischung aus Parkanlage und Treffpunkt für multikulturelle Happenings, Straßenmusikanten und -verkäufer, zuckelt die alte Tram Nr. 12 durch die mehr als engen Gassen des Mouraria-Viertels und quält sich hinauf bis zur Burg ❿. Die ebenfalls empfehlenswerte und noch berühmtere **Tram Nr. 28** (ab Praça Martim Moniz) fährt einen etwas größeren Bogen und umrundet zusätzlich das Graça-Viertel.

Die Lissabonner Tram (Straßenbahn) blickt auf eine **lange Geschichte** zurück. Die erste Bahn wurde am 17. November 1873 in Betrieb genommen, damals noch von Pferden gezogen. Mitte 1901 begann die Elektrifizierung, die binnen

Kulinarisches

Mehrere kleine Restaurants der Mittelklasse reihen sich in der Rua dos Correeiros [W20/21] aneinander.

- **93** [W20] **Cervejaria Bessa** €, R. dos Douradores 206 (nahe Praça da Figueira), Tel. 218873832. Sehr einfach und zünftig, viele Einheimische. Links Bierhalle und Snacks, rechts Restaurantbetrieb.
- **94** [V20] **Adega Friagem** €, Rua dos Correiros 170–172, Tel. 213422067, So. Ruhetag. Hausmannskost, einfache und preiswerte Küche für einen Imbiss zwischendurch.
- **95** [W20] **Tung Ah** €€, R. dos Douradores 171, Tel. 218879069. Ein aus Macau eingewanderter Experte der kantonesischen Küche brät hier seine Enten seit bald 15 Jahren.
- **96** [W21] **Terreiro do Paco** €€€, Pr. do Comércio, Tel. 210995679, tgl. außer So. 12.30–1 Uhr geöffnet. Stilvolles gehobenes Restaurant in den Arkaden des Pr. do Comércio. Mittagsbuffet (ohne Getränke) für 11 €, relativ geringe Auswahl an allerdings hervorragenden Fleisch- und Fischgerichten, umfangreiches Sushi Angebot (2er-Platte 48 €).

Nachts in der Unterstadt Baixa

Jahresfrist abgeschlossen werden konnte. Das 90-cm-Schienennetz wurde stetig erweitert und erreichte im Jahr 1959 seine größte Ausdehnung, als insgesamt 27 Linien (davon sechs Ringlinien) verkehrten. Mit dem Startschuss zur Metro wurden zahlreiche der alten Straßenbahnlinien eingestellt, obgleich mehrere Gutachten für einen Beibehalt bzw. eine Erweiterung des Lissabonner Straßenbahnsystems plädierten.

Das Netz mit fünf Linien wird nach einem festen Fahrplan betrieben und gilt als eine **touristische Hauptattraktion Lissabons**, vielleicht verdankt die Tram dem Tourismus sogar ihr Überleben. Man darf jedoch nicht außer Acht lassen, dass die alten Linien **teilweise in extrem engen, sonst fahrzeugfreien Gassen fahren** und somit eine über die Touristenattraktion hinausgehende Aufgabe erfüllen. Als unbedingtes Muss für jeden Besucher sei die Linie 28 (Pr. Martim Moniz – Prazeres) empfohlen, auch die 12 (Pr. Martim Moniz – Alfama) wird sehr gerne gefahren.

Die Eigentümergesellschaft Carris betreibt u. a. auch **drei Standseilbahnen** in Lissabon, sogenannte *funiculars*, straßenbahnähnliche Einkabinenzüge mit Streckenlängen zwischen 182 und 265 m, die über die Fahrleitungen der Straßenbahn mit Strom versorgt werden (s. S. 211).

❻ Convento da Nossa Senhora da Graça ★★ [X19]

Das **Graça-Viertel** liegt in unmittelbarer Nähe rund um einen Nachbarhügel des Kastells und bietet sich als erste Haltestation an, wenn man mit der Tram 28 die größere Schleife um das Kastell wählt (auf braunes Hinweisschild „Igreja da Graça" achten, hier aussteigen und in Fahrtrichtung 100 m rechter Hand in die Straße hinein). Mit der Tram 12 kommt man auch hierhin, dann steigt man am Largo de Freitas aus und läuft nach links 300 m die Calçada da Graça hinauf.

Weniger die Kuppelkirche des Klosters, sondern vielmehr der **famose Aussichtspunkt** an der Klosteranlage lohnt die paar Schritte von der jeweiligen Tramstation. Das ehemalige Augustinerkloster aus dem 13. Jh. gilt als eines der seinerzeit reichsten mit insgesamt weit über 1000 betenden Brüdern. Während des Erdbebens zerstört, stammt die heutige Form aus der Wiederaufbauphase im späten 18. Jh. Die Kirche selbst ist reichhaltig mit Marmor und Stuck ausgekleidet, kann aber nur unregelmäßig und ohne feste Zeiten besucht werden, da das Gesamtgelände dahinter als Kaserne dient.

❼ Igreja und Convento de São Vicente de Fora ★★★ [Y20]

Die 28 rollt vom Convento da Graça aus die gleichnamige Rua da Graça hinunter und hält unmittelbar an der den Platz Largo de São Vicente überragenden Kirche Igreja de São Vicente de Fora mit dem ehemaligen Augustinerkloster.

Der **heilige Vinzenz** *(São Vicente de Fora)* wird auf der gesamten Iberischen Halbinsel verehrt. In Portugal ist er Schutzheiliger der Seeleute und Weinbauern, auch im Lissabonner Stadtwappen wurde er festgehalten. Legenden zufolge wurde der Leichnam des São Vicente im 4. Jh. in einem von Krähen begleiteten Schiff an der Algarve bei Sagres angetrieben und nach ihm das Cabo de São Vicente, der südwestlichste Festlandspunkt bei Sagres, benannt. König Afonso Henrique ließ die sterblichen Überreste im 12. Jh. in eine Vorgängerkirche an der Stelle der heutigen São Vicente de Fora überführen, die der spanische König Philipp II. während der spanischen Fremdherrschaft 1582 abreißen und prinzipiell in der heutigen Form neu errichten ließ. Verantwortlicher Baumeister war der Italiener Filippo Terzi, der die Anlage nach dem Vorbild der römischen Il-Gesù-Kirche im Stile der ausgehenden Renaissance entwarf. Im Wesentlichen um 1630 fertiggestellt, dauerten die Bauarbeiten und Innenausgestaltungen noch bis in das frühe 18. Jh. hinein an.

Der Gesamteindruck der von zwei später angebauten Türmen flankierten Hauptfassade wirkt **monumental und sehr symmetrisch**, die Figurennischen beherbergen die Statuen der Heiligen Sebastião, Agostinho und Vicente.

Das 75 m lange einschiffige Kircheninnere wurde klar gegliedert und mit hellem Marmor ausgekleidet, die Vierung von einem großen Kuppelgewölbe überbaut, das jedoch dem Erdbeben von 1755 zum Opfer fiel und durch eine kleinere Kuppel ersetzt wurde. Den **Hauptaltar**, der als Prunkstück des portugiesischen Barockkünstlers Machado de Castro gilt, überdeckt ein barocker Baldachin.

Rechts neben der Kirche durchquert man einen kleinen Vorpark mit Zisterne und betritt die eigentlichen **Klosterräumlichkeiten**. Zugang und Kreuzgänge wurden mit **Azulejo-Bildnissen** aus dem 18. Jh. ausgestaltet, in der Halle auch mit Szenen des Kirchenbaus. Auffallend sind dabei historische Ungenauigkeiten wie etwa Kleidung, Karavellen oder Gebäude, die es bei der Eroberung Lissabons 1147 unter Dom Afonso Henrique noch gar nicht gegeben haben kann.

Zwischen den Kreuzgängen liegt die **ehemalige Sakristei** mit marmorverkleideten Wänden sowie einer prunkvollen holzgetäfelten Decke mit Barockmalereien, u. a. ein Lamm mit der Ordensflagge des Ordem de Cristo und dem Schriftzug „Sion Agnum" („Lamm Zions"). Der Thron des Abtes besteht aus fein gearbeitetem brasilianischem Edelholz.

Das einstige Refektorium beherbergt seit 1855 die **letzten Ruhestätten der Bragança-Dynastie** von João IV. bis Dona Amélia von Orléans-Bragança. Die Steinsarkophage entstanden auf Geheiß der Salazar-Regierung und ersetzten die mit Glasoberteilen versehenen hölzernen Sarkophage.

Das umlaufende Obergeschoss des Klosters beherbergt eine **interessante Dauerausstellung** bestehend aus **40 Azulejo-Bildnissen** aus dem 18. Jh., die ursprünglich die Wände der Kreuzhöfe zierten und Fabelszenen des Poeten Jean de la Fontaine zum Thema haben (mit engl. Erläuterungen). Außerdem wird derzeit ebenfalls im OG eine kleine Sammlung an Gebrauchsgegenständen und Töpfereien zusammengetragen, die teils aus Klosterbeständen stammen, teils beim Bau gefunden wurden.

Unbedingt lohnt auch ein Aufstieg auf die **weitläufige Dachterrasse** mit einem famosen **360-Grad-Panoramablick** über die gesamte Stadt.

› Di.–So. 10–1.30 Uhr (Einlass bis 17 Uhr), Tel. 218810500, Eintritt 4 €, Jugendliche/Pensionäre (mit Nachweis) 2 €, unter 12 J. sowie für die Kirche generell Eintritt frei. Eine kleine Cafeteria bietet Erfrischungen.

Auf dem Dach der Igreja de São Vicente de Fora

❽ Panteão Nacional (Pantheon) ★★ [Z20]

Vom Vicente-Kloster aus bietet es sich an, einige in der Nähe, aber nicht unmittelbar an der Tramlinie gelegene Punkte in eine Besichtigungstour einzubeziehen. Hierzu geht man durch den Torbogen links vom Kloster die Campo de Santa Clara hinein, wo an Sonn- und Feiertagen ein großer **Flohmarkt** stattfindet. Hinter dem Klosterkomplex windet sich nach rechts ein Sträßchen hinunter zum Pantheon (Panteão Nacional).

Per definitionem ein **Ehrenhaus nationaler Größen**, verbirgt sich hinter dem Pantheon nicht nur **eines der optisch markantesten Bauwerke Lissabons**, sondern auch eine recht interessante Entstehungsgeschichte. Bis ins 17. Jh. stand an dieser Stelle eine Vorgängerkirche, die Igreja de Santa Engrácia aus dem 16. Jh. Um 1630 wurde hier ein Diebstahl begangen, für den ein – wie sich später herausstellte unschuldiges – Mitglied der jüdischen Gemeinde Lissabons verurteilt wurde. Die „geschändete" Kirche wurde abgerissen, wobei der Unschuldige prophezeit haben soll, der Neubau werde wegen des Unrechtsurteils niemals vollendet werden.

Tatsächlich brach der erste Neubau schon 1681 aus ungeklärter Ursache zusammen, mit dem Neubau des heutigen Bauwerks wurde 1682 unter dem Sakralbaumeister João Antunes begonnen. Antunes hatte eine große Kuppel vorgesehen, die sich aber nicht realisieren ließ. Daher wurde die Igreja de Santa Engrácia tatsächlich unvollendet belassen und bis Anfang des 20. Jh. als Lager genutzt. 1916 beschloss die damalige Regierung, die Kirche als Pantheon fertigzustellen –

Lissabon entdecken
Mouraria und Alfama

Symbolische letzte Ruhestätte nationaler Größen: das Pantheon

dennoch dauerte es bis 1966, dass die heutige Betonkuppel fertiggestellt wurde.

Das Innere wirkt hauptsächlich **durch die Leere sehr pompös**, barocke Elemente und farbige Marmorauskleidungen stehen in einem augenfälligen Kontrast zur eher nüchtern wirkenden Betondachkonstruktion. In der Haupthalle wurden **sechs Kenotaphe** (symbolische Sarkophage) für Nuno Alvares Pereira (Nationalheld im Unabhängigkeitskampf gegen Spanien), Dom Infante Henrique (Heinrich der Seefahrer, Vater der portugiesischen Entdeckungsfahrten), Vasco da Gama (Exkurs s. S. 55), Luís de Camões (Nationalpoet, Exkurs s. S. 98), Afonso de Albuquerque (s. S. 134) und Pedro Álvares Cabral (Entdecker Brasiliens) aufgestellt. In den Seitenräumen schließen sich die Grabmäler eher zeitgenössischer nationaler Größen an, etwa die von Amália Rodrigues, Humberto Delgado, der Poeten Almeida Garrett, Guerra Junqueiro und João de Deus sowie der früheren portugiesischen Präsidenten Teófilo Braga, Oscar Carmona und Sidónio Pais.

Humberto Delgado gilt darunter als eine Art Paradebeispiel des modernen Märtyrerhelden, der nicht aufgrund einer „politisch-kulturellen Lebensleistung" Aufnahme im Pantheon fand. Delgado war der mit Abstand brillanteste militärische Kopf des „Estado Novo" unter Salazar, hielt sich auch oft im Ausland (darunter in den USA) auf und nahm mit der Zeit einige für das Salazar-Regime unträgbare liberale Ideen in sich auf. 1958 brach er mit dem Regime. Bei den Wahlen zum Staatspräsidenten im selben Jahr war er aufgrund seiner großen Beliebtheit der aussichtsreichste Kandidat, wurde jedoch wegen massiver Unregelmäßigkeiten bei den Auszählungen nicht zum Wahlsieger erklärt. Aus Furcht vor Verfolgung ging Delgado nach Brasilien ins Exil und kehrte 1965, nachdem ihm freie Rückkehr zugesichert wurde, nach Portugal zurück. Nach seiner Heimkehr wurde er vom Geheimdienst eliminiert und erst nach der Nelkenrevolution offiziell rehabilitiert.

Über enge Wendeltreppen wurde der **Kuppelbereich** innen und außen zugänglich gemacht. Von oben bieten sich sehr schöne Überblicke über die Alfama und den Tejo.

› tgl. außer Mo. und feiertags 10–17 Uhr, Eintritt 2,50 €, Kinder bis 14 J. und an Sonntagen bis 14 Uhr Eintritt frei

❾ Miradouro Santa Luzia ★★ [X20]

Zurück an der Tramlinie zuckelt man mit Tram 28 vom Vicente-Kloster ❼ hinauf zum Largo Santa Luzia unterhalb der Kastellmauern. Hier sollte man einen Blick in die kleine **Kapelle Santa Luzia** werfen, die im Besitz des Malteserordens ist. Die Hospitalier-Ordensritter wirkten an der Befreiung Lissabons von den Mauren (1147) mit, wovon die Azulejo-Bildnisse im Inneren der nur sporadisch geöffneten Kapelle zeugen.

Unmittelbar an der Kirche lädt ein kleiner Biergarten am **herrlichen Aussichtspunkt Miradouro Santa Luzia** zum Verweilen ein, weitere Aussichtspunkte rund um die Kapelle Richtung Kathedrale ⓫ bieten wundervolle Ausblicke über den Rio Tejo.

Schräg gegenüber der Kapelle liegt im Palast Azurara das **Museu de Artes Decorativas Portuguesas**, eine Sammlung von Möbeln, Gemälden und Alltagsgegenständen des 15. bis 19. Jh.

› tgl. außer Mo. 10–17 Uhr, Eintritt 4 €, mit Lissabon-Card 3,20 €, Studenten bis 25 J. 2 €

❿ Castelo de São Jorge ★★★ [X20]

Das beeindruckende Kastell auf seinem 110 m hohen Festungshügel dominiert die östliche Altstadt und geht vermutlich auf eine eisenzeitliche Siedlung zurück, die um 200 v. Chr. von den Römern in Besitz genommen wurde. Von hier aus begann dann die Ansiedlung von Wohn- und Handelsbauten, die der Ausgangspunkt für die gesamte städtische Entwicklung Lissabons wurde.

Goten und Mauren fanden für die Anlage als Wehrkastell Verwendung, ehe nach der Eroberung Lissabons unter Portugals erstem König Dom Afonso Henrique (1147) mannigfaltige Umbauten und Erweiterungen sowie die Benennung nach dem heiligen Georg (dem Drachentöter) vorgenommen wurden. Die Herrscherdynastie nahm hier Ende des 13. Jh. ihren Sitz bis zum Jahr 1511 und der Errichtung der (nicht erhaltenen) Residenz Terreiro do Paço beim Praça Comércio. Ab dann verlagerte sich das städtische Zentrum zunehmend in die Baixa. Im 17. Jh. fand das Kastell vielerlei Verwen-

Stadtspaziergang 2: Mouraria und Alfama

*Hier kann man getrost zwei Besuche einplanen, einmal zunächst zur ersten Orientierung als Fahrt mit der alten Tram und später zu Fuß zur Erkundung einzelner Sehenswürdigkeiten. Ausgangs- und Endpunkt dieser mit zahlreichen Sehenswürdigkeiten gespickten Route ist der **Largo da Magdalena** am Südostrand der Baixa. Hier lohnt zunächst ein kurzer Besuch der **Igreja de Santo Antonio da Sé** ⑫, um wenige Meter weiter am Largo de Santo Antonio da Sé vor einem der bedeutendsten Sakralbauwerke Lissabons zu stehen, der großen **Kathedrale Sé Patriarcal** ⑪ mit dem Museu Teatro Romano (s. S. 46). Links der Kathedrale folgt man dann den Schienen der alten Tram die Rua Rosa hinauf, um am **Miradouro Santa Luzia** ⑨ den phänomenalen Ausblick über die östliche Altstadt und die behäbig auf dem Rio Tejo dahingleitenden Schiffe zu genießen. Kunstliebhaber werfen einen Blick in das **Museu de Artes Decorativas Portuguesas** (s. S. 45) oder man schleppt sich unmittelbar die (beschilderte) steile Gasse zum **Castelo de São Jorge** ⑩ hinauf, dessen Besuch keinesfalls ausgelassen werden sollte.*

*Nach diesem kulturhistorischen Höhepunkt bewegt man sich weiter entlang der Tramschienen nach Norden und biegt nach links in die Rua dos Cedros bis zum Largo M. Deus ab, über den hinweg man der Calçada da Graça durch das Wohngebiet der Mouraria bis zum **Convento da Nossa Sen-***

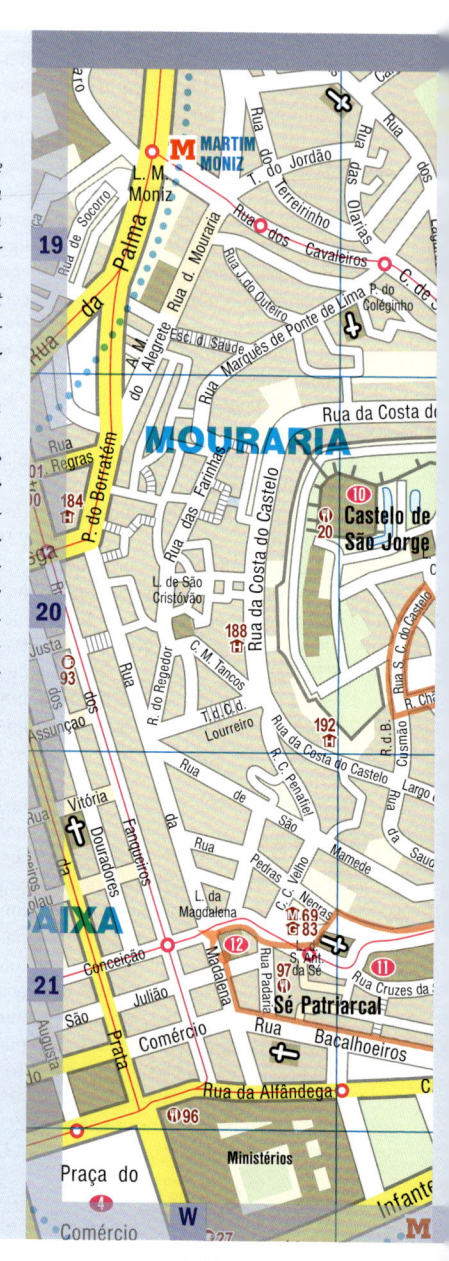

Lissabon entdecken 89
Stadtspaziergang 2: Mouraria und Alfama

Mouraria und Alfama

hora da Graça ❻ folgt. Vor der Kirche führt die kleine Travessa São Vicente nach Osten. Dort trifft man wieder auf Tramschienen, denen man nach rechts zum **Kloster Convento de São Vicente de Fora** ❼ folgt, dessen hübscher Garten zu einer Pause einlädt. Der Rua São Vicente nach Osten folgend, erblickt man gleich das monumentale **Panteão Nacional** ❽ mit den sterblichen Überresten zahlreicher portugiesischer Größen. Von hier aus ist es nur ein kleines Stück die Travessa do Meio steil hinunter zum **Museu Militar** ⓭ und dem Bahnhof Santa Apolónia. Nun wendet man sich nach Westen zurück zum Zentrum, wobei Interessierte das **Museu do Fado** (s. S. 42) besuchen können, um einen tieferen Einblick in diese besondere musikalische Kunstform Portugals zu gewinnen. Über die Rua da Santareím und die Rua Bacalheiros gelangt man schließlich zurück in die Baixa zum Ausgangspunkt am Largo da Magdalena.

❻ [X19] Convento da Nossa Senhora da Graça S. 83
❼ [Y20] Igreja und Convento de São Vicente de Fora S. 83
❽ [Z20] Panteão Nacional (Pantheon) S. 85
❾ [X20] Miradouro Santa Luzia S. 87
❿ [X20] Castelo de São Jorge S. 87
⓫ [X21] Sé Patriarcal (Kathedrale) S. 92
⓬ [W21] Igreja de Santo Antonio da Sé S. 93
⓭ [Z20] Museu Militar S. 94

Alle weiteren Karteneinträge s. S. 249

dung, u. a. als Gefängnis, Nationalbibliothek und Waffenarsenal. Das Erdbeben von 1755 zerstörte auch hier weite Teile der Anlage. Zwischen 1938 und 1944, unter der Regierung Salazars, wurde der gesamte Burgkomplex restauriert und in seiner heutigen Form gestaltet.

Der **Zentralbereich des Komplexes** besteht aus einer Mauer mit zehn Türmen, die äußeren Mauern sind vollständig begehbar und bieten die besten **Ausblicke über die Stadt** – eine Panoramatafel hilft bei der Identifizierung der großen Bauwerke Lissabons. In südwestlicher Richtung erkennt man das gegenüberliegende Tejo-Ufer und das Monumento Cristo Rei, jenseits der Ponte-25 de Abril kann man Belém mit dem Padrão dos Descobrimentos ㉟ und den Atlantik erkennen.

Die Palastreste wurden zu einem schicken Nobelrestaurant mit Gewölbekeller

Lissabon entdecken
Mouraria und Alfama

umgestaltet, der Außenbereich zu einem **ansehnlichen Park** mit schönen Spazierwegen, kleinen Brunnenanlagen, schattigen Plätzchen und Sitzgelegenheiten.

In einem kleinen Museum sind archäologische Funde aus dem Kastellbereich ausgestellt. Im Ulysses-Turm ist ein **Periskop** installiert, mit dem in halbstündigen Vorführungen das Stadtleben Lissabons in einem Blickwinkel von 360° live auf eine kreisrunde Leinwand projiziert wird.

› www.castelodesaojorge.pt, Tel. 218800620, tgl. 9–21 Uhr (Nov.–Feb. 9–18 Uhr), Eintritt 7,50 € inkl. Multimediashow Olissipónia und Câmara Escura (letzte Vorführung jeweils 30 Minuten vor der Schließungszeit des Kastells, Câmara Escura im Winter nur bis 14.30 Uhr), ermäßigt 4 €, Kinder unter 10 und Senioren (Ausweis) Eintritt frei, Familienkarten 2+2 16 €, Lissabon-Card 30 % Ermäßigung. Hinweis: Wer das Restaurant Casa de Leão besuchen möchte, zahlt 5,50 € Eintritt!

Von Mai bis Okt. findet im Hof des Kastells tgl. um 22 Uhr eine Sound-and-Light-Show „**Lisboa – who are you?**" statt, die man wahlweise mit einem speziellen Essen um 20.30 Uhr kombinieren kann.

Im Kastellbereich am Largo Santa Cruz do Castelo befindet sich eine **kleine Kapelle** gleichen Namens. Im Inneren dieser steht eine **Figur des hl. Georg**, die während der Fronleichnamsprozessionen einst durch den Kastellbezirk getragen wurde. Die Kapelle wurde nach der Eroberung Lissabons vermutlich auf einer maurischen Andachtsstätte errichtet.

⌑ *Das Kastell des hl. Georg überragt die Altstadt*

Mouraria und Alfama

Ebenfalls zum Kastellbereich gehört am Ostrand die außerhalb der Mauern gelegene **Igreja do Menino de Deus**. Sie wurde unter João V. 1711 auf einem oktagonalen Grundriss errichtet und blieb bei dem großen Erdbeben (1755) unversehrt. Da der Bau aus diversen Gründen nie gänzlich fertiggestellt wurde, fehlen etwa Kirchtürme oder die Figuren der Außenfassade über Haupt- und Nebeneingang. Das schlichte Innere unterstreicht die außergewöhnliche achteckige Grundrissform, im dazugehörigen dreistöckigen Kreuzgang sind diverse Azulejo-Bildnisse zu bewundern.

⓫ Sé Patriarcal (Kathedrale) ★★★ [X21]

Per Tram (12 oder 28) zuckelt man nun hinunter zum Largo da Sé mit der Kathedrale. Die **älteste Kirche der Stadt** soll um 1150, nach der Eroberung Lissabons durch König Afonso Henrique auf den Fundamenten einer früheren maurischen Moschee errichtet worden sein, der maurische Vorgängerbau wiederum auf den Fundamenten einer christlichen Kirche aus dem 4. Jh. Der Begriff „Sé" leitet sich von *sede* (Hauptquartier, Sitz) ab und bezeichnet in portugiesischen Gebieten einschließlich ehemaliger Kolonien wie etwa die „Da Sé" (große Kathedrale in Macau) einen Bischofssitz.

Die **trutzige romanische Hauptfassade** erklärt sich aus der damals latent vorhandenen Angst vor islamischen Vergeltungsschlägen nach der Eroberung Lissabons durch die Christen. Mehrere Erdbeben und Restaurierungsphasen führten zu einer Stilvermischung, die sich besonders im gotischen Kreuzgang und dem Chor äußert, dessen barocke Ausschmückung in dem ansonsten eher schlichten dreischiffigen Sakralbau beinahe prunkvoll anmutet.

Nach einem frühen Erdbeben bereits 1344 vollkommen zerstört, wurde die Kathedrale völlig neu gestaltet. Ende des 14. Jh. kamen die markanten, **wehrturmartigen Zwillingstürme** hinzu, deren barocke Spitzen im 18. Jh. ebenso ergänzt wurden wie die schlanken romanischen Fensterluken. Erst im 20. Jh. wurde während des Salazar-Regimes die relativ schlichte Rosette anstelle eines zweiten Portals über dem Haupteingang eingebaut.

Das **Innere** ist schlicht und klar in ein höheres Hauptschiff sowie zwei Seitenschiffe gegliedert, wobei im vorderen Abschnitt romanische, in Chor und Chorumgang gotische Elemente dominieren. In der Vierung hingegen wurden romanische Bogenreste unmittelbar mit gotischen vermischt. Die Deckenbemalun-

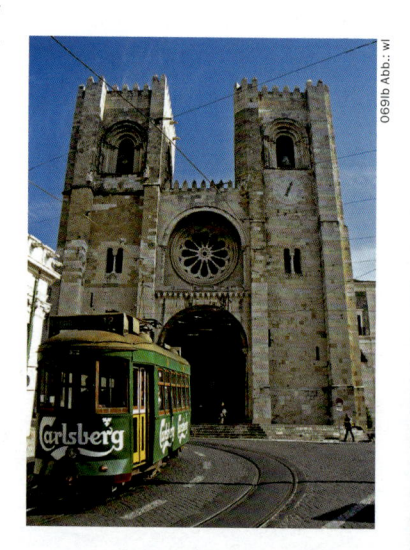

Lissabon entdecken
Mouraria und Alfama

gen und Ausschmückungen im Altarbereich wie auch die Orgeln stammen aus der Epoche des Barock.

In den später angebauten **Chorumgang** sind zehn Kapellen integriert. Links vom Eingang befindet sich die Franziskus-Kapelle mit einer Fliesendarstellung der Predigt des heiligen Franziskus zu den Fischen. Im Taufbecken dieser Kapelle soll der Schutzpatron Lissabons, Santo Antonio, getauft worden sein. Ebenfalls in einer der Kapellen des linken Seitenschiffs ist eine modernisierte Krippendarstellung zu sehen, die das städtische Leben im Zeitalter des Barock widerspiegelt.

Im Stile des Barock wurde auch der **Hauptaltarbereich** mit dem Bischofsthron ausgestaltet, abgesetzt davon befinden sich die Sarkophage von König Afonso IV. und seiner Frau Beatrix. Im Chorgang sind ferner die Sarkophage von Lopo Fernandes Pacheco, einem der Noblen von König Afonso IV., und seiner Frau Maria Vilalobos aus dem 14. Jh. zu sehen. Pacheco leistete dem König nachhaltige Unterstützung während der Reconquista gegen die Araber.

Vom Umgang aus kommt man zum **Kreuzgang** mit weiteren Sarkophagen portugiesischer Adeliger. Hier wurden bei umfangreichen, noch nicht abgeschlossenen archäologischen Ausgrabungen Mauerreste aus phönizischer, römischer und maurischer Zeit freigelegt, die vermutlich bis in das erste vorchristliche Jahrhundert zurückreichen. Diese sind für die Öffentlichkeit von Mai bis September tgl. 14–19 Uhr und von Oktober bis April tgl. außer Sonntag (10–14 Uhr) 10–18 Uhr zu besichtigen.

Interessant ist ferner ein Blick auf den **Kirchenschatz** in einem eigens dafür abgetrennten Raum oberhalb der Sakristei mit Reliquien, Messgewändern und liturgischen Utensilien (tgl. außer So./Feiertag 10–17 Uhr).

› tgl. 9–19 Uhr (außer während Messen)

⓬ Igreja de Santo Antonio da Sé ★★ [W21]

50 m die Rua da Sé hinunter ließ König Manuel I. um die Wende vom 15. zum 16. Jh. dem heiligen Antonius von Padua zu Ehren die Kirche Igreja de Santo Antonio da Sé errichten. In der Krypta soll der Heilige am 15. August 1195 geboren worden sein – allein schon aufgrund des späteren Baubeginns wohl nicht mehr als eine Legende. Dennoch glauben anscheinend sehr viele Einwohner an die Wunderkraft des Antonius und seiner Kirche – die Bettler der Stadt sind vor diesem Kirchlein zu finden, nicht vor der großen Kathedrale gegenüber.

Der einschiffige Hauptraum wirkt durch die Oberlichter in der kleinen Kuppel lichtdurchflutet. Auf dem Hochaltar steht eine **Statue des heiligen Antonius**, die alljährlich während der Prozession am 13. Juni im Mittelpunkt des Geschehens steht. Die Sakristei wurde mit Azulejos mit Blumenmotiven ausgekleidet, in der Krypta ist ebenfalls ein Azulejo-Motiv festgehalten, das den Besuch von Papst Johannes Paul II. anlässlich des 750. Todestages des Heiligen dokumentiert.

Natürlich ranken sich um den **Lokalheiligen** etliche Legenden, wobei sich naturgemäß Glaube und historische Realität bisweilen nicht voneinander tren-

‹ *Die wehrturmartigen Zwillingstürme der Kathedrale Sé Patriarcal*

nen lassen. Antonius von Padua oder Fernando Martins de Bulhões, wie er mit bürgerlichem Namen hieß, wurde Ende des 12. Jh. in Lissabon geboren, lebte lange Zeit in Italien und verstarb 1532 in Padua, was ihm später seinen Heiligennamen „Antonius von Padua" zutrug. Die Igreja de Santo Antonio da Sé soll genau an der Stelle stehen, an der Antonius geboren wurde, angeblich soll sich der Geburtsraum genau an der Stelle der Krypta befunden haben. Auch **zahlreiche Wunder** werden dem häufig als Franziskanermönch mit Christuskind im Arm dargestellten Antonius von Padua zugeschrieben, von der Krankenheilung über das Wiedererwecken Toter bis hin zum Sprechen mit Fischen. Der Stadtheilige wird hier, im Viertel Alfama, ganz besonders verehrt und als sehr volksnaher Heiliger betrachtet, der vor allem Kindern, Liebenden und Vergesslichen seinen Beistand gewährt. Im zu Ehren finden am 13. Juni zahlreiche prächtige Prozessionen statt (s. S. 15).

Nebenan befindet sich das **Museu Antoniano** mit Stichen, Gemälden und liturgischen Gegenständen rund um den Heiligen (tgl. außer Mo. 10–13 u. 14–18 Uhr, Eintritt 1,50 €, Lissabon-Card Eintritt frei).

⑬ Museu Militar ★ [Z20]

Mit dem Aufbau des portugiesischen Weltreichs wurden um 1650 die besten Waffenschmiede des Landes zusammengezogen, um die dringend benötigten zahlreichen Kanonen und Geschütze für die portugiesischen Festungen weltweit zu produzieren. Hierzu errichtete man am Largo Museu da Artilharia eine **Waffenmanufaktur**, in der auch Pulver hergestellt wurde. Eine Explosion beschädigte die Fabrik teilweise, der heutige Bau stammt aus dem 18. Jh. und diente bis zu Beginn des 20. Jh. als Rüstungsbetrieb.

Ab 1955 begann man zielgerichtet, Schusswaffen, historische Kanonen, Musketen, Vorderlader, aber auch Uniformteile usw. zusammenzutragen, dabei teilweise auch Stiftungen aus Sammlungen militärischer Einheiten Portugals. **Bedeutende Exponate** sind die Gemälde der zeitgenössischen Maler Condeixa, Columbano und Malhoa, die die militärische Expansion Portugals festhielten. Ein eigener Saal ist den Afrika-Feldzügen (1961–1974) gewidmet, als waffentechnisch brillant gelten die ausgestellten Leichtwaffen aus dem 17./18. Jh.

› Largo dos Caminhos de Ferro, Tel. 218842569, www.geira.pt/mmilitar, geöffnet tgl. außer Mo. 10–17 Uhr, Eintritt 2,50 €, ermäßigt 1,30 €, Lissabon-Card 2 €, Metro: Santa Apolónia

Kulinarisches

Den **Fado**, jene gedankenschwangere Volksmusik der leisen Töne, die ausschließlich in Portugal und zunehmend fast nur noch in Lissabon zu finden ist, genießt man idealerweise in Kombination mit einem Abendessen in einem der Restaurants (Reservierung ratsam) nahe der Kathedrale.

⓽7 [W21] **Flu Fla** €, Rua S. da Sé 1, Tel. 218876223. Auch ohne Fado kann man im Burgenviertel gut essen: 100 m unterhalb der Kathedrale liegt das einfache Snack-

› *Das Angebot eines typischen Lissabonner Imbisslokals*

restaurant mit einer Speisenkarte auf Portugiesisch, Französisch, Englisch und Polnisch. Serviert werden u. a. Steaks, geräucherter Schinken mit Melone, gegrillte Sardinen, Makrele vom Grill oder Calamari. Im Erdgeschoss reiner Barbetrieb, Restaurant im Obergeschoss.

In Lissabon kann man auch die Feinheiten der **brasilianische Küche** entdecken. Ein kleines Zentrum etwa mittig zwischen Bahnhof Santa Apolonia und Metro Terreiro do Paço direkt am Ufer

98 [Y21] **Restaurante Outro Rio** €, Jardim do Tabaco, Tel. 211515480. Gute portugiesische und brasilianische Küche. Sehr gute Portionen zu moderaten Preisen, bei Einheimischen äußerst beliebt. Hat (noch) keine englische Karte, das Personal übersetzt. Geöffnet tgl. 12–15 und 19–23.30 Uhr.

99 [Y21] **Mercearia Vencedora** €€-€€€, Jardim do Tobaco, Tel. 218821595. Italienische und brasilianische Gerichte im mittleren bis gehobenen Preis-/Leistungs-Segment. Großzügiger Innen- und Außenbereich. Geöffnet tgl. 12.30–16 Uhr und 19.30–24 Uhr.

Chiado

Direkt oberhalb der Baixa thront das ebenfalls zur unmittelbaren Altstadt gehörende Viertel Chiado, das zahlreiche historische Bauten, die berühmte Ruine des Karmeliterkonvents, zahlreiche Theater, aber auch belebte, kleine Plätze sowie verwinkelte Straßenzüge sein Eigen nennt.

14 Igreja und Convento do Carmo ★★ [V20]

Unmittelbar am Hang zur Baixa (Zugang über Elevador de Santa Justa 5) thronen die **Ruinen des gotischen Karmeliterkonvents** (Convento do Carmo), einst eine der schönsten Kirchen Lissabons, die jedoch bei dem Erdbeben von 1755 mit Ausnahme der Außenmauern zerstört und aus Kostengründen nicht mehr restauriert wurde.

Und selbst diese wurde bei der Feuersbrunst der unmittelbar darunter liegenden Häuserzeile im Jahr 1988 angegriffen, sodass die im Inneren der Ruinen untergebrachte **archäologische Sammlung** (Museu Arqueológico do Carmo, einschl. kolumbianischer und ägyptischer Mumien) jahrzehntelang nur sporadisch zugänglich war. Der Hauptteil des Gebäudes stammt aus dem 14. und 15. Jh., die archäologische Sammlung wurde bereits 1389 von D. Nuno Àlvares Pereira begründet, der erheblichen Anteil am Sieg bei der Schlacht von Aljobarrotta hatte, als 1385 Kastilien vernichtend besiegt und Portugals Unabhängigkeit vorerst bewahrt werden konnte. Die Exponate sind nicht beschriftet oder erläutert, interessant und identifizierbar sind römische Mosaiken, Sarkophage portugiesischer Persönlichkeiten und in der ehemaligen Konventsbibliothek eine ägyptische sowie eine präkolumbianische Abteilung mit Mumien und Schrumpfköpfen.

Interessante Randnotiz: Von der Polizeistation unmittelbar neben do Carmo ging übrigens jener Aufstand im April 1974 aus, der die Diktatur beendete und Portugal in die Demokratie führte: die Nelkenrevolution.

> Largo do Carmo, Di. 14–18 Uhr, Mi.–So. 10–18 Uhr, Eintritt 3,50 €, mit Lissabon-Card 2,50 €, bis 14 J. und So. bis 14 Uhr Eintritt frei, Metro: Baixa-Chiado

⑮ Igreja São Roque ★★★ [U20]

Einen Steinwurf entfernt liegt die äußerlich eher unscheinbare, im Inneren dagegen prunkvollste Kirche Lissabons, die in einem auffallenden Kontrast zur Schlichtheit der meisten anderen Gotteshäuser der Stadt steht.

Als in Europa zwischen dem 14. und dem 18. Jh. der „schwarze Tod" wütete, suchten viele Gläubige imaginären Schutz bei dem **hl. Rochus, der Schutzheilige gegen die Pest**. Ihm zu Ehren wurde Ende des 15. Jh. in Lissabon die Renaissancekirche São Roque errichtet. Ursprünglich stand an dieser Stelle eine Kapelle im manuelinischen Stil. Der Jesuitenorden ließ die heutige Kirche vom italienischen Kirchenbaumeister Filipo Terzi errichten, der auch die später gebaute Igreja de São Vicente de Fora ⑦ gestaltete.

Beim Erdbeben von 1755 wurde das Äußere stark in Mitleidenschaft gezogen und später vollständig restauriert, während das Innere des einschiffigen Gotteshauses überwiegend unbeschädigt blieb. Auf eine die gleichmäßige Harmonie störende Unterteilung mit Seitenschiffen wurde bewusst verzichtet, die acht Seitenkapellen wurden erst im 16./17. Jh. ergänzt und bis ins 19. Jh. ausgestaltet.

Typisch für den sakralen Stil der Renaissance ist **die illusionistische Flucht der ebenen Holzdecke** im Inneren. Die Decke ist flach, der Eindruck eines Kuppelgewölbes entsteht lediglich aufgrund der perspektivischen Bemalung. Da derartig große Deckenbalken nicht aus lokalen Wäldern gewonnen werden konnten, mussten sie eigens aus Deutschland herbeigeschafft werden.

Die weitere **Innengestaltung mit Azulejos und Marmor** stellt eine gelungene Mischung aus italienischen Einflüssen und nationalem Kunstcharakter dar. Insbesondere die **Seitenkapelle Capele de São João Baptista** (Johannes der Täufer), 1742 im Auftrag von König João V. von den italienischen Renaissancebaumeistern Luigi Vanvitelli und Nicola Salvi gestaltet, **sucht an Prunk in Lissabon ihresgleichen**. Die komplette Kapelle wurde in Rom (!) im italienischen Barockstil zusammengestellt, vom Papst geweiht und anschließend wieder zerlegt und nach Lissabon verschifft. Der Zusammenbau dauerte mehrere Jahre, von Marmor über Elfenbein bis zu Gold, Silber, Edelsteinen, Lapislazuli und Alabaster wurden nur feinste Materialien verwendet.

Die Bildnisse der Kapelle („Taufe Christi", „Pfingsten" und „Verkündigung") wie auch die Bodenbeläge wurden aus Mosaiksteinen zusammengefügt. König João V. konnte seinerzeit auf die reichen Bodenschätze Brasiliens zurückgreifen und verfügte aus diesem Grund eine besonders prunkvolle Ausgestaltung.

Eine weitere Seitenkapelle ist der Titularfigur **São Roque** (hl. Rochus) gewid-

Chiado

met und wurde bereits ab 1580 ausgestaltet. Die Azulejo-Auskleidungen stammen von Francisco de Matos und zeigen Szenen aus dem Leben des Heiligen, das Seitenbildnis „Der Engel erscheint" zählt zu den schönsten Werken des lokalen Künstlers Gaspar Dias.

Sehenswert ist auch das **Museu de São Roque** in der unmittelbar angeschlossenen Casa da Misericordia (ehemaliges Findelhaus) mit sehr kostbaren und seltenen Exponaten zur Sakralkunst des 16. bis 18. Jh., wo auch ein Großteil des legendären Kunstschatzes der erwähnten Seitenkapelle Johannes des Täufers zu sehen ist.

› Kirche: tgl. 8.30–17 Uhr (außer zu Messezeiten, an Wochenenden ab 9.30 Uhr)
› Museum: tgl. 10–17 Uhr (Mo. und Feiertage geschlossen), Eintritt 2 €, So. Eintritt frei

⓰ Largo Chiado und Praça de Camões ★ [U21]

Von der Rochus-Kirche in südliche Richtung gehend passiert man den Largo Trindade mit dem gleichnamigen **Stadttheater** (s. S. 38) und erreicht bald darauf die unmittelbar benachbarten Plätze Largo Chiado und Praça de Camões (hier auch Tram 28 von/bis Praça Figueira). Auf letzterem steht ein Denkmal zu Ehren des bedeutendsten portugiesischen Nationalpoeten Luis de Camões (s. Exkurs), dessen Todestag als Nationalfeiertag begangen wird.

Der Largo Chiado wird von den beiden Kirchen Igreja Nossa Senhora do Loreto und Igreja Nossa Senhora da Encarnação gesäumt. Von hier bis zur Rua Garrett er-

Die Rochuskirche – schlichtes Äußeres ...

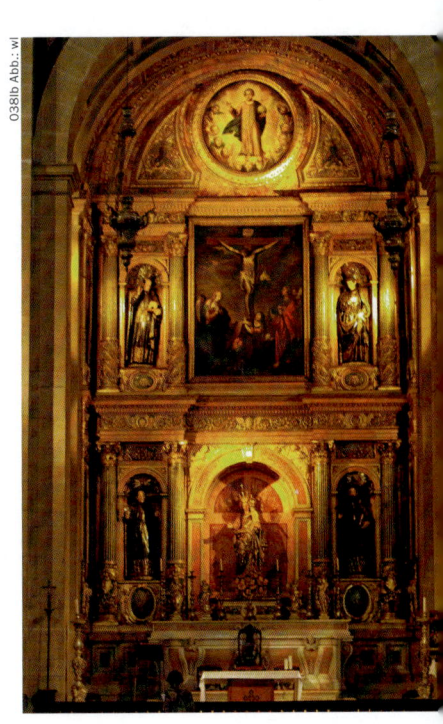

... und grandiose Innenausstattung

Chiado

streckt sich eine beinahe **biedermeier-pittoreske Einkaufs- und Flaniermeile** mit Cafés, alten Buchhandlungen und Einzelhändlern aller Art. Ganz besonders sei hier für einen Kaffee das traditionsreiche Café A Brasileira do Chiado empfohlen (s. S. 31). In der Parallelstraße am Largo São Carlos bieten gleich zwei Theaterhäuser kulturelle Abendunterhaltung: das Schauspielhaus Teatro S. Luis (s. S. 38) sowie die berühmte Oper Teatro Nacional de São Carlos (s. S. 38).

Die Rua Serpa Pinto hinunter schließlich wird der „künstlerische Bereich" des Chiado vom **Museu do Chiado** (s. S. 44) abgerundet. Auf dem Areal des ehemaligen Franziskanerkonvents wurde das städtische Kunstmuseum untergebracht. Gezeigt werden vorrangig die Werke der portugiesischen Malerei von Romantik über Postnaturalismus bis hin zur modernen portugiesischen Kunst bis etwa 1950.

› R. Serpa Pinto 4, 213432148, Di.-So. 10-18 Uhr, Mo. geschl., Eintritt 4 €, Besucher bis 25 und über 65 Jahre 2 €, mit Lissabon-Card und So. bis 14 Uhr Eintritt frei
› Metro: Baixa-Chiado

Einkaufen

Im Chiado-Viertel findet man hauptsächlich zwischen Largo do Chiado und Rua Garrett einige ältere Fachgeschäfte, die teilweise auf etliche Dekaden erfolgreicher Vertriebstätigkeit zurückblicken können.

100 [V21] **Armazéns do Chiado,** Rua Nova Almada, geöffnet tgl. 10-23 Uhr. Das größte klassische Kaufhaus der Stadt mit sechs Verkaufsetagen.

101 [V21] **Livraria Bertrand,** Rua Garrett 71, Mo.-Sa. 10-18.30 Uhr. Eine der größten Fachbuchhandlungen Lissabons, hier bekommt man auch englische Bücher und Zeitschriften.

Luis de Camões, Portugals Nationaldichter

*Luis de Camões (1524-1580) war der berühmteste portugiesische Lyriker und Dichter in der Blütezeit der portugiesischen Seefahrt. Sein **abenteuerliches Leben** verschlug ihn in alle Welt. Als junger Soldat wurde er 1549-1551 in Nordafrika eingesetzt, später in den indischen Besitzungen Portugals (z. B. Goa, 1553-1556). Im weiteren Verlauf seines Lebens soll er nach Macau gegangen und von dort 1569 nach Lissabon zurückgekehrt sein. Luís de Camões starb 1580 in Lissabon an der Pest, die zu dieser Zeit auch in Portugal wütete.*

*Sein berühmtestes Werk, die **Lusiaden** („Os Lusíadas"), gelten als **das bedeutendste portugiesische Epos** überhaupt. In diesem werden die Entdeckungsfahrten und Eroberungen der portugiesischen Seefahrer besungen. Eine der Zentralfiguren hierin soll der nicht namentlich erwähnte Vasco da Gama sein, der mit seinen Entdeckungsfahrten Portugal zur führenden Seefahrernation machte und den Camões geradezu verherrlichte. Die Lusiaden sollen angeblich im Camões-Garten in der portugiesischen Kolonie Macau entstanden sein, tatsächlich wird heute aber teilweise bestritten, dass Camões überhaupt jemals in Macau gewesen ist.*

/ Lissabon entdecken
Chiado

Kulinarisches

Das Chiado-Viertel wird vorwiegend tagsüber durchstreift, Essen geht man eher im benachbarten Bairro Alto. Von den hier ansässigen Lokalen seien folgende empfohlen:

> **Café A Brasileira do Chiado** (s. S. 31). Hier bedeutet der Kaffee noch Genuss. Eine Tasse Kaffee kostet an der Theke 1 €, am Tisch 1,50 € und draußen 2 € – da draußen die Gefahr der Zechprellerei besteht.

> **Solar des Chavez** (s. S. 31), zwischen Rua de Ouro und Rua Nova Almada schräg gegenüber vom Elevador de Santa Justa ❺. Sehr große Auswahl an Kuchen und Teilchen.

> **Cervejaria Trindade** (s. S. 29). Als gutes Mittelklasselokal ist dieses Brauhaus mit angeschlossenem zünftigen Restaurant und Bierkeller zu empfehlen. Ab 1283 befand sich hier ein Klosterspeisesaal (1755 zerstört), im Jahre 1934 übernahm die Trindade-Brauerei das Areal und eröffnete im Jahre 1936 zunächst eine Bierhalle, die schon oft als Lissabonner Kulturgut ausgezeichnet wurde. Essen und Bier (auch dunkles!) sind sehr gut und man merkt den Preisen nicht an, dass man sich in einer europäischen Hauptstadt befindet. Im vorderen Bereich wird nur Bier ausgeschenkt, die hinteren Hallen füllen sich ab 18.30 Uhr rasch – man sollte vorher dort sein oder gleich reservieren!

> **Kleinigkeiten und Snacks** findet man reichlich in der **Futtermeile** im Obergeschoss des Kaufhauses Armazéns do Chiado (s. S. 98), wo sich zahlreiche Snacklokal-Ketten (u. a. Vitaminas, Casa dos Sandes, McDonald's) angesiedelt haben.

> *Der Largo do Carmo in der Oberstadt*

EXTRATIPP

Lesertipp

🚇 **301** [U21] **Restaurante Adega das Mercês** €€, Travessa das Mercês 2 (Bairro Alto), Tel. 213424492. Das unscheinbare kleine reine Speiserestaurant (etwa 25 Personen) bietet neben der familiären Atmosphäre typisch portugiesische Küche, eine erstaunliche Auswahl an günstigen Fleisch- und Fischgerichten, leckeren selbstgefertigten Kuchen und Hausweine zu äußerst guten Preisen. Nicht zu verachten sind auch die köstlichen Entradas mit Käse und Schinken sowie die leckeren Desserts – all dies sehr preiswert.

Stadtspaziergang 3: Chiado und Bairro Alto

*Ein Rundgang durch die westliche Oberstadt bietet sehr abwechslungsreiche Einblicke in die portugiesische Hauptstadt, wobei verwinkelte Altstadtgassen, sakrale und weltliche Bauten, kleine Plätze, Aussichtspunkte und Museen gleichermaßen in den hier vorgestellten Rundgang integriert sind. Gleich der Startpunkt an einem der Wahrzeichen Lissabons, dem **Elevador de Santa Justa** ❺, gilt als ein Muss für den Besucher. Der beeindruckende Aufzug überwindet die Höhendifferenz zwischen Baixa und Chiado und führt bequem hinauf zum bemerkenswert ruhigen Largo do Carmo mit dem gleichnamigen **Konvent** ⓮ und dem **Archäologischen Museum** (s. S. 42). Südlich des Rossio-Bahnhofes führt die Calçada do Duque zum Largo Tr. Coelho mit der fantastischen Igreja São Roque und dem angeschlossenen **Museu de Arte Sacra** ⓯. Unmittelbar westlich schließt sich mit den Altstadtgassen des Chiado das vielleicht beliebteste **Kneipen- und Restaurantviertel** Lissabons an. Wer beispielsweise der Rua Gáveas bis zum Ende folgt, wird den starken Kontrast zwischen verwinkelter Altstadt und den belebten Plätzen **Largo Chiado** und **Largo Pr. de Camões** ⓰ mit Händen greifen können.*

*Hier bietet sich eine Pause im traditionellen Café A Brasileira (s. S. 31) oder für den etwas kulturbeflisseneren Besucher eine Visite im **Museu do Chiado** (s. S. 44) und den Kirchen Igreja Nossa Senhora do Loreto und*

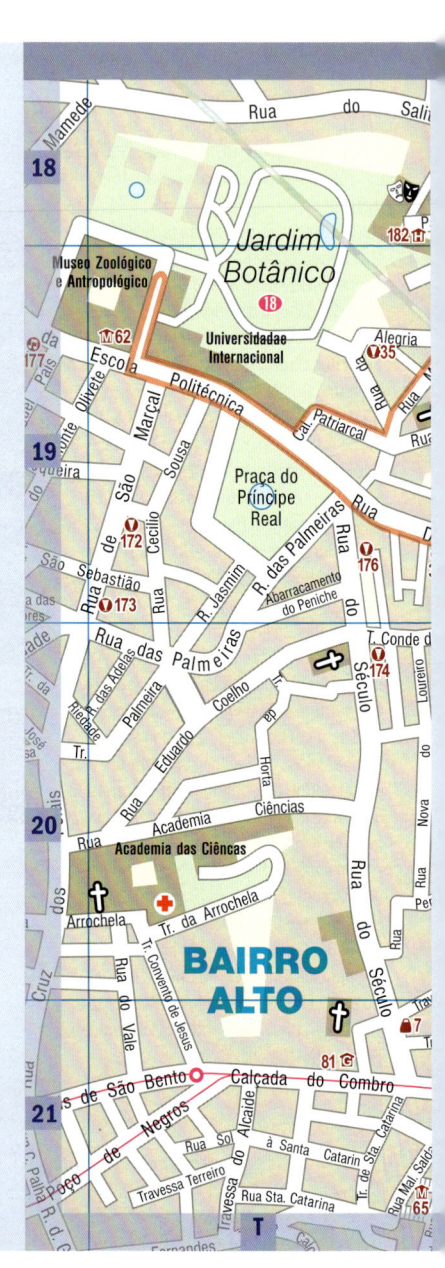

Lissabon entdecken

Stadtspaziergang 3: Chiado und Bairro Alto

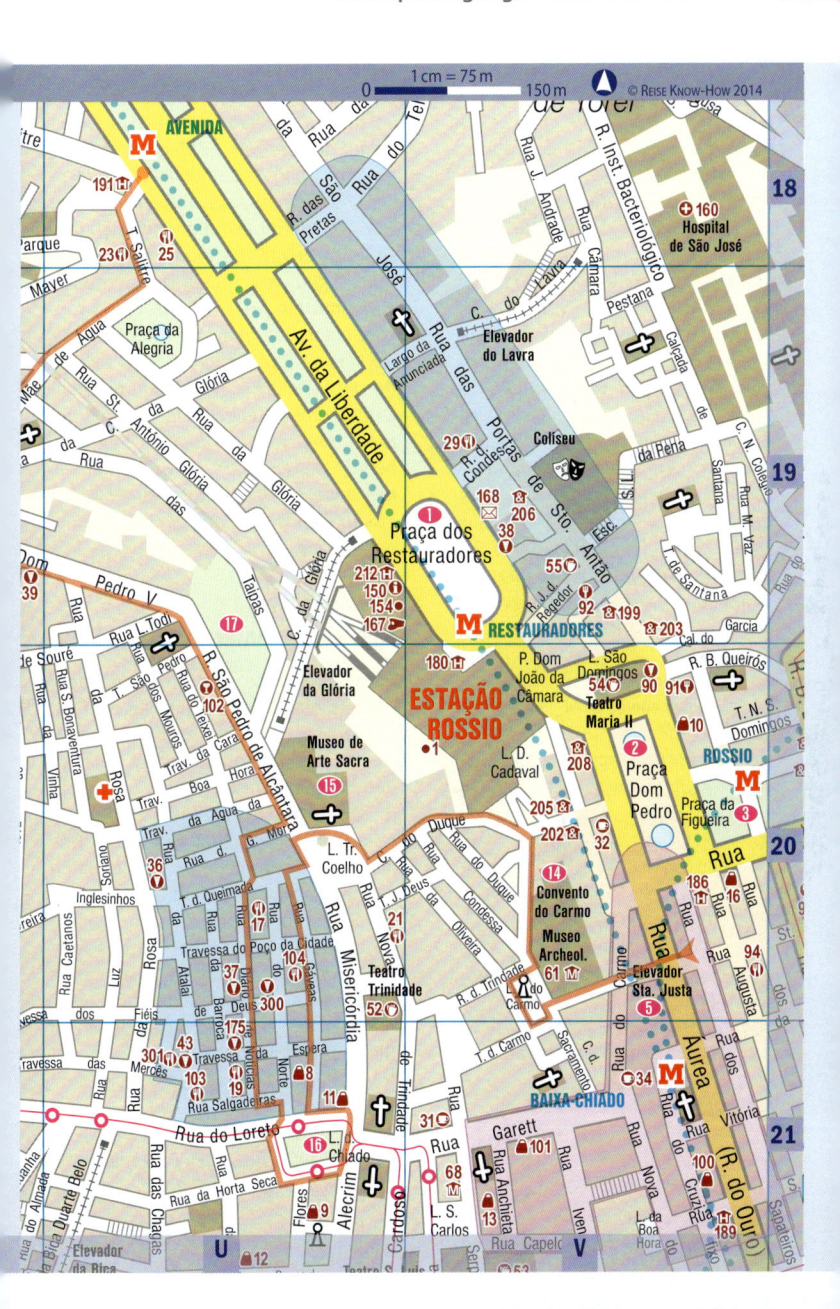

Bairro Alto

Im alten Hauptviertel der Oberstadt, das beim Erdbeben von 1755 glimpflich davonkam, wohnten traditionelle Handwerker und einfache Angestellte. Außerdem war das Viertel der Standort wichtiger Zeitungsverlage, ehe industrielle Modernisierungen viele Firmen zum Umzug in Vorstädte mit breiteren Straßen zwangen. Immerhin druckt hier noch immer die kleine Fußballzeitung A Bola. Mit der Presse siedelten sich auch Journalisten, Dichter und Intellektuelle an, Restaurants, Bars und auch das Rotlichtgewerbe folgten. Heute gilt das Bairro Alto als das bedeutendste Unterhaltungsviertel Lissabons, insbesondere für den traditionellen Fado.

⓱ Miradouro São Pedro Alcântara ★ [U19]

Ein paar Schritte nördlich des Chiado-Viertels erreicht man am **Elevador da Glória** (mit dem man schnell hinunter zum Pr. dos Restauradores ❶ gelangt) den **hübschen Aussichtspunkt** Miradouro São Pedro Alcântara und das gleichnamige Kirchlein schräg gegenüber. Das kleine Gärtchen bietet sich zum Rasten an, hauptsächlich genießt man von hier die Sicht hinunter zur breiten Avenida da Liberdade ㉕ und der Pr. dos Restauradores ❶. Gleichzeitig kann man vor allem an den Sommerabenden Rentner beim Plausch oder Reisegruppen im Blitzlichtgewitter erleben.
› Metro: Baixa-Chiado

*Igreja Nossa Senhora da Encarnação an. Auf der Rua Diário de Notícias durchstreift man nochmals die Chiado-Altstadt bis zur Rochuskirche und die Rua S. Pedro de Alcântara entlang zum gleichnamigen **Aussichtspunkt** ⓱ mit wunderbarem Blick über die Unterstadt. Schräg gegenüber mögen Portweinliebhaber im **Solar do Vinho do Porto** (s. S. 103) den edlen Tropfen verkosten, um danach der Rua Dom Pedro V. folgend den botanischen Garten **(Jardim Botânico)** zu durchstreifen und das Universitätsmuseum **(Museu Nacional da Ciência)** ⓲ zu besichtigen. Abschließend schlendert man die Calçada Patriarcal und die Rua Mãe de Agua hinunter bis zur Avenida da Liberdade und der Metrostation Avenida.*

- ❶ [V19] Praça dos Restauradores S. 74
- ❷ [V20] Rossio (Praça Dom Pedro IV) S. 75
- ❺ [V20] Elevador de Santa Justa S. 81
- ⓮ [V20] Igreja und Convento do Carmo S. 95
- ⓯ [U20] Igreja São Roque S. 96
- ⓰ [U21] Largo Chiado und Praça de Camões S. 97
- ⓱ [U19] Miradouro São Pedro Alcântara S. 102
- ⓲ [T19] Jardim Botânico und Museu Nacional da Ciência S. 103

Alle weiteren Karteneinträge s. S. 249

› *Der botanische Garten bietet viel Schatten an heißen Tagen*

Lissabon entdecken
Bairro Alto

⓲ Jardim Botânico und Museu Nacional da Ciência ★ [T19]

Die bedeutendste Sehenswürdigkeit im Bairro Alto ist zweifelsohne der botanische Garten (Jardim Botânico) mit dem angeschlossenen **Museu Nacional da Ciência** (Wissenschaftsmuseum, 10 Minuten die Dom Pedro V. entlang). Dieses Museum „zum Anfassen" mit Planetarium und Observatorium bietet eine interaktive Dauer- sowie eine thematische Wechselausstellung zu besonderen Themen der Wissenschaft. Die Aktivitäten des Planetariums richten sich nach der jeweils aktuellen planetarischen Konstellation.

› Tel. 213921807, www.mc.ul.pt, Di.-Fr. 10-17 Uhr, Sa./So. 11-18 Uhr, Mo./Fe. geschl., Eintritt 6 €, Kinder und Lissabon-Card 3 €, Familienkarte 2+2 12,50 € (Preise für Museum und Garten), nur Garten 2 €.

> **KLEINE PAUSE**
>
> **Portwein gefällig?**
> ❶102 [U20] **Solar do Vinho do Porto**, Rua de S. Pedro de Alcântara 45, Tel. 21 3475707, Mo.-Fr. 11-24 Uhr, Sa. 14-24 Uhr. Der durstige Lissabonbesucher wird sich dieser Portweinprobierstube an der oberen Haltestelle des Elevador da Glória erfreuen. In angenehmem Ambiente lassen sich diverse charaktervolle Tropfen degustieren.

Um die Ecke befindet sich der städtische **botanische Garten**, der lange als **einer der schönsten in ganz Europa** galt. Er erstreckt sich über eine Gesamtfläche von 34.000 m² in den Hängen zwischen der Avenida da Liberdade ㉕ und der Rua da Escola Politécnica im Bairro-Alto-Viertel. Die naturwissenschaftliche Fakultät der polytechnischen Universität (gegründet 1837) ließ ihn bereits im Jahre 1873 anlegen und integrierte dabei Pflanzen aus allen mit Portugal assoziierten Ländern. Bäche, schattige Ruhezonen, ein Schmetterlingshaus (kostet 1 € extra) mit Exemplaren in allen Entwicklungsstadien sowie ein hier bereits zehn Jahre vor der Gartenanlage eröffnetes meteorologisches und astronomisches Observatorium gehören zum Gelände.

› tgl. 10-17 Uhr, Tel. 213921800, www.jb.ul.pt, im Sommer 10-20 Uhr, im Winter bis 18 Uhr, Eintritt (Preise für Kombi Museum und Garten), nur Garten 2 €, Familienkarte 4 €, Bus 58

› Der **Eingang** liegt in der Rua da Escola Politécnica. Es existiert noch ein (deutlich zentrumsnäherer) Seitenzugang oberhalb vom Hotel Botânico, dieser ist aber nicht nutzbar.

Lissabon entdecken
Bairro Alto

🟥 Cais do Sodré ⭐   [U22]

Keine Sehenswürdigkeit, aber **wichtigster Transfer- und Verkehrsknotenpunkt** sind die Cais do Sodré, von denen aus viele Orte der Stadt schnell zu erreichen sind. Von der Fährstation hinter dem Busplatz kann man nach Caçilhas bzw. zur Christo-Rei-Statue 🟥 fahren, nach Belém (s. S. 120) per moderner Straßenbahn Nr. 15 (vor dem Bahnhofsgebäude) oder auch per S-Bahn im Bahnhof selbst (das geht schneller). Mit den von hier verkehrenden Buslinien (Busplatz zwischen Bahnhof und Fähre) können der Flughafen (Linie 91) und zahllose Punkte der Innenstadt erreicht werden. Und schließlich besteht hier auch noch ein Metroanschluss der „Grünen Linie" (Linha Verde, im Bahnhofsuntergeschoss gelegen).

Kulinarisches, Nachtleben

Unmittelbar westlich der Rua San Pedro Alcântara/Rua da Misericordia [U20] beginnt das **Nachtschwärmerviertel des Bairro Alto** (vgl. „Lissabon am Abend"). Vor allem Fado-Restaurants reihen sich in dieser Gegend dicht an dicht aneinander. Absolutes Zentrum sind hier die **urigen, schachbrettartig angelegten Fußgängergassen** zwischen Travessa da Queimada und Travessa da Espera.

- 🟥**103** [U21] **Restaurante 1° do Maio** €€, Rua Atalia 8, Tel. 213426840. Das unscheinbare reine Speisenrestaurant bietet leckeren Käse, Entradas zwischen 6 und 22,50 € (Königsgarnelen), Fischteller von 9 bis 15 € und Fleischgerichte zwischen 9,50 und 18,50 € an.
- 🟥**104** [U20] **Restaurante Sinhal Vermelho** €, Rua das Gáveas 89, Ecke Travessa do Paço da Cidade), Tel. 213461252 und 213423845. Für das reine Abendessen empfiehlt sich das auf Fischgerichte spezialisierte Lokal. Thunfisch mit Zwiebeln oder gegrillter Lachs kosten hier 11,80 €, Bacalhau mit Tomatenreis 9,80 €, der Grillteller (Fleisch) 14 €.

> **EXTRATIPP**
> **Markt an den Cais**
> Früher, als noch die exotischen Waren und duftenden Gewürze aus den verschiedenen Ecken des portugiesischen Weltreichs nach Lissabon befördert wurden, war der Markt **Mercado 24 de Julho** gegenüber vom Bahnhof ein wildes Meer aus Farben und Gerüchen. Heute stellt sich der Markt in kleinerem Umfang, aber nicht weniger interessant dar (Mo.–Sa. 5–14 Uhr).

Die nördlichen Bezirke

Die Stadtgestaltung rund um die beiden Plätze Praça de Espanha [R13] und Pr. M. de Pombal [T17] nördlich vom Zentrum mutet **großzügig und weit angelegt** an, etliche moderne Neubauten wechseln sich mit Wohnblöcken und Zweckbauten ab. Außerdem liegen hier rund 90 % der Hotels, mit denen sowohl portugiesische Anbieter als auch jene des Heimatlandes zusammenarbeiten. Wer nicht als Selbstorganisator in der Baixa (s. S. 80) unterkommt, wird sehr wahrscheinlich irgendwo hier in diesem Bezirk sein Quartier aufschlagen.

Der „spanische Platz" **Praça de Espanha** selbst ist lediglich eine weitläufige Verkehrsinsel mit einem torähnlichen modernen Kunstwerk, das ein Symbol der Freundschaft zwischen den iberischen Bruderstaaten darstellen soll.

⑳ Fundação Gulbenkian ★★★ [S13]

Von größerem Interesse dürfte das Museu Calouste Gulbenkian an der Ecke Av. de Aguiar/Av. de Berna sein, das vor allem für Kunstliebhaber von seiner Bedeutung her ein „Muss" während eines Lissabonbesuchs darstellt. Der Multimillionär C. Gulbenkian (1869–1955) machte Anfang des 20. Jh. im Ölgeschäft ein märchenhaftes Vermögen und wählte Lissabon zur Residenz für seinen Lebensabend. Testamentarisch vermachte er der Stadt sein gesamtes Vermögen und seine gesammelten Kunstschätze.

◁ *Der Marquês de Pombal überragt die von ihm entworfene Unterstadt*

Im Rahmen der von ihm gegründeten **Gulbenkian-Stiftung** („Fundação Gulbenkian") baute man in Lissabon ein riesiges Kulturzentrum mit Theater-, Konzert- und Konferenzsälen, einer Bibliothek und einem weltberühmten Museum. Darüber hinaus werden auch Einzelstipendien vergeben und hohe Summen fließen in die Förderung kultureller, sozialer und wissenschaftlicher Forschungen. Politisch ist die Stiftung nicht ganz unumstritten, fiel doch ihre Gründung 1955 in die Zeit der Salazar-Diktatur. Zudem nimmt sie bis heute auf kulturellem Gebiet eine starke Machtstellung ein.

Aus Furcht vor Kritik aus dem Kultursektor profitierte zunächst nur die Musik von der Stiftung (eigenes Orchester, Chor und Ballett), in den frühen 1970er-Jahren verschob sich der Schwerpunkt hin zur Unterstützung der Produktion einheimischer Filme. Erst 1969 – zum 100. Geburtstag des Mäzens Gulbenkian – wurde schließlich das **Museu Calouste Gulbenkian** eröffnet, seine rund 6000 Exponate aus aller Welt waren nunmehr der Öffentlichkeit vollständig zugänglich.

Das vielseitige Kunstinteresse Gulbenkians äußert sich in einem außergewöhnlich **breiten Spektrum an Kunstobjekten aus allen Epochen,** die Sammlung wird stetig erweitert. Vor dem Gebäudekomplex steht übrigens ein 3 m hohes Bronzebildnis Calouste Gulbenkians vor einem steinernen Horusfalken.

Überlick über die Sammlung

› **Saal 1:** Altägyptische Kunst, Skulpturen, Reliefs und Torsi aus der Zeit 2700 bis zum 1. Jh. v. Chr.
› **Saal 2:** Griechisch-römische Abteilung mit griechischen Fayencen, Marmorskulpturen und römischen Glaswaren.

Lissabon entdecken
Die nördlichen Bezirke

> **Saal 3:** Griechische, römische und mesopotamische Abteilung, Schmuck aus der hellenistischen Epoche, Fayencen aus dem mesopotamischen Raum sowie eine Sammlung griechischer Goldmünzen.
> **Saal 4:** Orientalisch-islamische Abteilung mit persischen und türkischen Fayencen (12.–16. Jh.) sowie persischen Teppichen (13.–18. Jh.).
> **Saal 5:** Orientalisch-islamische Abteilung und armenische Kunst. Buchillustrationen (17. Jh.), türkische Teppiche, Fayencen und Fliesen (16./17. Jh.), kleinasiatische Glaslampen aus dem 14. Jh.
> **Saal 6:** Fernöstliche Abteilung mit chinesischem Porzellan (Ming-Dynastie, 1368–1644, und frühe Qing-Dynastie, 18. Jh.), Lackwaren (Japan), chinesischen Teppichen.
> **Saal 7:** Europäische Abteilung (11.–15. Jh.). Buchillustrationen aus Frankreich, Flandern, Italien, Holland und England (12.–15. Jh.) sowie Elfenbeinschnitzereien aus Frankreich (11.–14. Jh.).
> **Saal 8:** Gemälde und Skulpturen (14.–17. Jh.). Tilman Riemenschneider (zwei Holzstatuetten), Stefan Lochner („Darstellung im Tempel"), Peter Paul Rubens („Flucht nach Ägypten", „Porträt der Helene Fourment", „Zentauren"), Anton van Dyck („Porträt eines Mannes"), Jan Gossaert („Jungfrau und Kind"), Rembrandt („Pallas Athene", „Bildnis eines Alten"), Frans Hals (Porträt), Jacob Ruisdael mit Landschaftsbildern, Domenico Ghirlandaio und Giuliano Bugiardini mit Porträtmalereien.
> **Saal 9:** Italienische Renaissance. Kunst mit Wandteppichen, Wandbespannungen, Skulpturen, Gewändern, Medaillons und Büchern.
> **Saal 10:** Französische Dekorkunst (18. Jh.) mit Malereien, Interieurs, Uhren, Porzellan und Möbeln.
> **Saal 11:** Gemälde und Skulpturen aus Frankreich (18. Jh.), u. a. eine Diana-Skulptur (Houdon) aus dem ursprünglichen Besitz der russischen Zarin Katharina II., die Gulbenkian aus der Sammlung der Eremitage ersteigerte.
> **Saal 12:** Silberarbeiten und Gebrauchsutensilien aus Frankreich (18. Jh.).
> **Saal 13:** Gemälde aus England (18. und 19. Jh.), u. a. Thomas Gainsborough (Porträts und Landschaftsmalereien), Sir Thomas Lawrence und Joseph Turner.
> **Saal 14:** Gemälde aus Italien (18. Jh.), u. a. venezianische Veduten von Francesco Guardi.
> **Saal 15:** Gemälde und Skulpturen aus Frankreich, England und den USA (19. Jh.), u. a. Charles-François Daubigny (Landschaftsmalereien), Jean-Baptiste Camille Corot, Henri Fantin-Latour, Edouard Manet („Junge mit Kirschen", „Seifenblasen"), Claude Monet, Edgar Degas, Auguste Renoir, Auguste Rodin, Jean-Baptiste Carpeaux, Antoine-Louis Barye und Gemälde des englischen Malers Edward Burne-Jones („Spiegel der Venus").
> **Saal 16:** Sammlung von Jugendstilstücken des französischen Künstlers René Lalique mit zahlreichen Glasarbeiten und Schmuckstücken. Lalique, der mit Gulbenkian befreundet war, stellte etliche Arbeiten im Auftrag von Gulbenkian her.

Ebenfalls im Gulbenkian-Park befindet sich das 1983 angefügte **Zentrum für Moderne Kunst (Centro de Arte Moderna)**, das für Kunstveranstaltungen, als Archiv und als Präsentationsfläche für Kunst des 20. Jahrhunderts in Wander- und Wechselausstellungen dient. Daneben gibt es eine permanente Abteilung mit Kunstwerken bekannterer portugiesischer Künstler des 20. Jh., u. a. Almada Negreiros (1893–1970), der das berühmte Porträt von Fernando Pessoa geschaffen hat. Recht bekannt ist außerdem die Malerin Maria Vieira da Silva (1908–1992), deren Werke auch in einigen Metrostationen zu sehen sind. Von den Bildhauern ist hier vor allem João Cutileiro (*1937) erwähnenswert, aber auch jüngere portugiesische Künstler wie R. Sanches, T. Magalhães oder P. Rego sind vertreten.

Es lohnt auch ein Gang durch den **Parque Gulbenkian** selbst, der mit einheimischen und tropischen Pflanzen bewachsen ist und mit Seerosenbecken und Wasserläufen aufgelockert wurde. Moderne Plastiken von Bildhauern unterschiedlichster Nation sind allgegenwärtig und betonen das künstlerische Gepräge der Gesamtanlage.

› Av. de Berna 45A, Tel. 217823461, tgl. außer Mo. und feiertags (1.1., Ostersonntag, 1.5. und 25.12.) 10–17.45 Uhr, Eintritt 4 € (Kombiticket für Museum und Zentrum für moderne Kunst 7 €), So. u. für Kinder, Studenten, Lehrer und Rentner (mit Ausweis) Eintritt frei, Metro: Praça de Espanha

› **Aktuelle Infos** zu Wechselausstellungen, Veranstaltungen usw. unter www.gulbenkian.pt und www.museu.gulbenkian.pt

㉑ Jardim Zoológico (Zoo) ★ [O11]

Noch eine Metrostation weiter lockt der 1884 gegründete städtische Zoo vor allem jüngere Gäste. In seiner über 100-jährigen Geschichte baute der Tiergarten **eine der größten Tiersammlungen weltweit** mit mittlerweile 2000 Tieren bzw. etwa 350 Arten auf, darunter einen „Streichelzoo", Animationspark (Animax), Delfinshow, Reptilienshow und vieles mehr. Wer keine Lust hat, zu Fuß das Zoogelände zu durchstreifen, kann während einer **Seilbahnfahrt über das Areal** das Geschehen von oben verfolgen. (Die Fahrt in einer der Kabinen dauert etwa 20 Minuten.) Der vordere Bereich mit Pizzerien, Snacklokalen, Kinderspielplatz, Primatenanlagen (sogenannte Eichhörnchenaffen) und einigen Volieren ist frei zugänglich, danach schließt sich erst der eigentliche Tierpark an.

› Estrada de Benfica 158, Tel. 217232910, www.zoo.pt, April–Sept. tägl. 10–20 Uhr (Okt.–März 10–18 Uhr), Eintritt 18 € (Kinder ab 12 Jahren 12,50 €, mit Lisboa-Card 12,50 €), Schüler mit Ausweis 10,50 €, Metro: Jardim Zoológico

㉒ Palácio dos Marquêses de Fronteira ★ [M12]

Der Privatpalast der adeligen Familie Fronteira entstand ab 1670 im Renaissancestil unter João de Mascarenha, der den Grafentitel als Anerkennung für seine Verdienste während der Restaurationskriege erhielt. Diese Thematik ist auch im „Schlachtensaal" verewigt worden, wo auf Fliesenbildern martialische Azulejo-Bilder von den Ereignissen bis 1640 zeugen. Des Weiteren sind **prächtige Speise- und Musikzimmer** zu besichtigen sowie der **Juno-Raum** mit einem **prachtvollen Deckengemälde** der römischen Göttin. Importierte Antiquitäten aus aller Welt sowie Porträts von Angehörigen der Mascarenhas de Fronteira sind allgegenwärtig.

Etwas abgesetzt steht eine kleine Kapelle aus dem Jahre 1584, also noch vor dem Bau des Hauptpalastes. An den Palast schließt sich der **Venusgarten** an, benannt nach dem zentralen Brunnen und der Göttin Venus, die aus einer von drei

Die nördlichen Bezirke

Delfinen getragenen Muschel aufsteigt. Merkwürdigstes Detail dieses Gartenabschnittes ist eine Grotte, in die zahlreiche Scherben eingearbeitet wurden. Angeblich stammen sie vom Festmahl der Palasteinweihung, wobei das Geschirr nur einmal verwendet werden sollte und daher zerschlagen wurde. Hauptteil der Parkanlage ist der etwa 4000 m² große **italienische Garten** mit einem gewaltigen, von Freitreppen flankierten Wasserbecken, das mit dunkelblauen Fliesen verkleidet und mit Büsten portugiesischer Könige versehen wurde.

Mehr aus steuerlichen Gründen überführte die noch heute hier ansässige Familie Mascarenha de Fronteira den Besitz 1989 in eine Privatstiftung. Das hat den Nachteil zeitlich relativ eingeschränkter Besuchsmöglichkeiten, deswegen und auch wegen der Abgelegenheit sowie des relativ hohen Eintrittspreises wird der Palácio dos Marquêses de Fronteira relativ selten besucht.

> Largo de S. Domingos de Benfica 1, Tel. 217782023, Mo.–Fr. 14–16.30 Uhr (nur Garten, 5 €), Palastbesichtigung nur im Rahmen einer Führung möglich (nur um 11 Uhr und um 12 Uhr, 8,50 € inkl. Garten)

> **Anfahrt** per Metro (Jardim Zoológico) oder S-Bahn (Sete Rios), dort per Stadtbus 70

㉓ Campo Pequeno ★ [U11]

Der Campo Pequeno ist die **berühmteste Stierkampfarena des Landes**. Über anstehende Kämpfe informiert die Arena direkt (Tel. 217820575 und 217 932143 sowie unter http://ticketline. sapo.pt und www.viagogo.pt) oder auch die Touristeninformationen (s. S. 178). Die 1892 eröffnete Arena wurde mehrfach modernisiert und verfügt über ein Einkaufszentrum mit Supermarkt, Restaurantbetrieben und Fachgeschäften.

Architektonisch interessant sind die **orientalisch anmutenden Zwiebeltürme** der roten Backsteinarena. Das innere Rondell hat einen Durchmesser von 41 m, die Tribünen bieten 8500 Zuschauern Platz. Neben den traditionellen Stierkämpfen *(Touradas)* wird das Areal auch für Konzerte genutzt.

Im Untergeschoss findet man Gastronomiebetriebe, eine Kinowelt, Bars sowie ein Einkaufszentrum mit Supermarkt. Bildliche Eindrücke zeigt die offizielle Website www.campopequeno.com.

> Centro de Lazer de Campo Pequeno, 3. Piso, Metro: Campo Pequeno

㉔ Parque Eduardo VII ★★ [S16]

Diese zwar nicht sonderlich spektakuläre, aber großzügige Anlage **lädt zum Verweilen ein** und gestattet großartige Blicke über den Pr. M. de Pombal hinweg hinunter in die Baixa (Altstadt) bis auf den Tejo. Im oberen Bereich des Parks, an der Rua Fronteira, thront auf einer hübschen Anhöhe der **Justizpalast** (Palácio da Justiçia).

An der östlichen Parkseite steht der **Pavilhão Carlos Lopez**, ein mit herrlichen Azulejo-Motiven bestückter, kirchenähnlicher Gedenkbau an die brasilianische Epoche, an der Westseite des Parks liegt ein **kleiner botanischer Garten** mit Vogelvolieren, Gewächshaus und kleineren Insektarien („Estufa Fria", tgl. 9–17.30 Uhr, Eintritt 1 €, mit Lisboa-Card frei).

> Metro: Parque oder M. de Pombal

Der weitläufige Parque Eduardo VII ㉔ bietet eine spektakuläre Aussicht

Die nördlichen Bezirke

㉕ Die Avenida (da Liberdade) ★★ [U18]

Die wichtigste Hauptverkehrsader der Innenstadt erstreckt sich vom Pr. M. de Pombal bis zum Pr. dos Restauradores über etwa 1,5 km Länge bei knapp 100 m Breite. Ursprünglich im 18. Jh. ein lang gezogener Fußgängerpark an einem alten Bachbett, entstand im späten 19. Jh. eine Prachtstraße – analog zu jenen in vielen anderen Metropolen Europas – als Schauplatz von Militärparaden, Kundgebungen usw.

Hotels, Banken und Verwaltungsinstitutionen haben heute hier ihren Sitz. Wer bei der Touristeninformation (s. S. 178) beginnend bis zum Pr. M. de Pombal und auf der anderen Seite zurückgeht, entdeckt noch einige der klassischen, älteren Elemente aus den Anfängen der Avenida.

Am unteren Ende der Avenida kurz hinter der Touristeninformation im Palácio Foz stößt man auf das **Elevador da Glória** [U19/20] (vgl. „Verkehrsmittel"), das hinauf zum gleichnamigen Aussichtspunkt und in die Oberstadt Chiado führt. Ein Stückchen weiter folgen die **Wasserspiele Tejo und Douro** mit Figuren, die Wasser aus Gefäßen schütten – sie symbolisieren Portugals wichtigste Flüsse, den Tejo und den Douro bei Porto. Links hinter der Häuserfront wurde ein kleiner Park namens **Praça da Alegria** [U19] eingerichtet, der dem deutschstämmigen Komponisten, Autoren und Maler Alfredo Keil (1850–1907) gewidmet wurde. Von ihm stammt auch das 1911 zur Nationalhymne erkorene Lied „A Portuguêsa".

Es folgt das markante **Weltkriegsdenkmal Mortos da Grande Guerra**, das an die Gefallenen des Ersten Weltkriegs erinnert. Viele Straßen in Portugal tragen den Namen „Rua das Combatantes da Grande Guerra", womit nicht der Zweite Weltkrieg gemeint ist (Portugal blieb hierbei ein neutraler Staat), sondern der Erste. (Deutschland erklärte am 9. September 1916 Portugal den Krieg.) Auf

Der Marquês de Pombal

*Nach **jahrzehntelanger Misswirtschaft** unter dem absolutistischen João V. geriet Portugal in der ersten Hälfte des 18. Jh. trotz beachtlicher Erträge aus den brasilianischen Goldfördergebieten zunehmend in britische Abhängigkeit. Die mit dieser Misswirtschaft **wachsende Verarmung breiter Bevölkerungsschichten** ließ den Unmut der Landbevölkerung und des Kleinadels wachsen.*

*Einer der Unzufriedenen war der aus dem Lager des kleinen Landadels stammende Sebastião José de Carvalho e Mello Marquês de Pombal (1699-1782), kurz Marquês de Pombal genannt. Er, der **im Geiste der Aufklärung aufgewachsen** war, machte sich als kleiner Gesandter in Wien und London vor allem als Finanzreformator einen Namen. König José I. (1750-1777) erkannte das Talent de Pombals und betraute ihn 1750 mit dem Amt des Außenministers, 1756 machte er ihn gar zum Premierminister.*

*Hier legte de Pombal einen nahezu „**petrinischen Reformeifer**" (in Anlehnung an den russischen Zaren Peter den Großen) an den Tag und schien mit allem Alten brechen zu wollen: Bildungswesen, Wirtschaftssystem, Abschaffung der Sklaverei und Ordnung der Staatsfinanzen waren seine zentralen Themen. Dabei ließ er rigoros jeden aus dem Weg räumen, der ihn in seinem Reformeifer behinderte. Die Jesuiten, die wegen ihres Grundsatzzieles, den katholischen Glauben in die Welt zu tragen, im Portugal der Expansion mit offenen Armen aufgenommen worden waren, bekämpfte Pombal ebenso leidenschaftlich wie die überkommenen Privilegien des Kleinadels – dem er ja selbst entstammte.*

*Sein großes Verdienst war seinerzeit der **Wiederaufbau von Lissabon nach dem Erdbeben von 1755**, als er die Baixa (Unterstadt) in geraden und rechtwinkligen Straßen wiedererrichten ließ. Ähnlich ging er in Vila Real de Santo António an der Ostalgarve vor, das er nach einer Hochwasserkatastrophe auf schachbrettartigem Grundriss wieder aufbauen ließ. Das Schachbrettsystem erdachte der italienische Festungsbaumeister Francesco Laparelli (1521-1570), der von Papst Pius IV. 200 Jahre zuvor nach Malta entsandt worden war und dort Valetta als Grundmuster dieses Städtetyps entwarf.*

*Die politischen Ideen de Pombals hatten geringere Überlebenschancen: Unter Josés Nachfolgerin Maria I. wurden 1776 alle pombalischen Reformen revidiert und der Marquês in Pombal **unter Hausarrest gestellt**, wo er 1777 verstarb.*

der Höhe der Rua Rosa Araújo [T17/18] steht seit 1936 ein Denkmal zu Ehren des ehemaligen Lissabonner Bürgermeisters Rosa Araújo, der den Bau der Avenida seinerzeit initiierte.

Das obere Ende der Prachtstraße wird durch den großen Kreisel rund um das 36 m hohe **Denkmal zu Ehren des Marquês de Pombal**, flankiert von einem Löwen, markiert. Der Reformer und Städtebauer blickt Richtung Tejo auf die von ihm nach dem Erdbeben von 1755 wiedererrichtete Unterstadt Baixa (Exkurs Seite 58).

An der Ostseite der Avenida reihen sich zahlreiche **neoklassizistische Prachtbauten** aneinander, gleich am Kreisel liegt der Sitz der alteingesessenen Tageszeitung Diário de Notícias (Nr. 266). Weitere Prachtbauten sind das einstige Tivoli-Kino von Architekt R. Lino (Nr. 188), das 1936 von C. Branco entworfene Hotel Vitória (heute Sitz der Kommunistischen Partei Portugals, Nr. 170) sowie die Casa Lambertini (Nr. 166), die um die vorletzte Jahrhundertwende erbaut wurde.

In der Parallelstraße Rua das Portas de Santo Antão – heute eine der beliebtesten Kneipenstraßen Lissabons – fährt das 1884 in Betrieb genommene **Funicular Elevador da Lavra** [V19] gegenüber der Kapelle São José hinauf zur R. Camara. Oben liegt linker Hand in der Rua de Júlio de Andrade der **Jardim de Torel**, ein kleiner Stadtpark mit schönem Blick hinunter auf die Altstadt.

An die Gefallenen des Ersten Weltkrieges wird auch durch die Benennung der Straßen gedacht

Entlang der Avenida da Liberdade gibt es einiges zu entdecken

› Metro: Restauradores, Avenida und M. de Pombal, Busse: 22, 44, 45, 46, 48, 49, 91

Kulinarisches

Entlang der großen Hauptverkehrsadern nördlich der Altstadtviertel haben sich hauptsächlich Verwaltungszentren und Hotels angesiedelt, von einigen wenigen Snacklokalen und Bierbars abgesehen beschränkt sich das Restaurantangebot denn auch hauptsächlich auf den Hotels angeschlossene Restaurants im mittleren bis gehobenen Preissegment.

› **A Veranda** (s. S. 29), im Hotel Eduardo VII. Das Lokal bietet tolle portugiesisch-brasilianische Speisen, die Aussicht auf die Altstadt ist von hier aus besonders beeindruckend.

› **Buffet do Plaza** (s. S. 30). Das Restaurant im Hotel Lisboa Plaza serviert traditionelle portugiesische Küche, aber auch Speisen aus anderen mediterranen Ländern. Recht hohes Preisniveau.

› **La Caffé** (s. S. 30), Avenida da Liberdade 129, Tel. 213256736, Mo.-Sa. 12–15.30

Stadtspaziergang 4: Avenida

*Kein Besuch Lissabons wäre vollständig ohne eine unmittelbare Erfahrung der monumentalen Architektur des Bereiches zwischen dem Praça Marques de Pombal und dem Praça dos Restauradores und an den Seiten des Prachtboulevards Avenida da Liberdade. Von der **Metrostation Avenida** aus erreicht man nach Osten gehend die Nebenstraße Rua das Portas de Santo Antão. Tagsüber eher verschlafen erwacht diese kleine Straße erst gegen Abend und bietet mit zahllosen **Kneipen und Restaurantbetrieben** auch den Reisenden Speis' und Trank. Zum hügelseitigen Stadtteil Anjos führt der **Elevador do Lavra**, einer der Lissabonner Funiculare, hinauf. Oben angekommen wendet man sich nach links und geht in die Rua J. Andrade hinein zum **Jardim de Torel**, einem der feinen Aussichtspunkte über die Unterstadt. Nach diesem kleinen Abstecher geht es weiter die Rua das Por-*

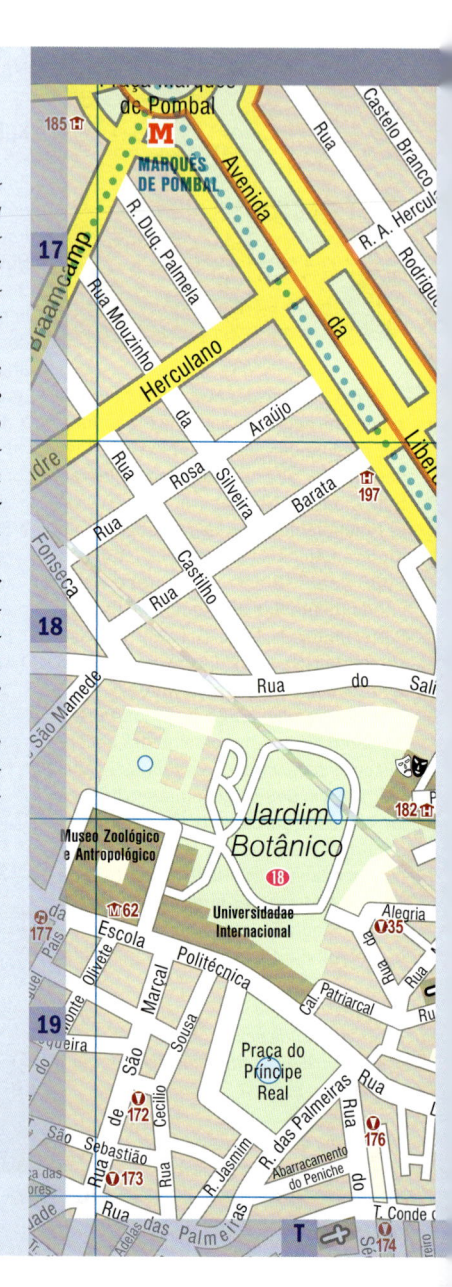

- ❶ [V19] Praça dos Restauradores S. 74
- ⓱ [U19] Miradouro São Pedro Alcântara S. 102
- ⓲ [T19] Jardim Botânico und Museu Nacional da Ciência S. 103

Alle weiteren Karteneinträge s. S. 249

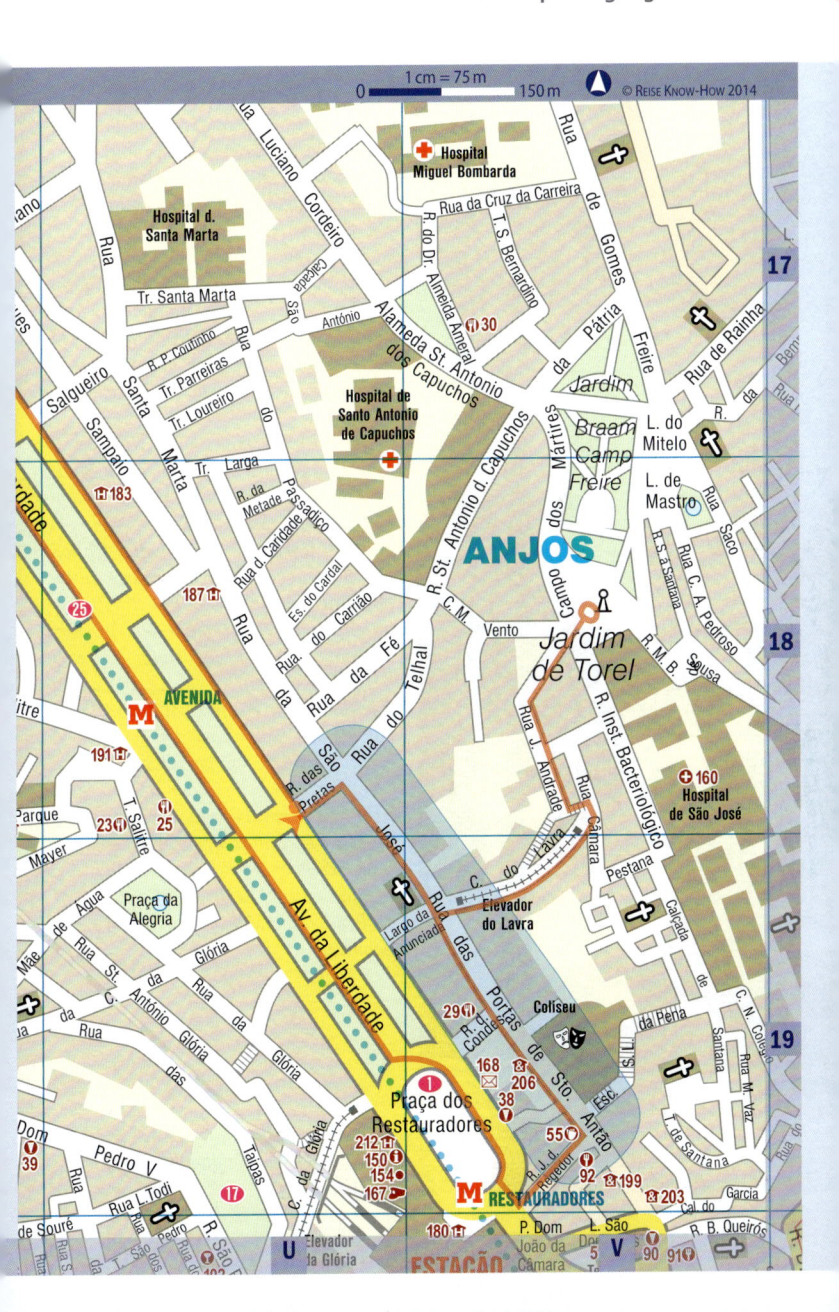

Lissabon entdecken 113
Stadtspaziergang 4: Avenida

Lissabon entdecken
Stadtspaziergang 4: Avenida

tas de Santo Antão entlang bis zum **Praça dos Restauradores** ❶ und dem zentrumsseitigen Ende der Avenida da Liberdade. Entlang der Avenida in nördliche Richtung sind zahlreiche interessante Punkte zu bestaunen, etwa der berühmte Bahnhof Rossio oder gleich darauf ein zweiter Funicular, der Elevador da Glória zum Aussichtspunkt Miradouro S. Pedro Alcântara mit einem herrlichen Ausblick über die Unterstadt (s. Stadtspaziergang 1).

Der Avenida immer nach Nordwesten folgend, passiert man zahlreiche Stadtpaläste sowie ein Denkmal zum Gedenken an die Opfer des Ersten Weltkrieges. Am Nordende der Avenida schließlich überragt die löwenbewehrte Statue des **Marquês de Pombal** (s. S. 110) den gleichnamigen Platz, einer der Verkehrsknotenpunkte der Innenstadt. Unmittelbar dahinter erstreckt sich der weitläufige Stadtpark Parque Eduardo VII mit der kleinen Sammlung der Estufa Fria. Auch hier gibt es einige schöne Möglichkeiten, zu verweilen oder den Ausblick über die Avenida und die Statue des Marques zu genießen. Abschließend folgt man der Avenida hinunter zurück zum Ausgangspunkt oder kann am Pr. M. de Pombal die Metro zu weiteren Zielen nehmen.

◁ *Monument für die Opfer des Ersten Weltkriegs (Avenida da Liberdade)*

Lissabon entdecken
Die nördlichen Bezirke

u. 19.30–23 Uhr. Ausgefallene Menüs in moderner Atmosphäre, z. B. Kartoffelgnocchi mit Shrimps und gerösteter Ananas oder Entenrisotto mit Spargel und Hüttenkäse.

› **Eleven** (s. S. 30), Rua M. de Fronteira, Jardim A. Rodrigues beim Parque Eduardo VII, Tel. 213862211, Sa. u. So. geschlossen. Ohne Zweifel ist das Eleven eine der herausragenden kulinarischen Stätten Lissabons. Der deutschstämmige Chefkoch Joachim Koerper zaubert im extravaganten Ambiente des künstlerisch grandios ausgestalteten Lokals exquisite mediterrane Menüfolgen. Der Chef de Cuisine garantiert nicht nur die Verwendung ausschließlich hochwertiger, lokaler Erzeugnisse, er verwaltet auch einen der besten Weinkeller Portugals. Ein solches Niveau hat natürlich seinen Preis: Mit rund 100 € p. P. muss man rechnen.

› **Velho Páteo de Sant'Ana** (s. S. 30), Rua Dr. A. Amaral 6, Tel. 213140063, geöffnet tgl. außer Mo. 19.30–1 Uhr. Das mehrfach prämierte Fado-Restaurant, eines der besten Lissabons, liegt etwas versteckt. Die vorzüglichen Komplettmenüs (Suppe, Fisch- oder Fleischgericht, Nachspeise, Getränke und Kaffee) des traditionellen Lokals mit urigem Charme kosten inkl. Fado-Vorstellung 50 €. Die Spezialität des Hauses sind die *Espetadas* – Minifleischspieße vom Grill. Eine Reservierung ist empfehlenswert.

› Wer etwas Einfaches sucht, findet in der Avenida F. Pereira de Melo auch eine Filiale von **Pizza Hut** (Metro: Picoas). Snacks, Sandwiches und Salate im Selfservice bietet – allerdings nur werktags – **Superfrutas Almeidas** (Av. António Augusto de Aguiar, gegenüber Metroausgang Parque).

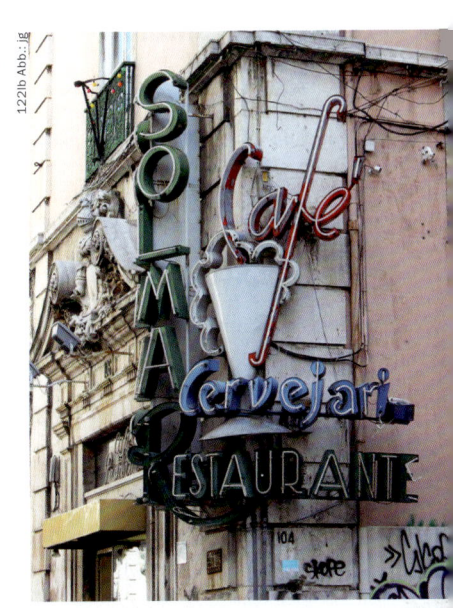

› *Am Ende der Avenida da Liberdade*

Lapa und Alcântara

Die beiden Viertel westlich der Altstadt werden auf dem Weg nach Belém von den meisten Besuchern nur durchfahren. Dies ist zum Teil verständlich, liegt hier doch einer der großen Hafenbereiche Lissabons, der sehr weitläufig und wenig attraktiv erscheint. Außerdem befinden sich die touristisch interessanten Punkte dieser Gegend nicht oder nur eingeschränkt in Laufnähe zueinander.

㉖ Museu Nacional de Arte Antiga ★★★ [Q22]

Das Museum der antiken Kunst zeigt neben einer umfangreichen und beeindruckenden Gemäldegalerie eine Sammlung ägyptischer, griechischer und römischer Skulpturen, Keramiken sowie ausgezeichnete Silber- und Goldschmiedearbeiten. Altes portugiesisches Mobiliar, Gobelins und indisch-portugiesisches Kunsthandwerk gehören ebenfalls zur Museumskollektion.

Im Rahmen des ausgeschilderten Rundgangs sind zunächst Möbel und Inneneinrichtungen aus dem 15. bis 17. Jh. zu sehen, daran schließt sich die alte **St.-Albert-Klosterkapelle** mit blau-weißen Azulejo-Bildern und Talha-Dourada-Verzierungen an. In ihrem Vorraum ist eine Krippenszene in portugiesischer Landschaft von Machado de Castro, der auch die Krippe in der Kathedrale ⑪ sowie die Statue von José I. auf dem Pr. Comércio ④ gestaltete, besonders bemerkenswert.

Der Hauptteil des Erdgeschosses beherbergt **europäische Malerei** des 14.–19. Jahrhunderts mit Werken u. a. von

Lissabon entdecken
Lapa und Alcântara

Albrecht Dürer, Lukas Cranach d. Ä., Hans Holbein d. Ä., Bassano, Pieter Brueghel d. J., van Dyck, Zurbaran und Courbet. Das Altarbild „Versuchung des heiligen Antonius" von Hieronymus Bosch gehört zu den berühmtesten Werken der Ausstellung. Aus der flämischen Schule stammt das Triptychon „Abstieg vom Kreuz" von Pieter van Aelst (16. Jh.). Daran schließt sich eine kleinere Sammlung europäischer Kunst aus dem 15.–19. Jh. (Teppiche, Fayencen, Möbel, Silber und Porzellan) an.

Im ersten Stock des Museums sind vorwiegend **indisch-portugiesische Stücke**, chinesische und japanische Fayencen aus dem 18. Jh. sowie Glasarbeiten und Keramik aus Portugal und China (16.–19. Jh.) ausgestellt. Einige der Silber- und Goldschmiedearbeiten datieren bis in das 12. Jh. zurück. Auch geschnitzte Elfenbeinschatullen aus Rhinozeroshorn aus dem 18. Jh. sowie fein gearbeitetes Teakholzmobiliar mit Elfenbeinintarsien aus dem 17. Jh. sind hier ausgestellt.

Eine kleinere Abteilung wurde der „**Namban-Kunst**" gewidmet. Sie leitet sich von der japanischen Bezeichnung *Nanbanjin* für die portugiesischen Fremdlinge ab und weist auf die Kontakte Portugals mit Japan zwischen 1543 und 1639 hin. Auf Wandschirmen und Lackarbeiten haben japanische Handwerker und Künstler die ersten Kontakte der Portugiesen mit Nippon festgehalten.

Die Ponte 25 de Abril ❷❾
überspannt den Tejo

Lapa und Alcântara

Die zweite Etage beherbergt **portugiesische Kunst** (Malereien und Skulpturen) vom 15. bis zum 19. Jh. (Kunstinteressierte finden Werke von 1850 bis 1950 im Museu do Chiado (s. S. 44), spätere Werke im Museu Calouste Gulbenkian [20]). Zu den bekanntesten Vertretern der hier ausgestellten Stücke gehören u. a. Frei Carlos und Cristovao de Figueiredo (16. Jh.), Francisco Vieira Portuense und Filipo Lobo (17. Jh.) sowie Domingos Antonio de Sequeira (18. Jh.).

Als herausragendstes Stück des Museums, für das ein eigener Raum abgetrennt wurde, gilt das 1910 restaurierte **Polyptychon „Veneração a São Vicente"** (Anbetung des hl. Vinzenz) des Vinzenz-Altars, das 1882 im Kloster São Vicente de Fora [7] gefunden wurde. Das genaue Entstehungsdatum wie auch der Künstler konnten bislang nicht eindeutig bestimmt werden, man geht gemeinhin davon aus, dass der Hofmaler Afonsos V., Nuno Gonçalves, das sechsteilige Altarbild in der zweiten Hälfte des 15. Jh. geschaffen hat. Das Polyptychon gilt als bedeutendes kulturhistorisches Dokument wegen der Vielzahl der abgebildeten Persönlichkeiten des 15. Jh., u. a. im dritten Teil von links König Afonso V. (kniend), darüber Dom Infante Henrique sowie daneben der hl. Vinzenz.

Das gesamte Anwesen wurde im späten 17. Jh. als Stadtpalast der Adelsfamilie Alvor erbaut, wobei auch eine Kapelle aus dem 16. Jh. integriert wurde. Die hölzernen Fensterläden des Palastes wurden jahrhundertelang stets grün gestrichen, was der Straße und dem Palast den Namen „Rua" bzw. „Casa das Janelas Verdes" („Straße/Haus der grünen Fenster") zutrug. Vom kleinen Park vor dem Eingang des Museums hat man einen hervorragenden Blick über die Hafenanlagen von Alcântara und den Tejo.

› Rua das Janelas Verdes 95, Mi.–So. 10–18 Uhr, Di. 14–18 Uhr, http://mnaa.imc-ip.pt, Eintritt 5 €, ermäßigt 3 €, Schüler (15–18 J.)/Senioren 2,50 €, Kinder 2 €, mit Lissabon-Card Eintritt frei

› Anfahrt: Tram 15 von/nach Belém oder Busse 14, 28 und 32 entlang der Avenida Quatra de Julho, die am Tejo-Ufer parallel zu den Straßenbahnschienen verläuft. Direkt vor das Museum fahren die Busse 60 (ab Pr. Martim Moniz und Pr. do Comércio), 713 (ab Pr. do Comércio) und 727 (ab Pr. M. de Pombal) vom/zum Zentrum.

[27] Docas de Santo Amaro ★★ [N24]

Die „Docas" spielen hauptsächlich abends und nachts eine Rolle (vgl. „Lissabon am Abend"), haben aber auch tagsüber ihr Publikum. Zum einen hat man von hier einen schönen Blick auf die große Brücke Ponte 25 de Abril, zum anderen bieten hier auch tagsüber **etliche Cafés und Restaurants** ihre Dienstleistungen an – die auch gerne angenommen werden, denn im Zentrum selbst gibt es keine Möglichkeit, so dicht am Flussufer zu sitzen. Und schließlich beginnt hier eine **schöne Uferpromenade**, die bis Belém führt.

› Anfahrt: Ab Cais do Sodré Tram 15 Richtung Belém bis Avenida Infante Santo fahren, hier gibt es dann einen Zugang zu den Docas via Unterführung (sieht alles ein wenig dubios aus, ist eben kein Nobelviertel!), einfacher: eine Station per S-Bahn ab Cais do Sodré (bis Alcântara-Mar) fahren, dann den Ausgang „Gare-Maritim" zu den roten Backsteinbauten.

Lissabon entdecken
Lapa und Alcântara

EXTRATIPPS

Docas bei Tag
Auch wenn der Bar-/Discobetrieb den Hauptteil der Docas ausmacht, so bieten sich doch auch schon tagsüber oder am früheren Abend einige Lokale für ein gepflegtes Essen an, allen voran das **Doca de Santo**, eine Dependance des República da Cerveja. Hier gibt es täglich wechselnde preiswerte Tagesmenüs, Komplettangebote für Gruppen und hervorragende portugiesische Küche à la carte. Später am Abend wird gelegentlich Livemusik/-entertainment geboten. Innen- und Außensitzgelegenheiten.
○105 [N24] **Doca de Santo**, Doca de Santo Amaro, Tel. 213963535

Fischgerichte genießen
Hauptsächlich über Mittag und in den (für hiesige Verhältnisse) früheren Abendstunden sollte man im **Doca Peixe** die landesweit gelobten Muschel- und Fischgerichte genießen. Nur wenige Fleischgerichte werden angeboten, dafür Meerestiere in zahlreichen Variationen von flambierten Shrimps bis zu kanadischem Hummer.
○302 [M24] **Doca Peixe** €€€, Doca de Santo Amaro, Tel. 213973565, geöffnet tgl. 12 Uhr bis Mitternacht

❷❽ Museu da Carris ★ [M24]

Carris, der bedeutendste Verkehrsbetreiber Lissabons, hat in einem ausgedienten Sammellager für Busse und Straßenbahnen ein **nicht unbedeutendes Verkehrsmuseum** aufgebaut. Anhand alter Uniformen, Karten, Bildern und restaurierter Originalfahrzeuge von den ersten pferdegezogenen Straßenwagen bis zu den auch aktuell verkehrenden Trams wird die Geschichte des Unternehmens gezeigt. Der Museumsbesuch umfasst auch eine kurze Fahrt auf dem Gelände mit einer historischen Straßenbahn.
› Zugang in der Rua 1. Maio, Tel. 213613087, http://museu.carris.pt, Mo.–Sa. 10–17 Uhr (So. geschlossen), Eintritt 3 €, Familienkarte 5 €, mit Lisbos-Card 30 % Nachlass, Tram 15 nach Belém, Haltestelle „Santo Amaro"

❷❾ Ponte 25 de Abril ★ [M26]

Eines der **Wahrzeichen Lissabons** kann man zwar nicht unmittelbar besichtigen, steht aber unübersehbar am westlichen Rand des Zentrums: die Brücke Ponte 25 de Abril. Bis in die 1960er-Jahre verkehrten ausschließlich Fahrzeugfähren über den Tejo, lediglich 30 km außerhalb der Stadt bei Vila Franca de Xira existierte seinerzeit eine Brücke.

Der Fluss verengt sich kurz vor dem Eintritt in den Atlantik an dieser Stelle noch einmal auf eine Breite von 2 km. Unter der Regierung Salazar wurde der Bau einer auf amerikanischen Plänen fußenden Stahlbetonbrücke mit 2,3 km Länge in Angriff genommen. Die Fahrbahn selbst (keine Fußgänger!) liegt 70 m über dem Meeresspiegel, die Fundamente über 80 m unter dem Meeresspiegel, die Höhe der beiden Stahlpfeiler beträgt 190 m.

Am 6. August 1966 als „Ponte de Salazar" eingeweiht, wurde die wichtige (mautpflichtige) Verkehrsader über den Tejo später **in Gedenken an die Nelkenrevolution am 25. April 1974** (s. S. 61) umbenannt. Eine Mautgebühr wird nur für Fahrzeuge verlangt, die in Süd-Nord-Richtung (stadteinwärts) unterwegs sind (Pkw 1,50 €).

Belém

Kein Besuch Lissabons wäre vollkommen, würde man auf einen Ausflug in den Stadtteil Belém (Bethlehem) mit seinen zahlreichen Monumenten und Museen von überragender Bedeutung verzichten. Bedingt durch seine nähere Lage zum Atlantik am Tejo-Ufer entstanden im Zuge der Entdeckungsreisen der portugiesischen Entdecker das berühmte Hieronymus-Kloster und zahlreiche weitere Prachtbauten. Im Lauf der Zeit nahmen hier viele Ämter und Funktionsträger ihren Sitz und ließen repräsentative Bauten errichten. Noch heute residiert der portugiesische Staatspräsident in Belém.

◰ *Direkt am Tejo und nicht zu übersehen: Padrão dos Descobrimentos* 35, *das Denkmal der portugiesischen Entdecker*

Zwei bis drei Museumsbesuche vorausgesetzt, sollte man durchaus einen ganzen Tag für Belém einplanen.

› **Anfahrt:** Belém ist am bequemsten ab Praça Figueira ❸, Praça Comércio ❹ oder Cais do Sodré ⓲ jeweils mit der Straßenbahn (Linie 15, Haltestelle: Mosteiro) zu erreichen, alternativ hält die S-Bahn der Cascais-Linie in Belém und schließlich pendelt Bus 727 zwischen Pr. M. de Pombal [T17] und Pr. A. de Albuquerque [H25] in Belém.

Orientierung

Die Tramlinie 15 hält unmittelbar zwischen Kloster ㉜ und dem Park Praça do Império ㉚ (Haltestelle: Mosteiro). Die Punkte am Flussufer zwischen Padrão dos Descobrimentos ㉟ und Torre de Belém ㊱ sind am besten durch einen Fußgängertunnel in Höhe des Padrão dos Descobrimentos oder über eine

Fußgängerbrücke über die vierspurige Straße zu erreichen. Alle Sehenswürdigkeiten in Belém kann man gut zu Fuß erkunden, zudem pendelt ab Praça do Império zwischen 10 und 18 Uhr etwa alle 30 Minuten eine **Minibahn** *(Comboio turistico)* zwischen den wichtigsten Sehenswürdigkeiten.

30 Praça do Império ★ [G25]

Der 1940 zur Weltausstellung angelegte „Reichsplatz" (Praça do Império) dient als **kleiner ufernaher Park** mit als Stadtwappen Portugals zugeschnittenen Hecken und einem ebenfalls mit Wappen verzierten Brunnen. Rastbänke laden zum Verweilen ein, sonntags findet an der Ostseite ein Flohmarkt statt.

31 Centro Cultural de Belém ★ [F25]

Unmittelbar westlich des Praça do Império wurde 1993 das Centro Cultural de Belém (Kulturzentrum) mit Sälen für nationale und internationale Konferenzen, Ausstellungen, Konzerte und Aufführungen sowie Geschäfte und Restaurants eröffnet. Anfangs nur als Sitz der portugiesischen EU-Ratspräsidentschaft konzipiert, stellt das nach Plänen von Vittorio Gregotti und Manuel Salgado errichtete Kulturzentrum auf einer Fläche von 97.000 m² heute den **Mittelpunkt des Lissabonner Kulturlebens** dar.

Jüngstes Prunkstück des modernen Komplexes ist das **Museu Colecção Berardo** (tgl. geöffnet, Eintritt frei), eine Sammlung moderner Kunst des portugiesischen Multimillionärs J. Berardo (Weinimperium Bacalhôa Vinhos) mit knapp 1000 Einzelstücken, darunter u. a. Picassos und Warhols. Eine weitere kleinere Dauerausstellung nennt sich **Museu do Design** (s. S. 44) mit Exponaten namhafter nationaler und internationaler Designer wie T. Taveira, Álvaro Vieira, P. Starck oder J. Morrison.

› Informationen zu allen aktuellen kulturellen Events sowie Eintrittskarten findet man unter www.ccb.pt (auch auf Englisch).

32 Mosteiro dos Jerónimos (Hieronymus-Kloster) ★★★ [G24]

Das Hieronymus-Kloster von Belém gilt als das vielleicht bedeutendste Bauwerk ganz Lissabons, in architektonischer Hinsicht als Paradebeispiel der Manuelinik und aufgrund der Museen im und am Klosterareal, wo unter anderem die Sarkophage von Königen, Entdeckern und Literaten aufgebahrt wurden. Das insgesamt 300 m breite imposante Gebäude liegt unmittelbar vor einem Park am Ufer des Tejo und zählt zu den Hauptattraktionen der portugiesischen Metropole.

Die tejoseitige **Südfassade der Igreja de Santa Maria** wird vom Südportal mit seinem reichhaltigen manuelinischem Dekor dominiert (vgl. Exkurs „Die portugiesische Manuelinik"), Portal und Balustrade entschärfen den strengen Eindruck der eigentlich recht kompakten Fassade.

> **KLEINE PAUSE**
>
> **Wein im Kulturzentrum**
>
> Weinliebhaber können im Centro Cultural 31 an einer **Weinprobe** lokaler und überregionaler Weine teilnehmen. Geöffnet ist das Zentrum tgl. 11–20 Uhr, Mo. und an Feiertagen geschlossen, Tel. 213642031, auch Weinzubehör und Delikatessenvertrieb.

Belém

Velha verantwortlich war. Zwischen den Türen sind als Wappentier des heiligen Hieronymus zwei Löwen dargestellt. Darüber thront Dom Infante Henrique (Heinrich der Seefahrer) als stilisierte Figur, unter dem Hauptbaldachin mit dem Christusritterkreuz hält ein Engel das königliche Wappen in Händen. Die Reliefs über den Türen beschreiben Szenen aus dem Leben des heiligen Hieronymus. Unter den 25 Figuren zwischen Pfeilern und Säulen sind u. a. die zwölf Apostel, portugiesische Könige und Königinnen sowie klerikale Würdenträger zu sehen.

Das deutlich **schlichtere Westportal** wurde von Nicolas Chanterene entworfen. Neben der Tür kniet links Manuel I. mit dem hl. Hieronymus, auf der rechten Seite sieht man seine Gattin Maria von Kastilien mit Johannes dem Täufer. Das reliefartig geschmückte Giebelfeld über dem Türsturz (Tympanon) zeigt die Geburt Christi, darunter zwei Engel mit dem portugiesischen Wappen und die Anbetung der Hirten.

Auch der achteckige Kuppelturm über dem Westportal wirkt durch die Verzierungen und die Weiterführung der acht Eckpfeiler in Spitztürme weniger massiv. Die Fensterverzierungen weisen klare, zurückhaltende manuelinische Stilelemente auf, die heutige Kuppel stammt nach mehrfachen Modifikationen aus dem 19. Jh.

Das **prächtige Südportal** stammt vom Architekten João de Castilho, der auch für das Portal der Igreja de Conceição

Das **dreischiffige Innere** misst vom Westportal zum Ende des Ostchores 92 m bei maximal 25 m Breite und einer einheitlichen Höhe von 25 m. Der auffällige, im Stil der späten Renaissance gehaltene Hauptchor kam erst 1571 hinzu. Einen schönen Überblick über den Kirchenraum gewinnt man von der über den Kreuzgang zu erreichenden Westempore mit dem holzgeschnitzten Renaissance-Chorgestühl der Mönche.

Über die vier durch ihre feine Ornamentik schmächtig wirkenden Säulen im Hauptschiff und zwei etwas stärkere Vierungssäulen erstreckt sich ein **gotisches Netzgewölbe**. Die früher einen zentralen Platz im Inneren einnehmende berühmte Monstranz von Belém (Gefäß zum

Der Haupteingang des Hieronymus-Klosters

Die portugiesische Manuelinik

*Im Grunde begann die Entwicklung dieser **eigenständigen, rein portugiesischen Stilrichtung** der Baukunst im Anschluss an die Spätgotik mit einem banalen Schwur: König Manuel I. (1495-1521, genannt „der Glückliche") versprach, in Belém ein außergewöhnliches Kloster errichten zu lassen, falls Vasco da Gama den Seeweg nach Indien entdecken sollte. Als der Seefahrer im Herbst 1498 tatsächlich reich beladen aus Calicut (Kalkutta) zurückkehrte, löste Manuel sein Versprechen umgehend ein und ließ mit dem Hieronymus-Kloster in Belém* 32 *das schönste Bauwerk der damaligen Zeit errichten - der clevere König Manuel hatte sich für sein Vorhaben bereits 1496 eine entsprechende Genehmigung bei Papst Alexander VI. eingeholt.*

127lb Abb.: jg

*Der **nach Manuel benannte Stil** ist dekorativ im Sinne der Spätgotik und verbindet die in Flamboyant-, Mudéjar- und Platereskenstil geprägten Formen mit Elementen nautischen, maritimen und exotischen Ursprungs (Anker, Muscheln usw.).*

*Der geradezu überladen-verspielt wirkende Baustil ist **von verschiedenen historischen Umständen beeinflusst worden.** Erstens bewirkte der Erfolg da Gamas und die damit errungene Vorherrschaft Portugals in Europa und der Welt einen unbändigen Optimismus und Stolz aller Portugiesen, unmittelbar einhergehend mit Berichten über vollkommen Fremdes, Unbekanntes und Schönes, ja Märchenhaftes. Zweitens hatte sich der Hofbaumeister Manuels, Diogo de Francisco de Arruda, lange in Marokko aufgehalten und war daher teilweise auch von der arabischen Bautradition beeinflusst worden. Und schließlich darf mit hoher Wahrscheinlichkeit davon ausgegangen werden, dass Manuel einiges Gedankengut des Templerordens (u. a. Kulturoffenheit), dessen portugiesischem Zweig er als Großmeister vorstand (s. S. 56), in die Geisteshaltung am Hof einbrachte, was letztlich auch seinen Ausdruck in der Architektur fand. Wichtigste Bauwerke waren dabei das Mosteiro dos Jerónimos* 32 *und der Torre de Belém* 36.

*Die vielen Schnörkel und Verzierungen im Hieronymus-Kloster waren eine Wiedergabe des Erlebten, regten die Fantasie an und luden geradezu dazu ein, die Gedanken schweifen zu lassen, statt der traditionellen kontemplativen Meditation ohne jede Ablenkung nachzugehen. Die Manuelinik ist insgesamt **ein Ausdruck von Optimismus, der Wertschätzung des Schönen und des Prinzips der Weltoffenheit,** im Ergebnis eine Mischung unterschiedlicher Geisteshaltungen und Einflüsse der Spätgotik bzw. der Frührenaissance.*

Manuel I., der sich in all seinen Bauwerken mit den Initialen „MR", (lat. Manuel Rex, „König Manuel") verewigen ließ, war zudem der Initiator der typisch portugiesischen Azulejo-Kunst.

Zeigen der geweihten Hostie), ein Werk des Goldschmieds Gil Vicente, ist heute im Museu Nacional de Arte Antiga ❷❻ zu sehen.

Unübersehbar sind die **Sarkophage einiger bedeutender Persönlichkeiten der portugiesischen Geschichte**, rechts vom Haupteingang etwa der Kenotaph (= leeres, symbolisches Grab) des Dichters Luís Vaz de Camões (s. S. 98), links jener für Vasco da Gama. Beide Grabmäler entstanden Ende des 19. Jh. während der Wiederentdeckung der goldenen Ära Portugals, was sich in der Einarbeitung vieler Details aus jener Zeit (portugiesisches Wappen, Christusritterkreuz, Armillarsphäre und eine Karavelle) zeigt.

Abgesetzt – und vergleichsweise beengt – befinden sich im Querschiff die Sarkophage diverser **Mitglieder des einstigen Königshauses**, u. a. der Kenotaph des Königs Sebastião oder die von Elefanten getragenen Grabmäler von Manuel I. und seiner Frau Maria. Rechts im Querschiff ruhen Jojo III. und seine Frau Catarina, die nach dem Ableben König Manuels die Fertigstellung des Klosters überwachten.

Den in reinster Manuelinik von Diogo de Boytaca (unten) und Jojo de Castilho (oben) ausgestalteten **zweistöckigen Kreuzgang** *(Claustro)* erreicht man vom Westportal aus. Der quadratische Kreuzhof – früher ein kleiner Teich, heute als Gärtchen angelegt – wird von zweistöckigen Kreuzgangarkaden mit jeweils 55 m Länge umgeben. Auch hier kann der aufmerksame Betrachter Armillarsphären, Christusritterkreuz, Königswappen und stilisierte Pflanzen aus Übersee als **Symbol der Entdeckungsreisen** finden. In der Nordwestecke befindet sich der Löwenbrunnen mit dem Wappentier des heiligen Hieronymus, in der Mitte der nördlichen Kreuzgangarkade wurde im späten 20. Jh. ein Grabgedenkstein für Fernando Pessoa (s. S. 42) hinzugefügt. Auch weiteren Dichtern wurde die Ehre der Verewigung in Belém zuteil, etwa dem Dichter und Geschichtsschreiber Alexandre Herculano (1810–1877), der im ehemaligen Kapitelsaal in der Nordostecke des Kreuzgangs beigesetzt wurde. Im ehemaligen Mönchsspeisesaal (Refektorium) lohnt ein Blick auf die **feinen Fliesenwandverkleidungen** aus dem 17. Jahrhundert.

› Largo dos Jerónimos 1, tgl. 10–17 Uhr (außer Mo. und an Feiertagen), im Sommer 10–18 Uhr, Eintritt 7 €, Personen bis 25/ über 65 Jahre 4 €, mit Lissabon-Card, für Kinder bis 14 Jahre und generell So. bis 14 Uhr Eintritt frei, Kirchenbesuch kostenlos, www.mosteirojeronimos.pt

❸❸ Museu Nacional de Arqueológia ★★ [F25]

Der fast 200 m lange Klosteranbau westlich der Igreja de Santa Maria wurde nie gänzlich fertiggestellt und **diente den Mönchen ursprünglich als Schlafraum**. Nach Auflösung des Klosters 1834 firmierte der Trakt zunächst als das Waisenhaus „Casa Pia" für annähernd 1000 elternlose Kinder der Hauptstadt, nach einer umfassenden Restaurierung (1893) wurde hier das Nationalmuseum für Archäologie ins Leben gerufen.

Die Ausstellungen sind in mehrere Abschnitte gegliedert, darunter permanente Abschnitte der frühesten Epochen mit Schmuckstücken aus der Bronzezeit, der Zeit der Römer und der Völkerwanderung sowie eine kleine Kollektion ägyptischer Exponate. Umfangreicher sind die in unregelmäßigen Abständen komplett ausgetauschten **Wechselausstellungen** mit Exponaten aus der reichhaltigen Geschichte des Landes.

› Pr. do Império, Tel. 213620000, Di.–So. 10–18 Uhr, Eintritt 5 €, Personen bis 25/über 65 Jahre 2,50 €, mit Lissabon-Card, für Kinder bis 14 Jahre und generell So. bis 14 Uhr Eintritt frei, www.museuarqueologia.pt

34 Museu da Marinha ★★ [F25]

Ganz am Westrand des ehemaligen Klosterareals, wo ursprünglich die Klosterbibliothek untergebracht war, ließ König Luis I. bereits 1863 das nationale Museu da Marinha (Museum zur Seefahrtsgeschichte) einrichten. Es wurde später mehrfach erweitert, unter anderem 1962 durch einen neueren Bau gegenüber der alten Klosteranlage. Ausgestellt sind im Wesentlichen **Repliken historischer Gemälde und Artefakte aus Portugals Militär- und Kolonialgeschichte** einschließlich des 20. Jh.

Die sehr interessante Ausstellung wird ergänzt durch einige Originale (insbesondere alte Seekarten), Navigationsgeräte, Waffen, Porträts und Büsten herausragender Persönlichkeiten des Landes. Hier sieht man auch Nachbildungen jener **mit dem Christusritterkreuz versehenen Steinsäulen** *(Padrões)*, welche die Portugiesen auf ihren Entdeckungsfahrten überall dort aufstellten, wo sie an Land gingen. Im Neubau des Museums findet man zudem originale Galeeren aus dem 18. und 19. Jh. sowie jenes mit Christusritterkreuzen verzierte Wasserflugzeug „Santa Cruz", mit dem Cabral und Coutinho 1922 auf der Route Lissabon – Rio de Janeiro den Atlantik überquerten.

› Praça do Império, Tel. 213620019, http://museu.marinha.pt, Di.–So. 10–17 Uhr, Sommer bis 18 Uhr, Eintritt 5 €, Lissabon-Card 3,50 €, Kinder 2,50 €, Familienkarten 10–12,50 €, So. 10–13 Uhr Eintritt frei

› Planetário: tgl. 11–16 Uhr, Eintritt 4 €, ermäßigt 2,50 €, www.planetario.online.pt

35 Padrão dos Descobrimentos ★★ [G26]

Durchquert man den parkähnlichen Praça do Império 30 Richtung Tejo, fällt ein seltsam anmutendes Denkmal ins Auge, das Padrão dos Descobrimentos („Denkmal der Entdeckungen"). Es ist aus Beton gegossen, wirkt hypermodern bis sozialistisch-monumental und soll **das Zeitalter der Entdeckungen symbolisieren.**

Auf dem Bug eines Schiffes, einer Karavelle aus dem Zeitalter der Entdeckungen nachempfunden, halten Dom Infante Henrique (Heinrich der Seefahrer), König Manuel I., Luís de Camões und weitere Vorreiter der großen Epoche Portugals sehnsüchtig über den Tejo hinweg Ausschau nach neuen Eroberungen. Dabei erinnern die hehren Herrschaften in

> **EXTRATIPP**
> **Planetário Gulbenkian [F25]**
> Unmittelbar hinter der Klosteranlage zwischen dem Westflügel des Klosters und dem Neubau des Marinemuseums 34 wurde 1964 das moderne Planetarium mit einem Kuppeldurchmesser von 23 m erbaut. Wechselausstellungen zur Planetarforschung sowie diverse Multimediavorträge (auch auf Englisch, Spanisch und Französisch) im 330 Plätze fassenden Auditorium stehen auf dem Programm.

Belém

> **EXTRATIPP**
>
> Die großen Sehenswürdigkeiten von Belém einzeln zu besuchen, kann ziemlich ins Geld gehen. Gerade für eine Erkundung Beléms sollte man die Anschaffung der **Lisboa-Card** (s. S. 207) erwägen. Alternativ werden **Kombi-Eintrittskarten** für Belém, gültig für Museu Nacional dos Coches, Museu Nacional de Arqueológia ㉝, Museu Nacional de Etnologia und Palácio Nacional da Ajuda ㊳, zu 12 € an den jeweiligen Tageskassen angeboten.
>
> Eine weitere **Kombi-Möglichkeit** besteht aus Hieronymos-Kloster ㉜, Torre de Belém ㊱ und Palácio Nacional da Ajuda ㊳ zu 13 €. Auch auf den **Lissabonner Museums-Pass** (s. S. 45) sei an dieser Stelle noch einmal hingewiesen, Infos unter www.ipmuseus.pt.

ihrer Aufstellung allerdings ein wenig an die Bremer Stadtmusikanten ...

Diktator Salazar ließ das Denkmal 1960 anlässlich des 500. Todestages des Infanten Henrique errichten. Der Besuch der **Aussichtsplattform** lohnt sich, denn von hier hat man einen wunderbaren Blick auf Kloster ㉜, Tejo, Ponte 25 de Abril ㉙ und Cristo-Rei-Statue ㊹.

› Aussichtsturm und Auditorium im Inneren Di.–So. 10–18 Uhr (Juli/August 10–19 Uhr), Eintritt 3 €, Studenten und Rentner 2 €, Familienkarte (2+2) 8 €, mit Lissabon-Card und für Kinder bis 12 Jahre Eintritt frei, Tel. 213031950

› *Der Padrão dos Descobrimentos* ㉟

㊱ Torre de Belém ★★★ [D26]

Etwa 300 m hinter dem Museum ragt ein weiteres Paradebeispiel der späten Manuelinik aus dem Tejo hervor: der Torre de Belém („Turm von Bethlehem"). Er wurde 1515–1521 mitten in den Fluss gebaut und diente als kanonenbewehrte Verteidigungsanlage der Tejo-Mündung, von den Spaniern wurde er ab 1580 als Kerker benutzt.

Im frühen 19. Jh. von Napoleon Bonaparte zerstört, wurde der Torre de Belém 1846 in seiner jetzigen Form rekonstruiert. Der Torre de Belém, der 1983 als **UNESCO-Weltkulturerbe** klassifiziert wurde, ist heute eines der berühmtesten Bauwerke und damit **Wahrzeichen Lissabons**. Auch in der Geschichte Portugals spielt der Turm eine besondere Rolle: Mit seiner Eroberung (1580) durch die

Stadtspaziergang 5: Belém

*Auch Kurzurlaubern mit vergleichsweise wenig Zeit sei ein Besuch von Belém wärmstens ans Herz gelegt. Einige der bedeutendsten kulturhistorischen Monumente, die in einem mittelbaren oder unmittelbaren Zusammenhang mit dem Zeitalter der portugiesischen Entdeckungsreisen stehen, warten auf den interessierten Reisenden. Ausgangspunkt ist der **Praça do Império** ❸⓪ mit seinen nachts beleuchteten Brunnenfontänen gegenüber vom **Hieronymus-Kloster** ❸②. Daran schließt sich unmittelbar das Areal des Kulturzentrums (**Centro Cultural** ❸①) mit der hier ausgestellten Berardo-Sammlung an. Durch eine Fußgängerunterführung gelangt man ans Tejoufer mit dem berühmten Padrão dos Descobrimentos ❸⑤, dem Denkmal der Entdecker mit Prinz Henrique an der Spitze und der gigantischen Windrose vor der Anlage. Von hier aus erstreckt sich der Weg am Ufer entlang, vorbei am Museu de Arte Popular, bis zum **Torre de Belém** ❸⑥, einem der beliebtesten Fotomotive Lissabons. Hinter dem Turm mit seiner kleinen Grünanlage mögen militärisch Interessierte einen Blick ins Militärmuseum des Forte de Bom Sucesso sowie den benachbarten Märtyrerschrein werfen.*

*Nach diesen beeindruckenden Monumenten am Flussufer kann man nun landseitig der Avenida da India, besser (und schöner) aber denselben Weg über das Kulturzentrum zurück gehen. Jetzt kann man das vielleicht bedeutendste manuelinische Bauwerk Lissabons - wenn nicht des ganzen Landes - besuchen: das Hieronymus-Kloster ❸② mit dem benachbarten Marinemuseum (**Museu da Marinha** ❸④) sowie dem archäologischen Museum (**Museu Nacional de Arqueológia** ❸③).*

Im Anschluss an diese sicherlich famosen Eindrücke bietet sich eine Rast entweder im Restaurant des Kulturzentrums oder in einer der kleinen Caféterias entlang der Rua de Belém an.

*So gestärkt erreicht man ein Stück weiter östlich den **Praça Alfonso de Albuquerque**, der einem der großen Eroberer Portugals gewidmet ist. Direkt gegenüber bietet sich ein Abstecher ins **Museu dos Coches**, dem nationalen Kutschenmuseum, an. Auf den Staatspalast des Präsidenten, den **Palácio Nacional de Belém** ❸⑦ an der Ecke der Rua de Belém zur Calçada da Ajuda, wird der Besucher nur einen Blick von außen werfen können. Hier folgt man der Ajuda, entlang des schönen Jardim do Ultramar linker Hand, 500 m hinauf und biegt links hinein in die Rua Almeida, sofort rechts in die Amorim und dann wieder links in die Castilho hinein bis zur Travessa da Memoria mit der gleichnamigen Kirche. Anschließend geht die Travessa da Memoria weiter bis zur Travessa Paolo Martins (rechts) und die Ajuda dann weiter hinauf zum botanischen Garten sowie dem sehenswerten **Palácio da Ajuda** ❸⑧, dem Schlusspunkt dieses Belém-Rundganges. Von hier aus kann man abschließend bequem mit der Tram 18E zurück ins Zentrum (Cais do Sodré) fahren oder aber ab Kloster den Bus 727 zum Pr. M. de Pombal nehmen.*

Lissabon entdecken
Stadtspaziergang 5: Belém

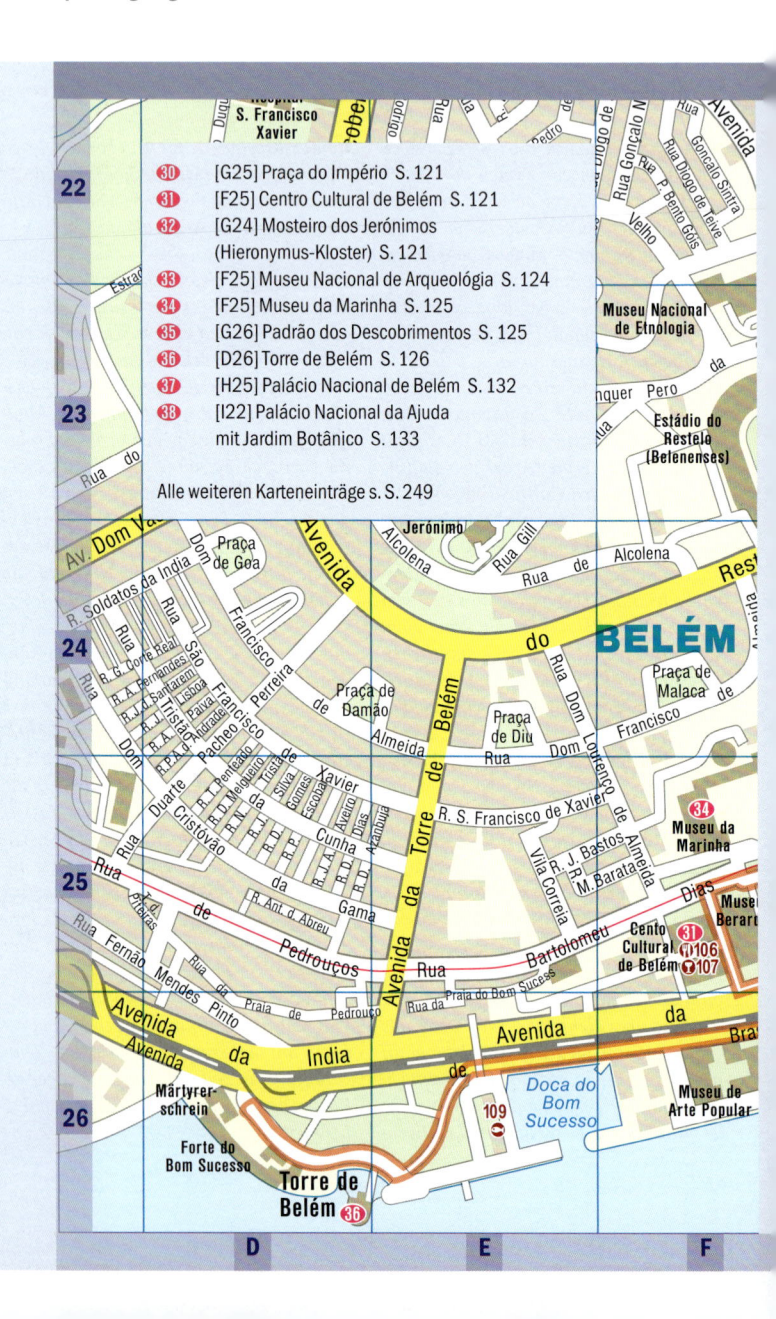

30 [G25] Praça do Império S. 121
31 [F25] Centro Cultural de Belém S. 121
32 [G24] Mosteiro dos Jerónimos (Hieronymus-Kloster) S. 121
33 [F25] Museu Nacional de Arqueológia S. 124
34 [F25] Museu da Marinha S. 125
35 [G26] Padrão dos Descobrimentos S. 125
36 [D26] Torre de Belém S. 126
37 [H25] Palácio Nacional de Belém S. 132
38 [I22] Palácio Nacional da Ajuda mit Jardim Botânico S. 133

Alle weiteren Karteneinträge s. S. 249

Lissabon entdecken

Stadtspaziergang 5: Belém

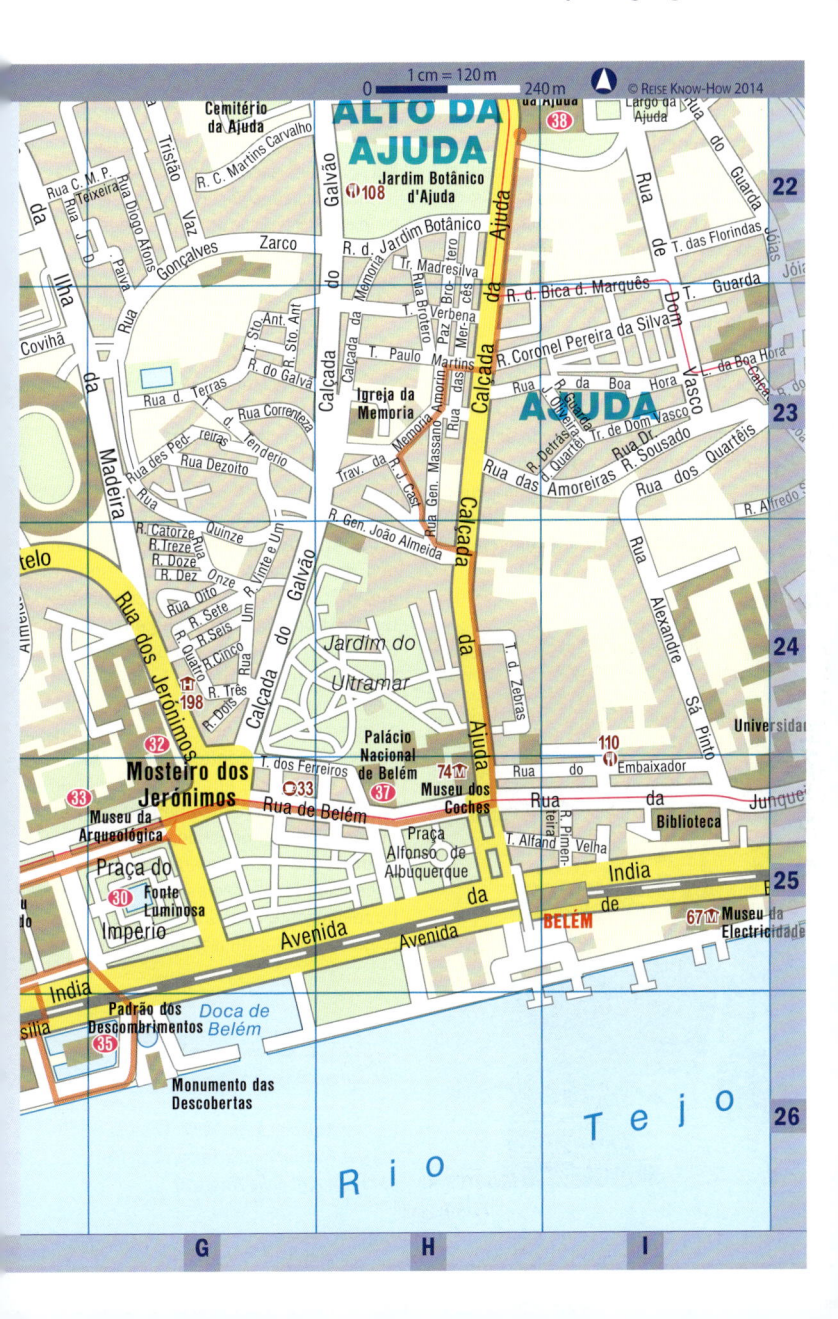

Belém

Spanier begann die 60 Jahre andauernde spanische Fremdherrschaft über Portugal. Ursprünglich als Leuchtturm und Verteidigungsfestung für den Hafen von Restelo konzipiert, ließ König Manuel I. den Turm 1515 auf einer damals dem Ufer vorgelagerten Insel errichten. Durch die **Verschiebung des Flusses** (Aufschüttung, Erdbebenschutt) ist der Turm mittlerweile vom Ufer aus zugänglich, ein Steg führt über ein Wasserbecken zum Turmeingang. Verantwortlicher Baumeister war Francisco de Arruda, der zu den bekanntesten Architekten der Manuelinik gehörte. Sein Stil war von seinem älteren Bruder Diogo de Arruda und seinen Aufenthalten in Nordafrika geprägt, was sich beim Torre de Belém auch in der **Einbeziehung maurischer Elemente** zeigt.

> **EXTRATIPP**
>
> **Professionell geführte Stadttouren**
>
> Wer unter der Anleitung eines ortsansässigen Reiseleiters eine geführte Stadttour durch Lissabon zu Fuß unternehmen möchte, kann sechs verschiedene 2-3-stündige Rundgänge mit der **Fa. Lisbon Walks** unternehmen. Treffpunkt (keine Vorabbuchung notwendig, einfach hingehen und orangefarbenen Rucksack suchen) ist der Pr. Do Comércio gegenüber der Touristeninformation tgl. 10 Uhr, das Ticket kostet 15 € (12-26 J. und Senioren 10 €, unter 12 J. frei). Tel. 218861840, www.lisbonwalker.com.

Die Anlage besteht im Wesentlichen aus einem **vierstöckigen Turm** und einer in Form eines Schiffsbugs gestalteten **Bastion auf sechseckigem Grundriss**. Die Hauptfassade der Bastion ist zur Seeseite hin ausgerichtet, in die Mauern sind Schießscharten eingelassen. Miniaturtürme mit Kuppeldach nach maurischem Vorbild *(Vedette)* an den Außenseiten sowie aus aneinandergereihten Wappen bestehende Zinnen prägen das äußere Erscheinungsbild, auch die Balustrade des Turmumgangs besteht aus nebeneinander eingelassenen Wappen. Doppelbogenfenster und eine aus sieben Bögen geformte flussseitige Loggia wei-

▷ *Das Wahrzeichen der Stadt: der Torre de Belém*

◁ *Der Aufstieg lohnt sich: Von der oberen Plattform des Torre de Belém hat man eine tolle Aussicht*

Lissabon entdecken
Belém

sen venezianische Züge auf. Auf der Bastionsfläche diente früher ein Leuchtfeuer **als Warnhinweis für den Schiffsverkehr**, heute findet man hier unter einem Baldachin die gotische Marienstatue „Nossa Senhora do Bom Sucesso" (Unsere Mutter des guten Erfolgs).

Manuelinische Ornamente finden sich überall. Neben den zahlreichen Wappen stößt man auf mit Christusritterkreuzen verzierte kleine Balkone, an der Hauptfassade prangt das portugiesische Wappen mit Krone und Armillarsphären. Spitzen, Verzierungen und sich um den Turm ziehende steinerne Taue sind weitere unverkennbare Elemente der manuelinischen Ornamentik.

Die Turmkonsolen sind mit **exotischen Tierköpfen** versehen (Löwen, Widder, Delfine und Nashorn), wobei der am landseitigen Westturm angebrachte Nashornkopf an ein Geschenk an Manuel I. aus Indien erinnert. Es soll sich um das **erste urkundlich belegbare Nashorn in Europa** gehandelt haben, das sich sogar in einer berühmten Holzschnitzarbeit Albrecht Dürers wiederfindet. Das Nashorn erlitt übrigens ein trauriges Ende: Es sollte als Geschenk an Papst Leo X. nach Italien verschifft werden, das Schiff sank jedoch vor der italienischen Küste.

Das **Innere der Turmanlage** nimmt sich dagegen **eher schlicht** aus. Im Erdgeschoss befanden sich die Lagerräume für Waffen und Lebensmittel, in den oberen Etagen der Gouverneursraum – ein dem Monarchen vorbehaltener Raum –, ein Audienzsaal sowie eine kleine Kapelle. Von der **oberen Turmplattform** kann man einen herrlichen Blick über den Tejo

Lissabon entdecken
Belém

Das Militärmuseum

Der Märtyrerschrein

fast bis zum Atlantik und landeinwärts (zumindest bei klarer Sicht) auf das Hügelland von Sintra mit dem Palácio da Pena (s. S. 161) genießen.

Ganz unten und durch schwere Gitterluken gesichert richteten die Spanier ein **Verlies** ein. Hier stand bei Flut den Gefangenen das Wasser im wahrsten Sinne des Wortes (beinahe) bis zum Hals.

› Okt.–April Di.–So. 10–17 Uhr, Mai–Sept. Di.–So. 10–18.30 Uhr, Eintritt 5 €, Personen bis 25 und ab 65 Jahren 3 €, Kinder bis 14 Jahre und mit Lissabon-Card Eintritt frei

50 m hinter dem Torre de Belém wurde das kleine **Militärmuseum Forte de Bom Sucesso/Museu do Combatante** eröffnet. Zu sehen sind Uniformen, Waffen, Geräte und Bildausstellungen zu Friedensmissionen Portugals usw.

› im Sommer 9.30–18 Uhr, im Winter 9.30–17 Uhr, Eintritt 2,50 €, Tel. 213017225

Direkt nebenan liegt ein mit Ehrenwachen ausgestatteter **Märtyrerschrein** der im Dienst des klerikal-faschistischen Salazar-Regimes zwischen 1958 und 1974 rund 10.000 gefallenen Soldaten.

㊲ Palácio Nacional de Belém ★★ [H25]

Gegenüber dem Praça Afonso de Albuquerque [H25] erstreckt sich ein **prächtiger Gebäudekomplex**: der wegen seiner **rosafarbenen Fassade** im Volksmund auch „Palácio Corde Rosa" genannte Palácio Nacional (Nationalpalast).

1559 von der gräflichen Familie Aveiro gebaut, erwarb ihn 1726 João V. als königliches Quartier in Belém. Er ließ zahlreiche Erweiterungen vornehmen und einen weitläufigen Garten anlegen. Dies

Belém

> **EXTRATIPP**
>
> **Historische Häuserzeile**
> Zwischen dem Praça do Império und dem Praça Afonso de Albuquerque sieht man am Rand einer großen Rasenfläche an der Rua Vieira Portuense einige **schmale Häuser mit auffallend bunten Fassaden**, die größtenteils noch aus dem 16. oder 17. Jahrhundert stammen. Hierbei handelt es sich um bemerkenswerte ehemalige Bürgerhäuser aus der Gründungszeit Beléms.

sollte sich als Glücksgriff erweisen, da während der Regentschaft von José I. am 1. November 1755 der eigentliche Stadtpalast am Terreiro do Paço (nahe Praça Comércio ❹) während des großen Erdbebens (Exkurs s. S. 58) vollständig zerstört wurde. Die heutige Anlage geht auf das späte 19./frühe 20. Jh. zurück, heute ist der Palácio **ständiger Sitz des portugiesischen Staatspräsidenten.**

Der Palast selbst ist für die Öffentlichkeit zugänglich, die Posten im klassischen Wachhäuschen davor sind recht fotogen.

› Calçada da Ajuda 11, www.presidencia.pt, geöffnet: 9–19 Uhr (Infos zum Komplex und der Arbeit des portugiesischen Präsidenten, auch auf Englisch)

Zur Palastanlage gehörte ursprünglich auch eine sich über rund 7 ha erstreckende Grünfläche, die 1912 als eigenständiger **tropischer Garten** unter der Bezeichnung **Jardim do Ultramar** („Übersee-Garten") angelegt wurde. Hunderte unterschiedlicher Exemplare der exotischen Fauna gedeihen noch heute in dieser Oase der Stille direkt hinter dem Palácio.

› Zugang vom Largo dos Jeronimos, Di.–So. 10–17 Uhr, Eintritt frei

Ebenfalls zum Palastareal gehörte ursprünglich am Südostrand der abgesetzte königliche Marstall (Reithalle und Stallungen), der heute das **Museu Nacional dos Coches** (s. S. 45) beherbergt. Königin Amélia hatte 1905 die Idee, diverse prächtige Pferdekutschen auszustellen. Im Laufe der Jahre konnten 54 höchst unterschiedliche Paradekutschen aus dem 16. bis 19. Jh. zusammengetragen werden. Im Freigang des Obergeschosses sind außerdem Bilder und Gebrauchsgegenstände zur Reiterei und zum Stierkampf zu sehen.

› Di.–So. 10–18 Uhr, Eintritt 5 €, bis 25/ab 65 Jahre 3 €, sonn- und feiertags sowie für Kinder bis 12 Jahre und für Lissabon-Card-Besitzer Eintritt frei

㊳ Palácio Nacional da Ajuda mit Jardim Botânico ★★ [122]

Als eigentlicher Ersatz für die beim Erdbeben 1755 zerstörte königliche Residenz am Terreiro do Paço (nahe Praça Comércio ❹) wurde in den Folgejahren der Palácio Nacional da Ajuda erbaut. Zunächst eine reine Holzkonstruktion, brannte dieser 1754 vollständig ab und wurde ab 1802 nach Plänen des italienischen Palastbaumeisters Fabri neu konstruiert, jedoch **nie gänzlich fertiggestellt.**

Als permanente Residenz wurde das Bauwerk dann lediglich in der zweiten Hälfte des 19. Jahrhunderts von König Luís I. und seiner Gattin Maria von Savoyen genutzt, ansonsten diente es diversen administrativen Einheiten als Arbeitskomplex.

Afonso de Albuquerque

Im Zentrum des kleinen quadratisch angelegten Parks Praça Afonso de Albuquerque [H25], gegenüber dem Palácio Nacional, steht eine knapp 4 m hohe Bronzestatue **eines der bekanntesten Portugiesen aus dem „Goldenen Zeitalter":** Afonso de Albuquerque (* 1453 in Alhandra bei Lissabon, † 16. Dezember 1515 vor Goa/Indien). Der aus dem Hochadel stammende, mal „Afonso der Große", mal „Leão dos Mares" („Löwe der Meere") genannte Albuquerque wuchs am Königshof auf und beteiligte sich an Kriegen gegen Kastilien (1476), die Türken (1481) und am Feldzug in Marokko (1489-1495).

Seinen **politischen Zenit** erreichte Albuquerque ab 1503 mit seiner **ersten Indienreise.** Er reiste zum indischen Subkontinent mit dem Auftrag, die portugiesische Präsenz in Indien zu stärken, was ihm durch Gefechte, Festungsbauten und die Errichtung von Handelsstützpunkten (Cochin, Calicut, Quilon) hervorragend gelang. Mitte 1504 kehrte Albuquerque mit reicher Gewürzfracht nach Portugal zurück. Zudem sorgte er auch für eine exotische Ausstattung des Privatzoos von König Manuel I., unter anderem mit einem Rhinozeros aus Indien (das auch als Skulptur beim Turm von Belém ㊱ verewigt wurde).

Für seine militärischen Verdienste wurde Afonso von Johann II. zum Mitglied seiner persönlichen Leibgarde ernannt und mit dem Ehrentitel eines „Obersten Stallmeisters" des königlichen Hofes ausgezeichnet. Mit seiner Tätigkeit **schuf Afonso die Basis für die nachfolgende Asienexpansion Portugals** im 16. Jh.

Sofern nicht bei Besuchen von Staatsgästen gesperrt, können die **original erhaltenen königlichen Gemächer,** der Kronsaal und die Ballräume sowie die Kunstgalerie Luís I. im Rahmen einer Führung besichtigt werden.

> Largo da Ajuda, Tel. 213620264, www.ippar.pt, Führungen tgl. außer Mi. und am 1.1., 1.5., 25.12. sowie am Ostersonntag 10-17.30 Uhr, 5 €, Kinder unter 14 Jahren und So. bis 14 Uhr

Der 1768 im Auftrag von König José I. unter Marquês de Pombal (Exkurs s. S. 110) angelegte **Jardim Botânico da Ajuda,** in unmittelbarer Nähe des Palácio befindlich, umfasst zahlreiche Hecken, Bäume und exotische Pflanzenarten. Vor allem ein mit 40 Tier-Wasserspeiern versehener Brunnen zieht die Blicke der Besucher auf sich. 1910 wurde der Park der landwirtschaftlichen Abteilung der technischen Universität überschrieben. Von der erhöhten Aussichtsterrasse eröffnet sich dem Besucher eine **herrliche Aussicht über den Tejo.**

> tgl. Do.-Di. 9-18 Uhr, im Sommerhalbjahr 10-17 Uhr, Eintritt 2,50 €, Studenten/Rentner 1,50 €, Kinder unter 7 J. und sonntags bis 14 Uhr Eintritt frei

Kulinarisches

106 [F25] **A Comenda** €€, im Kulturzentrum, Tel. 213648561, Mo.-Fr. 12.30-15, Sa./So. bis 16 Uhr, Sa. auch abends bis 23 Uhr. Ausgezeichnete portugiesische und internationale Küche, freitags und samstags auch

Lissabon entdecken
Belém

EXTRATIPP

Sightseeing mit der Fähre
Von März bis Oktober bietet der örtliche Fährbetreiber Transtejo zwei **Bootsrundfahrten** ab dem Terminal Fluvial do Terreiro do Paço an: täglich um 15 Uhr eine 2 ½-stündige Fahrt (20 €), um 16.15 Uhr eine 1-stündige Fahrt (15 €), jeweils mit mehrsprachigen Erläuterungen der wichtigsten Bauwerke und Sehenswürdigkeiten auf dem Wasserweg nach Belém. Erfrischungsgetränke sind jeweils inklusive.

Die Firma Transtejo fährt außerdem von den Cais do Sodré ⓲ alle 15 Min. nach Cacilhas am Südufer des Tejo für 1,15 € zur Christo-Rei-Statue ⓮. Die bisherige Verbindung Cacilhas – Belém steht derzeit nicht zur Verfügung.

Igreja (de São José) da Memoria [H23]
Etwa mittig zwischen dem Zugang zum Jardim Tropical und Jardim Botânico da Ajuda ließ König José I. 1760 nach einem gescheiterten Attentat auf ihn als Dank für den göttlichen Schutz die hübsche Kuppelkirche Igreja de S. José da Memoria nach Vorlagen des Baumeisters Vicente errichten. Als wichtigste Persönlichkeit wurde hier der Minister Josés I. und Wiedererbauer der Altstadt, der berühmte Marquês de Pombal, bestattet.

Vom Meer aus bieten sich traumhafte Blicke auf die Stadt

italienisch-mediterrane Spezialitäten sowie musikalische Untermalung am Piano.
- **107** [F25] **Centro Cultural** €, Tel. 213642031, tgl. 11–20 Uhr, Mo./Fe. sowie im Hochsommer geschlossen. Weinproben.
- **Pastelaria Pastéis de Belém** (s. S. 31)
- **108** [H22] **Restaurante Estufa Real** €€, Calda do Galvão, Tel. 213619400, Sa. geschlossen, sonst nur 12.30–16.30 Uhr geöffnet. Am Rande des botanischen Gartens Jardim Botânico da Ajuda ㊳ wurden alte Gewächshäuser zu einem netten Lokal umfunktioniert. Sa. geschlossen, So. Brunch, sonst nur Mittagsküche mit portugiesischen und mediterranen Spezialitäten sowie mit leckerem Salatbuffet, mittlere Preisklasse.
- **109** [E26] **Vela Latina** €€, Doca do Bom Sucesso, Tel. 213017118, sonn- und feiertags geschlossen, sonst 12–15 und 19–22.30 Uhr. Das im nautischen Stil ausgestaltete Oberklasserestaurant beim Torre de Belém bietet sehr gute lokale Fischspezialitäten; Hauptgerichte gibt es ab 25 €.
- Beim Kutschenmuseum Museu dos Coches (s. S. 45) in der Rua de Belém findet man einige **günstige Snacklokale** wie McDonald's oder das Restaurante Aramastor mit Grillhähnchen.
- **110** [I25] **Restaurant Cervejaria Estrela de Belém** €, etwas versteckt in der Rua do Embaixador 112, Tel. 213625100. In dieser Bierschänke geht es wesentlich weniger touristisch zu als in den Lokalen am Ufer. Hier werden rustikale, überwiegend einheimische, zünftige, traditionelle portugiesische Küche und kühle lokale Biere serviert.

Einzelpunkte

Die bislang genannten Sehenswürdigkeiten umfassen das eigentliche, altstädtische Zentrum oder die geschlossen zu besuchenden Viertel Lissabons und sind in Form von Rundgängen bzw. -fahrten leicht zu besichtigen. Daneben gibt es noch eine ganze Reihe empfehlenswerter Örtlichkeiten, die allerdings gezielt angefahren werden müssen.

❸❾ Basilica da Estrela ★★ [Q20]

Die Tram 28 führt vom Praça Figueira nicht nur um den Burgberg herum durch die Baixa ins Chiado-Viertel hinauf, sondern in westliche Richtung weiter die Rua Loreto am löwenbewehrten portugiesischen Parlament (Assembleia da República) entlang und weiter zur weithin sichtbaren Basilica da Estrela. Die vor allem vom Tejo aus **weithin sichtbare Kuppelkirche mit Zwillingstürmen** entstand erst 1799 unter Maria I., die diese Basilika zum Dank für die Geburt eines männlichen Thronfolgers errichten ließ, 1816 wurde sie in der Basilika bestattet.

Das Gotteshaus mit zentraler Kuppel und Empore entstand auf kreuzförmigem Grundriss und wirkt insgesamt eher schmal. Dem barocken Grundkonzept der **weich und licht wirkenden Kirche** wurden klassizistische Charakteristika beigefügt, wofür die italienischen Künstler Pompeu Batoni und Pedro Alexandrino verantwortlich zeichnen.

Der gegenüberliegende **Park Jardim da Estrela** bildet als grüne Oase einen wohltuenden Kontrast zum sonst architektonisch dominierten Stadtbild Lissabons.

› Tram 28 bis Praça de Estrêla

Einige Haltestellen weiter, an der Endstation der Linie 28, liegt der **Cemitério dos Prazeres** [O20], ein weitläufiger Friedhof mit Grabstätten berühmter Portugiesen.
› Tram 28 bis Campo de Ourique

❹⓿ Aqueduto das Águas Livres ★ [O15]

Südlich vom Bahnhof Campolide liegt im gleichnamigen Viertel nordwestlich der Altstadt ein sehenswertes **Relikt der frühen Wasserversorgung** der Stadt. Schon unter König João V. wurde 1731–1748 eine insgesamt 60 km lange Versorgungslinie von den „Aguas Livres" genannten Quellen nördlich des Lissabonner Zentrums bis in die Innenstadt gebaut, spektakulärster Teil war der noch heute erhaltene Aquädukt.

Auf einer Länge von knapp 950 m überspannen 35 Bögen auf einer Höhe von bis zu 65 m das darunterliegende Tal. Ende des 19. Jh. wurden dann moderne Wasserleitungen in Lissabon installiert und die alte Leitung stillgelegt. Am Ende des Aquädukts liegt das **Museu da Água** (s. S. 42) mit Zisterne und Wasserspeicher aus dem 18. Jh.

› Der Aquädukt ist mit Fußwegen versehen und kann Mo.–Sa. 10–18 Uhr besichtigt werden, Eintritt 3,50 €. Busse 2 und 58 ab Cais do Sodré ⓳ passieren den Eingang in der Calçada da Quintinha in unmittelbarer Nähe.

❹❶ Campo Grande ★ [S8]

Zwischen Universität, Flughafen und modernen Trabantensiedlungen erstreckt sich auf einer Länge von 1,2 km die

Grünanlage Campo Grande. Ursprünglich (seit dem 16. Jh.) ein Exerziergelände, ging man im 18. Jh. dazu über, hier ein städtisches Naherholungsgebiet mit Teichen und Grünanlagen anzulegen. Heute dient der Park mit Ruderbootverleih und Cafés als **bevorzugtes Naherholungsgebiet** der Stadt.

Am Nordwestrand der Parkanlage befindet sich das **Museu da Cidade (Stadtmuseum)** (s. S. 42), das 1962 im Palácio Pimenta, dem einstigen Sitz der Mätresse von König João IV., eingerichtet wurde. Archäologische Funde, historische Gemälde und eine Abteilung zum Erdbeben von 1755 bieten einen Einblick in die Stadtgeschichte. Auch die Räumlichkeiten des Palastes selbst sind sehenswert.

› Di.–So. 10–13 und 14–18 Uhr, Eintritt 2 €, mit Lisboa-Card Eintritt frei, Tel. 217513215, www.museudacidade.pt, Metro: Entre Campos oder Campo Grande

㊷ Museu Nacional do Azulejo ★★★ [b17]

Wenngleich etwas abgelegen in einem ansonsten eher unattraktiven Viertel gelegen, empfiehlt sich dennoch unbedingt ein Besuch des in eine ehemalige Klosterkirche integrierten Azulejo-Museums. 1509 begründete Königin Leonora das Convento a Madre de Deus als **Klarissenkloster im manuelinischen Baustil**. Während des Erdbebens von 1755 weitgehend zerstört, wurde der Bau unter König José I. weitergeführt und 1872 in der heutigen Form fertiggestellt. Vorlage für die Restaurationsarbeiten war eine Abbildung aus dem 16. Jh., die heute im Museu Nacional de Arte Antiga ㉖ zu sehen ist.

Neben den typisch manuelinischen Zierelementen sind im Außenbereich auch Pelikan und Netz, Leonoras Embleme, integriert worden. Das einschiffige Kircheninnere ist im Stile des Barock mit Goldornamenten im oberen Bereich und den landestypischen Azulejos im unteren Teil prächtig ausgekleidet. Das Tonnengewölbe wurde mit 20 bildlichen Darstellungen aus dem Leben Marias verziert, sodass das **gesamte Kircheninnere vollständig ausgeschmückt und prunkvoll überladen** wirkt.

Vom ursprünglichen Kirchenbau sind noch Teile des Kreuzganges mit markanten grünen Fliesenverkleidungen erhalten. Diese stammen aus dem benachbarten Spanien und sind in Portugal nicht allzu häufig anzutreffen. In einem der jüngeren zweistöckigen Kreuzgänge ist die Grabplatte der Königin Leonora zu sehen.

Klostergang im Azulejo-Museum

Lissabon entdecken
Einzelpunkte

Einer der Höhepunkte der Anlage ist der **aufwendig ausgestaltete Kapitelsaal** im Hochchor mit Blick in die Kirche hinein, unbedingt sehenswert ist auch das **große Azulejo-Bildnis im Renaissancekreuzgang** mit einer kompletten Stadtansicht Lissabons. Die weiteren Räumlichkeiten umfassen eine **Azulejo-Sammlung** vom 15. bis zum 18. Jh., anhand derer die Entstehungsgeschichte der Azulejo-Kunst in Portugal dokumentiert wird.

› Rua Madre de Deus 4, Tel. 218100340, Mi.–So. 10–18 Uhr, Mo., 1.1., 1.5., 25.12. und Ostersonntag geschl., Di. ist nur die Bibliothek geöffnet, Eintritt 5 €, ermäßigt 2,50 €, So. und an Feiertagen bis 14 Uhr freier Eintritt, mit Lissabon-Card Eintritt frei, http://mnazulejo.imc-ip.pt

› An-/Weiterfahrt: Das Museum erreicht man am besten mit Bus 794 vom/zum (Metro-)Bahnhof Santa Apolónia. (Dieselbe Linie fährt auch zum Bahnhof Oriente am Parque das Nações ㊸, sodass man die beiden Sehenswürdigkeiten gut miteinander verbinden kann.) Auch Bus 759 fährt in unmittelbare Museumsnähe: Er biegt in der Inf. Henrique beim großen Lidl-Supermarkt links ab und fährt auf eine kleine Eisenbahnunterführung zu – hier aussteigen und vor der Unterführung 150 m links die Straße hinein zum Museum. Beide Busse fahren auch ab Restauradores (praktisch direkt vor der Touristeninformation, s. S. 178) via Pr. do Comércio.

㊸ Parque das Nações ★★★ [g4]

Nach den zahlreichen Ausflügen in die Vergangenheit etwa in Belém oder in den Vierteln um das Kastell ⑩ bietet sich dem Besucher ein beinahe unheimlich anmutender Kontrast im ebenso unbedingt empfehlenswerten, hypermodernen Parque des Nações, dem Gelände der Expo-Weltausstellung 1998.

Das Paradestück der Areals ist das herausragende **Oceanário**, zweitgrößtes seiner Art weltweit. Fünf verschiedene Unterwasserklimazonen werden in dem gigantischen Becken künstlich vereint. Der Besucher beginnt über eine Rampe am oberen Ende und wandert allmählich durch die einzelnen Schichten.

› tgl. 12–19 Uhr (Einlass bis 18 Uhr), Eintritt 13 €, Kinder (bis 12 Jahre) und Senioren 9 €, mit Lisboa-Card 15 % Rabatt, Familienticket 34 €, bei Sonderausstellungen 2–3 € Zuschlag, www.oceanario.pt

◁ *Der Torre Vasco da Gama ist das höchste Gebäude Portugals*

Lissabon entdecken
Einzelpunkte

An das 500-jährige Jubiläum der Entdeckung des Seeweges nach Indien durch Vasco da Gama erinnert der **Torre Vasco da Gama**, seinerzeit das Symbol der Expo. Mit 145 m Höhe ist er das (derzeit) höchste Bauwerk Portugals und bietet auf der 102 m hohen, „Mastkorb" genannten Aussichtsplattform beeindruckende Ausblicke auf Stadt und Umland.

› tgl. Mo.–Fr. 10–20 Uhr, Sa./So. 10–22 Uhr, Eintritt 7 €, Kinder (bis 12 Jahre) und Senioren 4 €, mit Lissabon-Card 20 % Rabatt.

Auch eine Fahrt mit der von der österreichischen Firma Doppelmayr in Kooperation mit der Schweizer CWA gebauten **Seilbahn** (tgl. 11–21 Uhr, einfache Fahrt 3,95 €, Hin- und Rückfahrkarte 5,95 €) bietet schöne Ausblicke. Weiterer Höhepunkt ist die **Virtual Reality Show**, eine Erlebnisreise durch das Innenleben des Ozeanariums (tgl. 13–19 Uhr, Eintritt 7 €, Kinder bis 12 Jahre und Senioren 4 €). Ferner gibt es einen Pavillon für Macau, eine Konzerthalle für internationale Rock-/Popgruppen und die **Einkaufsarkade „Vasco da Gama"** (s. S. 21) mit Supermarkt, Computerfachgeschäft, Bowlingcenter usw. (Zugang über Metro- und Bahnhofsstation Oriente).

Der **Bahnhof Oriente** wurde übrigens **von Santiago Calatrava entworfen** und gilt als architektonisches Meisterwerk der verwundenen konstruktiven Verschmelzungen aus Metallstreben, Pfeilern und gläsernen Elementen. Heute ist der Bahnhof ein Hauptverkehrsknoten, seine drei Ebenen dienen der Abwicklung von Hochgeschwindigkeitszügen, Regionalbahnen und der Metro.

› *Das Oceanário im Parque das Nações*

EXTRATIPP

Preistipp
Für 20 € kann man an der Besucherinformation (vor dem Expo-Geländezugang) die sogenannte „**Cartão do Parque**" (Parkkarte) erwerben, die zum kostenlosen Besuch bzw. kostenfreien Nutzung von Ozeanarium, Vasco-da-Gama-Turm, Seilbahn und Parkbahn berechtigt sowie weitere prozentuale Ermäßigungen bei anderen Attraktionen bietet. Neben einer nicht unerheblichen finanziellen Vergünstigung im Vergleich zum Einzelpreis hat diese Karte den Vorteil, dass man sich z. B. beim Ozeanarium (am Wochenende ca. 2 Stunden Wartezeit!) nicht an der Kasse anstellen muss. Praktischerweise hat das Ticket eine Gültigkeitsdauer von 30 Tagen.

Interessant: Am 18.5., 25.7. und 24.11. sind **Museums- bzw. Wissenschaftstage** – der Eintritt ist dann frei!

Lissabon entdecken
Einzelpunkte

Das **Gesamtgelände** an sich lohnt schon den Besuch, auch wenn man aus Zeit- oder Kostengründen keine der einzelnen Attraktionen besuchen möchte. Allein ein Spaziergang an der Promenade entlang und über die Stege mit großartigem Blick auf die spektakuläre, 17 km lange Brücke Ponte Vasco da Gama (1995–1998 mit EU-Mitteln gebaut) ist ein Erlebnis.

Achtung: Wenn möglich sollte man das Gelände nicht an Wochenenden besuchen – da scheint sich ganz Lissabon im Park zu versammeln!

› Zugang zum Expo-Gelände kostenlos, Metro: Oriente

44 Cristo-Rei-Statue ★ [N27]

Zahllose Aussichtspunkte von Lissabon über den Tejo ziehen den Blick auf die 1959 auf einem Hügel am südlichen Tejo-Ufer errichtete Christus-Statue.

Das insgesamt 110 m hohe Werk **ähnelt stark der weltberühmten Statue von Rio de Janeiro** (*Christo Redentor*) und tatsächlich basiert der Beschluss zum Bau der Statue auf dem Besuch des Patriarchen von Lissabon in Brasilien im Jahr 1934. Erst 1940 jedoch schworen die Bischöfe von Lissabon, eine solche Statue nachzubauen, wenn das Land nicht in den Zweiten Weltkrieg verwickelt würde. Nach der Grundsteinlegung 1949 dauerte es dennoch 10 Jahre bis zur Fertigstellung.

Der mit vier Bögen konstruierte, 82 m hohe Betonsockel symbolisiert die vier Himmelsrichtungen, die Statue selbst ist 28 m hoch. Die **Aussichtsplattform** an der Statue garantiert eine **exquisite Aussicht** über die Brücke Ponte 25 de Abril 29 und auf das nördliche Tejo-Ufer!

› Aussichtsplattform tgl. 9.30–18 Uhr, ab den zentralen Cais do Sodré 19 pendelt alle 15 Minuten von 5.35 bis 2.30 Uhr eine Fähre ans Tejo-Südufer nach Cacilhas (Ticket 1,20 €), von dort aus pendelt alle paar Minuten Bus 101 (2,20 € Hin- und Rückfahrkarte) zur Christo-Rei-Statue. Es gibt dort einen Lift hinauf zur Spitze (5 €), die meisten Reisenden sind einhellig der Meinung, dass dies nicht lohnt, die Aussicht vom Sockel ist genauso gut!

KLEINE PAUSE

Verköstigung auf dem Expo-Gelände

Im Vasco da Gama Shopping Center reihen sich Fast-Food- und Snacklokale aneinander, aber auch Steakhäuser und Restaurants wie die sehr empfehlenswerten Serra da Estrela und Taste of India. Ganz besonders interessant aber ist die „Bierrepublik" República da Cerveja im Parque das Nações mit eigener Minimälzerei und Minibrauerei. Das besondere hier sind die hausgemachten Biere, acht an der Zahl: Neben den üblichen Stout (dunkel) und Pils sind dies Artesanal (helles Bier), Pur Malt (leicht süß, 100 % Malz), Weiss (Weizenbier nach deutscher Rezeptur), Malte de Whisky (aromatisiertes Starkbier), Spring (Carlsberg-Rezeptur) und Natal (halbfermentiertes Starkbier). Auch die Speisen sind deftig und dem Rahmen angepasst, von Nürnberger Würstchen bis Haxe mit Sauerkraut, aber auch Steaks, Eierpudding usw. kann man hier reichhaltig und zu günstigen Preisen essen. Das Lokal ist vor allem bei Einheimischen sehr beliebt und immer voll.

111 [g3] **República da Cerveja**, Parque das Nações, Passeo das Tágides, Tel. 218922590, tgl. 11–23 Uhr

ered außerhalb der Stadt 141

Entdeckungen außerhalb der Stadt

136lb Abb.: jg

Cascais und Estoril

Auch außerhalb der Stadtgrenzen Lissabons bieten sich zahlreiche, zum Teil kulturhistorisch bedeutsame Ausflugsziele an. Zuvorderst sollte man einen Besuch der alten Königsstadt Sintra mit ihrer Vielzahl herrschaftlicher Schlösser und Bauten einplanen, aber auch die an der „Sonnenküste" Costa do Sol gelegenen Badeorte Cascais und Estoril sind beliebte Ziele für eine kurzzeitige Flucht aus der Metropole zum Baden oder Lustwandeln. Schließlich bietet sich auf halbem Wege zwischen Lissabon und Sintra noch ein Stop in Queluz mit dem sehenswerten Palácio Nacional de Queluz an. Die genannten Punkte sind gut per S-Bahn an die Lissabonner Innenstadt angebunden, zudem verkehrt ein Direktbus zwischen Sintra und Cascais.

> **EXTRATIPP**
>
> **Wie vorgehen?**
> Bei der (empfehlenswerten) Anfahrt per S-Bahn (etwa 35 Minuten) in Estoril aussteigen, dort kurz den Casino-Park und die Touristeninformation besuchen und anschließend die Uferpromenade entlang nach Cascais mit seinen Sehenswürdigkeiten schlendern.

㊺ Cascais und Estoril [S. 232]

Natürlich möchte nahezu jeder Lissabonbesucher die unmittelbare Atlantiknähe durch ein Bad in den Fluten oder einen Strandspaziergang hautnah erleben und aus einer ganzen Reihe von Gründen bietet sich das mittlerweile zusammengewachsene Doppelstädtchen Cascais-Estoril hierfür vorrangig an.

Seit 1871 königliche Sommerresidenz (Zitadelle) und traditioneller Fischerhafen entwickelte sich der per S-Bahn von der Innenstadt aus leicht erreichbare Doppelvorort an der Costa do Sol rasch zum beliebten **Ausflugsziel, Seebad und Wohnsitz der Bessersituierten und ausländischer Delegierter** – vornehmlich aus den reichen Staaten Westeuropas – vor Ort.

Vereinfacht dargestellt ist der Abschnitt Estoril der gediegenere mit Casino und Villen, Cascais dagegen der charmantere Teil. Prächtige Neubauten, Hotels und auch Hochhäuser in den Randbezirken führten zu einer Vervielfachung der Einwohnerzahl und dennoch blieb der schöne alte Ortskern erhalten, der heute als Fußgängerzone von Cascais mit Geschäften und Lokalen zahllose Besucher anzieht.

Vor allem aber fasziniert Gäste und Anwohner gleichsam die **prächtige Uferpromenade**, die Cascais und Estoril miteinander verbindet und an der im Sommer Jung und Alt promenieren oder ein kühlendes Bad als Erfrischung suchen.

Verbindungshinweise

› Ab den Cais do Sodré ⓲ besteht alle 12–30 Min. (Ticket 1,80 € für einfache Fahrt/Via Viagem Card) eine Anbindung **per S-Bahn** nach Cascais und Estoril, wobei diese Linie in der Lisboa-Card (s. S. 207) enthalten ist.
› Außerdem pendelt ein **Direktbus** (mehrere Haltestellen an der Hauptstraße in Estoril) von/nach Sintra (ca. 30 Minuten).
› **Mit dem Auto** fährt man ab Pr. M. de Pombal [T17] die R. Aguiar in westlicher Richtung entlang, die automatisch auf die A5 Richtung Cascais führt.

Estoril

Seit dem frühen 20. Jh. ist die **pittoreske Küste um Estoril** eine der Hauptattraktionen des portugiesischen Fremdenverkehrs, wobei der wegen des Casinos weithin bekannte Küstenort von jeher vorwiegend die **wohlhabende Oberschicht Lissabons** anzieht. Der Vater des spanischen Königs Juan Carlos, Juan de Borbón y Battenberg, lebte übrigens während der Franco-Diktatur in Estoril im Exil.

Das Ortszentrum besteht im Wesentlichen aus mondänen Hotels entlang palmengesäumten Alleen, die mediterranes Flair verbreiten. Echte, eigenständige Attraktionen bietet der Ort kaum – es ist tatsächlich mehr der **mondäne Charakter**, der so viele Besucher hierher lockt.

㊻ Stadtpark und Casino ★ [I D1]

Rund um den hübschen, sehr großzügig angelegten Stadtpark mit Wasserspielen und Sitzgelegenheiten liegt die gesamte touristische Infrastruktur des Ortes dicht beieinander. Das **Casino am Nordrand des Parks** wirkt durch den Stadtpark mehr wie ein Adelssitz und ist der Mittelpunkt im Nachtleben der Stadt. Es ist nicht nur das älteste Spielcasino in Portugal, sondern auch das größte Europas. Neben den unterschiedlichen Glücksspielen werden auch Kunstausstellungen, Kabarett und Musikkonzerte in exklusivem Ambiente angeboten.

㊼ Strandpromenade „Muralha" ★★ [I C1]

Genau auf Höhe der örtlichen Touristeninformation, an der südwestlichen Parkecke in der Av. Marginal, liegt eine Fußgängerunterführung, die unmittelbar zur großen, „Muralha" genannten Fußgängerpromenade zwischen Estoril und Cascais führt. **Mehrere abgeteilte Seebäder** (nur Juni–September geöffnet) und hübsche Sandstrandbereiche bieten sich zum Baden oder Faulenzen an – allesamt sehr beliebt und leider im Sommer auch recht voll.

☑ *Entlang der Promenade gibt es reichlich Möglichkeiten einen Sprung ins Wasser zu wagen*

Entdeckungen außerhalb der Stadt
Cascais und Estoril

Aber auch der reine, ganz **ungestörte Spazierweg bis Cascais** lohnt sich. Die Promenade darf nicht einmal von Radlern befahren werden. **Wassersport** wird direkt am Strand (Ortseingang Cascais) angeboten.

> Richtpreise: Surfbrettverleih 30 €/Tag, Wasserski 45–50 €/15 Min., Banane 8 €/10 Min., Ruderboot/Kanu 10 €/Stunde und Tretboot 10–15 €/Stunde

Sportmöglichkeiten

Neben der Funktion als gehobener Badeort hat sich Estoril heute auch einen Namen für Großveranstaltungen im Sport gemacht.

> Das alljährliche **ATP-Tennisturnier** (Tenis do Estoril, Estadio Nacional, 1495 Cruz Quebrada, Tel. 214662770, www.portugalopen.net) zieht im April viel Prominenz an.

> Auf dem 4,36 km langen **Grand-Prix-Kurs** (6 km nördlich, etwa auf halber Strecke nach Sintra, Anschrift: Autodrómo do Estoril, Av. Alfredo César Torres, Alcabideche, Tel. 214609500, www.circuito-estoril.pt) werden Motorradrennen abgehalten (Anfang Oktober) – bis 1996 war dies sogar eine Formel-1-Strecke.

> Mit Estoril Golf (Tel. 214680176, www.palacioestorilhotel.com), Quinta da Marinha (Tel. 214860100, www.quintadamarinha.com) und Oitavos (Tel. 214860600, www.quintadamarinha-oitavosgolfe.pt) stehen drei **hervorragende Anlagen für Golfer** zur Verfügung.

Das malerische Zentrum von Cascais mit der Unterkunft Residencial Parsi

Entdeckungen außerhalb der Stadt
Cascais und Estoril

› Cascais war schon mehrfach Austragungsort internationaler **Segelregatten**, wofür auch die Marina Cascais (Casa de S. Bernardo, Cascais, www.marina-cascais.com, 630 Liegeplätze, Tel. 214824800) verantwortlich zeichnet.

Kulinarisches

Ganz allgemein empfiehlt es sich, in Cascais einzukehren, denn die Auswahl an Lokalen ist deutlich größer und die Köche gelten als besser als jene in Estoril. Wer vielleicht im Rahmen eines Casinobesuchs in Estoril speisen möchte, dem seien die folgenden Adressen ans Herz gelegt:

- **115** [I D1] **Deck Bar** €, Arcadas do Parque, Tel. 214680366, am westlichen Parkrand (bei der Touristeninformation), Di.-So. 8-2 Uhr. Das Restaurant serviert u. a. Sardinen für 8,50 €, diverse Omelettes ab 7 € und Cataplana (Muschelgericht) für zwei Personen zu 22,50 €.
- **116** [I D2] **Pintos Pizzeria-Marisqueira** €, Arcadas do Parque, Tel. 214680664, am östlichen Parkrand. Die Pizzeria bietet leckere Pasta ab 8 €, Pizza zwischen 9,50 und 12 € und diverse Fischgerichte ab 14,50 €.

Unterkunft

- **117** [I D1] **Alvorada** €€€, Rua da Lisboa 3, www.hotelalvorada.com, Tel. 214649860, Fax 214687250. Hinter dem Casino liegt etwas zurückgesetzt das Alvorada. Das Standard-DZ mit Balkon kostet hier ab 128 € bei Vorabbuchung über die Hotelhomepage.
- **118** [I C1] **Pestana-Cascais** (vorm. Atlantico bzw. Atlantic Gardens), Av. Marginal, Tel. 214825900, www.pestana.com/de/pestana-cascais-hotel. Mittig zwischen Estoril und Cascais liegt der inzwischen vollständig zugebaute Bereich Monte Estoril mit eigener S-Bahn-Haltestelle und dieser modernen Hotelanlage mit Whirlpool, Außenpool, Sauna und vielen weiteren Annehmlichkeiten. Direkt gegenüber vom Ufer gelegen, 175 DZ, mit Meerblick, inkl. Frühstück ab 161 € in der Hauptsaison bei Vorabbuchung.
- **119** [I C1] **Estoril Eden** €€€€, Avenida de Sabóia 209, Tel. 214667600, Fax 214667601, www.hotelestorileden.pt. Diese neue, sehr schöne Aparthotelanlage beherbergt Studios für 1–3 Personen (Ausstattung: Kitchenette, Internet, Telefon, TV, Safe, Balkon) und Hallenbad, Sauna usw. bei Preisen ab 125 € pro Wohneinheit und Nacht inkl. Frühstück.
- **120** [I D2] **Sana-Hotel** €€€, Avenida Marginal, Tel. 214670322, Fax 214671171, www.sanahotels.com, DZ im Sommer 560 €/Woche (2 Pers.) inkl. Frühstücksbuffet. Sehr zentral gelegenes Hotel mit Pool. Alle Zimmer mit Internetanschluss.
- **121** [I D2] **Vila Galé Estoril** €€€, Av. Marginal 49, Tel. 214648400, Fax 214648432, www.vilagale.pt. Ebenfalls im Zentrum findet man dieses Mittelklassehotel. Ähnliche Ausstattung wie Sana-Hotel, DZ ab 94 €.

Cascais

Altstadt

Mit dem Strandabschnitt Praia da Rainha endet die Strandpromenade am Rand des östlichen Ortskerns von Cascais. Das Städtchen mit seinen vielen gepflegten Fußgängergassen und urigen Fachwerkhäusern wirkt schon auf den ersten Blick deutlich **rustikaler, bodenständiger und irgendwie anheimelnder** als das mondäne Estoril. Bahnhof und der **Zentralplatz Praça 5 de Outubro** mit dem großartig restaurierten Rathaus werden durch die Fußgängerstraße Rua Frederica Arouca mit zahllosen Geschäften, Cafés und Restaurants miteinander

Entdeckungen außerhalb der Stadt
Cascais und Estoril

Karte I: Cascais und Estoril

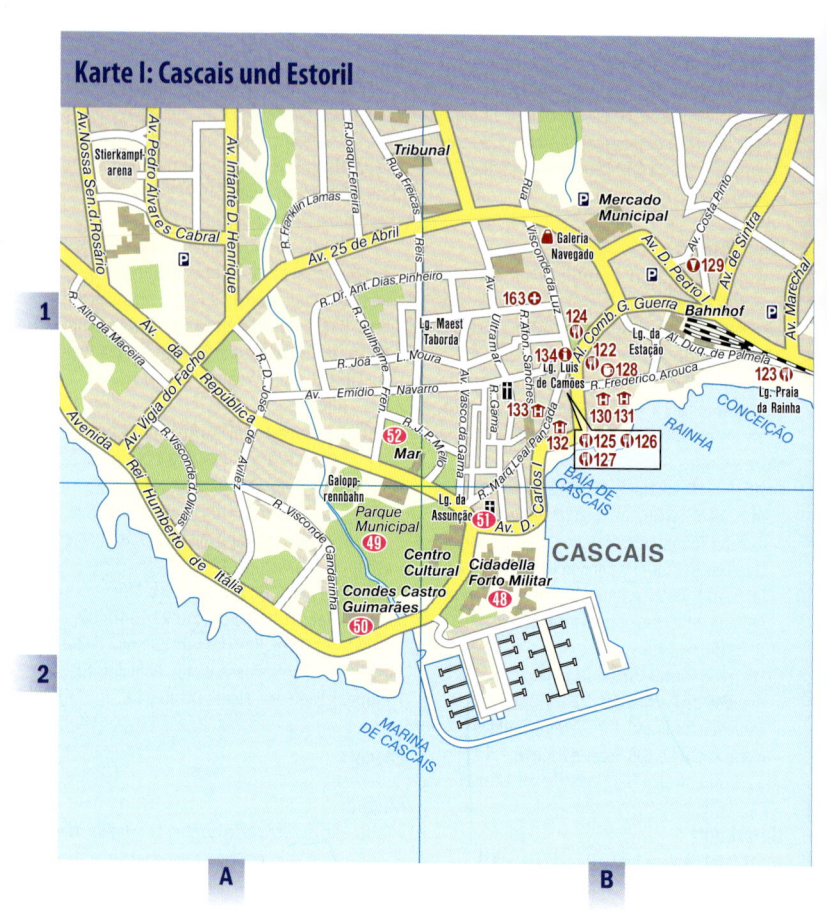

Legende Cascais und Estoril

- ❶49 [I D1] Casino Estoril S. 35
- ⓘ115 [I D1] Deck Bar S. 145
- ⓘ116 [I D2] Pintos Pizzeria-Marisqueira S. 145
- 🏨117 [I D1] Alvorada S. 145
- 🏨118 [I C1] Pestana-Cascais S. 145
- 🏨119 [I C1] Estoril Eden S. 145
- 🏨120 [I D2] Sana-Hotel S. 145
- 🏨121 [I D2] Vila Galé Estoril S. 145
- ⓘ122 [I B1] Casa Velha S. 149
- ⓘ123 [I B1] Music Bar S. 149
- ⓘ124 [I B1] Jardim dos Frangos S. 149
- ⓘ125 [I B1] Churrasqueira Dom Manolo S. 149
- ⓘ126 [I B1] Chequers S. 149
- ⓘ127 [I B1] John Bull S. 149
- ⓘ128 [I B1] Irish Pub S. 149
- ❶129 [I B1] Bar Trem Velho S. 149

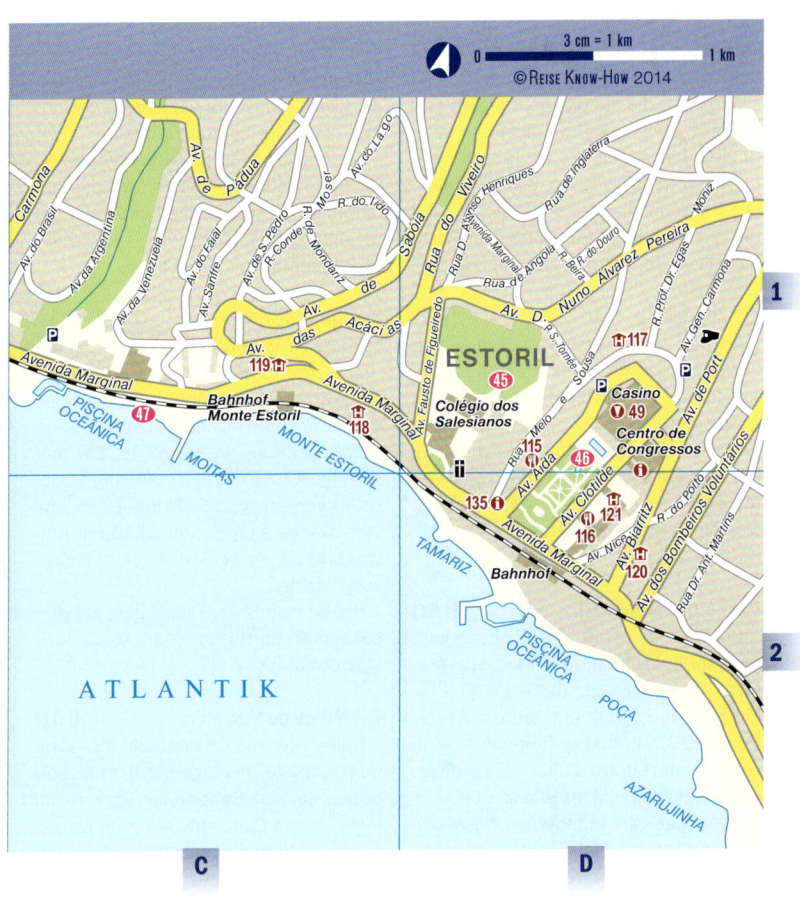

Entdeckungen außerhalb der Stadt 147
Cascais und Estoril

- 🏨 **130** [I B1] Albatroz S. 150
- 🏨 **131** [I B1] Estalagem Vila Albatroz S. 150
- 🏨 **132** [I B1] Hotel Baia S. 150
- 🏨 **133** [I B1] Residencial Parsi S. 150
- ℹ **134** [I B1] Touristeninformation Cascais S. 150
- ℹ **135** [I D2] Touristeninformation Estoril S. 150
- ✚ **163** [I B1] Hospital Distrital de Cascais S. 183

- ㊺ [S. 232] Cascais und Estoril S. 142
- ㊻ [I D1] Stadtpark und Casino S. 143
- ㊼ [I C1] Strandpromenade „Muralha" S. 143
- ㊽ [I B2] Zitadelle S. 148
- ㊾ [I A2] Parque Municipal S. 148
- ㊿ [I A2] Condes Castro Guimarães S. 148
- ㈤ [I B2] Igreja de Nossa Senhora da Assunção S. 148
- ㈥ [I A1] Museu do Mar S. 148

verbunden. In der kleinen Bucht (Baia de Cascais) liegen noch heute zahlreiche Fischerboote, die auf die ursprünglich große Bedeutung des Ortes als Fischereistandort hinweisen. Heute fahren zwar nur noch wenige Fischer täglich hinaus, der Fang reicht aber immerhin für die tägliche Belieferung des **örtlichen Fischmarkts** an der Hauptstraße am Ufer.

48 Zitadelle ★ [I B2]

An den alten Ortskern schließt sich uferseitig unmittelbar der moderne Jachthafen mit der oberhalb gelegenen Zitadelle *(Citadela)* an. Sie entstand um 1681 als Vorposten zur Überwachung der Tejo-Einfahrt am Atlantik, wird heute vom portugiesischen Militär genutzt und ist als Sperrgebiet der Öffentlichkeit nicht zugänglich.

49 Parque Municipal ★ [I A2]

Unmittelbar neben der Zitadelle liegt der sehr hübsche Parque Municipal Maresal Carmona (tgl. 8.30–17.30 Uhr, Eintritt frei, Zugang nur von der Av. da República) mit kleiner Reitanlage, Kulturzentrum *(Centro Cultural),* schönem Kinderspielplatz, Minizoo (eigentlich ein kleiner Vogelpark mit Pfauen, Wasservögeln und Hasen), Picknickplätzen usw.

Der in keiner Karte verzeichnete offizielle Name zu Ehren des Marschalls Carmona ist nicht ganz unumstritten in Cascais, war Carmona doch als Vorgänger Salazars Mitbegründer der Diktatur in Portugal.

50 Condes Castro Guimarães ★ [I A2]

Inmitten des Parque Municipal ließ sich der Conde de Castro Guimarães Anfang des 20. Jahrhunderts ein **prächtiges Herrschaftsanwesen** erbauen, in dem die Stadtverwaltung bereits vor knapp 100 Jahren eine Bibliothek und ein kleines Museum einrichtete, das im Rahmen einer Führung (zu jeder vollen Stunde, 2,50 €) besucht werden kann. Die **Sammlung** umfasst Porträts der Stifterfamilie, prähistorische Funde aus der Umgebung, Porzellan, Gold- und Silberschmiedearbeiten sowie Möbel.

51 Igreja de Nossa Senhora da Assunção ★ [I B2]

Zwischen Zitadelle und Stadtpark lohnt am Largo da Assunção ein Blick auf die manuelinische Kirche Igreja de Nossa Senhora da Assunção. Die einschiffige Kirche mit den markanten Doppeltürmen entstand Ende des 17. Jh., die Innenwände wurden um 1750 mit den typischen blau-weißen Azulejo-Bildern ausgekleidet.

Die Bemalung der Decke geht auf den bekannten portugiesischen Maler Jose Malhoa zurück.

52 Museu do Mar ★★ [I A1]

Neben der Kirche erstreckt sich eine weitläufige Grünanlage mit dem Museu do Mar Rei Dom Carlos (Meeresmuseum, auch: König-Carlos-Museum). Das gesamte Parkareal diente früher als Exerzierplatz für die Besatzung der Zitadelle.

Die thematischen Ausstellungsobjekte des Museums basieren zum einen auf der **Geschichte des Ortes als Fischerdorf** mit Fotos, Gebrauchsgegenständen aus der Fischerei, Schuhwerk, Kleidung, Trachten und Schiffsmodellen. Zum anderen wird der 1908 ermordete **König Carlos thematisiert,** der ab 1896 – beeinflusst von Fürst Albert von Monaco – naturwissenschaftliche Forschungen ins Leben rief und eine Sammlung zum Thema „Meer" mit vor der Küste geborgenen Fundstücken wie Münzen (17. Jh.), Kanonen, Haushaltsgegenständen usw. begründete. Des Weiteren sind Schiffsmodelle, modellierte Seevögel und Fische sowie eine kleine Wechselausstellung zu sehen.

› Di.–So. 10–17 Uhr, 1.1., 1.5., 25.12. und Ostersonntag geschlossen, Eintritt frei, Tel. 214825400, www.cm-cascais.pt/museumar

Kulinarisches

🍴122 [I B1] **Casa Velha** €€€, Av. Valbom 1, Tel. 214832586, tgl. 12–16 u. 17.30–24 Uhr. Im gehobenen Preis-Leistungs-Segment bietet sich dieses Top-Restaurant an. Die hiesigen Spezialitäten sind Ente mit Orangensauce oder Ente in Portwein, exquisit ist auch die gegrillte Meeresfrüchteplatte für zwei Personen zu allerdings stolzen 52 €.

🍴123 [I B1] **Music Bar** €€, Largo Praia da Rainha 121, Tel. 214820848. Sehr schön, da unmittelbar am Strand gelegen, speist man in diesem Open-Air-Restaurant. Leckere, riesige Steaks, Kabeljau oder Salat mit Garnelen munden vorzüglich.

🍴124 [I B1] **Jardim dos Frangos** €, Jardim Conte de Luz, Tel. 214835695, tgl. 12–24 Uhr. Rund um den Kreisel am Jardim Conte de Luz liegen einige sehr gute Restaurants, etwa das legendäre Jardim dos Frangos mit Hühnchengerichten aller Art ab 6,50 €. Es gibt auch andere Speisen, gut sind auch der fangfrische Fisch und die Sardinen. Das Lokal sieht relativ schlicht aus und bietet viele Außensitzgelegenheiten.

Am **Largo Luís de Camões** liegen – schon optisch sehr markant und einladend – einige hübsche ältere Lokale unmittelbar nebeneinander, die einem Robin-Hood-Film entsprungen sein könnten:

🍴125 [I B1] **Dom Manolo** €, Tel. 214831126. Sehr gut isst man in dieser Churrasqueira z. B. Muscheln in Knoblauchsauce, gegrillte Königsgarnelen oder die Meeresfrüchte-Cataplana für 23 €. Auch kleinere Gerichte wie Omelettes oder diverse Salate werden schmackhaft zubereitet.

🍴126 [I B1] **Chequers** €€, Largo L. de Camões, Tel. 214830926. Das Lokal nebenan bietet sehr gute Fleischplatten und Pastagerichte.

🍴127 [I B1] **John Bull** €€, Largo L. de Camões, Tel. 214643915, dagegen hat sich auf Huhn vom Holzkohlegrill, gute und reichhaltige Salate, Fisch und eine reichhaltige Auswahl an Käseplatten (u. a. Castelo branco, Roquefort) spezialisiert.

› Die F. Arouca entlang findet man einige Bäckereien für **Kleinigkeiten und Snacks.**

🍺128 [I B1] **Irish Pub.** Wer abends gute Musik und irisches Bier sucht, dem sei besonders dieser Pub empfohlen (von der F. Arouca rechts die Palmeira hinein, hier linker Hand, Tel. 214868230), der zwar erst gegen 17.30 öffnet, dafür aber bis mindestens 2 Uhr morgens Kilkenny-Bier ausschenkt.

🍺129 [I B1] **Bar Trem Velho.** Und wer im Bahnhof von Cascais vor der Rückfahrt noch auf einen Drink einkehren möchte: In einem restaurierten Eisenbahnwagon hat sich diese Bar niedergelassen, Tel. 214867355, geöffnet 16–3.30 Uhr. Burger und Snacks.

Unterkunft

Da sowohl Lissabon als auch Sintra gleichsam gut von Cascais aus erreichbar sind und auch die S-Bahn in der Lisboa-Card (s. S. 207) enthalten ist, wählen manche Reisende **Cascais als Unterkunftsbasis,** um dann einzelne Tagestouren in die Innenstadt Lissabons zu unternehmen.

Entdeckungen außerhalb der Stadt
Cascais und Estoril

130 [I B1] **Albatroz** €€€€€, Rua Frederico Arouca 100, Tel. 214847380, Fax 214844827, www.albatrozhotels.com. Unmittelbar am Praia da Rainha liegt dieses einem Herrschaftssitz ähnelnde Tophotel. 2006 komplett restauriert, mit allem erdenklichen Luxus ausgestattet – der bei Preisen ab 275 € für ein DZ (Hauptsaison) allerdings auch etwas kostet.

131 [I B1] **Estalagem Vila Albatroz** €€€€, Rua Frederica Arouca 100, Tel. 214863410, www.albatrozhotels.com. Direkt beim städtischen Fischmarkt bietet die Nobeldependance des Albatroz-Hotels elf luxuriöse Doppelzimmer ab 165 € an.

132 [I B1] **Hotel Baia** €€€, Avenida Marginal, www.hotelbaia.com, Tel. 214831033, Fax 214831095. Im Zentrum am Praia da Ribeira direkt am Sandstrand gelegen, kommt man hier recht günstig unter.

133 [I B1] **Residencial Parsi** €€, Rua Afonso Sanches 8/Praia da Ribeira, Tel. 214861309. Die günstigste Unterkunft vor Ort ist in einem sehr stilvoll restaurierten alten Bürgerhaus mit klassizistisch gehaltenem Interieur untergebracht. DZ inkl. Frühstück schon ab 24 €. Hat in den letzten Jahren gemischte Kritiken erhalten. Buchbar z.B. über www.hostels.com.

Praktische Tipps zu Cascais und Estoril

Information

134 [I B1] **Touristeninformation Cascais**, Av. Combatantes da Grande Guerra, Tel. 214868204, Mo.–Sa. 9–19, So./Fe. 10–18 Uhr. Die Stadtverwaltung bietet unter www.estorilmeetings.com/en touristische und allgemeine Informationen an.

135 [I D2] **Touristeninformation Estoril**, Arcadas do Parque/Av. Marginal, Tel. 214663813, www.visiteestoril.com (auch für Cascais). Die Zentrale befindet sich schräg gegenüber der Grünanlage in der Avenida Clotilde im Edifício Centro de Congressos, Tel. 214668167. Die Touristeninformation Estoril verleiht gegen Vorlage des Passes bzw. Personalausweises kostenlos Räder für die Dauer der Öffnungszeiten, allerdings darf man weder entlang der Promenade noch in den Parks radeln.

Sonstiges

> **Notruf:** Polizei Tel. 214861127, Hospital Cascais Tel. 214827700
> **Apotheke:** neben der TI in Cascais
> **Banken:** Mehrere Banken mit Geldautomaten findet man in der Fußgängerzone und am Kreisel des Jardim Conte de Luz in Cascais. In Estoril liegen rund um den Casino-Park einige Banken mit Automaten.
> **Einkäufe:** Jumbo Supermarkt und Centro Comercial Cascais Villa unmittelbar nördlich vom Bahnhof Cascais, städtische Markthalle in der Rua Mercado. Gegenüber der Markthalle liegt in der Avenida 25. de Abril die moderne Einkaufsarkade Galeria Navegador mit zahlreichen Fachgeschäften und Boutiquen. Geöffnet tgl. 9–19 Uhr.
> **Post:** Vollautomatischer Briefmarkenautomat (mehrsprachige Menüführung) am Largo Praia da Rainha in Cascais, in Estoril beim Bahnhof in der Av. Marginal
> **Taxi:** Taxis findet man vor den Bahnhöfen oder am Casino und sind über den Taxiruf Tel. 214660101 jederzeit erreichbar.
> **Telefone:** Mehrere öffentliche Kartentelefone stehen vor der Touristeninformation in Estoril.

> *Gartenseitiges Detail am Palácio Nacional*

(53) Queluz – Palácio Nacional ★★★ [S. 233]

Wer einen Tagesausflug nach Sintra einplant, sollte einen Stopp in Queluz, einer an sich eher unscheinbaren Trabantenstadt am Nordwestrand Lissabons, in Erwägung ziehen. Weniger der längst mit der Hauptstadt zusammengewachsene Vorort mit hässlichen Wohnsilos als vielmehr der großartige Palácio Nacional lohnt den Halt.

Auf Betreiben von Königin Maria I., der Gattin König Pedros III., gestaltete der portugiesische Baumeister Matéus Vicente de Oliveira die Palastanlage von Queluz ab dem Jahre 1747 als **königliche Sommerresidenz.** Der zentrale Haupttrakt wurde 1758 fertiggestellt, Westflügel und Garten sowie die meisten Innenräume unter Leitung des französischen Architekten Jean Baptiste Robillon bis 1794. Unmittelbar vor dem Hauptpalast blickt die Statue Marias I. hinüber auf die andere Straßenseite mit den Gebäuden der Leibgarde und die Schlosskirche.

Die **großzügig und hell gestaltete Palastanlage** wird bisweilen mit berühmten europäischen Lustschlössern (etwa Sanssouci bei Potsdam) verglichen und zeichnet sich durch **allgegenwärtige goldbemalte Stuckornamente** in Rocaille- und Girlandenmustern sowie Azulejo-Wandverkleidungen und prächtigen Deckengemälden aus, die die jeweilige Thematik der einzelnen Räumlichkeiten unterstreichen.

Die Rokoko-Holzschnitzereien im **Thronsaal** stammen von F. Lobo (Museu Nacional de Arte Antiga), die schweren Kristallleuchter des Saals entfalten ihren Glanz heute nur noch anlässlich von Staatsbesuchen, wenn hier Bälle und Empfänge stattfinden.

Den zentralen Teil im Mittelabschnitt, wo man den Rundgang beginnt, bilden zwei prächtige, weitläufige Säle. Im **Musiksaal** werden gelegentlich nicht-öffentliche klassische Konzerte im erlauchten Kreis veranstaltet. Es schließt sich über einen mit Azulejos verkleideten Korridor der **Saal der Botschafter** an, dessen Deckengemälde Mitglieder der königlichen Familie Pedros III. darstellen. Der

055lb Abb.: wl

Entdeckungen außerhalb der Stadt
Queluz – Palácio Nacional

Monarch empfing hier die Gesandten fremder Staaten und musizierte im privaten Rahmen, was ebenfalls in Deckenmalereien festgehalten wurde.

Über die **Sala do Despacho** (das Ausflugszimmer, es diente seinerzeit als Sitzungsraum) mit diversen Landschaftsgemälden erreicht man den **königlichen Speisesaal**. Hier kann man kostbares chinesisches Porzellan aus dem Besitz der Monarchen bewundern. Es schließt sich ein Raum mit Malereien zum Thema Musik und Don Quichote an. Dieser Raum wird „Zimmer des Königs" genannt und geht auf König Pedro IV. zurück, der hier sowohl geboren wurde als auch verschied.

Die **Sala do Toucador** diente der Königin als Ankleidezimmer und wurde zu diesem Zweck mit goldverzierten Spiegeltäfelungen an den Wänden versehen. Auch die Bilder, die Kinder bei der Anprobe zeigen, zeugen von dieser ursprünglichen Funktion.

Über die Löwentreppe erreicht man die womöglich **schönsten Palastgärten im gesamten Lissabonner Stadtgebiet**. In die Buchsbaumhecken wurden geometrische Beete und Blumenrabatten mit Figuren, Vasen und Azulejos integriert. Diese wechseln sich harmonisch mit Brunnen und Wasserspielen ab. Außen vor den Palastmauern (an der großen Hauptstraße) fließt noch heute ein Bach, der seinerzeit gestaut und in ein 115 m langes, mit Azulejos verkleidetes Becken eingeleitet wurde, das der königlichen Familie zum Bootfahren oder Angeln diente.

› tgl. außer Di. 9–17 Uhr, Eintritt 7 € (Palast und Garten), nur Garten 3 €, www.pnqueluz.imc-ip.pt. **Kein Zutritt bei Staatsbesuchen**, während derer der Palácio Nacional als Gästequartier und für Empfänge genutzt wird (Auskunft ggf. über die Touristeninformation oder über Tel. 214343860 direkt beim Palast). Von Mai bis Oktober findet mittwochs um 11 Uhr eine **Pferdeshow** statt.

Verbindungshinweise

› Anfahrt **mit der S-Bahn** ab Innenstadtbahnhof Rossio [V20] oder mit der Metro bis „Jardim Zoológico" und von dort in der direkt darüberliegenden S-Bahn-Station „Sete Rios" per S-Bahn bis Station „Queluz". Die S-Bahn-Fahrt ist – wie auch Sintra – in der Lissabon-Card enthalten, die Einzelfahrt kostet 1,30 €. Queluz gilt als eigenständige Gemeinde mit eigenen Buslinien – Mehrfachkarten aus Lissabon gelten hier nicht.

Vom Bahnhof Queluz geht man in südlicher Richtung die Avenida Enes entlang und folgt der braunen Beschilderung über eine Kreuzung hinweg immer geradeaus (Av. da República). Nach knapp 10 Minuten erreicht man den Palácio Nacional.

› Vom Pr. M. de Pombal [T17] im Zentrum aus folgt man **mit dem Pkw** der R. Aguiar und Duarte immer geradeaus in westlicher Richtung, die Straße führt direkt auf die Autobahn A5 (Richtung Cascais/Estoril). Nach 10 km erreicht man das Kreuz Monsanto und folgt hier der N 117 nach Nordwesten Richtung Sintra bis Queluz (Abfahrt Queluz/Palácio Nacional)

Sonstiges

Rund um den Bahnhof findet man in der Avenida Enes **Banken, Minimärkte, Einzelhändler, ein kleines Kaufhaus und Cafeterias** wie die Pastelaria O Combatante mit Teilchen und Snacks. Die **Post** liegt auf der rückwärtigen Bahnhofsseite am Busplatz, ebenso eine Apotheke.

Lissabon Adventure Park

EXTRATIPP

Wer dem Trubel der Großstadt entfliehen und sich gleichzeitig sportlich betätigen möchte, sollte den Adventure Park unbedingt in sein Besuchsprogramm aufnehmen. Etwa **15 km nordwestlich vom Zentrum** wurde in einem großen Waldgebiet ein Abenteuerpark mit zahlreichen Freizeitmöglichkeiten aufgebaut. Hauptbestandteile sind **unterschiedliche Kletterparcours**, die nach einer Einführung in die Geräte angeseilt und an Rollen/Haken gesichert absolviert werden.

Der Abschnitt „**Little Forest**" umfasst 15 Kletterteile und dauert zwischen 45 und 60 Min. Die Hindernisse befinden sich in max. 8 m Höhe und sind für Anfänger und Fortgeschrittene interessant.

Fortgeschrittene sollten sich am „**Mega Circuit**" messen: Hier gilt es 44 verschiedene Hindernisse zu überwinden, die in vier Abschnitte eingeteilt sind und jeweils mit einer 200 m langen Abfahrt enden. 2–3 Stunden sind hier je nach eigenem Tempo schnell verstrichen!

Der neueste Abschnitt „**Discovery**" umfasst 25 Einzelhindernisse, die naturnah angelegt und ideal für Paare und Familien sind. Des Weiteren sind Aktivitäten wie Kanufahrten, Bogenschießen, Orientierungskurse u. v. m. in Vorbereitung.

Die **Anfahrt mit öffentlichen Verkehrsmitteln** ist nicht ganz einfach, aber machbar: Straßenbahn 15E ab Pr. da Figueira/Pr. do Comércio/Cais do Sodré via Belém bis Alges oder Bus 729 von Belém bis Alges nehmen; dort fährt der Bus 76 bis zur Haltestelle „C. Quebrada".

Geöffnet tgl. 10–18, Winter bis 17 Uhr. Eintritt je nach Abschnitt 12,50–20 €, Tel. 935635411, http://adventurepark.pt.

54 Sintra [S. 232]

Lage und Bedeutung

Die wenigen Kilometer zwischen Lissabon und dem Atlantik werden von der **Serra da Sintra** (Hügelland von Sintra) mit durchschnittlich 200 bis 300 Höhenmetern geprägt. Am Nordrand dieses bewaldeten Mittelgebirges liegt auf etwa 200 Höhenmetern das Städtchen Sintra, das aufgrund des auch im Hochsommer **angenehmen Klimas** bei dennoch üppiger Vegetation schon von der portugiesischen Königsfamilie als Sommersitz gewählt worden war.

Schon früh wurde das in einer Schlucht gelegene Sintra so ein **beliebtes Ausflugs- und Reiseziel**, ja sogar **zum Wohnsitz für betuchte Persönlichkeiten aus aller Welt**. Noch heute zeugen prächtige Herrenhäuser von dieser Zeit. Einer der bekanntesten „Zugereisten" war der englische Spätromantiker George Gordon Noel Byron, 6. Baron Byron of Rochdale, genannt **Lord Byron**.

Optische Hauptattraktion ist sicherlich der kuriose, bisweilen mit dem bayerischen Märchenschloss Neuschwanstein verglichene Palácio Nacional da Pena oberhalb der Stadt. 1995 wurde ganz Sintra zum **UNESCO-Weltkulturerbe** erklärt.

EXTRATIPP

Besuchermassen ausweichen

Für Sintra sollte man sich einen ganzen Tag Zeit nehmen, dabei aber (vor allem im Sommer) die Wochenenden und Feiertage meiden – es wird dann extrem voll!

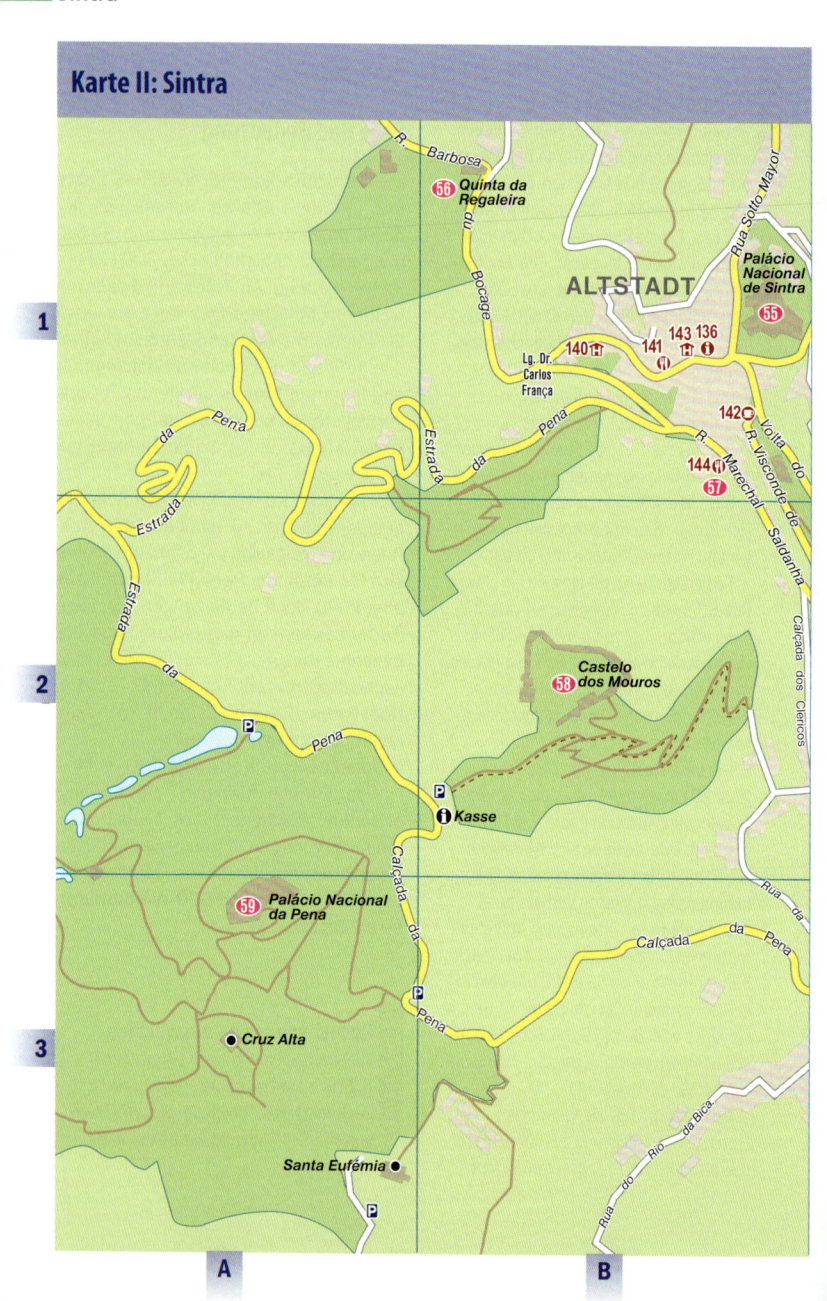

Entdeckungen außerhalb der Stadt
Sintra

Karte II: Sintra

- 56 Quinta da Regaleira
- ALTSTADT
- Palácio Nacional de Sintra 55
- R. Barbosa
- R. du Bocage
- Rua Sotto Mayor
- Lg. Dr. Carlos França
- 140, 141, 143, 136
- 142
- 144 — 57
- R. Visconde de
- R. Marechal Saldanha
- Estrada da Pena
- Calçada dos Clérigos
- Castelo dos Mouros 58
- Kasse
- Palácio Nacional da Pena 59
- Calçada da Pena
- Calçada da Pena
- Rua da Pena
- Cruz Alta
- Santa Eufémia
- Rua do Rio da Bica

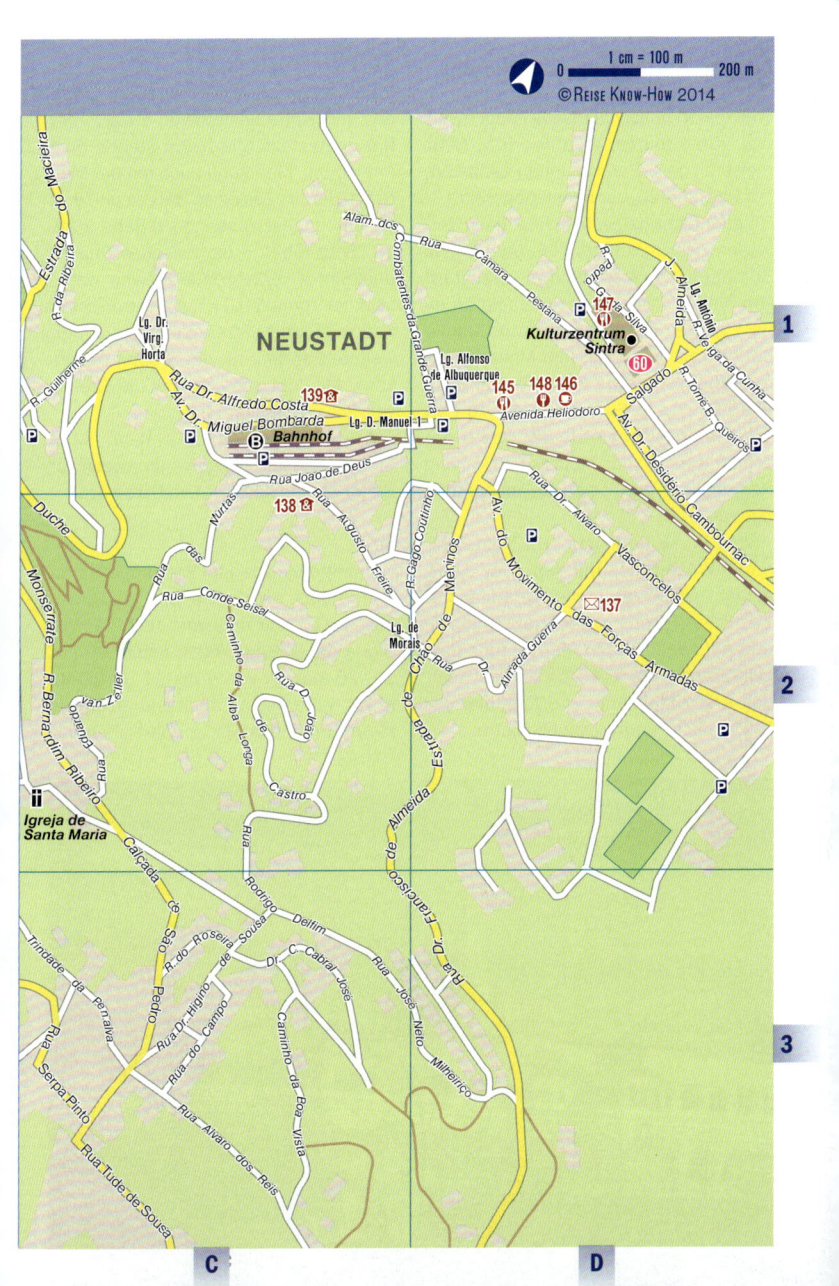

☐ Legende Seite 157 Entdeckungen außerhalb der Stadt **155**
Sintra

NEUSTADT
Lg. Dr. Virg. Horta
Lg. Alfonso de Albuquerque
Kulturzentrum Sintra
147
145 148 146
139
Bahnhof
138
137
Lg. de Morais
Igreja de Santa Maria

Sintra

An- und Weiterreise, Orientierung

Wer keinen Pauschalausflug gebucht hat (vgl. „Stadttouren, organisierte"), fährt meist mit der S-Bahn ab Innenstadtbahnhof Rossio [V20] zur Endstation Sintra.

Vereinfacht dargestellt, liegt nach Verlassen des Sackbahnhofes (Av. Miguel Bombarda) rechter Hand die **Neustadt** von Sintra, linker Hand (man folgt in einem großen Bogen der Volta do Duche um eine Schlucht) gut fünf Minuten entfernt die **historische Altstadt**. Alle wichtigen Punkte in Sintra sind gut zu Fuß erreichbar, wenngleich der obere Abschnitt (Castelo dos Mouros und Palácio Nacional da Pena) einen steilen Aufstieg bedeutet.

Vom Pr. M. de Pombal [T17] im Zentrum aus fährt man **mit dem Pkw** die R. Aguiar und Duarte immer geradeaus in westlicher Richtung, die Straße führt direkt auf die Autobahn A5 (Richtung Cascais/Estoril). Nach 10 km erreicht man das Kreuz Monsanto und folgt hier der N 117 nach Nordwesten bis Sintra.

S-Bahn

Zwischen Lissabon (ab Station „Oriente") und Sintra besteht von 5 bis 22.30 Uhr spätestens alle halbe Stunde eine Anbindung. Man kann auch mit der Metro bis „Jardim Zoológico" fahren und dort an der angeschlossenen S-Bahn-Station „Sete Rios" in die zwischen Oriente und Sintra verkehrende S-Bahn wechseln. Fahrpreis 2,10 € mit elektronischer Zapping-Card (0,50 €), die man auch für weitere Fahrten mit der S-Bahn nutzen kann. Mit der Lisboa-Card ist die Strecke von Rossio bis Sintra frei.

Achtung: Nicht in die S-Bahn „Mira Sintra/Melesas" steigen – die zweigt vor Sintra ab und hält nicht im Ort selbst.

Bus

Unmittelbar vor dem Bahnhof in Sintra fahren auch alle Busse, u. a. die Direktbusse 417 und 403 von/nach Cascais sowie die 418 von/nach Estoril jeweils 14–20-mal tgl. von 6 bis 21 Uhr (Estoril bis Mitternacht). Auch zum Ausflugsstrand Praia das Macas fährt alternativ

EXTRATIPP

Entspannung im Parque da Liberdade

Der angenehm schattige Park Parque da Liberdade mit **subtropischer und exotischer Vegetation** (z. B. japanische Gräser) lädt zum Verweilen ein. Direkt am Parkgelände fällt ein **maurischer Brunnen** ins Auge, der 1922 im neogotischen Stil von dem Bildhauer José da Fonseca erbaut wurde.

> tgl. 9–18 Uhr, Eintritt frei, Kiosk am Zugang, am oberen Parkende erreicht man die Rua B. Ribeiro und den Fußweg zum Kastell (s. S. 161)

Legende zu Karte II (S. 154)

- ❶136 [II B1] Touristeninformation Sintra S. 163
- ✉137 [II D2] Post S. 163
- 🏨138 [II C2] Pensão Maria Parreirinha S. 163
- 🏨139 [II C1] Pensão Nova Sintra S. 163
- 🏨140 [II B1] Lawrence's S. 163
- 🍴141 [II B1] Tulhas de S. Martinho S. 164
- ☕142 [II B1] Café da Vila S. 164
- 🍴143 [II B1] Restaurante Central S. 164
- 🍴144 [II B1] Restaurante A Taverna S. 164
- 🍴145 [II D1] Marisqueira Çintralia S. 164
- ☕146 [II D1] Pastelaria Tirol S. 164
- 🍴147 [II D1] Pastelaria Primavera S. 164
- ☕148 [II D1] Cafeteria Tulipa S. 164
- ㊻ [II B1] Palácio Nacional de Sintra S. 157
- ㊼ [II B1] Quinta da Regaleira S. 159
- ㊽ [II B1] Museu do Brinquedo (Spielzeugmuseum) S. 160
- ㊾ [II B2] Castelo dos Mouros (Maurenkastell) S. 160
- ㊿ [II A3] Palácio Nacional da Pena und Parque da Pena S. 161
- ⓺⓪ [II D1] Museu de Arte Moderna S. 162

zur restaurierten Tram auch der Bus 441 alle 12–20 Minuten.

Der **Stadtbus 434** (Tagesticket mit beliebig vielen Stopps für 5,20 €) verbindet alle wichtigen Punkte in Sintra miteinander, ist aber für den Besuch der aufgeführten Sehenswürdigkeiten nicht unbedingt notwendig. Achtung: Dieses Tagesticket verliert seine Gültigkeit, wenn man zum Bahnhof zurückfährt.

Kutsche und Taxi

Per Droschke lassen sich die Sehenswürdigkeiten Sintras recht stilvoll besuchen. Die meisten Kutscher warten auf dem Platz Largo Rainha D. Amélia vor dem Palácio Nacional de Sintra (s. u.), verlangen aber auch mind. 50 € für eine Rundfahrt.

Vor dem Haupteingang des Bahnhofs warten **Taxis**, die Strecke zum Kastell beispielsweise kostet 15–20 €.

◁ *Der markante „Doppelschlot" des Palácio Nacional de Sintra*

Sehenswertes

㊻ Palácio Nacional de Sintra ★★★ [II B1]

Das mit seinen unübersehbaren Zwillingsküchenschloten markanteste Bauwerk liegt zentral im Altstadtkern. Archäologischen Forschungen zufolge soll hier bereits um 950 eine Art Verwaltungssitz der Mauren gestanden haben, auf dessen Grundmauern sich João I.

(1385–1433) einen Sommerpalast errichten ließ, der zum Stammsitz der Könige des Hauses Aviz wurde.

Aus dieser ersten Bauphase sind hauptsächlich noch die flache Freitreppe und die Fassade mit den fünf Zwillingsfenstern erhalten. Im frühen 16. Jh. während der Regentschaft von Manuel I. (1495–1521) permanent erweitert und verändert (Fenster und Portale im augenfälligen manuelinischen Stil, innen Azulejo-Wände), kamen im 18. Jh. jene besagten auffälligen Schlote hinzu. Im 19. Jh. (unter Manuel II.) fand eine umfassende Umgestaltung der Anlage statt. Der Palast ist seither **kein harmonisches Gebäude,** sondern besteht aus miteinander kombinierten Einzelteilen mit maurischen, gotischen und manuelinischen Stilmerkmalen sowie architektonischen Einflüssen der Renaissance.

Vor dem Stadtpalast stehen ein kleiner Brunnen sowie ein spätgotischer Pranger. Wenn sich nicht wegen Restaurierungsarbeiten Änderungen ergeben, liegt der **Rundgang** relativ fest: Über den **Saal der Wachen** (Lokalität der ehemaligen königlichen Leibgarde) gelangt man in den größten Raum der Anlage, den **Saal der Schwäne** genannten Bankettsaal. Im nächsten Raum (**Saal der Elstern**) fallen die zahlreichen Elstern als Deckenbemalung auf – es sollen über 130 sein – jede mit einem Zettel mit der Aufschrift *Por bem* („Für das Gute") im Schnabel. Hierbei handelt es sich um die Devise von König João I. (1385–1433), dem Begründer des Anwesens. Aus dem 16. Jh. stammt die großzügige, aus reinstem Carrara-Marmor gebaute Kaminanlage dieses Saales. Auch der **Galeonensaal** wurde mit prächtigen Malereien mit Szenen der portugiesischen Entdeckungsfahrten ausgestaltet.

Im nachfolgenden **Saal der Araber** fühlt sich der Betrachter in einen maurischen Palast versetzt, ehe man den prächtigen, auch als Hirschsaal bezeichneten **Wappensaal** betritt. Die Wände des Raumes sind mit Jagdszenen darstellenden Azulejos aus dem 18. Jh. ausgekleidet. In die achteckige Kuppeldecke wurden die 72 Wappen der portugiesischen Adelsfamilien eingebettet, die im Zentrum vom Wappen Manuels I. (1495–1521), dem Auftraggeber dieses Raumes, und denen seiner acht Kinder überragt werden. Neben kleineren Vestibülen passiert man noch den **Arrestraum** Afonsos VI., der von sei-

---

KURZ & KNAPP

Ferdinand II.

August-Franz-Anton (später Ferdinand II.) kam 1816 als ältester Sohn des Prinzen Ferdinand von Sachsen-Coburg-Saalfeld-Koháry in Wien zur Welt. Im April 1836 wurde er mit der portugiesischen Königin Maria II. da Gloria vermählt und führte fortan den Titel „Herzog von Bragança". Nach der Geburt seines ältesten Sohns Dom Pedro de Alcântara (später Peter V.) 1837 erhielt er konstitutionsgemäß den Königstitel als Titularkönig.

Nach dem Tod seiner Frau Maria II. im November 1853 wurde er bis zur Volljährigkeit des Prinzen (1855) als offizieller Souverän Portugals eingesetzt. Das anfängliche Misstrauen in der Bevölkerung aufgrund seiner deutschen Herkunft verkehrte sich bald durch populäre Maßnahmen in das Gegenteil. 1869 wurde ihm sogar ein Angebot zur Übernahme der spanischen Königskrone unterbreitet, das er jedoch ablehnte. Hochverehrt verstarb Ferdinand II. im Jahre 1885.

Entdeckungen außerhalb der Stadt

Sintra

nem Bruder Pedro II. für geistesgestört erklärt und politisch ausmanövriert wurde. Afonso stand hier von 1674 bis zu seinem Tode 1683 unter Hausarrest. Ein weiteres Schlafgemach wurde nach einer prunkvollen Pagode **Chinesischer Raum** benannt, an den sich die Hauskapelle aus dem 14. Jh. anschließt. Sehenswert ist ferner der **Arabische Raum** mit einem integrierten Brunnen, ehe der Rundgang in der **riesigen Schlossküche** (15. Jh.) endet. Hier kann man einen Blick von unten in die markanten Schlote werfen.

› Largo Rainha D. Amélia, geöffnet: Sommer: tägl. 9.30–19, Winter: 9.30–18 Uhr, Eintritt 5 €, ermäßigt 3,50 € (mit Lissabon-Card, bis 15 J. und So. Eintritt frei), Tel. 219106840, http://pnsintra.imc-ip.pt

56 Quinta da Regaleira ★ [II B1]

Von der Touristeninformation aus der Hauptstraße in westlicher Richtung etwa zehn Gehminuten folgend erreicht man linker Hand an der Straße nach Colares gelegen die Quinta da Regaleira, ein **in neomanuelinischem Stil erbauter Palast** aus dem frühen 20. Jh. Ursprünglich im Besitz der Gräfin von Regaleira wurde das Schlösschen von Dr. A. C. Monteiro erworben, dessen Büste auch an der Straße zwischen Bahnhof und Altstadt steht.

› Die großzügige Anlage mit Wasserspielen und kleinen Aussichtstürmen kann täglich von 10–17 Uhr (Sommer bis 19 Uhr, Eintritt 6 €, Kinder 3 €, Senioren 4 €, Familienkarte 18 €) selbstständig oder im Rahmen einer Führung (je nach Saison 3–10 x tgl., 10 €, 15 € oder 25 € je nach Art/Thematik der Führung) besichtigt werden (Tel. 219106650).

Aussicht vom Palácio Nacional da Pena auf das Castelo dos Mouros

57 Museu do Brinquedo (Spielzeugmuseum) ★ [II B1]

Diese interessante Sammlung geht auf den Sammler J.A. Moreira zurück, der bereits in den 1950er-Jahren aus einem „Aufbewahrungsfimmel" eine Sammelleidenschaft entwickelte, die zu heute insgesamt rund 20.000 Einzelexemplaren vom frühen 19. Jh. bis in die Gegenwart führte. Ausgestellt sind Blechspielzeuge, Brettspiele, Modellfahrzeuge aller Art, Dampfmaschinen, Miniaturarmeen sowie Puppen.

› Rua Visconde de Monserrate, Tel. 219242171, Di.–So. 10–18 Uhr, Eintritt 5 €, ermäßigt 3 €

58 Castelo dos Mouros (Maurenkastell) ★★ [II B2]

Auf einer Anhöhe am Südrand oberhalb der Altstadt liegen die weitläufigen Reste des Maurenkastells (Castelo dos Mouros) aus dem 8. Jh., **eine der bedeutendsten militärischen Bastionen ihrer Zeit.**

Mitte des 12. Jh. gelang es König Afonso Henrique, das Kastell zu erobern, und erweiterte es zu Verteidigungszwecken. Von der ursprünglichen Anlage sind noch **Türme und Mauern erhalten,** wesentliche Veränderungen im Innern wurden später unter König Fernando (Ferdinand) II. von Coburg-Koháry (1816–1885) vorgenommen, insbesondere mit dem Bau des Torre Real, von dem aus ein herrlicher Blick auf die Stadt genossen werden kann.

Die Anlage ist im unteren (älteren) Teil relativ zerfallen und teilweise zugewuchert, oben dagegen (im eintrittspflichtigen Abschnitt) mit den umlaufenden Mauern noch recht gut in Schuss.
> Nov.–April tgl. 9.30–18 Uhr, Mai und Okt. tgl. 9.30–19 Uhr, Juni–Sept. tgl. 9.30–20 Uhr, 25.12. und 1.1. geschl., Eintritt 7 €, Senioren 6 €, Schüler/Studenten 5 €, Kinder unter 6 Jahre Eintritt frei

59 Palácio Nacional da Pena und Parque da Pena ★★★ [II A3]

Portugals Märchenschloss nimmt touristisch durchaus einen ähnlichen Stellenwert ein wie Neuschwanstein für Bayern und wer ein Faible für Königsschlösser mitbringt, darf den Palácio Nacional da Pena nicht auslassen, ein Besuch empfiehlt sich daher unbedingt.

Die Anlage entstand unter der Regentschaft von König Fernando II. von Coburg-Koháry als königliche Sommerresidenz unter der Leitung von Wilhelm Ludwig von Eschwege in den Jahren 1840 bis 1850. Der einem althessischen Rittergeschlecht entstammende von Eschwege war als Geograf und Geologe ab 1803 zunächst für die portugiesischen Eisenerzbergwerke verantwortlich und diente später als Feldmarschallleutnant und Oberberghauptmann in Portugal.

Er erhielt vom deutschstämmigen Monarchen den Auftrag, Elemente einer

> **EXTRATIPP**
>
> **Fußweg zum Kastell und Pena-Palast**
>
> Per Bus oder Taxi fahren die meisten Besucher die langen Serpentinen der Estrada da Pena hinauf zum Maurenkastell und dem Palácio Nacional da Pena, die beide auf Hängen oberhalb der Altstadt thronen. Zu Fuß würde die recht steile Straßenroute etwa eine Stunde ab Zentrum in Anspruch nehmen, mindestens die Hälfte der Zeit spart **folgende Abkürzung:** vom Palácio Nacional aus Richtung Bahnhof gehend folgt man rechter Hand der Rua V. de Monserrate bis zur Rua B. Ribeiro etwa 500 m. Dort erblickt man an einem Haus mit markanter Treppe (Stufengasse) rechter Hand die kleine Marienkirche (Estrada de Santa Maria) in der Fußgängergasse **Rampa do Castelo.** Diese Rampa schlängelt sich als Waldpfad zum Castelo hinauf (insgesamt ca. 20 Minuten Fußweg ab Zentrum).
>
> Die dreischiffige romanisch-gotische Kirche **Igreja de Santa Maria** entstand bereits im 12. Jh. unter König Afonso Henrique und wurde nach dem Erdbeben von 1755 in ihrer heutigen Form restauriert. Ein paar Meter höher Richtung Kastell sieht man das Haus **Casa Hans Christian Andersen,** der hier 1866 auf seiner Reise durch Portugal wohnte.

früheren Klosteranlage aus dem 16. Jh. mit **unterschiedlichen Baustilen zu verquicken,** was später zu harscher Kritik aus dem Lager der Kunstkritiker führte, der Beliebtheit des Schlosses aber bis heute keinen Abbruch tut. Der Hesse brachte Einflüsse aus Gotik, Manuelinik, Renaissance und Rokoko ebenso in

◁ *Märchenhaft-verspielt: die grandiose Schlossanlage im Parque da Pena* das Gesamtbild ein wie maurische und fernöstliche Stilelemente. Der Hauptturm des Schlosses schließlich wurde ziemlich exakt dem Torre de Belém ㊱ nachgebildet.

Von der **ursprünglichen Klosteranlage** aus dem 16. Jh. sind noch der zweistöckige, mit Azulejos ausgekleidete Kreuzgang sowie die Klosterkapelle mit einem Renaissancealtar erhalten. Die Glasmalereien der Fenster kamen im 19. Jh. hinzu und stammen aus Deutschland.

Die sonstige heute zu besichtigende **Innengestaltung** wurde weitgehend authentisch rekonstruiert. Alltagsutensilien und Accessoires sind ebenso zu sehen wie Möbel, Waffen und die Privaträume der damaligen Zeit. Aus heutiger Sicht sind das frühneuzeitliche Waschzimmer und die Palastküche besonders interessant, da beide aufgrund ihres Alters aus heutiger Sicht nahezu unwirklich-komisch wirken.

Von dem die Burg umziehenden **Wehrgang** öffnet sich dem Besucher eine **herrliche Aussicht über das gesamte Bergland von Sintra** über kahle Gipfel, waldiges Hügelland bis hinunter zum Atlantik und an klaren Tagen sogar bis zum Klosterpalast von Mafra (größte Klosteranlage Portugals, etwa 50 km nördlich von Lissabon).

EXTRATIPP

Kombikarten

Für den Pena-Palast und das Maurenkastell wird auch eine **Kombikarte** zu 16 €/ Familien 50 € angeboten.

Ferner gibt es eine **Sintra-Kombikarte** für Pena-Palast, Maurenkastell, Kapuzinerkloster und Monteserrate-Park für 22 € (Familien 65 €).

Rund um das Schloss ließ Ferdinand von Coburg-Koháry einen rund 200 Hektar großen, eindrucksvollen **Waldpark** anlegen, der mit rund 400 Baumarten, Sträuchern, Farnen und Blumenbeeten bepflanzt wurde.

Höchster Punkt des Sintra-Berglandes ist das 1522 auf 529 Höhenmetern errichtete **Steinkreuz Cruz Alta.** Das Kreuz ist über ausgewiesene Fußwege leicht erreichbar und bietet sich als Abwechslung von der Großstadt in der frischen Luft des Mittelgebirges an.

› Tel. 219105340, www.parquesdesintra.pt, tgl. 10–17.30 Uhr (Mai–Mitte Sept. 9.45–19, im Winter 10–17 Uhr), Eintritt 13,50 €, ermäßigt 11 €, 1 € Rabatt, wenn man zwischen 9.30 und 11 Uhr das Ticket kauft, Kombiticket, Kinder bis 6 Jahre Eintritt frei, der Eintritt (Pena) beinhaltet Schloss, Schlossgarten und Chalet da Condessa d'Edla.
› **Wegbeschreibung:** Vom Maurenkastell aus folgt man dem Pfad wenige Meter weiter hinauf bis zu einem Drehkreuz an der Straße (hier auch Kassenhäuschen mit Infos und Tickets zu beiden Anlagen) und wendet sich nach links, wo man nach etwa 150 m den Zugang zum Palácio Nacional da Pena auf 500 Meter Höhe erreicht.
› Im Schloss-/Parkareal verkehrt während der Öffnungszeiten eine **Touristenbahn** für 2 €/ Person.

(60) Museu de Arte Moderna ★ [II D1]

Das städtische **Museum für moderne Kunst** (Neustadt) stammt aus den 1920er-Jahren und beherbergte ursprünglich eine weithin beachtete Sammlung europäischer und amerikanischer Werke der Nachkriegszeit ab 1945, hauptsächlich moderner Künstler wie Andy Warhol, Roy Lichtenstein, Jeff

Koons, Daniel Spoerri oder Georg Baselitz. Die Stücke stammen aus dem Privatbesitz des Multimillionärs und Weinmoguls Berardo, der die wichtigsten seiner Stücke nach dem Bau des Kulturzentrums von Belém ❸ seit 2008 dort ausstellen lässt. Hier in Sintra ist daher nur noch eine kleinere Auswahl zu sehen.
› Avenida Heliodoro Salgado, Tel. 219248170, www.sintramodernart.com, tgl. außer Mo. 10–18 Uhr, Eintritt 4 €

Neustadt

Geht man vom Bahnhof die Hauptstraße Rua Dr. Alfredo Costa 250 m rechts entlang, erreicht man das kleine **Zentrum der Neustadt mit Banken, Cafés und Restaurants** sowie Einkaufsmöglichkeiten.
› In der Straße Combatantes da Guerra Grande können Besucher das **Internetcafé der Stadtbibliothek** (Mo.–Fr. 10–19 Uhr) nutzen.
› Gegenüber vom Kulturzentrum in der Rua Ge. Alves Rocadas liegt die Ausgangsstation der alten, mittlerweile restaurierten **Küstentram**, die Sintra mehrfach täglich über den Weinort Colares mit dem 15 km entfernten Badeort Praia das Maçãs verbindet (im Sommer 7- bis 10-mal tgl., Nov.–März nur Fr.–So. 10.10, 12, 14 und 15.45 Uhr, ab Sintra einfache Fahrt 7,50 €).

Umgebung von Sintra

Colares ist ein bekannter Weinort, in dem etliche wohlhabende Lissabonner ein Sommerhäuschen besitzen. Westlich von Colares liegen die **Strände der Costa do Sol** (erreichbar über die alte Straßenbahn Sintra – Praia das Maçãs) und der westlichste Punkt des europäischen Festlands, das **Cabo da Roca**.

Praktische Tipps

❶**136** [II B1] **Touristeninformation Sintra**, im Bahnhof (Neustadt, Tel. 219241623) und in der Altstadt in der Rua C. Pedroso/Ecke Pr. da República, Tel. 219231157, tgl. 9–19 Uhr, im Sommer 9–20 Uhr
› **Polizei:** Tel. 219230417
› **Erste Hilfe:** Tel. 214348200
✉**137** [II D2] **Post**, Av. do Movimento, Mo.–Sa. 9–17 Uhr
› **Einkaufen:** Fachgeschäfte und Supermärkte finden sich in der Fußgängerzone Avenida Helidoro Salgado (hier auch **Apotheke**) und in der Av. do Movimento (neben der Post).
› **Banken** (mit ATM) liegen gegenüber dem Bahnhof und in der Fußgängerzone Avenida Helidoro Salgado.

Unterkunft

Die meisten Reisenden besuchen Sintra im Rahmen eines Tagesausflugs. Wer länger vor Ort bleiben möchte, findet einige günstig gelegene Unterkünfte in der Neustadt in unmittelbarer Bahnhofsnähe.

🏠**138** [II C2] **Pensão Maria Parreirinha** €€, Rua das Murtas 12, Tel. 219 232490, www.dmariaparreirinha.com. Direkt hinter dem Bahnhof liegt diese kleine Pension mit einfachen Zimmern ab 40 €/DZ, Hauptsaison 45 €.

🏠**139** [II C1] **Pensão Nova Sintra** €€, Largo Afonso de Albuquerque 25, Tel. 219230220, www.novasintra.com. Schräg gegenüber von Bahnhofshaupteingang bietet die Pension DZ inkl. Frühstück je nach Saison 75–95 €.

🏠**140** [II B1] **Lawrence's** €€€€, Rua Consigliéri Pedroso 38, Tel. 219105500, Fax 219105500, www.lawrenceshotel.com. In der Altstadt kann man stilvoll in diesem kleinen, rustikalen Hotel mit nur 16 Einheiten regulär ab 140 €/DZ unterkommen. Aktionstage (2 Nächte inkl. Frühstück u. ein Abendessen inkl. Getränke sowie Eintritt zur Quionta da Regaleira) sind schon für unter 160 € (2 Personen) zu buchen.

Kulinarisches

Als beliebter Ausflugsort hat Sintra auch ein gutes gastronomisches Angebot entwickelt. Empfehlenswerte Lokale in der **Altstadt**:

141 [II B1] **Tulhas de S. Martinho** €€, Rua Gil Vicente 4, Tel. 219232378, tgl. geöffnet bis 22.30 Uhr. Das Restaurant inmitten der historischen Altstadt gilt unter Reisenden als kleiner Geheimtipp. Die Gerichte sind gut und zünftig, das Lokal ist klein, aber stilvoll und fein, die Preise sind für Sintra sehr moderat. Besonders gelobt wird der Bacalhau com Nata (Kabeljau in cremiger Sauce) sowie die Lammgerichte.

142 [II B1] **Café da Vila** €, Calçada do Pelourinho 8, Tel. 219241174. Gegenüber dem Stadtpalast bekommt man Kleinigkeiten und Erfrischungen, aber auch preiswerte Fischgerichte.

143 [II B1] **Restaurante Central** €, Praça da República 35, Tel. 219290071, tgl. 12–17 Uhr. Dieses sehr beliebte Restaurant offeriert preiswerte und schmackhafte Tagesmenüs, z. B. Suppe, gegrillter Lachs oder Spareribs, Fruchtsalat und Kaffee für 8,70 €.

144 [II B1] **Restaurante A Taverna** €, Rua Escadinhas do Teixeira 3, Tel. 219233587. Neben dem Spielzeugmuseum bietet das A Taverna, etwas weiter entfernt von den Hauptsehenswürdigkeiten der Altstadt, einfache und gute Gerichte wie Spaghetti, Hacksteak, aber auch Fondue.

Lokale in der **Neustadt**:

145 [II D1] **Marisqueira Çintralia** €, Avenida Helidoro Salgado/Ecke Largo Afonso de Albuquerque, Tel. 218645207. Das Lokal überzeugt mit günstigen Tagesmenüs ab 7,50 € und Meeresfrüchtespezialitäten ab 14 €.

146 [II D1] **Pastelaria Tirol** €, Avenida Helidoro Salgado 7, Tel. 219230505. Für Kuchen, Gebäck und Kaffee empfiehlt sich diese einfache und preiswerte Pastelaria (mit Restaurantbetrieb im Obergeschoss).

147 [II D1] **Pastelaria Primavera** €, Rua Camara Pestana 9, um die Ecke vom Kulturzentrum, Tel. 219230531, geöffnet tgl. außer sonntags 9–19 Uhr. Ähnliches Angebot wie die Pastelaria Tirol.

148 [II D1] **Cafeteria Tulipa** €, Avenida Helidoro Salgado, Tel. 219243528. Ebenfalls günstige Kleinigkeiten serviert montags bis samstags in der Fußgängerzone diese einfache, bei Einheimischen sehr beliebte Cafeteria. Suppen kosten 1,20–2 €, Fischteller, Burger, Omelettes jeweils 5,90 €.

◁ *Das Wappen von Sintra*

Praktische Reisetipps

An- und Rückreise

Mit dem Flugzeug

Allgemeines

Die Anreise mit dem Flugzeug ist mit Sicherheit die beliebteste Variante bei Lissabonbesuchern, gelangt man doch auf diese Weise recht bequem in nur etwa drei Stunden von Deutschland, Österreich oder der Schweiz aus hierhin.

Nonstop-Verbindungen aus dem deutschsprachigen Raum mit Linienfluggesellschaften nach Lissabon bestehen mit Lufthansa von Hamburg, Frankfurt/M. und München, mit Swiss von Zürich sowie mit TAP Air Portugal von Hamburg, Frankfurt/M., München und Zürich.

Daneben gibt es eine ganze Reihe von **Umsteigeverbindungen** nach Lissabon, die zwar billiger sein können als die Nonstop-Flüge, bei denen man aber auch eine längere Flugdauer einkalkulieren muss. Diese sind mit den oben genannten Fluggesellschaften von anderen Flughäfen im deutschsprachigen Raum möglich, aber auch z. B. mit Air France über Paris, mit Alitalia über Rom, mit Brussels Airlines über Brüssel, mit Iberia über Madrid und mit KLM über Amsterdam.

Flugpreise

Ein Economy-Ticket von Deutschland, Österreich und der Schweiz hin und zurück nach Lissabon bekommt man je nach Jahreszeit und Aufenthaltsdauer ab knapp über 100 € (einschl. aller Steuern, Gebühren und Entgelte). Am teuersten ist es in der Hauptsaison im Sommerhalbjahr, in der die Preise für Flüge in den Ferienmonaten Juli und August besonders hoch sind und über 300 € betragen können.

Kinder unter zwei Jahren fliegen ohne Sitzplatzanspruch für 10 % des Erwachsenenpreises, ansonsten werden für ältere Kinder die regulären Preise je nach Airline um 25–50 % ermäßigt. Ab dem 12. Lebensjahr gilt der Erwachsenentarif.

Buchung

Natürlich kann man Anfragen und Buchungen über ein örtliches Reisebüro vornehmen, was aber insbesondere bei **Nur-Flug-Buchungen** nur in den seltensten Fällen zu einer Ersparnis führt. Heutzutage findet man die günstigsten Flugpreise im Internet, wobei je nach Reisezeit für ein- und denselben Flug Preisunterschiede von 10 % durchaus möglich sind. Grundsätzlich sind die folgenden **Buchungstipps** für jedermann und zu jedem Zeitpunkt interessant, da ein wenig Eigeninitiative bares Geld wert sein kann:

› Grundsätzlich empfiehlt sich für die Suche eines geeigneten Fluges eine der Internet-Suchmaschinen wie http://cfde.momondo.de, www.swoodoo.com, www.skyscanner.de, www.kayak.de oder www.billig-flieger-vergleich.de. Auch sogenannte Last-Minute-Spezialisten wie www.restplatzboerse.at oder www.de.lastminute.com kann man einbeziehen, wobei diese aber im Vergleich zu den genannten Suchmaschinen keineswegs immer den besten Last-Minute-Preis bieten.

> **EXTRAINFO**
>
> **Ausweis für Kinder**
>
> Seit Juni 2012 benötigen auch Kinder von 0 bis 16 Jahren für eine Auslandsreise **eigene Ausweispapiere** (Kinderreisepass/Reisepass) mit einem aktuellen Foto. Der Eintrag im Pass der Eltern ist nicht länger gültig.

Praktische Reisetipps
An- und Rückreise

› Wer im Einzugsgebiet **mehrerer internationaler Flughäfen** wohnt, kann bares Geld sparen, wenn man auch hier ein wenig vergleicht. Ein Beispiel: Ein Linienflug (Rückflugticket) von Düsseldorf nach Lissabon mit TAP Portugal kostet durchschnittlich knapp 20 % weniger als vom vergleichsweise teuren Flughafen Frankfurt/M.
› Einige Internetanbieter vermitteln auch gleichzeitig **Unterkunft und/oder Mietwagen**, was bei Bedarf zu sehr attraktiven Paketpreisen führen kann.

Billigfluglinien

Preiswerter geht es mit etwas Glück nur, wenn man bei einer Billigairline sehr früh online bucht. Es werden keine Tickets ausgestellt, sondern man bekommt nur eine Buchungsnummer per E-Mail. Zur Bezahlung wird in der Regel eine Kreditkarte verlangt.

Im Flugzeug gibt es oft keine festen Sitzplätze, sondern man wird meist schubweise zum Boarden aufgerufen, um Gedränge weitgehend zu vermeiden. Verpflegung wird extra berechnet, bei einigen Fluggesellschaften auch aufgegebenes Gepäck. Nach Lissabon fliegen:
› **Air Berlin**, www.airberlin.com, von vielen deutschen und österreichischen Flughäfen sowie ab Zürich und Basel über Palma de Mallorca
› **easyJet**, www.easyjet.com, von Berlin, Basel-Mulhouse-Freiburg und Genf
› **Germanwings**, www.germanwings.com, von Köln-Bonn und Stuttgart sowie von vielen anderen deutschen Flughäfen und ab Zürich sowie Wien über Köln-Bonn oder Stuttgart

◁ *Vorseite: Manch ein Tourenradler wagt die Fahrt nach Lissabon*

△ *Der Lissabonner Flughafen liegt relativ zentrumsnah*

Praktische Reisetipps
An- und Rückreise

Last Minute

Wer sich erst im letzten Augenblick für eine Reise nach Lissabon entscheidet oder gern pokert, kann Ausschau nach Last-Minute-Flügen halten, die von einigen Airlines mit deutlicher Ermäßigung ab etwa 14 Tage vor Abflug angeboten werden, wenn noch Plätze zu füllen sind. Diese Last-Minute-Flüge lassen sich nur bei Spezialisten buchen:

- **L'Tur**, www.ltur.com, Tel. 00800 21212100 (gebührenfrei für Anrufer aus Europa); 165 Niederlassungen europaweit
- **Lastminute.com**, www.lastminute.de, (D-)Tel. 01805 284366 (0,14 €/Min.), für Anrufer aus dem Ausland Tel. 0049 89 4446900
- **5 vor Flug**, www.5vorflug.de, (D-)Tel. 01805 105105, (A-)Tel. 0820 203085
- **Restplatzbörse**, www.restplatzboerse.at, (A-)Tel. (01) 580850

Ankunft am Lissabon Airport

Der Lissabonner Flughafen gliedert sich in zwei baulich getrennte, aber unmittelbar miteinander verbundene Bereiche für Abflug und Ankunft. Dies ist auch für ankommende Reisende durchaus komfortabel, um die im **Abflugbereich** liegenden Serviceinstitutionen (u. a. Drogerie mit Internetecke, Post, Telefonkarten-Automaten, Bankautomaten usw.) zu nutzen.

Nach der Gepäckaufnahme und Erledigung eventueller Zollformalitäten gelangt man unmittelbar in den kleinen **Ankunftsbereich** mit dem großen **Touristeninformationsschalter** im Zentrum. Diesen sollte man unbedingt aufsuchen, sei es für Prospekte und Stadtpläne, Taxibuchung, Erwerb der Lisboa-Card (s. S. 207) oder Unterkunftsbuchung. Unmittelbar daneben kann man sich an einer Multimediasäule mit mehrsprachiger Menüführung zu diversen touristischen Fragen informieren. Man kann zudem Adressen oder Punkte eingeben, man erhält dann einen möglichen Anfahrtsweg.

Um zu den **Mietwagenagenturen** (Europcar, Avis, Hertz, Autojardim, Budget und Sixt) zu gelangen, muss man zu einem etwa 150 m entfernten Parkhaus gehen, das unterirdisch mit der Ankunftshalle (gut beschildert, nach Ankunft rechts halten, „car hire") verbunden ist. Hierfür unbedingt einen Trolley mitnehmen, denn der Weg zieht sich in die Länge!

- Internetauftritt des Flughafens: www.ana.pt

Transfer ins Zentrum

Eine der – zumindest für den Reisenden – angenehmen Seiten Lissabons ist die **zentrumsnahe Lage des Flughafens**. Binnen weniger Minuten ist man per **Aerobus (Linie 1)** oder für rund 20 € (je nach Ziel) per **Taxi** im Zentrum. Während der nicht in der Lisboa-Card enthaltene (3,50 € einfach, 5,50 € für Hin- und Rückfahrkarte, Ticket direkt beim Fahrer erhältlich oder auch online vorab unter www.yellowbustours.com) Aerobus 1 direkt vor der Ankunftshalle wartet (beschildert, nahe der Taxistände), fahren die (1,40 € einfach) „normalen" Stadtbusse 44 und 45 (beide via M. de Pombal und Avenida da Liberdade bis zur Endstation Cais do Sodré ⓳) etwa 100 m Luftlinie entfernt schräg gegenüber vom Parkhaus ab. Je nach Verkehr dauert die Fahrt ins Zentrum 25–30 Minuten.

Zurück zum Flughafen fährt die Linie 1 ab Cais do Sodré ⓳ via Restauradores ❶ (vor der Post) die Avenida da Liberdade hinauf und hält auch in der Avenida F. P. de Melo bei den Metrostatio-

Kurzsprachhilfe für Tankstellen

Deutsch	Französisch	Spanisch	Portugiesisch
Normal, unverbleit	Sans plomb	Sin Plomo	Sem Chumbo
Super	Super	Súper	Súper
Diesel	Gas-oil	Diesel	Gasóleo
Volltanken, bitte	Le plain, s'il-vous plaît	Lleno, por favor	Cheio, se faz favor
Tankstelle	Station-service	Estación de servicio	Posto de gasolina
(Getriebe-)Öl	L'huile	Aceite	Óleo
(Kühl-)Wasser	L'eau refroidissement	Agua del radiator	Agua de refrigeraçao
Autobahn	Autoroute	Autopista	Autoestrada

nen „Picoas" und „Saldanha", dann erst wieder am Flughafen.

Metroanbindung: Noch schneller und bei Erwerb der Lisboa-Card (s. S. 207) im Kaufpreis inbegriffen, geht es mit der **Metro** vom Stadtflughafen („Aeroporto") Richtung Innenstadt. Mittelfristig können daher einige der genannten Busverbindungen Flughafen – Stadt eingestellt werden.

Mit dem Auto

Eines vorab: Wer ausschließlich nach Portugal bzw. Lissabon fahren möchte, sollte besser fliegen! Die Anreise per Pkw übersteigt für ein oder zwei Personen, zumindest bei günstigen Nebensaisonflugpreisen, die Kosten für Flugticket(s) plus Leihwagen vor Ort deutlich. Ab drei bis vier Personen – insbesondere bei Familien mit Kindern also – „rechnet" sich dann zwar die Anreise mit dem eigenen Fahrzeug, ein Erholungseffekt dürfte nach der rund 2600 km langen Rückfahrt von Lissabon nach Deutschland jedoch kaum mehr vorhanden sein. Neben Sprit (ca. 200–300 € einfach, je nach Verbrauch und Treibstoffart) und Autobahngebühren (derzeit insgesamt über 100 € für eine Strecke) kommen jeweils noch zwei Übernachtungen hinzu, sodass schon allein **für An- und Rückreise knapp eine Woche** einkalkuliert werden muss.

Wer jedoch viel Zeit hat oder nebenbei nicht nur andere portugiesische Ziele, sondern auch Frankreich und Spanien besuchen möchte, eventuell mit Bootsanhänger oder Caravan auch vor einer langen Anfahrt nicht zurückschreckt, sollte sich die **französische Motelkette Formule 1** mit knapp 400 (gut ausgeschilderten) Unterkünften in unmittelbarer Autobahnnähe in Frankreich und Spanien merken. Der Preis ist mit ca. 35 € pro Raum (schlicht, sauber, funktional) sagenhaft günstig, hinzu kommt ein sicherer, weil nachts verschlossener Parkplatz und die Kosten für ein Frühstück halten sich mit 4–5 € p. P. ebenfalls in Grenzen. Mit Visa-, Master-, American-Express- und EC-Karte ist ein automatisierter 24-Stunden-Check-in möglich.

› www.hotelformule1.com (Liste bzw. Karte aller Hotels, auch mit konfigurierbarer Routenbeschreibung)

Strafkatalog bei Verkehrsverstößen

Delikt	Deutschland	Frankreich	Spanien	Portugal
Falsch Parken	10–70 €	ab 10 €	bis 90 €	ab 30 €
Überholverstoß	30–250 €	ab 90 €	ab 90 €	ab 120 €
Rote Ampel	90–320 €	ab 90 €	ab 90 €	ab 100 €
20 km/h zu schnell	bis 35 €	ab 90 €	bis 90 €	ab 60 €
Alkohol am Steuer	ab 500 €	ab 135 €	ab 300 €	ab 250 €
(erlaubte km/h Ortschaft/ Landstraße/Autobahn)	50/100/---	50/90/130	50/90/120	50/90/120

Mit dem Bus

Von Pauschalreisen abgesehen (Information und Buchung in vielen Reisebüros) gibt es bedingt durch die langjährige Gastarbeitertradition auf die Iberische Halbinsel gute **Linienbusverbindungen** zwischen Deutschland und Portugal.

Vor allem für Preisbewusste, die sich nicht Ewigkeiten im Voraus festlegen wollen, ist der Bus eine gute Wahl. Während bei der Bahn oder den Billigfliegern alle bezahlbaren Kontingente nur bei langfristiger Vorbuchung zu haben sind, lässt sich so ein Busticket auch noch relativ kurzfristig erhaschen.

Wichtig: Die Reservierung für die Rückfahrt – die **Rückbestätigung** – wird am Zielort durchgeführt; hierfür wird eine Gebühr von 3 € erhoben.

Informationen über Fahrpläne und Buchung erteilt die Deutsche Touring GmbH. Auf der Internetseite können Ausgangs- und Zielorte gewählt sowie Fahrzeiten und Preise abgefragt werden.

> **Eurolines/Deutsche Touring GmbH**,
> Am Römerhof 17, 60486 Frankfurt/M.,
> Tel. 069 790350, Fax 069 790 3219,
> www.eurolines.de

Von vielen deutschen Großstädten aus werden alle wichtigen Orte Portugals angefahren, die **Kosten** belaufen sich auf etwa 200–220 € (hin und zurück). Kinder unter 12 Jahren zahlen die Hälfte, unter 4 Jahren 20 % des Fahrpreises. Auf allen Routen erhalten Studenten mit Ausweis 10 % Rabatt, alle Tickets können mit festem oder offengelassenem Rückreisetermin gebucht werden. Die Fahrtzeit Köln–Lissabon beträgt rund 30 Stunden.

Die Mitnahme von **Reisegepäck** ist auf zwei Gepäckstücke in Koffermaßen und ein Handgepäck pro Person begrenzt, das Handgepäck ist frei. Wenn es die Gepäckraumkapazität zulässt, kann nach Ermessen der Fahrer ein drittes Gepäckstück gegen eine Gebühr von 5 € mitgenommen werden. Es ist daher reine Spekulation, ob ein Fahrrad mitgenommen werden kann oder nicht, und dann auch nur ordentlich in Karton verpackt.

Wichtig: Die Reservierung für die Rückfahrt (Rückbestätigung) muss für offengelassene Rückfahrttermine vier Tage vor Fahrtantritt am Zielort durchgeführt werden, wofür vor Ort eine Gebühr von 3 € erhoben wird.

Mit dem Zug

Früher eine Odyssee von beträchtlicher Dauer, ist eine Bahnfahrt nach Lissabon heute keine Weltreise mehr – aber immer noch ein sicher außergewöhnliches Erlebnis. Eine solche Reise macht man weder, um Geld zu sparen, noch um schnell anzukommen. Es ist eine kleine Kreuzfahrt durch den alten Kontinent – und so durchaus nicht nur etwas **für reine Bahnliebhaber.**

Es gibt eine tägliche **Verbindung**, die von allen Gegenden Mitteleuropas aus zu erreichen ist. Zunächst geht es, je nach Ausgangsort, mit unterschiedlichen Zugtypen **nach Paris:** aus der nördlichen Hälfte Deutschlands über Köln mit dem Thalys, aus der südlichen Hälfte sowie aus der Schweiz und Österreich mit dem TGV über Straßburg oder dem ICE über Saarbrücken. Die Ankunft in Paris ist entweder am Nord- oder am Ostbahnhof (Gare du Nord bzw. Gare de l'Est).

Von dort geht es weiter mit der Metro zum Bahnhof Montparnasse. Für den Bahnhofswechsel sollte auf jeden Fall mindestens eine Stunde eingeplant werden. Gute Bahnagenturen bieten mit den Fahrkarten auch gleich die nötigen Metrotickets. Die Weiterfahrt von Paris-Montparnasse ist dann nachmittags gegen 16 Uhr mit dem TGV **nach Irun an der Spanischen Grenze,** wo man gegen 21 Uhr eintrifft.

Nun geht es auf die letzte Etappe: Um 22 Uhr fährt der **Sud-Express.** Einst neben dem Orientexpress einer der großen Luxuszüge Europas, ist er heute ein ganz normaler internationaler Nacht-

Zehntausende von Pendlern nutzen täglich die Vorortzüge

zug. Er führt komfortable Schlafwagen, bequeme Liegewagen und recht preiswerte Sitzwagen. Tipp: Gleich beim Einsteigen einen **Platz im Speisewagen reservieren**, wo ein reichhaltiges portugiesisches Menü serviert wird! So kommt man schon Stunden vor der Ankunft in die richtige Stimmung. Auch morgens steht der Speisewagen für ein ausgiebiges Frühstück bereit, da die Ankunft in Lissabon erst gegen 11 Uhr ist. Der Zug hält zunächst am Bahnhof Oriente [e4], dem Bahnhof der Expo 1998, von wo aus gute Stadtverkehrsverbindungen in alle umliegenden Stadtteile bestehen. Am Bahnhof Santa Apolonia [Z20] am Rande der Altstadt und gleich am Ufer des Tejo endet die große Fahrt schließlich.

Wer nicht nur das eigentliche Ziel erreichen möchte, sondern sich mehr Zeit lässt, kann en passant ein paar **Städte unterwegs besuchen** und die Reise unterbrechen, ohne mehr zu bezahlen – ein Vorteil, den nur die Bahn möglich macht.

Die **Preise** für eine solche Fahrt schwanken sehr stark, je nachdem wie lange vorher gebucht wird und wann die Fahrt stattfinden soll. Überdies gibt es ständig wechselnde Sonderangebote, die es unmöglich machen, einen allgemeinen Überblick zu geben. Allerdings: Teuer muss es nicht sein. Mit etwas Glück ist die einfache Fahrt z. B. von Frankfurt nach Lissabon für knapp 200 € zu bekommen.

Weitergehende Auskünfte zu individuellen Reiseplänen mit der Bahn erteilen die örtlichen Reisebüros sowie die Fahrplanauskünfte der nationalen Bahngesellschaften.

› Deutschland: http://reiseauskunft.bahn.de
› Österreich: http://fahrplan.oebb.at
› Schweiz: http://fahrplan.sbb.ch

Mit dem Schiff

Wer selbst zur See fuhr, weiß es aus eigener Erfahrung, und wer weitgereiste Seeleute kennt, zumindest aus Erzählungen: Die Einfahrt auf dem Seeweg nach Lissabon zählt zu den **schönsten städtischen Panoramen weltweit**. Wer die Seereise nach Lissabon wagen möchte, kann beim Verlag „Read, Travel, Group" (Tel. 0211 956980) einen weltweit gültigen Linienschiff- und Kreuzfahrtführer bestellen oder bei Frachtschiff-Touristik (Exhöfte Damm 12, 24404 Maasholm, Tel. 04624 6068) entsprechende Auskünfte einholen. Im Rahmen einer Kreuzfahrt wird Lissabon ebenfalls des Öfteren angefahren. Informationen hierzu finden sich z. B. unter http://kreuzfahrt.bungeweb.com. Recht bekannt sind Kreuzfahrten mit dem Luxusliner AIDA, der auch Lissabon anläuft, www.aida-weblounge.de/reiseberichte/clissabon1.

Autofahren

Auf die Benutzung eines Pkws innerhalb Lissabons sollte man aufgrund des **hohen Verkehrsaufkommens** und der oftmals **engen Straßenführung** besser verzichten. **Parkplätze** sind schon für die selbst in den kleinsten Gassen kundigen Ortsansässigen ein Dauerproblem. (Parkhäuser gibt es an der Av. Liberdade und am Pr. dos Restauradores ❶.) Nimmt man es vielleicht mit den Parkvorschriften nicht so ganz genau? Mitnichten: Es wird rigoros abgeschleppt, und das wird nicht billig!

Egal ob man das eigene Fahrzeug (mit ausländischem Kennzeichen) oder einen Mietwagen benutzt, immer ist zu beach-

Praktische Reisetipps
Autofahren

ten, dass es nirgends in Portugal so viele **Autodiebe** zu geben scheint wie gerade in Lissabon – der Wagen könnte also auch gestohlen sein statt abgeschleppt. Mietwagenfahrer wenden sich am besten an den Vermieter, der dann zunächst davon ausgeht, dass der Ausländer abgeschleppt wurde, und entsprechend nachforscht. Erst dann wendet man sich an die städtische Polizei (s. S. 184) oder an die Abteilung Reboque Viaturas der Polícia de Segurança Pública (PSP, Tel. 213421634).

Wer nicht auf einen fahrbaren Untersatz verzichten möchte, kann entweder vorab über das Internet (z. B. mit Suchmaschine wie www.easyterra.de oder www.mietwagen-check.de) oder auch direkt am Flughafen einen **Mietwagen** buchen, auch die meisten Hotels und größeren Pensionen bieten eine Kfz-Vermittlung an. Die Mietwagenpreise sind relativ günstig (ab 150 €/Woche), wobei die meisten Vermieter ein Mindestalter von 21 Jahren und den Nachweis einer mind. einjährigen Fahrpraxis (Führerscheinbesitz) voraussetzen. Weitere Details unterscheiden sich je nach Anbieter. So sollte man genau darauf achten, ob eine **Versicherung** tatsächlich „Vollkasko" nach unserer Vorstellung beinhaltet, denn oft sind **hohe Selbstbehalte** (über 1000 € pro Schaden) die Regel und man erfährt dies erst bei der Fahrzeugübernahme. Zwar kann jegliche Eigenbeteiligung im Schadensfall zusätzlich durch Abschluss einer weiteren Versicherung vermieden werden, doch das kostet je nach Anbieter rund 12 €/Tag extra. Schon deshalb sollte man bei der Übernahme sehr genau darauf achten, welche Vorschäden das angemietete Fahrzeug aufweist und wirklich jeden Kratzer eintragen lassen (**Übernahmeprotokoll**). Auch die „Tankregeln" sind unterschiedlich: Oft wird vollgetankt übergeben (und gesondert berechnet), dann gibt man das Fahrzeug möglichst leer zurück, bisweilen erhält man das Fahrzeug auch mit mehr oder weniger leerem Tank. Grundsätzlich wird eine Kaution entweder in bar oder in Form einer Kreditkartensicherheit verlangt.

Auf die **Verkehrsvorschriften** sollte man penibel achten, es gibt keinen „Ausländerbonus". Wenn nicht anders beschildert, gelten folgende **Geschwindigkeitsbegrenzungen**: innerorts 50 km/h, außerorts 90 km/h, auf Autobahnen 120 km/h. **Alkohol am Steuer** (0,5 ‰) wird mit bis zu 2500 € (ab 1,2 ‰ sogar mit einer Gefängnisstrafe) ebenso wie Telefonieren ohne Freisprecheinrichtung mit bis zu 600 € äußerst heftig bestraft. Auf manchen besonders unfallträchtigen Straßen läuft die Aktion „**tolerância zero – segurança maxima**". Das bedeutet, dass es bei polizeilichen Kontrollen an solchen Straßen kein Pardon gibt und auch jeder kleinste Verstoß geahndet wird. Sieht man ein entsprechendes Schild, sollte man sich peinlich genau an die Verkehrsregeln halten.

Einige **wichtige Verkehrsschilder** sind mit Unterschrift versehen:
› *Alto* = Halt
› *Atençao/Cuidado* = Achtung/Vorsicht
› *Curva perigosa* = gefährliche Kurve
› *De passagem* = Vorfahrt beachten
› *Estacionamento proibido* = Parkverbot
› *Ir pela direita/esquerda* = rechts/links fahren

Bei einem **Unfall** muss die Polizei wegen der Versicherungsbestimmungen/Polizeiprotokoll auf jeden Fall eingeschaltet werden. Daher: Beweise sichern, Unfallfahrzeuge und Schäden möglichst fotografieren, bevor ein Fahrzeug bewegt wird, Daten des Unfallgegners einschließlich dessen Versicherung aufschreiben und kein Schuldeingeständnis abgeben. Außerdem ist das Entfernen vom Unfallort in Portugal eine Straftat.

Beim **Automovil Club de Portugal (ACP)** kann 24-Stunden-Pannenhilfe unter Tel. 219429103 gerufen werden. Darüber hinaus ist Hilfe z. B. für ADACPlus-Mitglieder oder ÖAMTC-Mitglieder teilweise kostenlos. Man kann sich auch direkt an seinen Automobilklub wenden, hier die drei größten für Deutschland, Österreich und die Schweiz:

> **ADAC**, deutschsprachige Notrufstation in Barcelona Tel. +34 935082808 oder direkt in Deutschland Tel. +49 (0)89 222222, unter Tel. +49 (0)89 767676 gibt es Adressen von deutschsprachigen Ärzten in der Nähe des Urlaubsortes (Liste auch vorab anforderbar).
> **ÖAMTC**, Tel. +43 (0)1 2512000 oder Tel. +43 (0)1 2512020 für medizinische Notfälle
> **TCS**, Tel. +41 (0)22 4172220

Oft wird Lissabon auch als Ausflugsziel etwa bei einem längeren Urlaub an der Algarve zwischengeschaltet. In diesem Fall kommt man über die A–1 (Maut knapp 20 €) und die (mit 2,50 €/Pkw mautpflichtige) Ponte Vasco da Gama/Norte und dann die Beschilderung „Centro" in die Innenstadt.

Ausrüstung und Kleidung

Ein Wort zur **Kleidungsetikette**. Wie in Mitteleuropa auch versteht es sich von selbst, in städtischen Museen, Kirchen, gehobenen Restaurants usw. angemessene Bekleidung zu tragen (möglichst „züchtig"), während an den Stränden oder auf Wanderungen im Umland lockere Freizeitkleidung niemanden befremdet. Für offizielle Anlässe oder Geschäftsreisen sind Kostüm bzw. Anzug und Krawatte allerdings unverzichtbar. Ansonsten aber nimmt man es im heißen Lissabon eher locker, wobei jedoch kurze Hosen störend wirken.

Auch im Hochsommer weht abends ein **empfindlich kühler Wind**, sodass auch eine leichte Jacke/dickes Sweatshirt unverzichtbarer Reisebegleiter sein sollte.

Noch ein Hinweis zu der Schuhauswahl: Der innerstädtische Bereich wurde an vielen Stellen mit kunstvollen Pflastersteinen ausgekleidet, die bei Regen – insbesondere an den Hügeln der Innenstadt – sehr rutschig sein können.

Barrierefreies Reisen

Ein umfassendes Urteil über reisebezogene Einschränkungen ist immer schwer zu fällen, da es sehr individuell auf Art und Umfang der Einschränkungen und Besonderheiten ankommt. Generell kann man jedoch über Lissabon sagen, dass es doch **an vielem mangelt**, angefangen von viel zu kurzen Grünphasen an Ampeln über nicht abgeflachte Gehsteige, alte und oft sehr enge Lifte bis hin zu Schwierigkeiten, in die meisten der Metrostationen (die Hälfte ohne Lift!) auch nur hineinzukommen. Gleiches gilt für die anderen Verkehrsmittel mit großen Höhenunterschieden zwischen Gehsteig und Fahrzeug.

Auch sind die Hügel der Stadt an sich, erst recht in Kombination mit dem typischen unebenen **Kopfsteinpflaster**, der

Bewegungsfreiheit nicht zuträglich. Ausnahmen bilden hochmoderne Einrichtungen wie das Expo-Gelände ❹❸ oder Hotels der Spitzenklasse, die als voll behindertengerecht bezeichnet werden können. Prinzipiell kann Lissabon – zumindest falls man ohne Begleitung unterwegs sein möchte – nicht uneingeschränkt für Menschen mit Mobilitätseinschränkungen empfohlen werden. Weitere Informationen:

› http://nullbarriere.de/lissabon-barrierefrei.htm (informiert über persönliche Erfahrungen vor Ort)
› www.strawberryworld-lisbon.com/lissabon/essential/disabled-facilities.html (weitere Informationen zum Thema)

Diplomatische Vertretungen

In Deutschland

› **Botschaft der Portugiesischen Republik**, Zimmerstr. 56, 10117 Berlin, Tel. 030 590063500, Fax 030 590063600, www.botschaftportugal.de

In Österreich

› **Botschaft der Portugiesischen Republik**, Opernring 3, 1010 Wien, Tel. 01 5867536-0, Fax 01 586753699

In der Schweiz

› **Botschaft der Portugiesischen Republik**, Weltpoststr. 20, 3015 Bern, Tel. 031 3528668, Fax 031 3514432, www.secomunidades.pt/web/berna

In Lissabon

› **Deutsche Botschaft**, Campo dos Mártires da Pátria 38, Tel. +351 21 8810210 oder in dringenden Notfällen auch unter Tel. +351 96 5808092, www.lissabon.diplo.de
› **Österreichische Botschaft**, Avenida Infante Santo 43, 4. Stock, Tel. +351 21 3943900, Fax 3958224
› **Botschaft der Schweiz**, Travessa do Jardim 17, Tel. +351 213 944090, 213 955945

Ein- und Ausreisebestimmungen

EU- und Schweizer Bürger dürfen sich unbegrenzt ohne Visum in Portugal aufhalten. Zur Einreise genügt ein **Personalausweis**, der zwar gemäß dem Schengener Abkommen von 1993 bei Reisen von EU-Bürgern innerhalb der EU nicht immer verlangt wird, dennoch ist ein Ausweisdokument mitzuführen, um gegebenenfalls bei Verkehrskontrollen, im Hotel, für Banktransaktionen, beim Mietwagenverleiher oder Ähnlichem eine amtliche Identifikation vorlegen zu können.

In allen EU- und EFTA-Mitgliedstaaten gelten weiterhin nationale **Ein-, Aus- oder Durchfuhrbeschränkungen**, zum Beispiel für Tiere, Pflanzen, Waffen, starke Medikamente und Drogen (auch Cannabisbesitz und -handel). **Zollfrei einführen** darf man persönliches, gebrauchtes Reisegut, Reiseproviant und alkoholfreie Getränke. Waren, die zu gewerblichen Zwecken verwendet werden, müssen grundsätzlich beim Finanzamt zur Umsatzsteuer und, sofern sie der Verbrauchssteuer unterliegen, auch

Praktische Reisetipps
Ein- und Ausreisebestimmungen

beim Hauptzollamt angemeldet werden. Die **Freimengen** innerhalb der EU-Länder betragen:

> **Alkohol** (für Personen über 17 Jahre): 90 l Wein (davon max. 60 l Schaumwein) oder 110 l Bier oder 10 l Spirituosen über 22 Vol.-% oder 20 l unter 22 Vol.-% oder eine anteilige Zusammenstellung dieser Waren
> **Tabakwaren** (für Personen über 17 Jahre): 800 Zigaretten oder 400 Zigarillos oder 200 Zigarren oder 1 kg Tabak oder eine anteilige Zusammenstellung dieser Waren
> **Anderes:** 10 kg Kaffee und 20 Liter Kraftstoff im Benzinkanister

Freimengen für EU-Reisende aus einem Drittland (z. B. der Schweiz):

> **Alkohol** (für Personen ab 17 Jahren): 1 l Spirituosen (über 22 Vol.-%) oder 2 l Spirituosen (unter 22 Vol.-%) oder eine anteilige Zusammenstellung dieser Waren, und 4 l nicht schäumende Weine und 16 l Bier
> **Tabakwaren** (für Personen ab 17 Jahren): 200 Zigaretten oder 100 Zigarillos oder 50 Zigarren oder 250 g Tabak oder eine anteilige Zusammenstellung dieser Waren
> **Andere Waren:** 10 l Kraftstoff im Benzinkanister, für See- und Flugreisende bis zu einem Warenwert von insgesamt 430 €, über Land Reisende 300 €, alle Reisende unter 15 Jahren 175 €

Freimengen bei der Rückkehr in die Schweiz:

> **Alkohol** (für Personen ab 17 Jahren): 2 l bis 15 Vol.-% und 1 l über 15 Vol.-%
> **Tabakwaren** (für Personen ab 17 Jahren): 200 Zigaretten oder 50 Zigarren oder 250 g Schnitttabak oder eine anteilige Zusammenstellung dieser Waren
> **Andere Waren:** neuangeschaffte Waren für den Privatgebrauch bis zu einem Gesamtwert von 300 CHF, bei Nahrungsmitteln gibt es innerhalb dieser Wertfreigrenze auch Mengenbeschränkungen

◁ *Einkaufsbummel durch die Gassen Lissabons*

Lissabon preiswert

> Wer besonders preisbewusst Portugals Hauptstadt erleben möchte, sollte die Möglichkeiten der **Lisboa-Card** (s. S. 207) intensiv ausschöpfen. Mit ihr kann man innerhalb eines bestimmten Zeitraums Metro, Busse, Funiculars und S-Bahnen Richtung Sintra und Cascais (außer Fähren,
> sonstige S-Bahnen und Flughafenbus 1) nach Belieben nutzen. Zudem gewährt sie für einige wichtige Sehenswürdigkeiten Eintrittsermäßigungen oder sogar freien Eintritt.
> *Museen und Paläste im Stadtgebiet* (nicht Sintra!) bieten an der Tageskasse sogenannte *„Passes dos Museus e Palácios do IMC"* für 7 € *(2 Tage)*, 11 € *(5 Tage)* und 14 € *(7 Tage)*, mit denen beliebig viele Museen und Paläste besucht werden können.
> *Museen* bieten vielfach **an Sonntagen freien Eintritt bis 14 Uhr**, was die Reisekasse spürbar entlastet.
> In Tageszeitungen und Touristenbroschüren werben Restaurants, Boutiquen und Verkaufsstätten aller Art mit **Rabattgutscheinen** um Kunden – auch hier bietet sich einiges Einsparpotenzial.
> In den Cafés werden unterschiedliche Preise berechnet: **Im Stehen an der Theke** ist der Café oft um **bis zu 30 % günstiger als am Tisch.**
> Viele Kneipen und Bars haben eine so genannte **Happy Hour** z. B. mit Getränken zum halben Preis oder mit der Aktion „2-4-1" (zwei Getränke bestellen, eines bezahlen).

Nähere Informationen zu den genauen Bestimmungen:
> **Deutschland:** www.zoll.de, Zoll-Infocenter Tel. 069 46997600
> **Österreich:** www.bmf.gv.at, Zollamt Klagenfurt Villach Tel. 01 51433 564053
> **Schweiz:** www.ezv.admin.ch, Zollkreisdirektion Basel Tel. 061 2871111

Elektrizität

Die Stromspannung beträgt wie in Deutschland und anderen mitteleuropäischen Ländern auch 220 V bei 60 Hz, die Steckdosen sind landesweit ohne Adapter nutzbar (Eurodosen ohne Schutzleiter).

Geldfragen

Portugal ist Mitglied der europäischen Währungsunion, Zahlungsmittel ist also der Euro, sodass für Deutsche und Österreicher kein Geldwechsel erforderlich ist. Schweizer Franken werden in Banken, Wechselstuben und oft auch in Hotels gewechselt. Die **Banken** der portugiesischen Hauptstadt sind in der Regel werktags 8.30–15.30 Uhr geöffnet.

In den meisten Hotels, Restaurants und Geschäften kann mit den gängigen **Kreditkarten** (American Express, Diners Club, Mastercard, Visa) bezahlt werden, teilweise auch mit einer Maestro-(EC-)Karte.

Für **Barabhebungen per Kreditkarte** kann das Kreditkartenkonto je nach ausstellender Bank mit einer Gebühr von bis zu 5,5 % belastet werden, für das bargeldlose Zahlen werden nur 1–2 % für den Auslandseinsatz berechnet. Also am besten viel bargeldlos bezahlen und Bargeld gleich in größeren Summen mit der Maestro-(EC-)Karte abheben.

Sehr praktisch und sicher sind die Geldautomaten (immer auch auf Englisch, teilweise auch mit Deutsch in der Sprachauswahl) an den Banken, wo mit **Maestro-(EC-)Karte und PIN-Code** bis zu 300 € pro Transaktion abgehoben werden können. Es kommt allerdings manchmal zu sogenannten „Verbindungsschwierigkeiten", sodass man nicht unbedingt auf den letzten Drücker versuchen sollte, Geld abzuheben!

Jede Bank legt selbst fest, wie viel **Gebühren** fremde Kunden an ihren Automaten zahlen, wobei sie zwischen 1,75 € und 7,50 € pro Abhebung (in Einzelfällen bis zu 10 €) betragen. Die Geldautomaten in Deutschland zeigen die anfallenden Gebühren an und der Kunde kann entscheiden, ob er den Vorgang fortsetzt oder zu einem anderen Geldautomaten wechselt. Diese „Gebührenanzeige" fehlt jedoch in Portugal (noch), dafür allerdings erhält der Kunde den amtlichen Mittelkurs, der etwas günstiger ist als der Verkaufskurs bei Barumtausch vor Ort. Mag auch der Barumtausch-Kurs auf den ersten Blick minimal besser erscheinen, so ist die Sicherheit gegen Verlust des Bargeldes vor Umtausch den kleinen Aufschlag durchaus wert.

Es ist mit einer Preisverbesserung bei Kartenabhebungen zu rechnen, wie es bereits bei Überweisungen innerhalb der EU vorgeschrieben ist.

Das **allgemeine Preisniveau** entspricht dem einer mitteleuropäischen Großstadt. Angenehm fällt dabei der öffentliche Nahverkehr ins Auge, dessen Preise nicht nur für Pendler günstig sind. Wer Flug und Unterkunft vorab gebucht hat, kann bei durchschnittlichem Großstadtreiseverhalten (Imbiss am Mittag, ausgedehntes Abendessen, Nutzung öffentlicher Verkehrsmittel und einige Eintritte für Museen usw.) mit 50 € pro Tag zurechtkommen.

Informationsquellen

Infostellen zu Hause

> Offizielle Website von Turismo de Portugal: **www.visitportugal.com**
> **Deutschland:** Tel. 0180 5004930 (zum Ortstarif)
> **Österreich:** Tel. 0810 900650 (zum Ortstarif)
> **Schweiz:** Tel. 0800 101212 (zum Ortstarif)

Infostellen in der Stadt

In Lissabon findet man die zentrale Touristeninformation direkt am Pr. dos Restauradores ❶, wo man neben Stadtplänen Auskünfte zu touristischen Fragen aller Art erhält.

❶**150** [U19] **Touristeninformation im Palácio Foz,** Pr. dos Restauradores, Tel. 213463314, tgl. 9–20 Uhr

❶**151** [W22] **Touristeninformation an der Pr. do Comércio,** Tel. 210312810, tgl. 9–20 Uhr

❶**152** [X3] **Touristeninformation am Flughafen,** Ankunftshalle, Tel. 218450660, tgl. 7–24 Uhr

❶**153** [Z20] **Touristeninformation am Bahnhof Sta. Apolonia,** Tel. 218821606, tgl. 8–13 Uhr

Praktische Reisetipps
Informationsquellen

› Touristeninformations-Servicenummer (Linha de apoia ao turista, gratis): Tel. 800-296296. Für dringende, unmittelbare telefonische Anfragen, Veranstaltungshinweise oder auch Hilfestellungen aller Art.

Ticketverkaufsstellen:

● 154 [U19] **Agência de Billetes para Espectáculos Públicos (ABEP),** Tel. 213475824, deren Verkaufsstelle sich an der südöstlichen Ecke des Praça dos Restauradores im Pavilhao ABEP nahe der Touristeninformation befindet.

› Eine weitere günstig gelegene Vorverkaufsstelle, **FNAC**, findet man im 1. Stock des Centro Colombo (s. S. 20), die auch unter www.fnac.pt im Web vertreten ist.

› Unter www.ticketline.pt kann man zahllose Veranstaltungen vom Theaterbesuch bis zum Rockkonzert lange vorab online buchen, bei Großereignissen ist dies unabdingbar.

● 155 [d3] **Fundbüro,** PSP Secção de Achados, Pr. Cidade Salazar, Lote 180, Olivais, Tel. 218535403, mit Filialschalter am Flughafen (Tel. 218431183)

Die Stadt im Internet

Reiseangebote

› www.flytap.com: Die deutschsprachige Seite der portugiesischen Fluggesellschaft Air Portugal bietet preislich attraktive Fly-and-Drive-Kombinationen, Hotelangebote, Mietwagen usw.

› www.portuteam.de: Von den endlosen Seiten einschlägiger Reisebüros sei dieser Auftritt des Reisebüros Schrader mit umfangreichem (bebildertem) Angebot zu Unterkunft, Flügen, Mietwagen usw. empfohlen.

› www.olimar.de: Seite eines auf Portugal spezialisierten Reiseveranstalters. Es können jeweils nach Bedarf nur Flug, Fly and Drive, Apartments usw. gebucht werden.

› www.billigweg.de: Besondere Schnäppchen und vor allem Familienvorteile für größere Familien, beispielsweise Aktionsrabatte in der Hauptsaison, zeichnen diesen Anbieter aus.

Informationsseiten

› www.visitlisboa.com: offizielle Website der Stadt (auch auf Deutsch) mit zahlreichen Hinweisen zu Unterkünften, Gastronomie, Veranstaltungen usw.w

› www.lissabontipp.de: für einen ersten groben Überblick

› www.lissabon.org: sehr tiefgehend und weit verlinkt, derzeit eine der besten „Allround-Seiten" zur portugiesischen Hauptstadt

› www.lissabon-reisen.eu: Sehr gut aufgearbeitete, konkrete Tipps zu Rundgängen, Museen usw.

› www.portugal-reiseinfo.de: Kurzübersicht zu allen wichtigen Reisefragen in und um Lissabon

› www.golisbon.com: gemischte englischsprachige Seite mit direkter Buchungsmöglichkeit z. B. von Stadtrundfahrten, Ausflügen, Unterkünften (auch zahlreichen Billigunterkünften) und sogar Sprachkursen

› www.visitportugal.com: Hinter dieser Adresse verbirgt sich die viersprachige (auch auf Deutsch) Seite des portugiesischen Tourismusverbandes mit ausführlichen Informationen zu allen Regionen des Landes. Neben Hinweisen zu Unterkünften, Gastronomie, Verkehrsmitteln und Reisebüros besteht sogar die Möglichkeit, sich eine sogenannte persönliche Reisebroschüre erstellen zu lassen.

› www.pnqueluz.imc.pt: Seite über die aktuellen Preise der Nationalmuseen und Paläste

› www.portugalglobal.pt: Seite mit Handels- und Wirtschaftsinformationen in portugiesischer Sprache (für Geschäftsleute)

› www.portugalnews.pt: reine Nachrichtenseite zu Politik, Sport und Kultur in Portugal

Meine Literaturtipps

Sachbuch

- *Bauer, Martin:* **Die Tempelritter – Mythos und Wahrheit**, Heyne 2006
- *Briesemeister, D. und Schönberger, A. (Hg.):* **Portugal heute. Politik, Wirtschaft, Kultur**, Vervuert Verlagsges. 1997. Skizziert die wirtschaftspolitische Entwicklung seit der Salazar-Zeit bis in die jüngere Gegenwart.
- *de Oliveira Marques, António Henrique R.:* **Geschichte Portugals und des portugiesischen Weltreichs**, Kröner 2001. Relativ neuer und umfassender Überblick über die Geschichte der einstigen Kolonialmacht von den Anfängen bis in die jüngere Gegenwart.
- *Jacob, E. G.:* **Grundzüge der Geschichte Portugals und seiner Übersee-Provinzen**, Wissenschaftliche Buchges. 1969. Historischer Abriss über die Kolonialgeschichte und Machtpolitik Portugals von den Anfängen bis in die Neuzeit.
- *Miller, Russel:* **Die Ostindienfahrer**, Deutsche Ausgabe 1983. Historische Darstellung des Ostindienhandels auf dem Höhepunkt der portugiesischen Entdeckungen.

Belletristik

- *Frank, Claus-Günter und Barcklow, Brigitte:* **Lissabon. Entdeckungen in Portugals Metropole**, Klöpfer und Meyer 2005. Gedichte und Berichte, Fantasien und Reflexionen, Briefe und Tagebuchblätter teils bekannter, teils auch wenig bekannter Autoren werden mittels des Kunstgriffs acht literarischer Spaziergänge zu einem ganz besonderen (fiktiven) Stadtführer verwoben und verleihen Lissabon im Spiegel literarisch-poetischer Impressionen eine besondere Aura.
- *Herzog, Werner:* **Lissabon – Literarische Streifzüge durch die Stadt**, Books on Demand GmbH 2002. Eine ähnliche Idee wie Frank/Barcklow verfolgt Herzog mit den literarischen Impressionen von Pessoa zu Lobo Antunes, Saramago und Tabucchi. Dabei weitet sich der Erkundungsgang durch Gassen, Straßen und Lokale Lissabons bald zu einem Streifzug durch die portugiesische Geschichte, Literatur und Politik aus. Die literarischen Streifzüge führen vom Kastell São Jorge über die Unterstadt Baixa samt Rossio-Platz bis in die Oberstadt. Interessant und informativ für zu Hause und auf der Reise, wenn man tiefer schürfen möchte.
- *Mercier, Pascal (Pseudonym):* **Nachtzug nach Lissabon**, Btb 2008. Moderner, schöngeistiger Abenteuerroman über die Suche des deutschen Lateinlehrers Gregorius nach dem portugiesischen Dichter de Prado. Dabei steigt Gregorius allmählich in die Gedankenwelt des Arztes und Widerstandskämpfers gegen das Salazar-Regime ein. Lebenserfahrungen und unbequeme Fragen führen schließlich in die Grenzregionen der Persönlichkeitsspaltung. 2013 wurde das Buch des Schweizer Philosophieprofessors Peter Bieri verfilmt.
- *Remarque, Erich Maria:* **Die Nacht von Lissabon**, Kiepenheuer & Witsch

1998. E. M. Remarque, bekannt durch seinen Erster-Weltkriegs-Roman „Im Westen nichts Neues", verarbeitet in „Die Nacht von Lissabon" seine eigenen Erfahrungen mit dem Nazi- und Emigrantenmilieu wieder, deshalb ist sein Roman realitätsnah geschildert und recht gut nachvollziehbar. Sein Werk konnte so nicht nur in früheren Jahren zahlreiche Verkaufserfolge verzeichnen, sondern ist auch heute noch ein gern gelesenes Buch. Die Handlung spielt in den Jahren 1939-1941. Deutsche Emigranten treffen sich in Lissabon und berichten über ihr Schicksal und die geplante Flucht.

› Tabucchi, Antonio: **Lissabonner Requiem: Eine Halluzination**, Dtv 1998. Der mit den wichtigsten italienischen Literaturpreisen ausgezeichnete Portugiesisch-Professor der Universitäten Genua und Siena gilt als einer der interessantesten und bedeutendsten Schriftsteller der jüngeren Generation. Sein „Lissabonner Requiem" zeugt von seiner tief greifenden Bewunderung Lissabons, seiner Cafés, Museen, Restaurants, Friedhöfe und natürlich seiner Menschen. Tabucchi beschreibt - hauptsächlich anhand der Erfahrungen während seiner Zeit als Leiter des italienischen Kulturinstituts in Lissabon - den fließenden Übergang zwischen Traum und Wachen, Fiktion und Realität.

› Wilson, Robert: **Tod in Lissabon**, Goldmann 2008. Der Gewinner des Deutschen Krimi Preises 2003 (Sparte: internationale Bücher) betraut seinen Helden, Inspektor Zé Coelho, mit der Aufklärung des Mordes an einem in Lissabon getöteten jungen Mädchen. Bei seinen Nachforschungen stößt Zé Coelho auf eine bis in die Zeit des Zweiten Weltkriegs zurückreichende Spur: Ein Mitglied der SS suchte kriegswichtige Rohstoffe in Portugal, was mittels Erpressungen und Morden Folgen für die Gegenwart hat - und Zé Coelho in den Augen mancher Politiker als unangenehmen Zeitgenossen erscheinen lässt. Kurzweilige Krimilektüre für jedermann.

› Winkler, Oscar: **Verliebt in Lissabon: Streifzüge durch die Stadt am Tejo**, Wiesenburg 2006. Der Autor streift bergauf, bergab durch Lissabons enge Gassen und breite Avenidas. Das Gulbenkian-Kunstmuseum begeistert ihn ebenso wie faszinierende Ausblickspunkte auf die Stadt. Mit der nostalgischen Straßenbahn 28 zuckelt er durch die Altstadt, ein sprachgewandter Knabe führt den Wanderer durch das Vergnügungsviertel. Typische Lokale und mit Köstlichkeiten lockende Cafés laden ihn zum Verweilen ein. Und immer wieder wandern seine Gedanken zurück zu Glória, in die der Autor wohl ebenso verliebt ist wie in die „weiße Stadt" selbst. Auf den Spuren seiner Erinnerungen durchstreift er die alte, Reichtum und Macht repräsentierende Metropole ebenso wie das ursprüngliche Lissabon, wo der Fado geboren wurde und die Saudade zu Hause ist.

Publikationen und Medien

Stadtblätter und Programmhefte

Folgende **kostenlose Informationsbroschüren** liegen an zahlreichen Punkten der Stadt aus (Touristeninformationen, Flughafen, Hotels) und können für Reisende vor Ort von Interesse sein:

> **APA (Aeroporto de Lisboa):** halbjährlicher Flugplan und Basisinformationen zu Transport, Serviceleistungen usw. (englisch)
> **Your Guide,** englischsprachiges Büchlein mit allen wichtigen Sehenswürdigkeiten, Gastronomie- und Einkaufstipps, Karten und essayistischen Hintergrundinformationen (zweisprachig engl./port.)
> **Follow Me:** Monatsheft der Touristeninformation mit Veranstaltungshinweisen zum aktuellen Monat und einem ausführlichen Adressteil (englisch)
> **Portugal Shopping Guide:** Adresslistenbuch, ausführlich gegliedert nach Branchen bzw. Suchbegriffen (zweisprachig engl./port.)
> **Cascais Agenda Cultural:** Hintergrundberichte, aktuelle Veranstaltungen, Adressen kultureller Veranstaltungen aller Art, erscheint 6-mal jährlich (englisch oder portugiesisch)
> **What's on in Estoril:** Quartalsheft zu Estoril und Umgebung, mit Veranstaltungshinweisen, Einkaufs- und Gastronomieadressen usw. (zweisprachig engl./port.)

EXTRATIPP

In Lissabon zu Hause

Wer sich z. B. aus beruflichen Gründen länger in Lissabon aufhält und landsmannschaftliche Kontakte sucht, kann sich dem **Clube Alemão em Lisboa** (Deutscher Verein in Lissabon) anschließen, der zahlreiche Veranstaltungen und Aktivitäten organisiert. Informationen unter:
> www.dvl.com.pt

> **Sintra Cultural:** Monatsheft der Stadt Sintra zu Veranstaltungen, Sehenswürdigkeiten und mit einem Basis-Adressteil sowie Hintergrundberichten zu bedeutenden Bauwerken, lokalen Künstlern usw. (englisch oder portugiesisch)

Deutschsprachige Zeitungen

Selbstverständlich muss man auch in Lissabon nicht auf die Lektüre deutschsprachiger Zeitungen verzichten, allerdings ist die Allgegenwart deutscher Titel längst nicht so sehr gegeben wie in den großen Urlauberzentren im Süden (Algarve) – das Publikum ist in Lissabon einfach zu international.

Viele große Hotels haben mindestens einen oder zwei deutschsprachige Titel in ihrem täglichen Sortiment ausliegen. Auch bei den **allgegenwärtigen Zeitungskiosken** der Innenstadt bestehen gute Chancen, zumindest die eine oder andere überregionale Tageszeitung in deutscher Sprache zu ergattern. Gute Adressen sind ferner die Zeitschriftenläden der Shoppingmalls sowie am Flughafen und an den Bahnhöfen.

Internet und Internetcafés

Natürlich kann man auch in Portugal das „Postfach leeren" oder rasch E-Mails preiswert versenden. Die meisten Hotels – auch in den unteren Preisgefilden – wie auch Pensionen verfügen oft über eine **Internetecke und/oder WLAN-Nutzung.** Gleiches gilt in Lissabon auch für die Jugendherbergen und sogar in etlichen der günstigen Pensionen ist es mittlerweile Standard.

Öffentliche Internetzugänge findet man am Lissabonner Flughafen, teilweise in Bahnhöfen und vor allem in den Einkaufszentren Lissabons. Auch die Touristeninformation am Pr. do Comércio (s. S. 178) verfügt über eine Internetecke (Preise: 2–3 €/Stunde, 1 €/15 Minuten).

@156 [K9] **Cybercafé Continenta (Fun Center)**, im Colombo Shopping Center, Loja A-206 (2. Stock), Tel. 217113700, tgl. 10–23 Uhr

@157 [W22] **Welcome Center**, Pr. do Comércio, Tel. 210312810, tgl. 9–20 Uhr

@158 [f5] **Cineteka.com Café Lounge**, Parque das Nações, Tel. 218947025. WLAN kostenlos, sonst 2 €/Std.

› Eine **Komplettübersicht über WiFi-Zonen** in Lissabon bietet die Homepage http://local.sapo.pt/lisboa/pi/hotspots_wi-fi

› **Kostenlose WiFi-Zonen** sind derzeit: der Flughafen, die Einkaufszentren Colombo und Vasco da Gama, die Docas de Santo Amaro, einige Mc Donald's-Filialen sowie die Hotels Eduardo VII, Amazonia und Quality.

› Auch ein paar interessante und nützliche **Apps** sind erhältlich, etwa Metro Lisboa (Streckenplaner der Metro mit Fahrtzeitangabe), Lisbon City Walk (ein Rundgangplaner für die Innenstadt) oder English-Portuguese Phrasebook, eine Übersetzungshilfe (mit Sprachausgabe) wichtiger Alltagssätze.

Medizinische Versorgung

Das portugiesische Gesundheitssystem muss zweigeteilt betrachtet werden: Der staatliche Sektor deckt eine Grundversorgung ab und ist mittlerweile für 100 % der Bevölkerung zugänglich. Alle Reisenden der gesetzlichen Kassen müssen sich, um in Portugal zuzahlungsfrei behandelt zu werden, an ein **staatliches Krankenhaus** wenden.

Neben auf Auslandskrankenschein behandelnden Instituten gibt es eine ganze Reihe **privater Kliniken und Ärzte**, die gegen Vorkasse behandeln. Dies bedeutet nicht, dass man die Kosten nicht von der heimischen Kasse nachträglich erstattet bekäme – allerdings nur bis zu einem bestimmten Höchstsatz. Der Hauptvorteil dieser „Privaten" liegt darin, dass es sich häufig um niedergelassene englische oder deutsche Ärzte handelt und die Beschwerden so ohne große Verständigungsprobleme erläutert werden können. Bei Zahnproblemen ist ohnehin ein „freier Arzt" aufzusuchen. Der Abschluss einer Auslandsreisekrankenversicherung ist in jedem Fall überaus ratsam (s. S. 212).

Die **Krankenhäuser mit Notaufnahme** im Raum Lissabon sind:

⊕159 [S12] **Hospital de Curry**, Cabral Rua de Beneficência, Tel. 217924200

⊕160 [V18] **Hospital de São José**, Rua José António Serrano Tel. 218841000

⊕161 [Q9] **Hospital Santa Maria**, Av. Professor Egas Moniz, Tel. 217968115

⊕162 [D22] **Hospital de São Francisco Xavier**, Estrada do Forte do Alto do Duque, Tel. 210431000

⊕163 [I B1] **Hospital Distrital de Cascais**, Rua D. Francisco Avilez, Tel. 214827700

Apotheken heißen „Farmácia", sind im Stadtgebiet reichlich anzutreffen und haben meist 9–13 und 15–19 Uhr (Mo.–Fr., Sa. nur vormittags) geöffnet. Außerhalb dieser Zeiten wird auf die diensthabenden Notdienstapotheken verwiesen. Informationen zum speziellen Urlaubsort in Portugal, den dortigen Apotheken und Notdiensten bietet die Homepage www.guiafarmacias.com.pt. Hier eine Auswahl zentral gelegener Apotheken:

- ✚**164** [U22] **Farmácia Andrade**, Lda., R. Alecrim 125, Tel. 213241670
- ✚**165** [d1] **Farmácia Banha**, Av. Moscavide 22A, Tel. 219446517
- ✚**166** [W17] **Farmácia Castro**, Av. Almirante Reis 76A, Tel. 218110047
- › Eine aktuelle **Liste der diensthabenden 24-Stunden Apotheken** mit Stadtplangabe findet man unter www.farmaciasde servico.net/localidade/lisboa/lisboa

Notfälle

- › **Allgemeine Notrufnummer** für Polizei, Feuerwehr, Unfallhilfe usw.: **Tel. 112**
- › Für den touristischen Bedarf – für nicht lebensbedrohliche Notfälle wie Auskünfte zu Öffnungszeiten, Veranstaltungen und Verbindungsmöglichkeiten – wurde eine **24-Stunden-Hotline** eingerichtet: **Tel. 800 296296**

Verlust und Diebstahl

Bei Diebstahl oder Verbrechen ist immer eine **Meldung bei der Polizei** und die Anfertigung eines Polizeiprotokolls erforderlich, danach eine Meldung bei der betreffenden Stelle (z. B. Botschaft, Fluggesellschaft oder Bank), möglichst exakt mit Nummern bzw. Kopien der entsprechenden Dokumente.

➤**167** [U19] **Policia de Segurança Pública (PSP)**, Polizeihauptverwaltung, Av. da Liberdade, Palácio Foz, Tel. 213421634. Dies ist die mit touristischen Fragen am ehesten befasste Polizeihauptverwaltung. Die meisten Polizisten – auch im Streifendienst – sprechen gut Englisch.

> *Briefkasten der effizient und schnell arbeitenden portugiesischen Post*

Kartensperrung

Bei Verlust der Maestro-(EC-)Karte oder der Kreditkarte gibt es für Kartensperrungen eine **deutsche Zentralnummer** (unbedingt vor der Reise klären, ob die eigene Bank diesem Notrufsystem angeschlossen ist).

In **Österreich** und der **Schweiz** gibt es keine zentrale Sperrnummer. Reisende dieser Länder sollten sich vor der Reise bei ihrem Kreditinstitut über den zuständigen Sperrnotruf informieren.

Wichtig für alle: **Kartennummer** und **Gültigkeitsdatum** sollte man separat notieren, da die Daten bei einer Sperrung abgefragt werden.

› **Deutscher Sperrnotruf:** Tel. 0049-116116 oder Tel. 0049-3040504050

Geldnot

Wer dringend eine größere Summe ins Ausland überweisen lassen muss – beispielsweise aufgrund eines Unfalles o. Ä. –, kann sich auch nach Lissabon über **Western Union** Geld schicken lassen. Für den Transfer muss man die Person, die das Geld schicken soll, vorab benachrichtigen. Diese muss dann bei einer Western-Union-Vertretung (in Deutschland u. a. bei der Postbank) ein entsprechendes Formular ausfüllen und den Code der Transaktion telefonisch oder anderweitig übermitteln. Mit dem Code und dem Reisepass geht man zu einer beliebigen Vertretung von Western Union in Lissabon (siehe Telefonbuch oder unter www.westernunion.com), wo das Geld nach Ausfüllen eines Formulars binnen Minuten ausgezahlt wird. Je nach Höhe der Summe wird eine Gebühr ab rund 10 € erhoben.

Praktische Reisetipps **185**
Öffnungszeiten, Post, Radfahren

Öffnungszeiten

Die Öffnungszeiten in Lissabon variieren je nach Institution stark. Allgemein sind **Museen und Baudenkmäler Di.–So. 10– 18 Uhr** geöffnet. **Wichtig:** Montags sind die meisten Museen geschlossen – an einem Montag sollte man am besten den Parque das Nações ㊸, den Zoo ㉑ oder einen Tagesausflug ins Umland (Sintra, Cascais/Estoril) in Erwägung ziehen.

Banken und Behörden haben Mo.–Fr. 8.30–15.30 Uhr geöffnet, der **Einzelhandel** meist 10–13 und 15–19 Uhr (Sa. nur am Vormittag), **große Kaufhäuser** dagegen täglich durchgehend 10–mind. 21 Uhr (auch sonntags), manche auch 10– 23 Uhr oder sogar noch länger.

Post

Das **Porto** für Briefe und Postkarten (bis 20 g) innerhalb Europas kostet 0,61 € (1,20 € für Sendungen bis 50 g). Briefmarken für Karten und Briefe kann man in Postfilialen und an den roten **elektronischen Briefkastensäulen** ziehen (*Correios*, mit mehrsprachigem Menü), die man vor allem an den großen Plätzen der Innenstadt findet.

✉**168** [V19] Hauptpost am Restauradores, werktags 8-22 Uhr, samstags 9-18 Uhr

Radfahren

Lissabons Innenstadt ist für Radfahrer – zumindest derzeit – eher **nicht geeignet**. Diese schlichte Tatsache erklärt sich sowohl durch den eklatanten Mangel an Radwegen als auch klimatisch (Hitze im Sommer) und geografisch (stark hügeliges Terrain). Es gibt allerdings Überlegungen, den schönen **Uferweg zwischen den Docas de Santo Amaro und Belém** um einen ausgewiesenen Radweg zu erweitern und auch in einzelnen Randgebieten entsprechende **zusätzliche Radwege** einzurichten.

Den endgültigen Durchbruch des Fahrradfahrens in der Hauptstadt sollte eine Studie der Stadtverwaltung bringen. Es sollte ein **Leihfahrradsystem** eingeführt werden, wie es auch in anderen europäischen Metropolen – etwa Paris oder Frankfurt – bereits realisiert wurde. Dass diese Idee höchst kontrovers diskutiert wurde, zeigt das Projekt des Ingenieurs Guerra dos Santos „100 dias de bicicleta na cidade de Lisboa" (100 Tage auf dem Rad in der Stadt Lissabon), das immenses Aufsehen in den Medien erregte, da ein solches Vorhaben quasi als undurchführbar betrachtet wurde. Im Endergebnis wurde, auch aus Kostengründen, ein Leihfahrradsystem bislang nicht umgesetzt, in und um Lissabon allerdings insgesamt über **70 Radrouten** eruiert. Vorzügliche **Routenbeschreibungen** liefert hier die Homepage www.bikemap.net/regional/Portuguese+Republic/Lisboa mit Routenkarten und Höhenprofilen zum Ausdrucken.

- **169** [X21] **rent a fun**, Rua Cais de Santarém 34, Tel. 218888129, www.rent-a-fun.com. Eine prima Adresse für den Radverleih vor Ort, aber auch für organisierte Radausflüge in und um Lissabon. Die Räder werden von 9 bis 20 Uhr für 20 € verliehen, E-Räder sind ebenfalls erhältlich und bei Innenstadttouren gar nicht so verkehrt (29 €). Auch die organisierten Touren sind recht preiswert und kosten inkl. Rad zwischen 24 und 39 €.
- **170** [R18] **Cenas Pedal**, Avenida de Álvares Cabral 38, Tel. 913475864, www.cenasapedal.com. Schon seit langen Jahren im Geschäft ist dieser Anbieter von allen erdenklichen Arten an Leihrädern.
- **171** [V22] **Bike Iberia**, Largo Corpo Santo 5, Tel. 213470347, www.bikeiberia.com. Neben täglichen Ausleihmöglichkeiten (ab 9.30 Uhr, ab 14 €/Tag) werden auch 2-4-stündige Rundfahrten angeboten, die tägl. um 10 Uhr am Geschäft starten (keine Reservierung notwendig, bei Interesse einfach hingehen). Die Touren kosten 25-30 €, für 10 € Aufpreis kann man dann noch das Rad nach der Tour für den nächsten Tag vergünstigt ausleihen.

› **Carris**, der örtliche Betreiber des öffentlichen Nahverkehrsnetzes, gestattet das Mitnehmen von Rädern ausdrücklich auf zahlreichen seiner Linien. Einen Detailplan hierzu bietet die Seite www.carris.pt/fotos/editor2/mapa_bike_bus.pdf kostenlos zum download an.

Schwule und Lesben

Lissabon präsentiert sich weltoffen und im Bairro Alto ist erfreulicherweise manchmal nur schwer auszumachen, welche Bars, Cafés, Restaurants und Klubs schwul/lesbisch, schwulen-/lesbenfreundlich, heterofreundlich oder was auch immer sind. Die wahrscheinlich beste einschlägige Seite zur Szene:

› **www.patroc.de/lisbon** mit Hotels, Klubs, Saunas, Events und genauen Lagekarten

Bars und Klubs

Zwar erinnern einige der Bars noch ein bisschen an die alten Zeiten des Versteckens hinter verschlossenen Türen mit Klingeln, aber gerade das Altstadtviertel Bairro Alto hat eine sehr offene schwule Szene entwickelt, ohne sich dabei etwa auf irgendeinen Straßenzug zu beschränken. Allenfalls östlich vom botanischen Garten zwischen der Rua de São Marçal und der Rua O Século tritt eine Häufung an schwulen oder schwulenfreundlichen Bars auf (alle tgl. 21-2 Uhr geöffnet), z. B.

- **172** [T19] **Água no Bico**, Rua de São Marçal 170, Tel. 213472830, tgl. 21-2 Uhr.
- **173** [T19] **Bar 106**, Rua de São Marçal 106, Tel. 213427373, ebenfalls tgl. 21-2 Uhr.
- **174** [T20] **Chilly Bar**, Rua O Século 166, Tel. 213664209, tgl. 12-15 und 18-23 Uhr
- **175** [U21] **Clube da Esquina**, Rua da Barroca 30. Kleine Eckbar im Bairro Alto, Hip-Hop.
- **176** [T19] **Night Bar**, Rua O Século 106, Tel. 963789454

Gegen 1 oder 2 Uhr morgens wird in einschlägige Klubs gewechselt, als derzeit angesagtester schwul-lesbischer Klub gilt:

🚻177 [S19] **Trumps,** Rua da Impresa Nacional 104, Tel. 963160602, westlich vom botanischen Garten, tgl. ab Mitternacht bis 6 Uhr

Unterkunft

Wer eine nach den gängigen Definitionen gay-freundliche Unterkunft sucht, kann auf folgender Website eine solche finden und Vorabarrangements treffen:
› www.gay-reiseforum.de/hotels

Zu den hier empfohlenen zählt auch das im Abschnitt „Unterkunft" aufgeführte Hotel Olissipo Castelo (s. S. 199).

Sonstiges

› Für Interessierte sei auf das alljährlich meist im September stattfindende **größte schwul-lesbische Filmfestival in Europa** hingewiesen: **Queer Lisboa.** Informationen (Programm, Tickets) hierzu findet man unter www.lisbonfilmfest.com.
› Speziell schwule und lesbische Besucher Lissabons spricht die kleine Firma **Lisbon Gay & Lesbian Tours** (www.lisbongaytours.com, Tel. 219259376, Mobil 967111761) mit einem umfassenden Angebot von kulturellen und einschlägigen Privatführungen usw. an. Allgemeine Website zum Thema: http://portugalgay.pt

Sicherheit

Eines vorab: In Lissabon wird man nur höchst selten auf echte Gefahren für Leib und Leben treffen und wenn doch, dann dürfte in vielen Fällen ein **eigenes Verschulden** die Ursache sein. Hierzu zählen etwa leichtsinniges Schwimmen in den Ausflugszielen an der Küste bei hohen Wellen oder starker Strömung, oft in Verbindung mit Alkohol und zu viel Sonne. Gleiches gilt für den Straßenverkehr, wo viele Ausländer meinen, die 0,5-Promille-Grenze gelte nicht für sie.

Das Aufkommen an **Kleinkriminalität** ist erfreulicherweise nicht halb so hoch wie im benachbarten Spanien oder an der französischen Côte d'Azur. Dennoch sollte man man stets Vorsicht walten lassen, nur begrenzt Bargeld mit sich führen und Gepäck nicht unbeaufsichtigt lassen. Des Weiteren ist es ratsam, Geld im Brust- oder Hüftgurt zu verstauen und das Handschuhfach des (Leih-)Wagens demonstrativ leer und geöffnet lassen.

Wie bei Unfällen sollte man im Falle eines **Autoeinbruchs** unbedingt einen Polizeibericht für die Versicherung anfertigen lassen. Dies scheint in der Tat ein beachtenswertes Problem zu sein: Einbrüche in Pkws zählen zu den häufigsten kleinkriminellen Delikten Lissabons, wobei auch ein Mietwagen nicht schützt und das Abstellen eines Pkw mit ausländischem Kennzeichen für den Besitzer mit hoher Wahrscheinlichkeit den Besuch einer lokalen Polizeidirektion nach sich ziehen dürfte.

Alleinreisende Frauen werden feststellen, dass Portugal bei Weitem nicht so schlimm ist wie sonstige südländische Reiseziele. Zwar mag man gelegentlich auf die eine oder andere plumpe „Anmache" treffen, Handgreiflichkeiten oder echte Übergriffe und Vergehen kommen jedoch höchst selten vor. Man ist sich auf politischer Ebene der lebenswichtigen wirtschaftlichen Bedeutung des Tourismus für ganz Portugal sehr wohl bewusst und lässt die GN *(Guardia Nacional)* entsprechend pflichtbewusst Streifendienste und Patrouillen versehen.

Sport und Erholung

Baden

Gerade im Sommer möchte man sich vielleicht während eines mehrtägigen Aufenthalts in Lissabon auch einmal in die nahe gelegenen Fluten des Atlantik stürzen, wofür sich hauptsächlich die **Strände westlich von Lissabon** anbieten, besonders jene von Estoril und Cascais (s. S. 142). Da diese im August oft sehr voll sind, bevorzugen viele *Lisboetas* die kilometerlangen **Sandstrände und Dünen von Caparica** südlich des Tejo. Am einfachsten nimmt man im Sommer einen Direktbus ab Campo Grande oder fährt per Transtejo-Fähre (s. S. 211) nach Cacilhas und dort per Bus (beschriftet) weiter bis Caparica.

Wer ein Schwimmbad in der Stadt sucht: Sehr zentral liegt die Piscina do Ateneu, Rua das Portas de Santo Antão 102 (Tel. 213430947), nahe des Rossio-Platzes. Geöffnet Mo.–Fr. 13–16.30 Uhr und 21–22 Uhr sowie Sa. 15–19 Uhr. Ein weiteres öffentliches Freibad findet man hinter dem Kloster São Vicente de Fora auf dem Weg zum Pantheon (Mo.–Fr. 8–22 Uhr, Sa./So. 10–18 Uhr, Eintritt 3,75 €), Kinder 2 €.

Boccia (Boule)

Der in Südeuropa sehr häufigen Freizeitbeschäftigung wird auch in Portugal gefrönt, wobei vorwiegend Männer im vorgerückten Alter die 700 Gramm schweren Kugeln nach dem Fuchs werfen. Vor allem in den Vororten, aber auch in den **innerstädtischen Parks** sieht man immer wieder Gruppen von Bocciaspielern bei diesem Geschicklichkeitssport.

Fußball

Mit dem Fußball identifizieren sich nahezu alle Portugiesen und hängen an den berühmten Idolen wie Eusébio oder Luís Figo, entsprechend groß war die Trauer nach dem verlorenen Viertelfinale (2:3 gegen Deutschland) bei der Europameisterschaft in Österreich und der Schweiz 2008. Auch 2012 waren die Portugiesen Gegner des Löw-Teams bei der EM in der Ukraine und Polen. In Lissabon selbst ist, vom gemeinsamen Mitfiebern bei Spielen der Nationalelf abgesehen, die Anhängerschaft in zwei große Lager gespalten: Man hängt entweder an den „grünen Eidechsen" des **Sporting Clube de Portugal** (kurz: Sporting Lissabon, www.sporting.pt), die das Estádio José Alvalade (Metro: Campo Grande) ihr Eigen nennen, oder an den „roten Teufeln" des **Clube Sport Lisboa e Benfica** (kurz: Benfica Lissabon, www.slbenfica.pt) mit dem Estádio de Luz (Metro: blaue Linie, Station „Colégio Militar/Luz").

Beide genannten Stadien waren Arenen des Geschehens während der Europameisterschaft 2004 in Portugal und die beiden genannten Vereine spielen (neben Porto) regelmäßig eine bedeutende Rolle bei den internationalen Vereinswettbewerben der UEFA. Besucher können sich während der Saison **Tickets** über die Agência de Billetes para Espectculos Publicos (ABEP) an der südöstlichen Ecke des Praça dos Restauradores ❶ besorgen – oder direkt am jeweiligen Stadion (selten ausverkauft).

Golf

Es gibt über ein Dutzend 18-Loch-Plätze in der Region, allen voran der **Clube** de **Golf do Estoril** (Avenida da República, Tel. 214680176) in Estoril und der **Lisboa Sports Club** nahe Queluz in der Casal da Carregueira in Belas (Tel. 21 4310077) seien empfohlen. Die Gebühren beginnen bei rund 30 € ohne Mitgliedschaftszwang.

Tourada (Stierkampf)

Der Stierkampf, dessen historische Wurzeln in Kreta und Ägypten liegen und der vermutlich einst den sagenhaften Kampf des Menschen gegen den Minotaurus symbolisierte, hat auf dem europäischen Festland nur auf der Iberischen Halbinsel und in Südfrankreich Fuß fassen können. Während die *corrida de torros* in Spanien ein – in Mitteleuropa oftmals kritisiertes – blutrünstiges Ereignis darstellt, entwickelte sich im benachbarten Portugal eine **gemäßigtere Variante: die Tourada.**

Neben dem Stier sind der *cavaleiro* (Ritter) sowie assistierend sein *toureiro* (Fahnenjunker) und mehrere *forçados* (tapfere Fußsoldaten) die Hauptakteure. Der *toureiro* weicht dem Stier tänzelnd aus und versucht, ihm die *farpas* und *ferros* (Lang- und Kurzspieße) in den Nacken zu werfen.

Kommt der Reiter in Bedrängnis, wedelt der *toureiro* mit einem farbigen, oft dunkelroten Tuch und lenkt damit die Aufmerksamkeit des Stiers auf sich. Das Ziel besteht darin, dem Stier alle Spieße in den Nacken zu stoßen. Wenn dies dem *cavaleiro* gelungen ist, tritt er ab und überlässt den *forçados* das Feld, einer Mischung aus Lebensmüden und Clowns, die sich dem Stier mit bloßen Händen stellen. Auch hier wird bei Gefahr der Stier vom *toureiro* (der in Portugal also kein eigentlicher Kämpfer ist) abgelenkt.

Es ist oft zu hören und zu lesen, der portugiesische Stierkampf verlaufe dank des gesetzlichen Tötungsverbotes unblutig – dies ist seit einigen Jahren nicht mehr der Fall. Schon vorher wurde das gelegentlich nicht so ganz genau genommen: 2001 erschütterte ein **Skandal** das Land, als in Moita bei Lissabon der landesweit berühmte Matador Pedrito de Portugal trotz des Verbots dem Stier den Todesstoß gab. Im Sommer 2002 erfolgte eine Gesetzesänderung, wonach „in Ausnahmefällen" der Todesstoß in der Arena legalisiert wurde. Unter heftigen Protesten von Tierschützern aus aller Welt darf seither der Stier im Schaukampf zwar wieder legal getötet werden, doch kam dies in den letzten Jahren in der Praxis nicht vor.

Stierkämpfe finden im **Campo Pequeno** ❷❸ an Donnerstagen im Sommer statt. Gezeigt werden meist drei Kämpfe von maximal halbstündiger Dauer. Karten für das Spektakel (ab 22 €) sind an der Arena selbst erhältlich oder vorab bei der Agência de Billetes para Espectculos Publicos (ABEP), deren Verkaufsstelle sich an der südöstlichen Ecke des Praça dos Restauradores ❶ befindet.

Sprache

Das **Portugiesische zählt zu den romanischen Sprachen** und ist daher mit dem Französischen und Italienischen ebenso verwandt wie mit dem Portugiesisch ist also kein Ableger oder Dialekt des Spanischen, wie weithin angenommen wird, sondern vollkommen eigenständig in Wortschatz und Grammatik.

Interessenten seien an dieser Stelle auf die „Kleine Sprachhilfe" im Anhang dieses CityGuides und für einen intensiveren Einstieg auf den Kauderwelsch-Band „Portugiesisch – Wort für Wort" aus dem REISE KNOW-HOW Verlag hingewiesen.

Allerdings sind in Lissabon **nicht unbedingt Kenntnisse der Landessprache vonnöten.** Zum einen scheinen in den Sommermonaten ebenso viele Touristen wie Einheimische die Straßen zu beleben, zum anderen wird allerorts aufgrund der dominierenden Präsenz britischer Touristen gut **Englisch** gesprochen – das gilt für Tankstellen und Lebensmittelgeschäfte ebenso wie für den Arztbesuch im Notfall.

Stadttouren

› Geführte **deutschsprachige Rundgänge** von zwei Stunden Dauer bei unterschiedlichen thematischen Schwerpunkten bietet die Firma Luaverde (Tel. 969838183, www.luaverde.com) für Kleingruppen (2–8 Personen) an. Die Kosten betragen 20 € pro Person, Schüler und Studenten 50 %, bis 10 J. frei. Eine 2-Personen-Führung kostet pauschal 40 €. Im Mittelpunkt stehen dabei nicht die größten Sehenswürdigkeiten, sondern die Hauptstadt unter bestimmten Gesichtspunkten, etwa zum Thema Azulejos, Lissabon bei Nacht oder das Lissabon des Dichters Fernando Pessoa.

› Die Fährfirma **Lisboa Turismo no Tejo,** Tel. 213913030, www.lvt.pt, bietet von April bis Okt. tgl. um 11.45 und 15.15 Uhr vom Cais do Sodré sowie um 14 und 16.30 Uhr vom Cais da Princesa (Torre de Belém) einstündige **Fahrten zwischen beiden Anlegestellen** an. Preis 12 € (hin und zurück 16 €), Kinder bis 10 J. 8 € (hin und zurück 12 €).

› Sehr beliebt sind **Bootsfahrten auf dem Tejo,** welche die Fährfirma Transtejo (Info und Buchung unter Tel. 210422417, www.transtejo.pt) vom 1.4. bis 31.10. täglich um 15 Uhr und 16.15 Uhr am Pier Terreiro do Paço [X22] (Metro: „Terreiro do Paço") anbietet. Die Fahrt dauert etwa zwei Stunden, im Preis sind Erfrischungen und mehrsprachige Erläuterungen zu den passierten Sehenswürdigkeiten inbegriffen. Weitere Angebote siehe auch unter „Belém" (s. S. 120).

› **Klassische Bus-Stadtrundfahrten** werden von Cityrama (Tel. 213191090, www.cityrama.pt, mehrsprachige Erläuterungen) angeboten, es können auch Touren nach Sintra, Cascais und Estoril gebucht werden. Die meisten Stadtrundfahrten beginnen am Praça Marquês de Pombal [T17] (hier auch Buchungskioske) bzw. am Nordrand des Parque Eduardo VII, auch Hotelabholung ist möglich. Angefahren werden die wichtigsten Punkte der Altstadt. Ähnliche Rundfahrten bietet auch Portugal Tours (Tel. 213511220, www.portugaltours.pt) an.

Cityrama setzt für die Touren die auffälligen oben offenen Doppeldeckerbusse ein. Angeboten werden vier Hauptlinien: die **Belém-Linie,** tgl. 9–19 Uhr alle 30 Minuten, Winter 9.30–16.45 Uhr, bis Belém mit 18 Stopps, die **Castelo-Linie,** die tgl. 9.35–18 Uhr, Winter 10–17 Uhr, alle 15 Min. in die alte Oberstadt bis zur Burg fährt, die **Oriente-Linie** zum Parque das Nações, 9.50–18 Uhr, Winter 10–17 Uhr, die jede Stunde fährt, sowie die **Cascais-Linie,** die nur um 10.15, 12.15, 14.15 und 17.15 Uhr nach Cascais und Estoríl fährt.

Alle Linien starten und enden am **Praça M. de Pombal,** das Gesamtticket kostet 25 €, gilt 48 Std. und kann beliebig auf allen vier Linien eingesetzt werden. Cityrama bietet auch 24-Stunden-Tickets für verschiedene Kombinationen zweier Routen an. Auch

Praktische Reisetipps
Stadttouren

Eine speziell für Stadtrundfahrten umgebaute Tram

Audio-Guides werden angeboten, des Weiteren können Flussrundfahrten zu 33 € und auch geführte Stadtspaziergänge für 28 € gebucht werden.

Cityrama bietet eine kostenlose **Informations-Hotline** unter 800208513, unter der übrigens auch eine halbtägige geführte Segway-Tour durch die Alfama (39 € inkl. 48-Stunden-Ticket für die Hop-on-hop-off-Busse) gebucht werden kann.

› Mit **Carris**, Tel. 213613000, www.carris.pt, kann man am Praça Comércio ❹ eine 90-minütige Rundfahrt mit einer **restaurierten Trambahn** unternehmen (17 €, Kinder 8,50 €). Diese „rote Linie" fährt eine ähnliche Strecke wie die berühmte Linie 28. Zu bestimmten Zeiten werden **Weinproben-Touren** oder **Gourmet-Touren** (mit Restaurantbesuch) per Touristen-Tram angeboten (gleiche Preise bzw. mit Menü 39 €).

Carris bietet außerdem zwei Hop-on-hop-off-Stadtrundfahrten mit gelben offenen Doppeldeckern an: Die **Olissipo-Tour** führt nach Osten bis zum Parque das Nações, die **Tagus-Tour** am Tejo entlang bis Belém, jeweils mit zahlreichen Stopps an interessanten Punkten. Auch diese Touren starten am Praça Comércio und kosten jeweils 14 € (Kinder 7 €) bzw. kombiniert mit 48-stündiger Gültigkeit 22 €.

Auch die **Kombination der Straßenbahn- und Busfahrten** von Carris ist möglich und kostet 30 € (48 Std. gültig).

Spartipp: Wer mit dem **Carris-Aerobus (Flughafenbus)** in die Stadt gefahren ist, erhält bei Vorlage des Aerobus-Tickets 25 % Rabatt auf die Doppeldecker-Tickets.

Telefonieren

› **Internationale Vorwahl** nach Portugal: **00351**
› Die **Ortsvorwahl muss immer mitgewählt werden** (für Lissabon ist dies die 21), seit vor wenigen Jahren die (sonst übliche) erste „0" der Ortsvorwahl durch eine „2" ersetzt wurde.
› Von Portugal nach Österreich wählt man 0043, in die Schweiz 0041 und nach Deutschland 0049 vor. Bei Gesprächen aus Portugal ist dann die erste „0" der Ortskennzahl wegzulassen.
› Handyempfang besteht im gesamten Großraum Lissabon, es bedarf bei **Mobiltelefonen** im Allgemeinen keiner besonderen Voreinstellung. Dank eines EU-Beschlusses gelten für das Telefonieren mit Handy im EU-Ausland seit 2007 maximale Preisobergrenzen, die 2012 nochmals gesenkt wurden: 29 Cent/Min. für abgehende Gespräche, 8 Cent/Min. für eingehende Anrufe.
› **Telefonkarten** für öffentliche Telefone (meist silberfarbene Kartentelefone, „Comunicações") gibt es ab 5 €, die Einheiten werden angezeigt. Sie sind in Zeitschriftenläden und -kiosken erhältlich.

Uhrzeit

Lissabon liegt in der Greenwich-Zeitzone (Greenwich Mean Time, GMT) und liegt im Vergleich zur MEZ/MESZ daher stets **um eine Stunde zurück** (MEZ/MESZ -1).

▷ *Eine öffentliche Telefonsäule in Lissabons Altstadt*

Unterkunft

Allgemeine Situation

Für einen gelungenen Städtetrip spielt natürlich auch die gewählte Unterkunft eine wichtige Rolle. Neben den klassischen Hotelunterkünften (staatlich eingestuft von ein bis fünf Sterne), die vielfach bei Städtepauschalreisen integriert sind, bietet die portugiesische Hauptstadt **eine ganze Reihe zusätzlicher oder alternativer Unterkunftsmöglichkeiten**.

Für alle Unterkunftsformen (außer der Privatunterkunft) empfiehlt sich zumindest in der Hochsaison (Juli–August) eine schriftliche **Reservierung** per Mail oder über das Internet, insbesondere in den Sommermonaten. Doch auch nach der Ankunft in Lissabon kann man sich entweder über die Touristeninformation am

Preiskategorien Unterkünfte

Die folgende preisliche Einteilung erfolgt unabhängig von den jeweiligen (Sterne-)Einstufungen vor Ort und bezieht sich ausschließlich auf die Kosten einer Unterkunft in der Hauptsaison, nicht etwa auf deren Qualität. Die Preise gelten, wenn nicht anders erwähnt, für **zwei Personen in einem Doppelzimmer pro Nacht**. Preisspannen ergeben sich gegebenenfalls aus unterschiedlichen Ausstattungen/Lagen bzw. unterschiedlichen Saisonpreisen. Dabei fallen saisonale Unterschiede in Lissabon deutlich geringer aus (meist etwa 20–25 %) als in den Feriengebieten der portugiesischen Küstengebiete (z. B. Algarve bis zu 200 % saisonale Unterschiede).

Einstufung	Hotel/Pousada	Albergaria/Residencial	Pensão
€€€€€	ab 230 €	–	–
€€€€	140–200 €	100–150 €	80–120 €
€€€	70–140 €	75–100 €	60–80 €
€€	40–70 €	50–75 €	45–60 €
€	–	30–50 €	25–45 €

Flughafen oder in der Stadt (s. S. 178) eine Unterkunft vermitteln lassen.

In manchen Fällen verlangen Wohnungs-/Zimmervermieter eine vorherige **Anzahlung**, da sie bei Nichterscheinen der Gäste ein reserviertes Zimmer kurzfristig nur noch schwer an den Mann bringen können. Hotels erwarten bei Selbstbuchung etwa über das Internet oftmals eine Sicherheit in Form einer Kreditkartennummer, wobei unterschiedliche Regeln für das **Storno** herrschen – daher unbedingt die jeweiligen Geschäftsbedingungen beachten.

Hotels

Allgemeines

Wer pauschal eine Städtetour nach Lissabon bucht, wird meist ein Hotel mitgebucht haben. Lissabon verfügt über Hotelunterkünfte im dreistelligen Bereich, sodass nicht jeder Pauschalreisende bei der unten stehenden Auswahl „sein" Hotel finden wird. Ohne Pauschalbuchung sollte man die Hotelwahl von einem **zentralen bzw. verkehrsgünstigen Standort** abhängig machen. So könnte man beispielsweise versucht sein, eines der Hotels der gehobenen Mittelklasse am Parque das Nações ❹❸ zu buchen – um dann festzustellen, dass man permanent weite (Metro-)Anfahrten bis ins eigentliche Zentrum unternehmen muss. Um das „Herz" Lissabons zu erfahren, sollte man auch einigermaßen zentral wohnen. Die in diesem Buch getroffene Vorauswahl an Hotelunterkünften wurde daher bewusst nach dem Prinzip „Lage vor Ausstattung" vorgenommen.

Manchmal lässt sich bei der **Buchung über das Internet** der eine oder andere Euro zum Standardpreis sparen, vor allem bei mittleren und großen Hotels. Das ist nicht nur ein Werbetrick, sondern basiert auf dem direkten Weg des Kunden

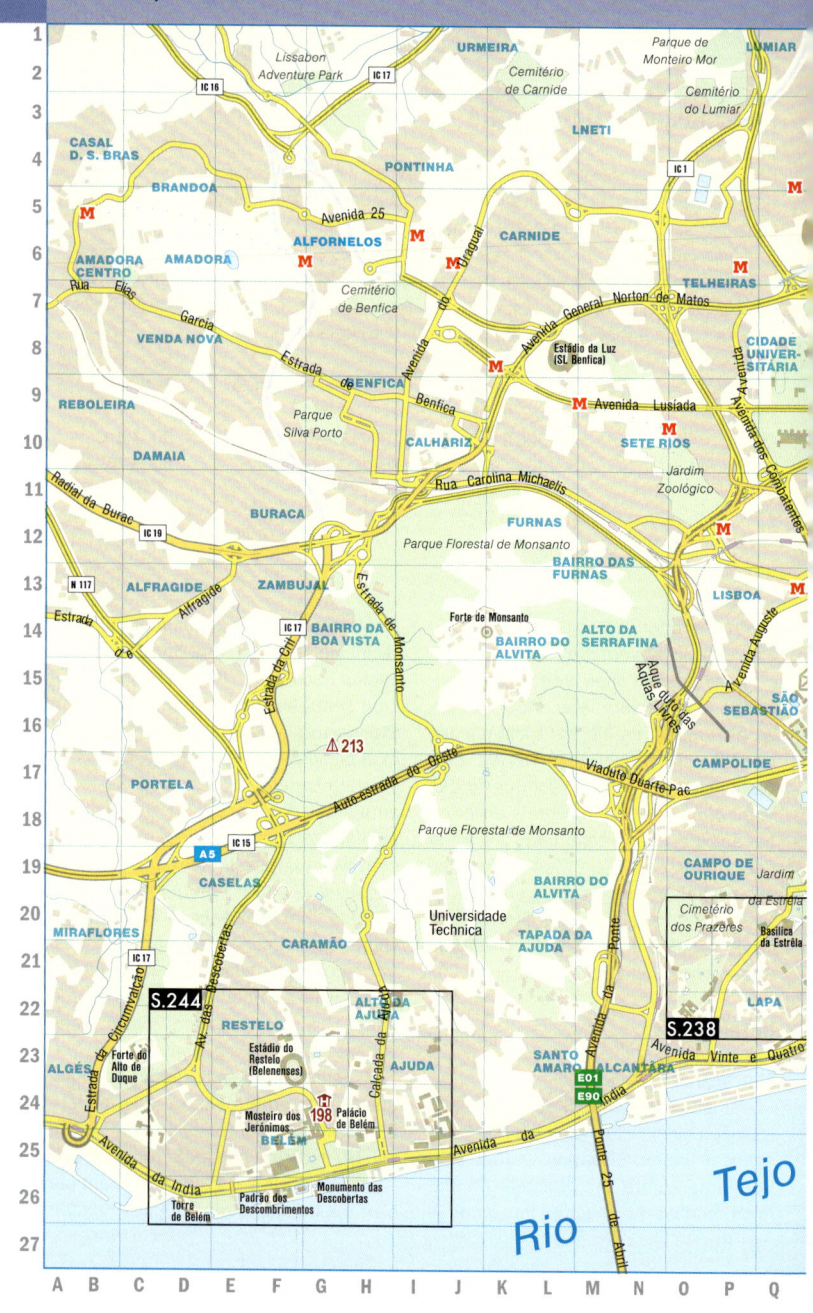

Lissabon, Unterkünfte

194

0 1 Km
© Reise Know-How 2014
MUSGUEIRA
QUINTA DOS LILAZES
Aeroporto de Lisboa
ENCARNAÇÃO
Torre Vasco da Gama
211
Parque das Nações
194
Avenida de Berlim
BEIROLAS
Rua Gare de Oriente
Avenida Infante
193
IP-1
OLIVAIS NORTE
CABO RUIVO
QUINTO DO LAMBERT
Estádio José de Alvalade (Sporting)
Oceanário
Avenida Marechal
OLIVAIS SUL
Clube de Golfe Bela Vista
S.246
Avenida do Brasil
CAMPO GRANDE
Parque da Mata de Alvalade
TERESINHAS
Avenida Marechal
Jardim do Campo
Campo Grande
ALVALADE
Avenida Almirante Gago Cou
Avenida do Santo Condestável
CHELAS
Parque Vale Fundão
BRAÇO DE PRATA
Avenida de Roma
Avenida Estados Unidos
Av. das Forças
ENTRE CAMPOS
AREEIRO
POÇO DO BISPO
Rua da Cintura
Avenida da República
CHELAS
Campo Pequeno
181
REGO
Avenida João XXI
OLAIAS
179
CAMPO PEQUENO
Gulbenkian
BEATO
ARCO CEGO
Fundação Gulbenkian
ALTO DO PINA
Av. António Augusto de Aguiar
SALDANHA
Cemitério do Alto de São João
MARVILA
190
196
Avenida Infante Dom Henrique
Penitenciaria
210
PENHA DE FRANÇA
Av. Dom Alfonso III
Estufa Fria
Parque Eduardo VII
ESTEFÂNIA
Av. General Roçadas
178
Avenida Almirante
185
S.235
207
S.237
183
187
Jardim Braam Camp Freire
BAIRRO LOPES
191
197
ANJOS
Rua da Palma
Av. da Liberdade
RATO
182
Jardim Botanico
204
CAMINHOS DE FERRO
Museo Zoológico e Antropológico
212
206
199
Convento Nossa Senhora da Graça
Rio Tejo
180
203
ESTAÇÃO SANTA APOLÓNIA
ESTRÊLA
ESTAÇÃO ROSSIO
Praça Dom Pedro
MOURARIA
Monasterio de Vicente de Fora
Palacio de São Bento
BAIRRO ALTO
Castelo de São Jorge
ALFAMA
186
202
Catedral
MADRAGOA
205
208
189
184
188
192
200
Museo do Fado
Praça de Dom Luis I
Museo Bellas Artes
Ministérios
Jardim do Tabaco
ESTAÇÃO SANTOS
BAIXA
S.240
S.242
ESTAÇÃO CAIS DO SODRE
1
2
3
4
5
6
7
8
9
10
11
12
13
14
15
16
17
18
19
20
21
22
23
24
25
26
27
R S T U V W X Y Z a b c d e f g h

zum Hotel unter Auslassung von Vermittlern und einer garantierten Vorauszahlung bzw. Sicherheitsleistung des Reservierenden, meist durch die Angabe der Kreditkartennummer. Einen Preisvorteil spürt man insbesondere im Vergleich zur direkten, persönlichen Nachfrage bezüglich eines Zimmerpreises vor Ort.

Etliche Mittelklassehotels des Zentrums haben sich zur **Werbegemeinschaft Hotéis Heritage Lisboa** zusammengeschlossen. Vorabinformation zu Lage, Preis und Buchung unter der Seite www.heritage.pt. Weitere hilfreiche **Seiten zur Hotelbuchung:**
› www.booking.com/Lissabon
› www.hrs.de

Hotelempfehlungen

178 [T16] **Best Western Premier Hotel Eduardo VII** €€€€, Avenida Fontes Pereira de Melo 5, Tel. 213568800, Fax 213568833, www.hoteleduardovii.pt, Metro: „Parque". Günstig am Parque Eduardo VII beim Pr. Marquês de Pombal gelegen, gehört das Eduardo VII zu den älteren und eher einfachen Hotels der Stadt. Die 140 Zimmer sind relativ klein, verfügen aber alle über Kabel-TV, Internetzugang, Minibar, Safe und Direktwahltelefon und kosten regulär 120 €/Nacht (DZ), sind aber bei vielen Pauschalreiseanbietern sowie bei Vorabbuchung über die Hotelwebsite deutlich günstiger zu haben. Das Hotel verfügt über ein ausgezeichnetes Verandarestaurant mit portugiesisch-brasilianischer Küche, einen Billardraum sowie eine hoteleigene Parkgarage.

179 [T12] **Holiday Inn Continental** €€€€, Rua Laura Alves 9, Tel. 210046000, Fax 217937669, www.holidayinn.com, Metro: „Campo Pequeno", S-Bahn: „Entre Campos". Im Bezirk Campo Pequeno bietet das Holiday Inn Continental den gewohnten gehobenen Standard dieser Kette. Zum Hotelservice gehören ein Fitnesscenter, eine Tiefgarage (15 €/Tag), Wäschereiservice, ein Businesscenter, diverse Shops und ein hochgelobtes Restaurant. Die modernen Zimmer lassen keine Wünsche offen und sind bis ins Detail (Bügelpresse, WLAN, Modemanschluss, Arbeitsbereich, Kaffee-/Teemaschine, Pay-TV usw.) vollständig ausgestattet. Bei Buchung über die Homepage kostet das Doppelzimmer (je nach Ausstattung) im Hochsommer zwischen 57 € und 95 € (Frühstück plus 20 €).

180 [V20] **Hotel Avenida Palace** €€€€€, Rua 1° de Dezembro 123, Tel. 213218100 und 213218115, Fax 213422884, www.hotelavenidapalace.pt, Metro: „Restauradores". Das renommierte und etablierte 5-Sterne-Hotel Avenida Palace gilt als die Nummer eins der Altstadt, die Eleganz und Tradition vereint, und liegt günstig am Platz Restauradores. Dieses berühmte Hotel wurde im Jahr 1892 eingeweiht und galt insbesondere in der *Belle Époque* wegen seines Glamours, seiner Lage und seines Service als eines der besten Hotels Europas. Alle 82 Zimmer (inklusive 20 Suiten) wurden bei der Renovierung 1998 elegant und mit modernstem Komfort eingerichtet. Der Geschäftswelt stehen acht Konferenzräume zur Verfügung, die Gäste haben alle Verkehrsmittel einschließlich einer direkten Zugverbindung nach Sintra und Cascais praktisch vor der Tür. Alle Zimmer sind geräuschgedämmt, mit Klimaanlage ausgerüstet und verfügen über Marmorbäder. Satellitenfernsehen, Musikkanäle und kabelloses Internet gehören ebenfalls zum Dienstleistungsangebot. Ab 112 € pro DZ (im Sommer) bei Vorabbuchung über die Hotelwebsite.

181 [T11] **Hotel Berna** €€-€€€, Avenida António de Serpa 13, Tel. 213300541, Fax 217936278, www.viphotels.com, Metro:

Praktische Reisetipps
Unterkunft

„Campo Pequeno", S-Bahn: „Entre Campos". Auf etwa halber Strecke zwischen Flughafen und Altstadt haben sich bei der Stierkampfarena ❷ im Bezirk Campo Pequeno einige größere Hotels angesiedelt. Zwar ist der Weg bis zur Innenstadt etwas weiter, doch hat man hier sowohl eine Metrostation als auch eine S-Bahn-Station quasi vor der Tür – letzteres ist für Ausflüge nach Queluz oder Sintra vorteilhaft. Das Berna ist ein großes, einfaches Mittelklassehotel (240 Zimmer), das sehr gerne von Gruppen gebucht wird. Die vorwiegend in Braun- und Beigetönen gehaltenen Zimmer sind modern ausgestattet und verfügen über Klimaanlage, Safe, Sat-/Kabel-TV und Internetzugang.

182 [T18] **Hotel Botânico** €€€, Rua da Mãe de Água 16/20, Tel. 213420392, Fax 213420125, www.hotelbotanico.pt, Metro: „Avenida". Unmittelbar unterhalb des botanischen Gartens in einer sehr ruhigen Wohngegend gelegen bietet das ordentliche, vielfach von Reisegruppen frequentierte Mittelklassehotel Ausflugsvermittlung, Wäschereiservice und hoteleigene Parkmöglichkeiten. Das äußerlich eher unscheinbare Hotel wie auch die einfachen, aber modernen DZ (jeweils mit Klimaanlage, Minibar, Sat-TV und Direktwahltelefon) wurde in der jüngeren Vergangenheit im Innenbereich vorwiegend in zum Thema „botanischer Garten" passenden Grüntönen renoviert.

183 [U18] **Hotel Britania** €€€€, R. Rodrigues Sampaio 17, Tel. 213155016, Fax 213155021, www.heritage.pt, Metro: „Avenida". Quasi um die Ecke vom Hotel Liberdade wird das 1940 vom damals landesweit bekannten Architekten Cassiano Branco erbaute Britania damit, einziges Art-déco-Hotel der portugiesischen Hauptstadt zu sein. Die großen Räume verfügen über alle modernen Standards (Klimaanlage, Sat-TV, WLAN usw.) und wurden in warmen Farben gehalten, klassisches Mobiliar und moderne Marmorverkleidungen gehen eine elegante Verbindung ein. Die schöne Lobby mit Bar und offenem Feuer erinnert schon beim Betreten an einen klassischen englischen Klub für Mitglieder des Oberhauses – und so ist es wohl auch gewollt. Senioren ab 55 J. erhalten übrigens für einen minimalen Aufpreis besondere Pakete mit Frühstücksservice aufs Zimmer und einen Museums-Pass für alle Museen.

184 [W20] **Hotel Evidencia Lisboa Tejo** €€€, Rua dos Condes de Monsanto 2, Tel. 218866182, Fax 218865163, www.evidenciahoteis.com, Metro: „Rossio". Sehr zentral unmittelbar ostseitig des Pr. da Figueira gelegen, bietet dieses sehr gute Mittelklassehotel eine gelungene Mischung aus modernem Ambiente und klassischem portugiesischem Stil. In den Zimmern wie auch im gesamten Hotel herrschen blau-weiße Azulejo-Farben vor, alle Räume verfügen u. a. über Sat-TV, Safe, Minibar, Fax-/Modemanschluss und Internetzugang.

185 [S17] **Hotel Fénix** €€€, Praça Marquês de Pombal 8, www.hfhotels.com, Tel. 213862121, Fax 213860131. Zentral und verkehrsgünstig am Praça Marquês de Pombal gelegen und vor wenigen Jahren aufwendig restauriert, beherbergt das Haus 188 komfortable Zimmer mit Klimaanlage, Minibar, Zimmersafe, WLAN und Sat-TV. Das Hotel selbst bietet Fahrzeugvermietung, Hotelgarage, ein Businesscenter, Babysitting und behindertengerechte Einrichtungen.

186 [V20] **Hotel Internacional** €€€, Rua Augusta/Ecke Rua Betesga das Internacional, www.internacionaldesignhotel.com, Tel. 213240990, Fax 213240999, Metro: „Rossio". Wer auf eigene Faust unterwegs ist und ein genau so absolut zentrales wie stilvolles Hotel sucht, ist hier richtig. Eines der geschichtsträchtigsten Hotels der Stadt,

Praktische Reisetipps
Unterkunft

dessen Anfänge bis ins 15. Jahrhundert zurückreichen, im frühen 20. Jahrhundert galt es unter dem Namen Grand Hotel Internacional als Lissabonner Tophotel. Mehrfach renoviert mit vollkommen unterschiedlichen Dekorthemen auf den vier Etagen, bietet das Haus heute modern und zweckmäßig ausgestattete DZ mit Blick über die Altstadtplätze und teilweise auf die Burg São Jorge. Mit Ausflugs- und Fahrzeugvermittlung sowie kostenlosem Flughafentransfer (mittels Flughafenbus).

187 [U18] **Hotel Liberdade** €€€€, Avenida da Liberdade 28, Tel. 213404040, Fax 213404044, www.heritage.pt, Metro: „Avenida". Sehr stilvolles, vom portugiesischen Stararchitekten Miguel Câncio Martins gestaltetes Oberklassehotel in einem prächtigen Bürgerhaus aus dem späten 18. Jh. Die komfortablen, in gelungener Mischung aus Klassizistik und Moderne eingerichteten Räume verfügen u. a. über Sat-TV, Stereoanlage und WLAN, das Hotel bietet einige Erholungskomponenten wie Fitness- und Wellnessbereich.

Apartment-Hotels wie das Eden (s. S. 205) erfreuen sich zunehmender Beliebtheit

Praktische Reisetipps
Unterkunft

188 [W20] **Hotel Olissipo Castelo** €€€€, Rua Costa do Castelo 126, Tel. 218820190, Fax 218820194, www.hotelolissippocastelo.com. Nur 20 Zimmer und vier Suiten beherbergt dieses kleinere, aber luxuriös und modern ausgestattete Hotel im Burgviertel. Alle Wohneinheiten verfügen u. a. über Minibar, Sat-TV, Safe und Internetanschluss, zum Hotelservice gehören Wäschereiservice und eine Privatgarage. Die Lage oberhalb der Altstadt nahe der Burg ist sicherlich ein Plus, bis zur nächsten Metrostation („Pr. da Figueira") sind es allerdings gut 10 Minuten zu Fuß.

189 [V21] **Hotel Regency Chiado** €€€€, Rua Nova do Almada 114, www.lisboaregencychiado.com, Tel. 213256100, Fax 213256161, Metro: „Baixa-Chiado". Das Hotel inmitten des pulsierenden Stadtteils Chiado wurde von den herausragenden portugiesischen Architekten Siza Vieira und Pedro Espirito Santo in harmonischer Kombination feinster orientalischer und portugiesischer Kunstelemente entworfen. In der Entretanto Bar hat man einen herrlichen Panoramablick über die Stadt. Jedes der Hotelzimmer oder Suiten ist mit modernster Technik einschließlich Fax-Kopierer und Internetanschluss versehen, sodass das Hotel bei Geschäftsleuten besonders beliebt ist. Alle Räume verfügen außerdem über Safe, Direktwahltelefon, Video, Voicemail usw.

190 [U14] **Hotel Sheraton Lisboa** €€€€, Rua Latino Coelho 1/Ecke Avenida Fontes Pereira do Melo, Tel. 213120000, Fax 213575073, www.sheraton.com/lisboa. Das neu renovierte Sheraton Lisboa Hotel gilt als eines der renommiertesten Hotels in Lissabon mit 369 geräumigen und komfortabel eingerichteten Zimmern und Suiten. Alle Zimmer verfügen neben einer standardmäßig luxiösen Ausstattung über Fax-/Modemanschluss, Internetzugang und einen gesonderten Arbeitsbereich. Entspannung bieten u. a. ein 1500 m² großer Wellnessbereich und das Sheraton Fitnesscenter. Kulinarische Genüsse bieten das Gourmetrestaurant Panorama oder die gleichnamige, moderne Cocktailbar auf der obersten Etage, die außerdem einen großartigen Ausblick auf Lissabon bietet. Das Sheraton befindet sich verkehrsgünstig an einer der Schlagadern zwischen Flughafen und Altstadt, die Metrostationen „Picoas" und „Saldanha" liegen praktisch vor der Tür.

191 [U18] **Hotel Sofitel Lisboa** €€€€, Avenida da Liberdade 127, Tel. 213300541, Fax 213228310, www.sofitel-lisboa.com, Metro: „Liberdade". Sehr schönes, vollständig behindertengerechtes Hotel (amerikanischer Standard) der gehobenen Mittelklasse zentral an der Avenida da Liberdade, nur 5 Gehminuten von der Altstadt entfernt mit eigener Tiefgarage, WLAN, Fahrzeugverleih und Fitnessstudio. Das Sofitel ist auch ein sehr beliebtes Tagungshotel mit eigenem Businesscenter. Modernes Interieur wurde mit schlichter Eleganz geschickt kombiniert, alle Zimmer verfügen u. a. über Sat-/Kabel-TV, Minibar, Safe und WLAN. Interessante und sehr flexible Tarifgestaltung je nachdem, wie verbindlich man bucht und welche Extras gewünscht werden.

192 [W20] **Hotel Solar do Castelo (dos Mouros)** €€€€, Rua das Cozinhas 2, Tel. 218806050, Fax 218870907, www.heritage.pt. Das nach seiner früheren Funktion manchmal auch als „Küchenschlösschen" bezeichnete Hotelgebäude an der Südseite des Kastells wurde bereits um 1765 innerhalb der Burgmauern von São Jorge als Herrenhaus erbaut. Das Hotel besteht aus zwei Etagen und dem Dachgeschoss und verfügt über einen Innenhof und einen schönen Garten sowie eine alte Zisterne, die früher zu den Nebengebäuden des Herrenhauses gehörte. 2001 wurde das Ho-

Praktische Reisetipps
Unterkunft

tel umfassend von Vasco Massapina im klassisch-modernistischen Stil renoviert. Auch die Zimmer zeugen von einer geschmackvollen Stilwahrung der umfangreichen Geschichte des Anwesens und verfügen u. a. über Sat-TV und WLAN. Zu den Serviceleistungen gehören Autovermittlung, Ausflugsorganisation und Babysitting, auf in dieser Preisklasse eigentlich übliche Merkmale wie Wellnessbereich oder Pool wurde bewusst verzichtet, um den geschichtsträchtigen Gesamteindruck nicht zu verfälschen. Vom Hotel benötigt man gut 10 Gehminuten zur nächsten Metrostation, alternativ fährt man mit Tram 12 bis zur Kirche Santa Luzia, von dort sind es etwa 5 Minuten zum Hotel.

193 [f4] **Hotel Tivoli Tejo/Tivoli Oriente** €€€€, Av. Dom João II, Tel. 218915100, Fax 218915345, www.tivolihotels.com. Außerhalb des unmittelbaren Zentrums kann man auch am Parque das Nações ❹ wohnen, etwa im Tivoli Tejo. Alle 280 Zimmer verfügen über jeden erdenklichen Luxus (u. a. Internet, Pay-TV). Wegen der günstigen Lage direkt am Bahnhof Oriente und dem kurzen Weg zum Flughafen ist das Haus als Business- und Tagungshotel sehr beliebt. Zu den besonderen Annehmlichkeiten der Anlage gehören u. a. Hallenbad, Sauna, türkisches Bad, Fitnessstudio und das beliebte Panoramarestaurant Colina mit Blick auf das Expo-Gelände. Listenpreis max. 296 €/DZ und Nacht, Suiten bis 476 €/Nacht, bei Buchung über die Hotelhomepage dagegen schon ab 108 €/DZ (im Hochsommer).

194 [f3] **Hotel Tryp Oriente** €€€€, Av. Dom João II, Tel. 2189305000, Fax 218930099, www.tryporiente.solmelia.com. Unweit vom Hotel Tivoli Oriente bietet das Tryp Oriente eine nahezu identisch luxuriöse Unterkunft (hier teilweise mit kleiner Kitchenette), ebenfalls mit WLAN, Wäschereiservice, Tagungsräumlichkeiten und behindertengerechten Einrichtungen. Auch hier sind bei Buchung über das Internet (unter 100 € im Hochsommer) erhebliche Ersparnisse zu den Listenpreisen möglich. Für beide Hotels gilt: Relativ flughafennah (5 Minuten per Taxi) direkt am Bahnhof Oriente (Metrostation: „Oriente") und somit direkt am Parque das Nações gelegen, für die Sehenswürdigkeiten der Stadt muss man aber einige Metrofahrten in Kauf nehmen.

195 [T16] **Hotel Turim** €€€, Rua Filipe Folque, 20, Tel. 213139410, Fax 213139419, www.turimhoteis.com, Metro: „Picoas" oder „Parque". Sehr schönes Mittelklassehotel zwischen Saldanha-Kreisel und Parque Eduardo VII mit ordentlichen, großen DZ, die neben Sat-TV und Minibar teilweise auch über eine zusätzliche Einbaukitchenette (Spüle, 2-Platten-Herd) verfügen. Großes Frühstücksbuffet, Ausflugsvermittlung, Hotelgarage und Internetecke in der Lobby. Die Pauschalreisepreise können hier deutlich niedriger liegen.

196 [U14] **Hotel VIP Inn Saldanha** €€, Rua Fernão Lopes, Tel. 213300541, Fax 213158773, www.viphotels.com, Metro: „Saldanha" oder „Picoas". Die Zimmer des unscheinbaren Hotels sind einfach, aber modern ausgestattet und verfügen über Direktwahltelefon, Kabel-TV und Safe, das Hotel über einen Konferenzraum und eine kleine Bar. Kleinstes und einfachstes Hotel der in Lissabon mehrfach vertretenen VIP-Kette und sehr preiswerte Alternative zu den großen Ketten der Gegend bei Zimmerpreisen ab 69 €/DZ.

197 [T18] **Hotel VIP Inn Veneza** €€€, Avenida da Liberdade 189, Tel. 213300541, Fax 213526678, www.viphotels.com. Günstige Lage an der Avenida da Liberdade (5 Gehminuten in die Altstadt), Metro: „Avenida". Einen Stern mehr als das VIP Inn Saldanha trägt das ebenfalls zur VIP-Kette gehörende,

Praktische Reisetipps

Unterkunft

allerdings ein gutes Stück zentrumsnähere VIP Inn Veneza. Die 37 stilvoll eingerichteten Zimmer des vor wenigen Jahren restaurierten Hotels – das Gebäude war ursprünglich ein prunkvolles Bürgerhaus aus dem 19. Jh. – verfügen über Minibar, Direktwahltelefon, Kabel-TV und Zimmersafe, das Hotel bietet einen Wäschereiservice.

198 [G24] **Jerónimos 8** €€€€, Rua dos Jerónimos 8, Tel. 213600900, Fax 213600908, www.jeronimos8.com, Straßenbahn 18 bis „Jerónimos". Am entgegengesetzten Ortsrand bietet der Stadtteil Belém nur ein Hotel, das nahe dem gleichnamigen Kloster gelegene Jerónimos. Überschaubare 65-Zimmer-Anlage mit moderner, innovativer architektonischer Gestaltung bei elegant-traditionellem Äußeren. Alle Zimmer u. a. mit WLAN, Klimaanlage und LCD-Sat-TV. Aufgrund der für Besuche im Zentrum eher abgelegenen Lage kann man bei Internetbuchung viel im Gegensatz zum Listenpreis sparen (DZ 98 € im Hochsommer).

Pensionen (Pensões)

In Pensionen findet man üblicherweise Einzel- oder Doppelzimmer, seltener dagegen Mehr- bzw. Vielbettzimmer, in der Regel jeweils ohne Frühstück. Die Kosten variieren je nach Lage, Ausstattung und Saison zwischen etwa 25 und 120 €/DZ. Die offizielle Einstufung in Portugal erfolgt in die Kategorien „1a" (höchste Kategorie) bis „4a" (unterste Kategorie).

Pensionen sind meist sehr schlicht ausgestattet, eignen sich aber gut als **preiswerte Unterkünfte für Kurzaufenthalte** bzw. als gute Alternative zur Jugendherberge. In jedem Fall werden beide von jugendlichen Reisenden/Backpackern bevorzugt, die weniger Wert auf Luxus, sondern das Hauptaugenmerk auf den Preis richten. Die folgenden Pensionen sind qualitativ nicht unbedingt besser als die genannten Jugendherbergen, haben aber den großen Vorteil, dass sie **sehr zentral liegen** und das Zentrum der Altstadt jederzeit gut zu Fuß erkundet werden kann. Außerdem ist eine Vorabreservierung wie bei den Jugendherbergen nicht unbedingt erforderlich, man kann sich also zunächst selbst ein Bild machen und kauft nicht die Katze im Sack.

199 [V19] **Pensão Campos** €€, Tel. 213462864. Zentral in einem der Kneipenviertel, die Rua Antão entlang, bietet an der Ecke zur Rua do J. Regedor 24 die Pensão Campos einfache, aber empfehlenswerte DZ mit Bad (ohne Frühstück) zu 60–65 €.

200 [W20] **Pensão Coimbra e Madrid** €€, Praça Figueira 3 (Ecke Rua Jardim do Regedor), Tel. 213421760, Fax 213423264. Von den zahlreichen Pensionen verdient diese am Praça Figueira – zentraler geht es kaum – eine Erwähnung. Einfache, aber angenehme DZ mit Klimaanlage kosten hier zwischen 40 und 50 €, sehr beliebt bei Rucksackreisenden.

201 [W20] **Pensão Praça Figueira** €-€€, Travessa Nova de S. Domingos 9, Tel. 213426757, Fax 213424323, www.pensaopracadafigueira.com. In unmittelbarer Nachbarschaft bietet die Pension durchaus ordentliche und gut ausgestattete Zimmer für 2–6 Personen an, DZ 37,50–55 € je nach Ausstattung mit oder ohne eigenem Bad. Praktisch für Backpacker: Wäschereiservice, Gepäckaufbewahrung, Touren- und Leihfahrzeugvermittlung, Internetzugang. Sehr familiär.

202 [V20] **Pensão Estação Central** €, Calçada Do Carmo 17 (Ecke 1° Dezembro), Tel. 213423308, http://pensao

estacaocentral.com. In unmittelbarer Nähe zum Rossio liegt diese Pensão mit 27 Einzel- und Doppelzimmern zu 35–50 € (ohne Frühstück). Die Zimmer sind einfach, aber in Ordnung, verfügen über ein eigenes Bad und verteilen sich über mehrere Etagen des Altstadtbaus. Auch hier gibt es Interzugang, Wäschereiservice und eine kleine Bar.

203 [V19] **Pensão Gerés** €, Largo Domingos, www.pensaogeres.com. Hinter dem Nordende des Praça Figueira und der Kirche Igreja São Domingos liegt am Largo Domingos diese hübsche, kleine, familiär geführte Pension, die über sehr schlichte Einzel- bis Vierbettzimmer ab 25 € verfügt. Doppelzimmer mit Bad 50 €. Kein Frühstück. Hauptvorteil ist auch hier die absolut zentrale Lage im Altstadtkern. Fernsehraum, Fahrzeugvermittlung, Internetzugang (1 €/30 Min.) und Getränkeservice.

Residenciais/Albergarias

Hierbei handelt es sich um **Hotelpensionen** (meist ohne Restaurant, aber mit Frühstücksraum), die offiziell mit bis zu vier Sternen eingestuft und sehr **oft als Familienbetrieb geführt** werden. Von den beiden sehr ähnlichen Kleinhotelklassen sind die Residenciais meist etwas einfacher ausgestattet als die Albergarias. In beiden Fällen ist aber häufig ein Frühstück inklusive, außerdem steht die Zimmerausstattung den einfachen Hotels in kaum etwas nach. Prinzipiell kann als Faustregel gelten: Wer einen gewissen Wert auf einen Mindeststandard legt, sollte bevorzugt zumindest eine der Residenciais als Quartier wählen. Eine Reservierung empfiehlt sich vor allem in den Sommermonaten.

204 [X18] **Albergaria Senhora do Monte** €€–€€€, Calçada do Monte 39, Tel. 218866002, Fax 218877783, www.albergariasenhoradomonte.com. Beinahe malerisch in Toplage auf einem der Hügel des Viertels Mouraria gelegen bietet sich die Albergaria für Reisende an, die sowohl etwas abseits des unmittelbaren Altstadtzentrums, aber auch mit hervorragender Aussicht und einem gewissen Komfort wohnen möchten. Im Blick aller Doppelzimmer der bei Individualreisenden sehr beliebten Albergaria liegen das Kastell São Jorge ❿, die Altstadt wie auch der Rio Tejo. In wenigen Minuten ist man zu Fuß im Zentrum bzw. an der traditionellen, durch die Mouraria führenden Straßenbahn Nr. 28. Senhora da Monte ist keine Billigunterkunft, die Preise beginnen bei 70 €/DZ, in der Nebensaison Aktionen zu 55 €/DZ. Zum Serviceangebot gehören Wäscherei, Autovermietung, Ausflüge, Babybetreuung und WLAN-Nutzung (4 €/Std.).

205 [V20] **Residencial Americano** €–€€, Rua 1° de Dezembro 73, Tel. 213474976, Fax 213474979, www.hotelamericano.com, Metro: „Rossio". In unmittelbarer Nähe zum Bahnhof Rossio bietet die ebenfalls sehr zentral gelegene Residencial Americano auf drei Etagen 49 einfach, aber funktional ausgestattete Zimmer, wahlweise mit (110 €) oder ohne Bad (70 €) inkl. Frühstück laut Liste, bei persönlicher Anfrage bzw. Vorabbuchung über die Homepage zahlt man moderate 70 € bzw. 55 € ohne Bad. Das Hotel bietet einen Express-Wäschereiservice an, alle Zimmer verfügen über Sat-TV, Klimaanlage/Heizung, Föhn und Schließfach.

206 [V19] **Residencial Florescente** €€, Rua Portas de Santo Antão 99, Tel. 213426609, Fax 213427733, www.residencialflorescente.com, Metro: „Restauradores". Im Kneipenviertel der Rua Portas de Santo Antão gelegen bietet die angenehme Residencial einigen Komfort mit DZ-Preisen ab 65 € je nach Zimmerart (Hochsaison) inkl. Frühstück. Alle Zimmer verfügen über Sat-TV, Bad, Klimaanlage, kostenlosen Internetanschluss (WLAN) und Direktwahltelefon, das Hotel selbst vermittelt außerdem günstige Mietwagen. Auch Dreibettzimmer (90 €) werden angeboten.

207 [W17] **Residencial Roxi** €€, Avenida Almirante Reis 31/Ecke Rua dos Anjos, Tel./Fax 218126341, www.residencialroxi.com, Metro: „Intendente". Das kleine Familienhotel beherbergt nur 16 schlichte und ordentliche Einzel- bzw. Doppelzimmer ab 55 €. Alle Zimmer verfügen über TV, Duschbad und einen gesonderten Wohnbereich/Sitzecke. Achtung: Es kann mit (DZ ab 40 €) oder ohne WC (DZ ab 30 €) gebucht werden! Ein Frühstück wird nicht angeboten, dafür aber kostenloses WLAN. Die Zimmer liegen überwiegend zur Hauptstraße hin, weshalb viele Leser den Straßenlärm monieren. Nachteilig ist eventuell auch, dass nur wenig Englisch verstanden wird – mit Französisch kommt man gut zurecht.

208 [V20] **Residencial Sul Down Town** €€, Pr. Dom Pedro IV 59, Tel. 213470433 und 213422511, www.suldowntownlisbon.com, Metro: „Rossio". Nomen est omen, und zentraler als Rossio kann ein Kleinhotel kaum liegen. Angenehme Atmosphäre, komfortable Unterkunft in Einzel-, Zweier- oder Dreierzimmern mit Bad (wahlweise auch ohne Bad) bei Zimmerpreisen zwischen 55 und 90 € machen die Residencial Sul Down Town zu einer beliebten Unterkunftswahl bei preisbewusst Reisenden, die Wert auf eine sehr zentrale Lage und einige Serviceleistungen (Geldwechsel, Ausflugsorganisation, WLAN usw.) legen.

Pousadas

Pousadas sind mit Sicherheit nichts für jeden Geldbeutel, aber vielleicht ein Tipp für die Hochzeitsreise: In kunstvoll **restaurierten staatseigenen Klöstern, Burgen oder Schlössern** bietet man anspruchsvollen Gästen besonderen Luxus in reizvoller Umgebung. Die Übernachtung mit Frühstück kostet im DZ normalerweise zwischen 120 und 300 €, zentrale Reservierungs- und Informationsstelle für Pousadas in Portugal ist:

› **Pousada de Portugal**, Av. Sta. Joana Princesa 10, 1749-090 Lissabon, Tel. 218442001, Fax 218442085, www.pousadas.pt

209 Pousada D. Maria I. €€€, Queluz Tel. 214356158, Fax 214356189. Im Vorort Queluz liegt das gleichnamige Prunkschloss **53**, dessen ursprünglich den königlichen Wachtruppen vorbehaltener Trakt diese Pousada beherbergt. Neben absolut stilgerechtem Ambiente hat das Haus auch Massagen, Golf oder Reiten im Freizeitangebot. Das Beste am Ganzen: Die Übernachtungen sind hier – zumindest außerhalb des Hochsommers – sogar relativ günstig bei Preisen ab 95 € für zwei Personen pro Nacht im Doppelzimmer (nur Übernachtung) bzw. ab 170 € für zwei Personen inkl. Halbpension. Als Nachteil muss die etwas abgelegene Lage angeführt werden, man gelangt jedoch mit der S-Bahn von Queluz direkt bis zum Bahnhof Rossio im Zentrum Lissabons.

Jugendherbergen

Die Jugendherbergen (Pousadas de Juventude) Lissabons **stehen jedermann offen**, der einen internationalen Hostelausweis vorlegen kann. Die Mitgliedschaft muss im Heimatland beantragt werden, kann online erfolgen und kostet 12,50 €/Jahr (ab 27 J. und Familien/Partner 21 €); Details s. u. www.jugend

Unterkunft

herberge.de/de/mitgliedschaft/info. In Lissabon selbst existieren derzeit zwei für die Allgemeinheit offene Jugendherbergen des portugiesischen Jugendherbergsverbandes:

- **210** [T15] **Pousada de Juventude de Lisboa**, Rua Andrade Corvo 46, Metro: „Picoas", (Ausgang Rua Andrade Corvo poente), Tel. 213532696, Fax 213537541. In Zentrumsnähe liegt diese große Jugendherberge mit Preisen von 15–18 € im 6-Bett-Zimmer (saisonabhängig) bzw. 43–46 € im DZ mit WC. Eine Vorabreservierung ist empfehlenswert, gilt sie doch als eine der besten Jugendherbergen Portugals mit Bar, Gemeinschaftsraum, Spielraum, Telefonzelle und Internetanschluss. 12 Sechser-, 19 Vierer- und 14 Doppelzimmer, Rezeption 8–24 Uhr geöffnet.

- **211** [g2] **Pousada de Juventude do Parque das Nações**, Rua da Moscavide 47–101, Tel. 218920890, Fax 218920891, http://microsites.juventude.gov.pt/Portal/en/PParque_das_Nacoes.htm. Insbesondere für Bahnreisende interessant, da nahe dem Bahnhof Oriente gelegen. (Zwischen Flughafen und Station Oriente pendelt der Bus Nr. 5.) 19 Vierer- und 8 DZ mit Bad sowie zwei behindertengerechte DZ mit Bad. Schlafsaal 14–16 €, DZ mit WC 34–40 €. Die Rezeption ist 8–24 Uhr geöffnet.

Ferienwohnungen

Zunehmender Beliebtheit – mittlerweile sogar schon bei Anbietern von Pauschalreisen – erfreuen sich Ferienwohnungen (apartamentos turísticos) mit ein bis drei Zimmern plus Bad und Küche (teilweise Kochnische), häufig auch mit Balkon oder Dachterrasse. Die Preise für vier Personen beginnen bei rund 60–90 € pro Nacht, wobei meist eine Woche als Buchungsminimum gilt. Sie sind allerdings nicht in den Unterkunftslisten der Fremdenverkehrsämter aufgeführt.

Wer außerhalb der wärmeren Monate reist, sollte wissen, dass die Häuser **nicht so massiv und gut isoliert** sind wie in Nordeuropa. Bei hohen Temperaturunterschieden zwischen Tag und Nacht sowie innen und außen können Kondenswasserprobleme an den „Kältebrücken" in Ecken, hinter Schränken, in Badezimmern und Küchen auftreten. Hotelzimmer und gute Apartments werden ausreichend per Elektroofen beheizt, viele Ferienwohnungen und -villen verfügen sogar über einen Kamin.

Wichtig ist bei den Ferienwohnungen eine **Vorabreservierung**, die im Internet vorgenommen werden kann. Hier kann man sich auch anhand der Beschreibungen und Bilder einen guten Überblick verschaffen und die Verfügbarkeit zum individuellen Reisetermin direkt abfragen. Bei vielen Wohnungen wird in Lissabon übrigens zusätzlich eine Endreinigungspauschale von 30–40 € berechnet.

› Einer der gerade auf Lissabon spezialisierten Anbieter für Ferienwohnungen ist die Firma **Lissabon-Altstadt**, Maria do Ceu Florindo da Silva Zacharias, Kopenhagener Straße 26, 10437 Berlin, www.lissabon-altstadt.de. Apartments und Wohnungen in zentraler Lage kosten hier pro Tag ab 40 € (2 Personen, Nebensaison) bis 300 € für Luxuswohnungen für 8 Personen.

› **Fewodata e.K.**, Fahrensodde 20, D-24944 Flensburg, Tel. 0461 978740, Fax 0461 97874170, www.ferienwohnungen.de/europa/portugal/lisboa bzw. www.fewodata.de. bietet Apartments, Wohnungen und Gästezimmer in allen Preisklassen an. Eine durchschnittliche Wohnung (70 m²) im

Zentrum für 2 Personen gibt es hier für 450–750 €/Woche, abhängig von der jeweiligen Jahreszeit.
> Eine ebenfalls sehr gute Auswahl bietet die mit guten Kundenkritiken bedachte spanische Firma **Glasaja S.L.**, Carrer Carme 40, Pral 1a, 08001 Barcelona, Tel. +34 933424353, Fax +34 933426494, www.lisbon-apartments.com (deutschsprachige Seite). Kleine Studios ab 65 €/Nacht in der Nebensaison finden sich ebenso im Angebot wie komplett mit Waschmaschine und allen Extras ausgestattete große Wohnungen ab 150 €/Nacht. Der Hauptsaisonzuschlag beträgt 10 %, die Endreinigung ist bei diesem Anbieter jeweils inklusive.

212 [U19] **Aparthotel Eden**, Praça dos Restauradores 24, Tel. 213300541, 213216600, Fax 213216666, www.edenaparthotelvip.com, Metro: „Restauradores". Unmittelbar neben der Touristeninformation liegt absolut zentral dieses Apartmenthotel, das 1996 als bestes städtisches Renovierungsprojekt ausgezeichnet wurde. Über Geschmack lässt sich bekanntlich streiten, manche Besucher halten das moderne Bauwerk inmitten der klassizistischen Häuserfront für deplatziert. Immerhin finden (Geschäfts-)Reisende hier voll ausgestattete moderne Studios und Apartments mit Küchenzeile, Sat-TV, Internetanschluss, Fax/Kopierer und im Hotelbereich u. a. einen Dachpool, Solarium und auf Anfrage Babysitting. Apartment-Hotelanlagen sind in Portugals Feriengebieten recht häufig anzutreffen und unterscheiden sich von Hotels durch die Ausstattung der Wohneinheiten als Apartments bei gleichzeitigem Verzicht auf Restaurantbetrieb. Im Eden kosten kleinere Studios pro Nacht 115 € (2 Pers.), größere Apartments für 4 Personen 170 € (im Sommer). Wochenpreise 700 € bzw. 1050 € für die 4er-Einheit.

Privatzimmer (Quartos Particulares)

Recht günstig kommt man privat in Lissabon unter, für rund 45–60 €/DZ sollte man zumindest außerhalb der Hauptreisezeit (Juli/August) immer etwas finden. Im Zentrum Lissabons ist dies allerdings eher die Ausnahme, weitaus mehr Privatzimmer findet man in den Küstenvororten Cascais/Estoril (s. S. 142).

Hierzu wendet man sich an die jeweilige Touristeninformation vor Ort, die über eine vollständige Liste aller Privatanbieter verfügen. Des Öfteren versuchen die Informationen dabei aber den Touristen in teurere Hotelanlagen zu bugsieren – da muss man einfach etwas hartnäckig sein.

Camping

Das klassische Camping (*acampamento, campismo*) ist in Lissabon naturgemäß nicht sehr verbreitet, einen Platz in Zentrumsnähe gibt es allerdings:

213 [G16] **Parque de Campismo Municipal de Monsanto**, Est. da Circunvalação, Tel. 217609620, Fax 217623106, www.lisboacamping.com. Lisboa Bungalows/Camping liegen im Nordwesten von Lissabon im Park von Monsanto. Der Platz ist in etwa einer Dreiviertelstunde mit dem Bus 14 ab Rossio (Achtung: fährt nur bis 21.30 Uhr) vom Zentrum aus und mit dem gleichen Bus in 20 Minuten von Belém aus zu erreichen. Auf dem Platz können insgesamt 70 Bungalows (4–6 Pers.) angemietet werden. Alle Bungalows umfassen Strom, Warmwasser, Telefon, Kabelfernsehen, eine ausgestattete Kitchenette, Badezimmer, Bettwäsche, Handtücher und tägliche Zimmerreinigung. Die Kosten für einen Bungalow liegen bei 48–86 € für zwei bzw. 57–108 € für sechs Personen, das Camping (400 Zeltplätze) kostet 5,75–7,30 € p. P. zzgl. 4,70–6,80 €/Zelt bzw. 6,25–8,35 €/Wohnwagen. Auf dem Gelände stehen Sportmöglichkeiten (Tennis, Schwimmbad, Skatebahn), Unterhaltungsmöglichkeiten (Kinderspielplätze, Solarium, Minigolfplatz, Amphitheater), Bars und Restaurants, ein Minimarkt sowie eine Erste-Hilfe-Station zur Verfügung.

Auf das prinzipielle **Campingverbot außerhalb ausgewiesener Plätze** (Waldbrandgefahr) sei an dieser Stelle ausdrücklich hingewiesen.

Verhaltenstipps

› Regel Nummer 1: **Niemals Portugiesen mit Spaniern gleichsetzen,** was unbedarften, „spanienerfahrenen" Touristen sehr häufig durch die versehentliche Verwendung der (spanischen) Dankesformel „gracias" (anstatt portugiesisch „obrigado"/männl. bzw. „obrigada"/weibl.) passiert!

› Lissabon ist eine internationale Metropole, sich einfach so in einem Restaurant einen Tisch zu suchen, gilt als ungehörig – man sucht den Blickkontakt zu einem der Kellner, der den Besuchern einen **Tisch zuweist.** Diese Regel gilt nicht nur für Restaurants der gehobenen Kategorie, sondern auch für gutbürgerliche Lokale. Nur in einfachen Lokalen, Cafés, Straßenrestaurants und natürlich in Fast-Food-Lokalen gilt: Wer zuerst kommt, mahlt zuerst.

› Als ebenso unziemlich wird der **Besuch von Kirchen und Museen** oder gar Diskotheken in kurzen Hosen, mit nacktem Oberkörper o. Ä. betrachtet.

› Irgendwie haben es die Engländer geschafft, jenes uns aus vielen Schulbüchern bekannte charakteristische *queueing-up* (diszipliniertes Schlangestehen in Reih und Glied) unter anderem auch nach Portugal zu exportieren – ein absolutes Muss an den Haltestellen der öffentlichen Verkehrsmittel, an Kassen, Infoständen usw.

› Allgemein gelten die Portugiesen als sehr freundlich und höflich, dabei als weit weniger aufdringlich, laut oder „machohaft", als man dies vielleicht aus anderen Ländern Südeuropas gewohnt ist. Besucher sollten jedoch stets darauf achten, die **Privatsphäre nicht zu verletzen.** Bei aller Freundlichkeit bleibt man Fremden gegenüber immer etwas reserviert. Eine Ausnahme bilden **Kleinkinder** – über diese kommt man meist sehr schnell in Kontakt zu den außerordentlich kinderlieben Portugiesen.

Ordentliches Schlangestehen am Fahrkartenkiosk von Carris

Verkehrsmittel

Fahrscheine, Kombitickets, Lisboa-Card, 7 Colinas und Viva Viagem

Für die öffentlichen Verkehrsmittel gibt es **mehrere Ticketalternativen**. Hierzu muss man zunächst wissen, dass es keinen „Universalbetreuer" für die verschiedenen Verkehrsmittel gibt, sondern dass **verschiedene Unternehmen am Verkehrsverbund beteiligt** sind. Vereinfacht dargestellt gibt es in Lissabon – abgesehen von Taxis – vier größere Unternehmen, die nicht nur Einzel-, Tages- oder Monatstickets anbieten, sondern auch Kombinationen für zwei oder drei dieser Betreiberfirmen: die **Metropolitano de Lisboa** (Metro), die **CP-Bahn** (S-Bahn), **Transtejo** (Fähren) und **Carris** (Betreiber von Stadtbussen, Straßenbahnen und Funiculars).

Lissabon ist in **zwei Tarifzonen** aufgeteilt. Praktisch alle Fahrten mit Bus oder Metro fallen für Nutzer dieses Buches unter Fahrten innerhalb der Zone 1, Zone 2 liegt nördlich eines gedachten Bogens der Metrostationen Pontinha – Senhor Roubado – Portela (geplant) und damit recht weit außerhalb.

Einzelfahrscheine für Bus, Straßenbahn, Metro usw. sind natürlich ebenfalls erhältlich, rechnen sich aber nicht bei intensiven Rundfahrten.

Am einfachsten ist für den Reisenden der Erwerb der sogenannten **Lisboa-Card**, die wahlweise eine Gültigkeitsdauer von 24 (17,50 €, Kinder ab 4 Jahren 9,50 €), 48 (29,50 bzw. 15 €) oder 72 Stunden (36 bzw. 18,50 €) besitzt (gemessen ab der ersten Nutzung). Mit dieser Karte hat man freie Fahrt in (fast) allen öffentlichen Verkehrsmitteln (außer Fähren, S-Bahn und Flughafenbus 1, aber einschließlich S-Bahn nach Sintra und Cascais), zahlreiche Sehenswürdigkeiten und Museen gewähren freien Eintritt oder zumindest einen Preisnachlass.

Auch wer viel herumfährt und das eine oder andere Museum besucht, ist mit der Lisboa-Card gut beraten, ohne viele Museumsbesuche empfehlen sich auf jeden Fall zumindest kombinierte Tageskarten. Die Lisboa-Card ist in großen Hotels und bei den Touristeninformationen (s. S. 178) erhältlich, andere Karten bekommt man in den großen Metrostationen.

Jedes Verkehrsmittel kann natürlich per **Einzelfahrschein** bereist werden, was aber bei Einzelfahrpreisen zwischen 1,15 € und 3,50 € und intensiver Nutzung erheblich ins Geld geht. Am Verkehrsmittel selbst erhältlich:

› Einzelkarte/Fähre ab 1,15 €
› Einzelkarte/Bus 1,75 €
› Einzelkarte/Metro (Automat, vor Betreten der abgesperrten Innenbereiche) 1,25 €, zwei Zonen 1,75 €
› Tram 2,85 €
› Funiculare 3,50 € (Hin- und Rückfahrkarte)
› Elevador de Santa Justa 5 €

Die sogenannte **Tageskarte** zu 6 € ist für Metro und Carris (Bus/Tram/Funiculare) **24 Stunden** seit der ersten Nutzung (nicht ein Kalendertag) gültig. Die nächstgrößere Einheit wäre die Monatskarte, die für den Reisenden kaum in Frage kommt.

Während bei den Fahrern (nicht Metro) nur die vergleichsweise teuren Einzelfahrscheine erhältlich sind, gibt es die folgenden Karten bei den Verkaufsstellen von Carris bzw. in den großen Metrostationen.

Praktische Reisetipps
Verkehrsmittel

Auch für Touristen gut: **7 Colinas** und **Viva Viagem**. Hierbei handelt es sich um eine (leere) Plastikkarte zum Preis von 0,50 €, 7 Colinas wird von Carris, Viva Viagem von der Metro herausgegeben und sind nahezu identisch. Nach dem Kauf lädt man sie an den Automaten auf, z. B. mit einer 5-€-Tageskarte, die dann 24 Stunden lang zu beliebig vielen Fahrten mit Metro, Bussen und Straßenbahnen berechtigt. Sie kann aber auch mit bis zu 20 € aufgeladen und anschließend „abgefahren" werden und man ist damit etwas flexibler (nicht an 24 Stunden gebunden, siehe dazu „Zapping"). Diese Karten gelten wahlweise für Metro und/oder Carris und sind ein Jahr lang gültig. Eine dieser genannten Karten ist obligatorisch für den Erwerb von Tageskarten oder den Zapping-Modus.

Zapping: Hat man nunmehr eine der blanken Karten erworben, muss man sich entscheiden, was man aufbucht – Geld oder 24-Std.-Karte (beides gleichzeitig geht nicht). Bucht man ein Tagesticket zu, wird dieses mit der ersten Nutzung zeitlich aktiviert, jedes Verkehrsmittel im Geltungsbereich „erkennt" beim Einsteig die Gültigkeit und zeigt grün an. Nach Ablauf der 24 Stunden kann man dann neu buchen usw.

Wer nicht so intensiv, aber dennoch einige Male auch mit verschiedenen Verkehrsmitteln reisen möchte, bucht bis zu 20 € auf seine Karte und erhält dafür sofort ein Mehrguthaben von je nach Einzahlungssumme 5–8 % und zahlt bei der Nutzung der einzelnen Verkehrsmittel etwas weniger (z.B. Metro 1,15 € statt 1,25 €, Bus 1,25 € statt 1,75 € usw.). Außerdem werden Umsteigeverbindungen automatisch erkannt und nochmals leicht rabattiert.

Wichtig: Es kommen durchaus einmal Störungen bei den Karten vor – Quittung aufbewahren und bei der nächsten Kartenverkaufsstelle prüfen lassen! Wird die Karte nicht mehr benötigt, kann sie abgegeben und Restguthaben entsprechend ausbezahlt werden.

Noch ein Wort zur **Etikette** bei der Nutzung von Bussen und Straßenbahnen: Egal ob beim Kartenkauf oder beim Einstieg – in Lissabon stellt man sich nahezu „britisch", d. h. ordentlich in einer Reihe an, alles andere gilt als rüpelhaft. Nicht nur Busse, auch Straßenbahnen halten nur dann, wenn die Wartenden die **Hand zum Zeichen des Mitfahrens heben,** ansonsten wird nicht unbedingt angehalten. Und wer aussteigen möchte, muss einen der zahlreichen Klingelknöpfe im jeweiligen Fahrzeug betätigen.

Gleich welches Ticket man erwirbt, die **Nutzung** ist recht einfach. Alle Verkehrsmittel wurden automatisiert, beim Einstieg in Bus/Tram/Funicular (vorne) wird das Ticket an ein kleines Lesegerät hinter dem Fahrer gehalten, bis dieses grün leuchtet – der Fahrpreis wird automatisch abgezogen bzw. die Berechtigung bestätigt. In der Metro passiert man die Drehkreuze durch Auflegen des Tickets auf das winzige Lesegerät direkt davor (die Einstiegsstation wird gespeichert), ebenso beim Verlassen der Ausstiegsstation, wobei nun der Fahrpreis automatisch ermittelt und abgezogen wird. Bei Lisboa-Card oder (Mehr-)Tageskarten wird lediglich das Gültigkeitsdatum geprüft. Falls es mit einem Ticket Probleme geben sollte: In allen Metrostationen gibt es Serviceschalter, an denen das Ticket sofort geprüft werden kann, daher sollte man den Kaufbeleg immer gut aufbewahren.

Metro

Die **Metropolitano de Lisboa** oder auch **Metro Lisboa** umfasst ein derzeit rund 40 Kilometer langes Schienennetz, das 1959 seine Jungfernfahrt erlebte und seither permanent erweitert und verbessert wird. Anders als in manchen Untergrundbahnen anderer europäischer Metropolen, die oftmals steril, düster und bedrohlich wirken, wurde in Lissabon **besonderer Wert auf künstlerische Gestaltung vieler Stationen** und ein auch im Detail mit Farben und Symbolen versehenes Linienschema gelegt (www.metrolisboa.pt/informacao/planear-a-viagem). Dafür mangelt es an fast allen U-Bahnhöfen an durchgängiger Erreichbarkeit der Bahnsteige über Rolltreppen sowie an Aufzügen für Menschen mit eingeschränkter Mobilität.

Die **vier Metrolinien** sind klar **farblich und mit Symbolen gegliedert**, wichtig für den Nutzer ist die Kenntnis der jeweiligen Endstation der Richtung, in die man fahren möchte, da diese sowohl an den Zügen als auch an den Treppen zu den Bahnsteigen als Wegweiser angebracht sind. Dies sind für die **blaue Linie** („Linha Azul") Reboleira bzw. Santa Apolónia, für die **gelbe Linie** („Linha Amarela") Rato bzw. Odivelas, für die **grüne Linie** („Linha Verde") Cais do Sodré bzw. Telheiras sowie für die **rote Linie** („Linha Vermelha") São Sebastião bzw. Aeroporto. Die Erweiterung der roten Linie bis zum Flughafen ist für den Reisenden durchaus sehr praktisch.

Die Nutzung der Metro wurde durch die Einführung diverser **elektronischer Tickets** erheblich vereinfacht, für Einzelfahrscheine stehen Automaten (zweisprachige Menüführung Portugiesisch/Englisch) in allen Stationen bereit. Die Metro fährt täglich von 6.30 bis 1 Uhr nachts.

Tram/Straßenbahn

Im Stadtgebiet verkehren insgesamt nur fünf Linien, wichtig sind für den Reisenden vor allem die folgenden großen Haltestellen: **Praça Comércio** ❹ (am Arco Rua Augusta) für die Straßenbahn 15E (Richtung Belém, fährt bis Algés und zurück), **Praça da Figueira** ❸ für die Linie 12E (Burg und Alfama, tolle Rundfahrt) und 15E (von/nach Belém), **Praça Martim Moniz** [W19] für die 28E (Richtung Basílica da Estrela westlich der Altstadt oder Richtung Burg und Alfama) und schließlich die **Cais do Sodré** ⓳ (Fähren, S-Bahn) für die 15E von/nach Belém.

Die 15E ist eine moderne Straßenbahn, bei den **Linien 12E** (Rundkurs) **und 28E** (Martim Moniz – Campo de Ourique) hingegen handelt es sich um **urige, hölzerne Einkabiner**. Man sollte beide unbedingt mehrfach nutzen, vor allem die 12E rumpelt unnachahmlich durch die engen Häuserfronten der Alfama!

Der **Einzelfahrschein** bei Carris (gilt unisono für Straßenbahn und Funicular, die auch von Carris betrieben werden) kostet derzeit 2,85 € (bei Mehrfach-/Kombikarten s. S. 207 nur 1,25 €).

Busse

Überlandverbindungen

Der **zentrale Busbahnhof** *(Central Rodoviária)* für Städteverbindungen innerhalb Portugals und internationale Linien liegt am Sete Rios/Praça Humberto Delgado (Metro: „Jardim Zoológico", dort beschildert eine kleine Rolltreppe außen

Praktische Reisetipps
Verkehrsmittel

> **727:** Belém – Praça Marquês de Pombal
> **208, 708, 740, 790:** Cais do Sodré – Martim Moniz (Trams)
> **708:** Martim Moniz – Oriente (Pq. das Nações)
> **737:** Praça Figueira – Castelo S. Jorge (via Kathedrale und Sta. Lucia)
> **712:** Praça Marquês de Pombal – Rossio – Praça Comércio – Santa Apolónia
> **22, 44, 83, 745:** Airport – Praça Marquês de Pombal – Cais do Sodré
> **36, 44, 205, 732:** Praça Marquês de Pombal – Cais do Sodré

an der Metrostation hinauf), Info-Tel. 213613000.

Von hier aus hat man Anbindung zu allen wichtigen Orten Portugals, insbesondere die Hauptorte an der Algarve (je nach Ziel zwischen 35 und 60 €) werden mehrfach täglich von den gelbgrünen Bussen der Firma EVA oder den blauen der Firma RENEX angefahren.

Stadtbusse

Die Stadtbusse der Firma Carris fahren praktisch rund um die Uhr, wobei zwischen Tages- und Nachtbussen (erstere fahren alle 5 bis 15 Minuten, letztere alle 30 bis 60 Minuten) bei gleichen Busnummern unterschieden wird. Vor allem die folgenden Linien dürften für den Lissabonbesucher von Nutzen sein:

> **Aerobus 1:** Airport – Praça Marquês Pombal – Av. Liberdade – Restauradores – Rossio – Praça Comércio – Cais do Sodré
> **28, 714:** Belém – Cais do Sodré

„Spezialtram" für steile Anstiege: Ascensor (Funicular) da Glória

Wer ganz spezielle Verbindungen sucht, kann sich vor Ort telefonisch unter der **Carris-Hotline** (Englisch) Tel. 213613054 oder unter www.carris.pt informieren. Einen ganz besonderen Service bietet Carris per Mobiltelefon: Schickt man eine SMS (0,30 €) an Tel. 3599 unter der Angabe der vierstelligen Haltestellennummer, an der man sich gerade befindet (steht am jeweiligen Schild), so erhält man in kürzester Zeit als Antwort die voraussichtliche Zeit der diese Haltestelle demnächst anfahrenden Busse übermittelt.

S-Bahn

Einige Bedeutung für den Reisenden haben die beiden **S-Bahn-Terminals Cais do Sodré** ⓲ (Metroanbindung) für Belém (s. S. 120), Cascais und Estoril sowie **Santa Apolónia** [Z20] bzw. auch **Oriente** [e4] (beide mit Metroanbindung) für Queluz ⓾ und Sintra ⓾. Fahrten mit diesen Vorortzügen sind generell nicht in der Lisboa-Card (s. S. 207) oder in (Mehrfach-)Tageskarten für öffentliche Verkehrsmittel enthalten, hierfür sind Einzelfahrscheine an den Automaten am Bahnsteig zu erwerben. Ausnahmen gibt es auch hier: Die Lisboa-Card deckt die Strecken Cais do Sodré – Cascais und Oriente – Sete Rios – Sintra ab.

Die Menüführung der Automaten für Einzelfahrscheine wurde benutzerfreundlich zweisprachig (Portugiesisch und Englisch) gestaltet. Man wählt per Zifferntastatur die gewünschte Zielstation, der Preis erscheint und nach Einwurf des entsprechenden Betrages wird die Karte ausgedruckt. Die S-Bahnen sind **sehr sauber und pünktlich**, deutliche Durchsagen weisen auf die jeweils nächste Haltestation („proxima paragem: ...") hin.

Ascensor (Funicular) und Elevador (Aufzug)

Von der Achse Baixa – Avenida da Liberdade aus geht es sowohl ost- als auch westwärts recht steil die Hügel hinauf. Während sich Richtung Burg ❿ (Viertel Mouraria und Alfama) die Trams (12 und 28) noch ächzend die Hügel hinaufquälen können, gibt es in westlicher Richtung neben der Tram 28 Richtung Campo de Ourique noch zwei andere urige Verkehrsmittel, die den Aufstieg erleichtern: Die **Ascensor da Bica** [U21], **Ascensor do Lavra** [V19] und vor allem die **Ascensor da Gloria** [U20] (mit tollem Aussichtspunkt am oberen Ende) genannten kurzen **Bergtrams** bzw. Standseilbahnen, die auch „Funicular" oder „Elevador" genannt werden, sowie den **Elevador de Santa Justa** ❺, tgl. 7–20.45 Uhr, einen ungewöhnlichen, zwei Straßen verbindenden **Freiluftstahlaufzug** aus der Schule des Eiffelturm-Erbauers Gustave Eiffel, der praktisch zum Wahrzeichen der Altstadt wurde.

Der **Fahrpreis** der Funiculars (3,50 €/ Hin- und Rückfahrkarte) ist jeweils zwar in der Lisboa-Card, nicht aber in sonstigen Tickets enthalten und muss gesondert entrichtet werden. Die Benutzung des Elevador de Santa Justa kostet 5 €/ Hin- und Rückfahrt.

Fähren

Die Firma Transtejo verbindet mit zahlreichen Fährschiffen **Nord- und Südufer des Tejo**, vor allem Berufspendler nutzen diese Möglichkeit für ihren täglichen Weg zur Arbeit. Für den Urlauber ist dabei nur eine Linie von Belang, die aber eine **empfehlenswerte Route** ermöglicht: Ab den zentralen Cais do Sodré ⓳ pendelt spätestens alle 15 Minuten 5.35–2.30 Uhr eine Fähre ans Südufer nach Cacilhas zur Christo-Rei-Statue ㊹ (1,20 €).

Taxi

Wer am Flughafen ankommt, kann bei der Touristeninformation in der Ankunftshalle sogenannte **Taxi-Vouchers** (Gutscheine) für die Fahrt zur gewählten Unterkunft erwerben (kosten etwa 20–25 €) oder natürlich auch direkt in ein Taxi (außen vor der Ankunftshalle) steigen, was bei Zielen im Zentrum normalerweise nicht teurer kommt.

Wochentags gilt der **Tarif** 1, an Wochenenden sowie nachts zwischen 21 und 6 Uhr der Tarif 2, bei Fahrten in Vororte oder außerstädtische Ziele weitere Sondertarife. Die Grundgebühr beträgt 2,50 € (bzw. 3 € bei Tarif 2), pro Kilometer kommen 0,40 € (Tarif 2: 0,48 €) hinzu. Für Gepäckstücke im Kofferraum werden pauschal 1,80 € hinzuaddiert, bei telefonischer Taxibestellung (Tel. 218119000 oder 218111100) nochmals 0,80 €.

Versicherungen

Welche Versicherungen auch immer man abschließt, hier ein Tipp: Für alle abgeschlossenen Versicherungen sollte man die **Notfallnummern notieren und mit der Policenummer gut aufheben!** Bei Eintreten eines Notfalls sollte die Versicherungsgesellschaft sofort telefonisch verständigt werden!

Der Abschluss einer **Jahresversicherung** ist in der Regel kostengünstiger als mehrere Einzelversicherungen. Günstiger ist auch die **Versicherung als Familie** statt als Einzelpersonen. Hier sollte man nur die Definition von „Familie" genau prüfen.

Auslandskrankenversicherung

Die gesetzlichen Krankenkassen von Deutschland und Österreich garantieren eine Behandlung im akuten Krankheitsfall auch in Portugal, wenn die Versorgung nicht bis nach der Rückkehr warten kann. Als Anspruchsnachweis benötigt man die **Europäische Krankenversicherungskarte**, die man von seiner Krankenkasse erhält.

Schweizer sollten bei ihrer Krankenversicherung nachfragen, ob die Auslandsdeckung auch für Portugal gilt. Sofern man keine Auslandsdeckung hat, kann man sich hier kostenlos über mögliche Krankenversicherer informieren:
> **Soliswiss**, Gutenbergstrasse 6, 3011 Bern, Tel. (031) 3810-494, www.soliswiss.ch

Im Krankheitsfall besteht ein **Anspruch auf ambulante oder stationäre Behandlung** bei jedem zugelassenen Arzt und in staatlichen Krankenhäusern. Da jedoch die Leistungen nach den gesetzlichen Vorschriften im Ausland abgerechnet werden, kann man auch gebeten werden, zunächst die Kosten der Behandlung selbst zu tragen. Obwohl bestimmte Beträge von der Krankenkasse hinterher erstattet werden, kann ein Teil der finanziellen Belastung beim Patienten verbleiben und zu Kosten in kaum vorhersagbarem Umfang führen. Deshalb wird der **Abschluss einer privaten Auslandskrankenversicherung dringend empfohlen**.

Bei Abschluss der Versicherung, die es mit bis zu einem Jahr Gültigkeit gibt, sollte auf einige Punkte geachtet werden. Zunächst sollte ein **Vollschutz ohne Summenbeschränkung** bestehen, im Falle einer schweren Krankheit oder eines Unfalls sollte auch der **Rücktransport** übernommen werden, denn der Krankenrücktransport wird von den gesetzlichen Krankenkassen nicht übernommen.

Wichtig ist auch, dass im Krankheitsfall der Versicherungsschutz über die vorher festgelegte Zeit hinaus **automatisch verlängert** wird, wenn die Rückreise nicht möglich ist. Zur Erstattung der Kosten benötigt man **ausführliche Quittungen** (mit Datum, Namen, Bericht über Art und Umfang der Behandlung, Kosten der Behandlung und Medikamente).

Andere Versicherungen

Ob es sich lohnt, weitere Versicherungen abzuschließen wie eine Reiserücktrittsversicherung, Reisegepäckversicherung, Reisehaftpflichtversicherung oder Reiseunfallversicherung, ist individuell abzuklären. Gerade diese Versicherungen enthalten **viele Ausschlussklauseln**, sodass sie nicht immer Sinn machen. Die **Reiserücktrittsversicherung** ab 40 € lohnt sich nur für teure Reisen

Wetter und Reisezeit

und für den Fall, dass man vor der Abreise einen schweren Unfall hat, schwer erkrankt, schwanger wird, gekündigt wird oder nach Arbeitslosigkeit einen neuen Arbeitsplatz bekommt, die Wohnung abgebrannt ist u. Ä. Nicht gelten hingegen: Terroranschlag, Streik, Naturkatastrophe etc.

Die **Reisegepäckversicherung** lohnt sich seltener, da z. B. bei Flugreisen verlorenes Gepäck oft nur nach Kilopreis und auch sonst nur der Zeitwert nach Vorlage der Rechnung ersetzt wird. Kameraausrüstung und Laptop dürfen beim Flug nicht als Gepäck aufgegeben worden sein. Gepäck im unbeaufsichtigt abgestellten Fahrzeug ist ebenfalls nicht versichert. Die Liste der Ausschlussgründe ist endlos … Überdies deckt die Hausratsversicherung häufig schon Einbruch, Raub und Beschädigung von Eigentum auch im Ausland. Für den Fall, dass etwas passiert ist, muss der Versicherung als Schadensnachweis ein Polizeiprotokoll vorgelegt werden.

Von den Hitzespitzen im Hochsommer abgesehen ist das **Lissabonner Klima** im Vergleich zu Mitteleuropa **deutlich milder**, sodass die portugiesische Hauptstadt **prinzipiell ganzjährig** besucht werden kann. Selbst im Winter sinkt das Thermometer selten unter die 10 °C-Marke und ein angenehmer Nordwind mildert auch die hohen Sommertemperaturen etwas ab. Lufttemperatur, Sonnenscheindauer und Regentage entsprechen eher dem mediterranen denn dem rauen Atlantikklima. Verglichen etwa mit Innsbruck liegt die Jahresdurchschnittstemperatur in Lissabon um 10 °C höher bei gleichzeitig 20 % geringeren Regenmengen, die hauptsächlich zwischen November bis Februar niedergehen.

Vom zu erwartenden **Regen** braucht man einen Lissabontrip sicher nicht abhängig zu machen, da man sich auch bei etwas Regen in der Stadt nicht langweilen wird. Die weltweiten Klimaverschie-

Wetter und Reisezeit

bungen machen jedoch auch vor Portugal nicht halt: Rein statistisch fällt zwar der meiste Regen im Winterhalbjahr, in den letzten Jahren bekam jedoch vorwiegend die erste Aprilhälfte (Ostern) das meiste Wasser ab, sodass Sonnenanbeter im Osterurlaub gelegentlich die Sonnenbrille gegen den Regenschirm tauschen mussten.

Das **Atlantikwasser** dagegen ist, vor allem im Hochsommer, einige Grade kälter, als man es vielleicht vom Mittelmeer gewohnt ist. Zwar kann von Mai bis November „erfrischend" gebadet werden, doch sollte man wissen, dass die Gewässer im Westen meist noch um 1–2 °C kühler sind als jene an der Algarve nahe der spanischen Grenze, wo sich der Atlantik allmählich mit dem Mittelmeer vermischt.

Das **Winterhalbjahr** ist keineswegs kalt, der Niederschlag erhöht jedoch die Luftfeuchtigkeit, weshalb es in Unterkünften ohne Heizmöglichkeit ungemütlich werden kann. Der Regen fällt in diesen Monaten nicht permanent, sondern in starken Schauern und lässt dann wieder Raum für längere wärmere Phasen mit 17–20 °C bei sehr angenehmer Frühlingssonne.

Die **sonnenintensivsten Monate Juni bis September** kennen fast keinen Regen, wohl aber ein anderes, manchmal unerwartetes Phänomen: den **Küstennebel**, der sich erst im Laufe des Tages allmählich lichtet. Derartige Nebelbänke hängen nicht geschlossen über der gesamten Küste, sondern nur abschnittsweise und kommen bei Besuchen der Strände von Cascais und Estoril des Öfteren vor.

Nominell wird bei vielen Veranstaltern, Unterkünften usw. zwischen Haupt- (Juli, August) und Nebensaison unterschieden. Die **Preise** der Nebensaison liegen durchschnittlich 20–25 % unter denen der Hauptsaison. Allerdings sind die touristischen Spitzenzeiten längst nicht so ausgeprägt wie etwa an der Algarve, die als Badeziel deutlich „sonnenabhängiger" ist als die Hauptstadt.

Generell sollte man die Hochsommermonate denn auch mehr wegen der Hitze denn wegen etwaiger touristischer Massen meiden. Der permanente Wechsel zwischen gut 30 °C auf der Straße und der Kühle klimatisierter Kaufhäuser, Verkehrsmittel, Museen usw. ist der Gesundheit eher abträglich.

▷ *Lissabon ist auch aus der Luft eine echte Augenweide*

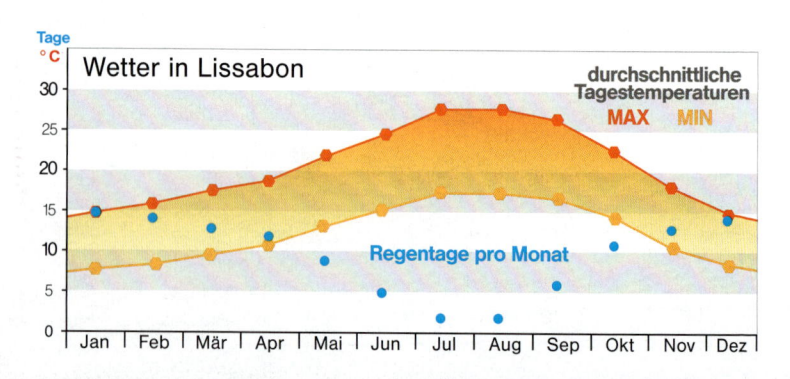

Wetter in Lissabon

durchschnittliche Tagestemperaturen MAX MIN

Regentage pro Monat

Anhang

Glossar

- **Aqueduto:** Aquädukt
- **Armillarsphäre:** Nautisches Instrument der Seefahrer im 15. und 16. Jh., das im Aussehen einem Globus aus Metallstreben ähnelt. In stilisierter Form ist sie oft als Ornament der Manuelinik zu finden.
- **Artesanato:** Kunsthandwerk, oft als Schild vor kleinen Geschäften zu finden
- **Avenida:** Prachtstraße, Allee; meist eine der Hauptverkehrsadern
- **Azulejo:** Wandfliese mit einer eigenen kunstgeschichtlichen Entwicklung in Portugal, im arabischen Raum beheimatet, während der Maurenherrschaft auf die Iberische Halbinsel gekommen
- **Caís:** Fährpier (im Unterschied zu Docas = Frachtpiers)
- **Calçada:** kleine Straße, oft steil ansteigend
- **Casa:** Eigentlich Privathaus, unter der Bezeichnung „Casa-Museu" steht es oftmals für ein kleines privates Museum im Haus einer berühmten Person.
- **Castelo:** Kastell, Burg, Wehranlage aus dem Mittelalter und/oder der frühen Neuzeit
- **Chafariz:** Brunnenanlage
- **Christusritterkreuz:** Symbol des Christusritterordens und Modifikation des Templerkreuzes, wurde als manuelinisches Ornament verwendet und bei allen Seeexpeditionen der Entdeckungsfahrer in die Segel gewebt.
- **Claustro:** Kreuzgang, überdachter Gang um einen Innenhof oder Garten im Kloster
- **Convento:** Klosteranlage
- **Descobrimentos:** portugiesisch für Entdeckungen, bezeichnet die Epoche der Entdeckungen und Eroberungen im 15. und 16. Jh.
- **Funicular:** Standseilbahn, im Prinzip eine alte Tram, die per Seilzug einen steilen Schienenweg hinaufgezogen wird.
- **Igreja:** Kirche
- **Jardim:** Garten, Park
- **Kapitelsaal:** Versammlungsraum für Klostermitglieder
- **Kassettendecke:** durch quadratische oder rechteckige Vertiefungen gegliederte Kirchendecke
- **Kenotaph:** symbolisches Grabmal, meist ein leerer Sarkophag
- **Krypta:** Unterirdischer Kirchenraum, in dem Reliquien aufbewahrt werden, mitunter auch der Grabraum von geistlichen Würdenträgern.
- **Largo:** kleiner Platz
- **Manuelinik:** portugiesischer Baustil des frühen 16. Jh., teils in spätgotische oder Renaissancebauten integriert
- **Miradouro:** Aussichtspunkt, teilweise als kleiner Park oder Terrasse angelegt
- **Mosteiro:** Kloster
- **Mouraria:** Maurenviertel
- **Netzgewölbe:** gotische Kirchendecke mit sich kreuzenden Rippen
- **Paço:** Kurzform für „Palácio"
- **Palácio:** Palast
- **Padrão:** Gedenkstein mit Wappen und Kreuz, den die Portugiesen in den von ihnen entdeckten Ländern als Zeichen der Entdeckung und der Inbesitznahme aufstellten.
- **Pilaster:** Wandpfeiler zur optischen Gliederung der Wandfläche
- **Praça:** großer Platz
- **Refektorium:** Speisesaal für Klosterangehörige
- **Sakristei:** Aufbewahrungsraum liturgischer Geräte in Kirchen
- **Sé:** Kathedrale, von *sede* = Bischofssitz
- **Seculo:** Jahrhundert
- **Seculo d'Ouro:** Das 16. Jahrhundert, als im Zuge der Entdeckungen in Übersee Reichtümer ins Land flossen, wird als „Goldenes Jahrhundert" oder „Goldenes Zeitalter" bezeichnet.

> **Talha Dourada:** vergoldete Holzschnitzereien aus dem Zeitalter des portugiesischen Barock
> **Travessa:** zwei größere Straßen verbindende Querstraße

Kleine Sprachhilfe

Diese kleine Sprachhilfe bietet eine Wortschatz-Grundausstattung, Interessenten seien für tiefer gehende Informationen auf den Kauderwelsch-Band „Portugiesisch" des REISE KNOW-HOW Verlags hingewiesen.

Aussprache

Je nachdem, vor welchem anderen Buchstaben ein Buchstabe steht, ob betont oder unbetont oder ob eventuell ein diakritisches Zeichen (ã, õ, ê usw.) verwendet wird, die Aussprache eines Buchstabens kann stets vollkommen anders lauten. Rein vom Klang wird man mit etwas Übung bald feststellen, dass im Portugiesischen viele „Zischlaute" (sch) vorkommen – das liegt an den Buchstaben g, j, s, z, ch und x, die sehr oft (s. u.) als „sch" zu sprechen sind und dem Portugiesischen seinen besonderen Klang verleihen. Hier eine Übersicht über die jeweilige Aussprache der portugiesischen Buchstaben, die Vokale wegen ihrer Komplexität vorangestellt:

Buchstabe	Aussprache
a (unbetont)	kurzes „ä" (wässern)
á, à und betontes a	langes „a" (Wagen)
â	kurzes „a" (Masse)
ã	nasales „ah"
e (betont) und é	langes „ä" (Fähre)
e (unbetont)	sehr kurzes „e" (Besen)
e unbetont/Auslaut	fast stumm (ich ess')
ê	langes „e" (Zeh)
ex und es/Anlaut	äsh, Escudo: Äshkudo
i	wie dt. „i"
i zwischen Vokalen	wie dt. „j"
o (betont), ó	kurzes betontes „o" (Bock)
o (unbetont)	wie dt. „u"
ô	langes „o" (Ohren)
õ	nasales „oh"
b	wie dt. b
ç, c (vor e und i)	scharfes, stimmloses ß
c (vor a, o, u)	wie dt. „k"
c (vor t)	bleibt stumm
ch	wie dt. „sch"
g (vor a, o, u)	wie dt. „g"
g (vor e und i)	stimmhaftes g (Garage)
h (Anlaut)	stumm (hora – ora)
j	stimmhaftes g (Garage)
lh	lj
m (Auslaut)	nasal (bom wie frz. bon)
n/(Auslaut)	nasal (mon wie frz. mon)
qu (vor a und o)	wie „ku"
qu (vor e und i)	k
que (nur als Endung)	k
r	leicht gerollt
rr	stark gerollt
s (zwischen Vokalen)	stimmhaft (Hose)
s (Auslaut, Vokal folgt)	stimmhaft (Hose)
s (Auslaut, Kons. folgt)	sch
s (vor l, m, n, r, v)	stimmhaftes g (Garage)
s (vor sonstigen Konsonanten)	sch
v	wie dt. „w"
x	wie engl. „sh"
z	stimmhaftes „s" (Hose)
z (Auslaut)	stimmhaftes g (Garage)

Anhang
Kleine Sprachhilfe

Die Aussprache des Portugiesischen ist nicht ganz ohne und lässt sich auch nicht mit anderen Sprachen ohne Weiteres vergleichen. Der **Wortton** – die Silbe im Wort, die betont wird – hängt prinzipiell von drei Faktoren ab:

(1) Zeigt ein Wort ein **diakritisches Zeichen** (ā, ō, ê usw.), so ist diese Silbe auch betont.
(2) Enthält die **letzte Wortsilbe** einen geschlossenen Vokal (i oder u) oder endet das Wort auf einen Konsonanten (außer s und m), wird die letzte Silbe betont.
(3) Ansonsten wird stets die **vorletzte Silbe** des Wortes betont.

Diphthonge – Doppellaute – sind **stets getrennt zu sprechen**, also heißt Portugals Fußballidol E-u-**sé**-bi-o, wobei das „se" zu betonen ist (nach Regel 1). Die Frage „Fala alemão" (Sprechen Sie Deutsch?) dagegen wird zunächst (Regel 3) bei **Fa**-la und dann (Regel 1) bei a-le-**mã**-o zu betonen sein.

Fragen und Floskeln

Wie geht's, Herr .../ Frau ...	*Como está, senhor .../ dona ...*
Danke	*Obrigado* (weibl. *Obrigada*)
sehr gut	*Muito bem*
Guten Morgen	*Bom Dia* (vormittags)
Guten Tag	*Boa tarde* (nachmittags)
Guten Abend	*Boa noite* (ab Dämmerung)
Hallo!	*Olá!*
Auf Wiedersehen	*Adeus*
Sprechen Sie Deutsch/ Englisch?	*Fala alemão/ inglês?*
Ja/nein	*Sim/não*
Bitte	*Faz favor*
Verzeihung	*Desculpe* (weibl. *Desculpa*)
Macht nichts	*De nada*
Ach Entschuldigung ...	*Com licença*
Gibt es	*Há ...*
Gibt es noch ...	*Ainda há ...*
Ich suche ...	*Eu procuro ...*
Ich hätte gerne ...	*Faz favor, queria ...*
Hilfe!	*Socorro*
Ich brauche Hilfe!	*Eu preciso de ajuda!*
Ich habe Erkältung/ Schmerzen/ Zahnweh/ Kopfschmerzen	*Tenho uma constipaço/ dores/ dores de dentes/ dores de cabeça*
Ich suche ein Krankenhaus	*Eu procuro um hospital*
Rufen Sie einen Krankenwagen	*Chame uma ambulância!*
Ich suche eine Apotheke	*Eu procuro farmácia*
Was ist das?	*O que é isto?*
Ich möchte telefonieren	*Quero telefonar*
Wie viel kostet ...?	*Quanto custa ...?*
Das nächstgelegene ...	*Mais próxima ...*
Ich spreche wenig Portugiesich	*Falo só um pouco português*
Ich habe nicht verstanden	*Não percibi nada*
Bitte wiederholen Sie das	*Pode repetir, faz favor*
Was bedeutet ...	*O que significa*
Eingang	*Entrada*
Ausgang	*Saída*
Kasse	*Caixa*
Kassenhäuschen	*Bilhetaria*
Abflug/Ankunft	*Partidos/Chegadas*

Zeitangaben

Wann	*Quando*
Wie spät ist es?	*Que horas são*
Um wie viel Uhr	*A que horas*

+++ NEU: Die wichtigsten Wörter mit dem Bonus-Audiotrack des Kauderwelsch-

Heute	*Hoje*	7	*Sete*
Gestern	*Ontem*	8	*Oito*
Vorgestern	*Anteontem*	9	*Nove*
Morgen	*Amanhã*	10	*Dez*
Übermorgen	*Depois de amanhã*	11	*Onze*
Vormittags	*De manhã*	12	*Doze*
Mittags	*Ao meio dia*	13	*Treze*
Nachmittags, abends	*De tarde*	14	*Catorze*
Stunde	*Hora*	15	*Quinze*
Minute	*minuto*	16	*Dezasseis*
Tag	*Dia*	17	*Dezassete*
Woche	*Semana*	18	*Dezoito*
Monat	*Mês*	19	*Dezanove*
Jahr	*Ano*	20	*Vinte*
Montag	*Segunda-feira*	30	*Trinta*
Dienstag	*Terça-feira*	40	*Quarenta*
Mittwoch	*Quarta-feira*	50	*Cinquenta*
Donnerstag	*Quinta-feira*	60	*Sessenta*
Freitag	*Sexta-feira*	70	*Setenta*
Samstag	*sábado*	80	*Oitenta*
Sonntag	*domingo*	90	*Noventa*
Feiertag	*Feriado*	100	*Cem*
Januar	*Janeiro*	500	*Quinhentos*
Februar	*Fevereiro*	1000	*Mil*
März	*Março*	5000	*Cinco mil*
April	*Abril*	10.000	*Dez mil*
Mai	*Maio*	100.000	*Cem mil*
Juni	*Junho*	1.000.000	*Um milhão*
Juli	*Julho*		
August	*Agosto*		
September	*Setembro*		
Oktober	*Outubro*		
November	*Novembro*		
Dezember	*Dezembro*		

Im Restaurant/auf dem Markt

Ist ein Tisch frei?	*Tem uma mesa livre?*
Die Speisenkarte bitte	*Faz favor, a ementa*
Ein Bier vom Fass bitte (Flaschenbier)	*Faz favor, uma caneca/ uma cerveja*
Zum Wohl	*Saúde*
Guten Appetit	*Bom proveito*
noch ein/eine …	*mais um/uma …*
Löffel/Gabel/Messer	*Colher/garfo/faca*
gekocht	*cozido*
im Ofen	*no forno*
gebraten	*assado*
frittiert	*frito*

Zahlen

1	*Um (weibl. Uma)*
2	*Dois (weibl. Duas)*
3	*Três*
4	*Quatro*
5	*Cinco*
6	*Seis*

Anhang
Kleine Sprachhilfe

gegrillt	*grelhado*	*Raia*	Rochen
paniert	*panado*	*Robalo*	Seebarsch
Reiseintopf mit ...	*Arroz de ...*	*Salmão*	Lachs
...spieß	*Espetada de ...*	*Sardinhas*	Sardinen
Scharf/mild	*Mais/mal picante*	*Rodovalho*	Steinbutt
...suppe	*Sopa de ...*	*Tamboril*	Stachelrochen
Brot	*Pão*	*Truta*	Forelle
Butter	*manteiga*	*Tubarão*	Hai
Sauce	*molho*	*Vieiras*	Pilgermuschel
Gut durch/	*Bem/*		
weniger durch	*mal passado*	**Carne**	**Fleisch**
Frühstück	*Pequeno almoço*	*Bife*	Beefsteak
Mittagessen	*almoço*	*Borrego*	Lamm
Abendessen	*jantar*	*Cabrito*	Ziege
Servietten	*Guardanapos*	*Carneiro*	Hammel
Ich suche die Toiletten	*Eu procuro a casa de banho*	*Coelho*	Kaninchen
		Costeletas	Kotelett
Die Rechnung, bitte	*A conta, se faz favor*	*Entrecosto*	Rippchen
Wechselgeld	*O troco*	*Escalopes*	Schnitzel
Die Rechnung ist nicht korrekt	*A conta está errada*	*Fiambre*	Schinken (gekocht)
		Frango	Hähnchen
		Canja	Huhn
Mariscos	**Meerestiere**	*Lebre*	Hase
Amêijoas	Miesmuscheln	*Leitão*	Spanferkel
Arenque	Hering	*Lombo*	Lende
Atum	Thunfisch	*Paio*	Schinkenwurst
Bacalhau	Kabeljau	*Pato*	Ente
Berbigão	Herzmuscheln	*Peru*	Truthahn
Besugo	Brasse	*Picado*	Hackfleisch
Camarão	Krabben	*Pombo*	Taube
Caranguejo	Krebse	*Porco*	Schwein
Cavala	Makrele	*Salsichas*	Würstchen
Cherne	Barsch	*Vaca*	Rind
Espadarte	Schwertfisch	*Vitela*	Kalb
Gambas	Garnelen		
Lagosta	Languste	**Frutas**	**Obst**
Linguado	Seezunge	*Alperce*	Aprikose
Lula	Calamar	*Amora*	Brombeere
Mexilhão	Miesmuschel	*Ananás*	Ananas
Ostra	Auster	*Banana*	Banane
Peixe-espada	Degenfisch	*Cereja*	Kirsche
Pescada	Schellfisch	*Figo*	Feige
Polvo	Tintenfisch	*Framboesa*	Himbeere

Frutas	Obst	Hortaliça	Gemüse
Laranja	Orange	*Alcachofra*	Artischocke
Limão	Zitrone	*Alface*	grüner Salat
Lima	Limette	*Alho*	Knoblauch
Maçã	Apfel	*Azeitonas*	Oliven
Melancia	Wassermelone	*Batatas*	Kartoffeln
Melão	Honigmelone	*Beringelas*	Auberginen
Morango	Erdbeere	*Cebola*	Zwiebel
Nectarina	Nektarine	*Cenoura*	Möhre
Pêra	Birne	*Cogumelos*	Pilze
Pêssego	Pfirsich	*Ervilhas*	Erbsen
Tâmara	Dattel	*Milho*	Mais
Tangerina	Mandarine	*Pimento*	Paprika
Uvas	Weintrauben	*Tomate*	Tomate

Unterkunft, Verkehrsmittel und Einkauf

Ich möchte ein Zimmer mit Bad/ mit 2 Betten/mit Frühstück	*Queria um quarto com casa de banho/ com duas camas/com almoço pequeno*
Was kostet das pro Tag?	*Quanto custa por dia?*
Zu teuer, gibt es einen Nachlass?	*É muito caro, pode fazer um desconto?*
Wir haben ein Zimmer für 4 Tage reserviert	*Reservámos um quarto por quatro dias*
Eine Quittung bitte	*Um recibo, faz favor*
Wo ist eine Bank/Post?	*Onde fica um banco/a estação dos correios?*
Telefonkarte/Briefmarken	*Cartão telefónico/selos*
Fünf Stück bitte.	*Cinco daquilo, faz favor*
100 Gramm davon bitte	*Cem gramas disto, faz favor*
Eine Fahrkarte nach ...	*Um bilhete a ...*
Wo?	*Onde?*
Wohin/woher	*Aonde/donde*
Ich möchte nach ... fahren	*Quero ir a ...*
Was kostet die Fahrt nach ...?	*Quanto custa a viagem a ...?*
Wann/wo fährt der Bus nach ... ab?	*Quando/onde sai a camioneta a ...?*
Ist das der Zug nach ...?	*Este é o comboio que vai a ...?*
Wo kann man ... kaufen?	*Ondo posso comprar ...*
Welcher Bus fährt ins Zentrum?	*Qual é o carro que vai para centro?*
Bahnhof	*Estação de comboios*
Busbahnhof	*Estação rodoviario*
Flughafen	*aeroporto*
Bushaltestelle	*Paragem de autocarro*
Straßenbahnhaltestelle	*Paragem do eléctrico*
U-Bahn-Station	*Paragem do metro*

Weitere Titel für die Region von REISE KNOW-HOW

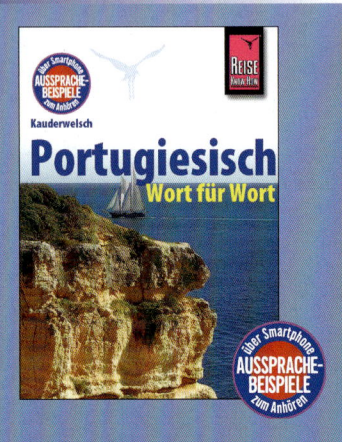

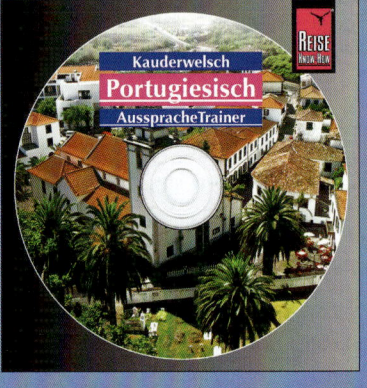

Portugiesisch – Wort für Wort
Jürg Ottinger
978-3-89416-486-7
160 Seiten | Band 11

Umschlagklappen mit Aussprache und wichtigen Redewendungen, Wörterlisten Portugiesisch – Deutsch; Deutsch – Portugiesisch

7,90 Euro [D]

AusspracheTrainer Portugiesisch
Jürg Ottinger
978-3-8317-6029-9
Ca. 60 Min. Laufzeit
Die wichtigsten portugiesischen Vokabeln und Floskeln aus dem Reisealltag, Muttersprachler sprechen vor, mit Nachsprechpausen und Kontrollwiederholungen

7,90 Euro [D]

Im Kauderwelsch Sprachführer sind Grammatik und Aussprache einfach und schnell erklärt. Wort-für-Wort-Übersetzungen machen die Sprachstruktur verständlich und helfen, das Sprachsystem kennenzulernen. Die Kapitel sind nach Themen geordnet, um sich in verschiedenen Situationen zurechtfinden und verständigen zu können – vom ersten Gespräch bis zum Arztbesuch. In einer Wörterliste sind die wichtigsten Vokabeln alphabetisch einsortiert und ermöglichen so ein rasches Nachschlagen. Einige landeskundliche Hinweise runden diesen handlichen Sprachführer ab.

www.reise-know-how.de

Cityatlas

Liste der Karteneinträge, Zeichenerklärung

🏨 212 [U19] Aparthotel Eden S. 205
△ 213 [G16] Parque de Campismo Municipal de Monsanto S. 205
🍴 300 [U20] Grapes & Bites S. 33
🍴 301 [U21] Restaurante Adega das Mercês S. 99
🍴 302 [M24] Doca Peixe S. 119

Zeichenerklärung

㉒	Hauptsehenswürdigkeit, fortlaufend nummeriert
[L6]	Verweis auf Planquadrat
⊕	Arzt, Apotheke, Krankenhaus
▽	Bar, Bistro, Treffpunkt
🛏	Bed and Breakfast, Pension
🅑	Bibliothek
☕	Café, Eiscafé
△	Camping
⚱	Denkmal
🐟	Fischrestaurant
†	Friedhof
🎨	Galerie
🛍	Geschäft, Kaufhaus, Markt
🏨	Hotel, Unterkunft
🍴	Imbiss
ℹ	Informationsstelle
@	Internetcafé
🛌	Jugendherberge, Hostel
⛪	Kirche
🍺	Kneipe
✚	Krankenhaus
M	Metrostation
☪	Moschee
🏛	Museum
🎵	Musikszene, Disco
🚩	Polizei
✉	Postamt
🍴	Restaurant
✡	Synagoge
🎭	Theater, Zirkus
🌾	Windmühle
🍷	Weinbistro
▬	Shopping-Areal
▬	Gastro- und Nightlife-Areal
▬	Stadtspaziergang
▬	Tramlinie

Bildnachweis

Die Kürzel an den Abbildungen stehen für folgende Fotografen, Firmen und Einrichtungen. Wir bedanken uns für die freundliche Abdruckgenehmigung.

wl	Werner Lips (der Autor)
Umschlagfoto	www.fotolia.com © EPISOUSA
jg, S. 2	Jan Gerbach
bildpixel	www.pixelio.de

Cityatlas
Liste der Karteneinträge

- ❶152 [X3] Touristeninformation am Flughafen S. 178
- ❶153 [Z20] Touristeninformation am Bahnhof Sta. Apolonia S. 178
- ●154 [U19] Agência de Billetes para Espectáculos Públicos (ABEP) S. 179
- ●155 [d3] Fundbüro S. 179
- @156 [K9] Cybercafé Continenta (Fun Center) S. 183
- @157 [W22] Welcome Center S. 183
- @158 [f5] Cineteka.com Café Lounge S. 183
- ✚159 [S12] Hospital de Curry S. 183
- ✚160 [V18] Hospital de São José S. 183
- ✚161 [Q9] Hospital Santa Maria S. 183
- ✚162 [D22] Hospital de São Francisco Xavier S. 183
- ✚163 [I B1] Hospital Distrital de Cascais S. 183
- ✚164 [U22] Farmácia Andrade S. 184
- ✚165 [d1] Farmácia Banha S. 184
- ✚166 [W17] Farmácia Castro S. 184
- ➤167 [U19] Policia de Segurança Pública (PSP) S. 184
- ✉168 [V19] Hauptpost am Restauradores S. 185
- ●169 [X21] rent a fun S. 186
- ●170 [R18] Cenas Pedal S. 186
- ●171 [V22] Bike Iberia S. 186
- ❶172 [T19] Água no Bico S. 186
- ❶173 [T19] Bar 106 S. 186
- ❶174 [T20] Chilly Bar S. 186
- ❶175 [U21] Clube da Esquina S. 186
- ❶176 [T19] Night Bar S. 186
- ❶177 [S19] Trumps S. 187
- 🏨178 [T16] Best Western Premier Hotel Eduardo VII S. 196
- 🏨179 [T12] Holiday Inn Continental S. 196
- 🏨180 [V20] Hotel Avenida Palace S. 196
- 🏨181 [T11] Hotel Berna S. 196
- 🏨182 [T18] Hotel Botânico S. 197
- 🏨183 [U18] Hotel Britania S. 197
- 🏨184 [W20] Hotel Evidencia Lisboa Tejo S. 197
- 🏨185 [S17] Hotel Fénix S. 197
- 🏨186 [V20] Hotel Internacional S. 197
- 🏨187 [U18] Hotel Liberdade S. 198
- 🏨188 [W20] Hotel Olissipo Castelo S. 199
- 🏨189 [V21] Hotel Regency Chiado S. 199
- 🏨190 [U14] Hotel Sheraton Lisboa S. 199
- 🏨191 [U18] Hotel Sofitel Lisboa S. 199
- 🏨192 [W20] Hotel Solar do Castelo (dos Mouros) S. 199
- 🏨193 [f4] Hotel Tivoli Tejo/Tivoli Oriente S. 200
- 🏨194 [f3] Hotel Tryp Oriente S. 200
- 🏨195 [T16] Hotel Turim S. 200
- 🏨196 [U14] Hotel VIP Inn Saldanha S. 200
- 🏨197 [T18] Hotel VIP Inn Veneza S. 200
- 🏨198 [G24] Jerónimos 8 S. 201
- 🏨199 [V19] Pensão Campos S. 201
- 🏨200 [W20] Pensão Coimbra e Madrid S. 201
- 🏨201 [W20] Pensão Praça Figueira S. 201
- 🏨202 [V20] Pensão Estação Central S. 201
- 🏨203 [V19] Pensão Gerés S. 202
- 🏨204 [X18] Albergaria Senhora do Monte S. 202
- 🏨205 [V20] Residencial Americano S. 202
- 🏨206 [V19] Residencial Florescente S. 202
- 🏨207 [W17] Residencial Roxi S. 203
- 🏨208 [V20] Residencial Sul Down Town S. 203
- 🏨210 [T15] Pousada de Juventude de Lisboa S. 204
- 🏨211 [g2] Pousada de Juventude do Parque das Nações S. 204

> **Hier nicht aufgeführte Nummern** liegen außerhalb der abgebildeten Karten. Ihre Lage kann aber wie bei allen Ortsmarken im Buch mithilfe unserer Kartenansichten unter Google Maps™ gefunden werden (s. S. 230).

Liste der Karteneinträge

- 🏛71 [P1] Museu Nacional do Traje S. 45
- 🏛72 [X20] Museu de Artes Decorativas Portuguesas S. 45
- 🏛73 [S19] Museu Fundaçao Amália Rodrigues S. 45
- 🏛74 [H25] Museu Nacional dos Coches S. 45
- 🏛75 [S6] Museu Rafael Bordalo Pinheiro S. 45
- 🏛76 [X21] Museu Teatro Romano S. 46
- 🏛77 [S13] Centro de Arte Moderna Jose de Azeredo Perdigao S. 46
- 🏛78 [R17] Fundação Arpad Szenes (Vieira da Silva) S. 46
- 🏛79 [S8] Galeria 111 S. 46
- 🏛80 [d12] Galeria da Mitra S. 46
- 🏛81 [T21] Novo Século S. 46
- 🏛82 [R22] Palacete dos Marqueses de Pombal S. 46
- 🏛83 [W21] Sala do Risco Art Gallery S. 46
- 90 [V20] A Ginjinha S. 76
- 91 [V20] Pastelaria O Lírio S. 76
- 92 [V19] Bodega Santo Antão S. 80
- 93 [W20] Cervejaria Bessa S. 82
- 94 [V20] Adega Friagem S. 82
- 95 [W20] Tung Ah S. 82
- 96 [W21] Terreiro do Paco S. 82
- 97 [W21] Flu Fla S. 94
- 98 [Y21] Restaurante Outro Rio S. 95
- 99 [Y21] Mercearia Vencedora S. 95
- 100 [V21] Armazéns do Chiado S. 98
- 101 [V21] Livraria Bertrand S. 98
- 102 [U20] Solar do Vinho do Porto S. 103
- 103 [U21] Restaurante 1° do Maio S. 104
- 104 [U20] Restaurante Sinhal Vermelho S. 104
- 105 [N24] Doca de Santo S. 119
- 106 [F25] A Comenda S. 134
- 107 [F25] Centro Cultural S. 135
- 108 [H22] Restaurante Estufa Real S. 135
- 109 [E26] Vela Latina S. 135
- 110 [I25] Restaurant Cervejaria Estrela de Belém S. 135
- 111 [g3] República da Cerveja S. 140
- 115 [I D1] Deck Bar S. 145
- 116 [I D2] Pintos Pizzeria-Marisqueira S. 145
- 117 [I D1] Alvorada S. 145
- 118 [I C1] Pestana-Cascais S. 145
- 119 [I C1] Estoril Eden S. 145
- 120 [I D2] Sana-Hotel S. 145
- 121 [I D2] Vila Galé Estoril S. 145
- 122 [I B1] Casa Velha S. 149
- 123 [I B1] Music Bar S. 149
- 124 [I B1] Jardim dos Frangos S. 149
- 125 [I B1] Dom Manolo S. 149
- 126 [I B1] Chequers S. 149
- 127 [I B1] John Bull S. 149
- 128 [I B1] Irish Pub S. 149
- 129 [I B1] Bar Trem Velho S. 149
- 130 [I B1] Albatroz S. 150
- 131 [I B1] Estalagem Vila Albatroz S. 150
- 132 [I B1] Hotel Baia S. 150
- 133 [I B1] Residencial Parsi S. 150
- 134 [I B1] Touristeninformation Cascais S. 150
- 135 [I D2] Touristeninformation Estoril S. 150
- 136 [II B1] Touristeninformation Sintra S. 163
- 137 [II D2] Post S. 163
- 138 [II C2] Pensão Maria Parreirinha S. 163
- 139 [II C1] Pensão Nova Sintra S. 163
- 140 [II B1] Lawrence's S. 163
- 141 [II B1] Tulhas de S. Martinho S. 164
- 142 [II B1] Café da Vila S. 164
- 143 [II B1] Restaurante Central S. 164
- 144 [II B1] Restaurante A Taverna S. 164
- 145 [II D1] Marisqueira Çintralia S. 164
- 146 [II D1] Pastelaria Tirol S. 164
- 147 [II D1] Pastelaria Primavera S. 164
- 148 [II D1] Cafeteria Tulipa S. 164
- 150 [U19] Touristeninformation im Palácio Foz S. 178
- 151 [W22] Touristeninformation an der Pr. do Comércio S. 178

Cityatlas
Liste der Karteneinträge

- 1 [V20] Agência de Billetes para Espectáculos Públicos (ABEP) S. 14
- 2 [K9] Centro Colombo S. 20
- 3 [Q17] Amoreiras Shopping Center S. 20
- 4 [f4] Centro Vasco da Gama S. 21
- 5 [U22] RBMDC – Livros e Arte Lda S. 21
- 6 [T9] Bulhosa S. 21
- 7 [T21] Tomtom Accessoires S. 23
- 8 [U21] Sneakers Delight S. 23
- 9 [U21] Jimmy Portuguese Styleshop S. 23
- 10 [V20] Chapelaria Azevedo Rua S. 23
- 11 [U21] A Carioca S. 23
- 12 [U21] Atelier Renaissance S. 23
- 13 [V21] Vida Portuguesa S. 23
- 14 [X21] A Arte da Terra S. 23
- 15 [U21] Sant'Anna S. 23
- 16 [V20] Garrafeira Manuel Tavares S. 23
- 17 [U20] Adega Machado S. 29
- 18 [M24] A Veranda S. 29
- 19 [U21] Canto do Camões S. 29
- 20 [W20] Casa do Leão S. 29
- 21 [U20] Cervejaria Trindade S. 29
- 22 [X21] Clube de Fado S. 30
- 23 [U18] Buffet do Plaza S. 30
- 24 [R14] Eleven S. 30
- 25 [U18] La Caffé S. 30
- 26 [X21] Casa de Fado Marquês da Sé S. 30
- 27 [W22] Café-Restaurante Martinho da Arcada S. 30
- 28 [X21] Restaurante Cabacinha S. 30
- 29 [V19] O Sitar S. 30
- 30 [V17] Velho Páteo de Sant'Ana S. 30
- 31 [V21] Café A Brasileira do Chiado S. 31
- 32 [V20] Café Nicola S. 31
- 33 [G25] Pastelaria Pastéis de Belém S. 31
- 34 [V21] Solar des Chavez S. 31
- 35 [T19] Hot Clube de Portugal S. 32
- 36 [U20] Portas Largas S. 32
- 37 [U20] Flor da Branca S. 32
- 38 [V19] Hard Rock Cafe S. 33
- 39 [T19] Pavilhão Chinês S. 33
- 40 [T22] Lounge S. 33
- 41 [S21] Fluid S. 33
- 42 [N24] Op Art S. 33
- 43 [U21] MaJong S. 33
- 44 [N24] Zona Doca S. 34
- 45 [N24] In Seven Seas S. 34
- 46 [N24] Hawaii Lisboa S. 34
- 47 [Z20] LuxFragil S. 34
- 48 [f5] Casino Lisboa S. 35
- 49 [I D1] Casino Estoril S. 35
- 50 [g4] Pavilhão Atlântico S. 36
- 51 [T12] Teatro Aberto S. 38
- 52 [U20] Teatro da Trindade S. 38
- 53 [V21] Teatro Nacional de São Carlos S. 38
- 54 [V20] Teatro Nacional Dona Maria II S. 38
- 55 [V19] Teatro Politeama S. 38
- 56 [V21] Teatro São Luiz – Teatro Municipal S. 38
- 57 [O23] Museu do Oriente S. 41
- 58 [Q19] Casa-Museu Fernando Pessoa S. 41
- 59 [T14] Casa-Museu Dr. Anastácio Gonçalves S. 41
- 60 [Y21] Museu do Fado S. 42
- 61 [V20] Museu Arqueológico do Carmo S. 42
- 62 [T19] Museu Nacional de História Natural e da ciencia (MNHNC) S. 42
- 63 [P16] Museu da Água S. 42
- 64 [S7] Museu da Cidade S. 42
- 65 [T21] Museu da Farmácia S. 44
- 66 [M8] Museu da Música S. 44
- 67 [I25] Museu de Electricidade S. 44
- 68 [V21] Museu do Chiado S. 44
- 69 [W21] Museu do Design e da Moda S. 44
- 70 [P2] Museu Nacional do Teatro S. 44

Liste der Karteneinträge

① [V19] Praça dos Restauradores S. 74
② [V20] Rossio (Praça Dom Pedro IV) S. 75
③ [V20] Praça da Figueira S. 76
④ [W22] Praça Comércio S. 80
⑤ [V20] Elevador de Santa Justa S. 81
⑥ [X19] Convento da Nossa Senhora da Graça S. 83
⑦ [Y20] Igreja und Convento de São Vicente de Fora S. 83
⑧ [Z20] Panteão Nacional (Pantheon) S. 85
⑨ [X20] Miradouro Santa Luzia S. 87
⑩ [X20] Castelo de São Jorge S. 87
⑪ [X21] Sé Patriarcal (Kathedrale) S. 92
⑫ [W21] Igreja de Santo Antonio da Sé S. 93
⑬ [Z20] Museu Militar S. 94
⑭ [V20] Igreja und Convento do Carmo S. 95
⑮ [U20] Igreja São Roque S. 96
⑯ [U21] Largo Chiado und Praça de Camões S. 97
⑰ [U19] Miradouro São Pedro Alcântara S. 102
⑱ [T19] Jardim Botânico und Museu Nacional da Ciência S. 103
⑲ [U22] Cais do Sodré S. 104
⑳ [S13] Fundação Gulbenkian S. 105
㉑ [O11] Jardim Zoológico (Zoo) S. 107
㉒ [M12] Palácio dos Marquêses de Fronteira S. 107
㉓ [U11] Campo Pequeno S. 108
㉔ [S16] Parque Eduardo VII S. 108
㉕ [U18] Die Avenida (da Liberdade) S. 109
㉖ [Q22] Museu Nacional de Arte Antiga S. 116
㉗ [N24] Docas de Santo Amaro S. 118
㉘ [M24] Museu da Carris S. 119
㉙ [M26] Ponte 25 de Abril S. 119
㉚ [G25] Praça do Império S. 121
㉛ [F25] Centro Cultural de Belém S. 121
㉜ [G24] Mosteiro dos Jerónimos (Hieronymus-Kloster) S. 121
㉝ [F25] Museu Nacional de Arqueológia S. 124
㉞ [F25] Museu da Marinha S. 125
㉟ [G26] Padrão dos Descobrimentos S. 125
㊱ [D26] Torre de Belém S. 126
㊲ [H25] Palácio Nacional de Belém S. 132
㊳ [I22] Palácio Nacional da Ajuda mit Jardim Botânico S. 133
㊴ [Q20] Basilica da Estrela S. 136
㊵ [O15] Aqueduto das Águas Livres S. 136
㊶ [S8] Campo Grande S. 136
㊷ [b17] Museu Nacional do Azulejo S. 137
㊸ [g4] Parque das Nações S. 138
㊹ [N27] Cristo-Rei-Statue S. 140
㊻ [I D1] Stadtpark und Casino S. 143
㊼ [I C1] Strandpromenade „Muralha" S. 143
㊽ [I B2] Zitadelle S. 148
㊾ [I A2] Parque Municipal S. 148
㊿ [I A2] Condes Castro Guimarães S. 148
(51) [I B2] Igreja de Nossa Senhora da Assunção S. 148
(52) [I A1] Museu do Mar S. 148
(53) [S. 232] Queluz – Palácio Nacional S. 151
(54) [S. 232] Sintra S. 153
(55) [II B1] Palácio Nacional de Sintra S. 157
(56) [II B1] Quinta da Regaleira S. 159
(57) [II B1] Museu do Brinquedo (Spielzeugmuseum) S. 160
(58) [II B2] Castelo dos Mouros (Maurenkastell) S. 160
(59) [II A3] Palácio Nacional da Pena und Parque da Pena S. 161
(60) [II D1] Museu de Arte Moderna S. 162

Mit Reise Know-How ans Ziel

Landkarten
aus dem *world mapping project*™
bieten beste Orientierung – weltweit.

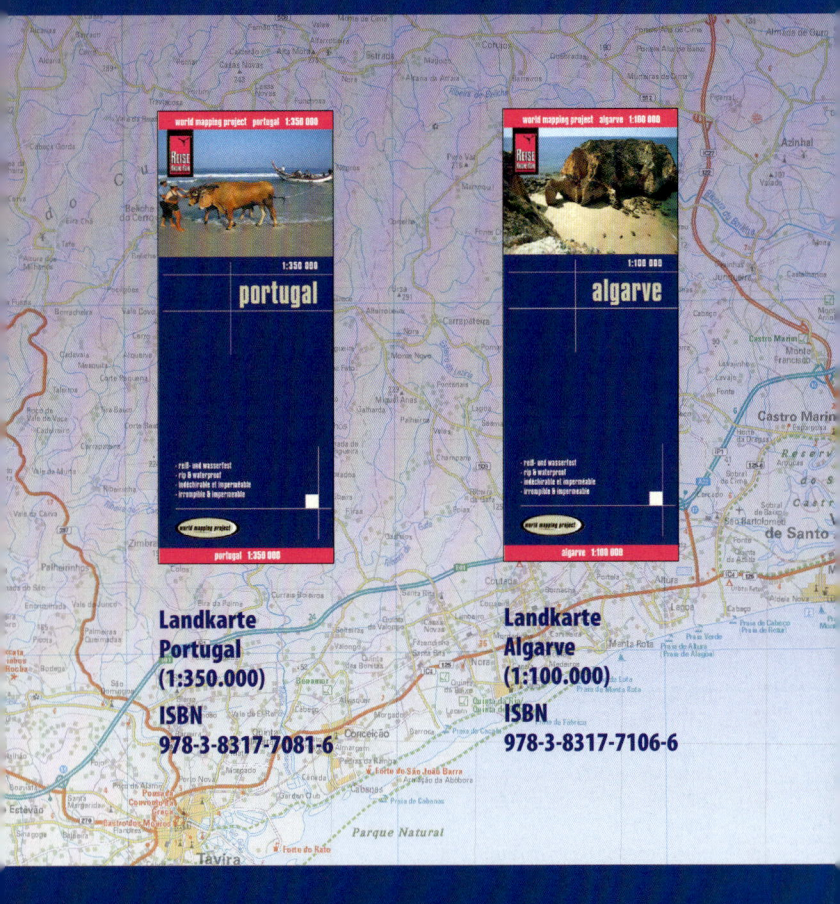

**Landkarte
Portugal
(1:350.000)
ISBN
978-3-8317-7081-6**

**Landkarte
Algarve
(1:100.000)
ISBN
978-3-8317-7106-6**

- Aktuell über **180** Titel lieferbar
- Optimale Maßstäbe ▪ 100%ig wasserfest
- Praktisch unzerreißbar ▪ Beschreibbar wie Papier ▪ GPS-tauglich

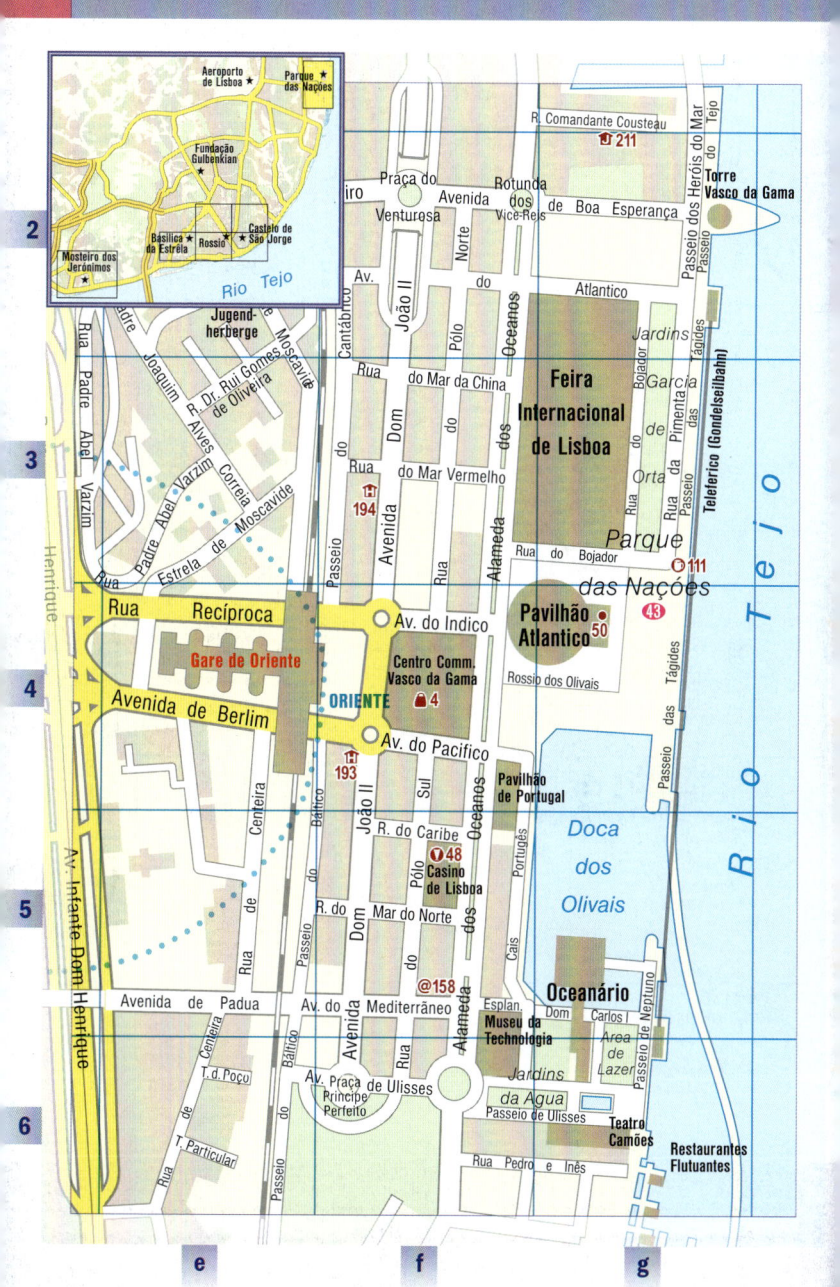

Cityatlas

246

1 cm = 125 m
0 — 300 m

Inset map
- Aeroporto de Lisboa
- Parque das Nações
- Fundação Gulbenkian
- Basílica da Estrela
- Rossio
- Castelo de São Jorge
- Mosteiro dos Jerónimos
- Rio Tejo

Main map

R. Comandante Cousteau 211
Torre Vasco da Gama
Passeio dos Heróis do Mar
Passeio do Tejo

Praça do Venturosa
Avenida Rotunda dos Vice-Reis de Boa Esperança
Norte

Av. João II
Atlantico
Jardins
Jugendherberge
Rua do Mar da China
Rua do Pólo dos Oceanos
Feira Internacional de Lisboa
García de Orta
Bojador
Rua da Pimenta
Passeio
Teleférico (Gondelseilbahn)
R. Dr. Rui Gomes de Oliveira
Rua Cantábrico
Padre Abel Varzim
Joaquim Alves Correia
Estrela de Moscavide
Rua do Mar Vermelho
194
Alameda
Rua do Bojador
Parque das Nações
111
Rua Padre Abel Varzim
Passeio
Avenida
Rua
43
Pavilhão Atlantico 50
Rua Henrique
Rua Recíproca
Gare de Oriente
Av. do Indico
Centro Comm. Vasco da Gama 4
Rossio dos Olivais
Passeio das Tápidas
ORIENTE
Avenida de Berlim
Av. do Pacifico
193
Pavilhão de Portugal
João II
R. do Caribe
Sul
48 Casino de Lisboa
Pólo dos Oceanos
Doca dos Olivais
Rua de Centeira
Passeio do Báltico
R. do Mar do Norte
Português
158
Cais
Avenida de Padua
Av. do Mediterraneo
Alameda
Esplan. Dom Carlos I
Oceanário
Museu da Technologia
Area de Lazer
Passeio de Neptuno
Centeira
Báltico
Avenida
Rua
Jardins da Agua
Av. Praça do Principe Perfeito
Passeio de Ulisses
Teatro Camões
Restaurantes Flutuantes
T. d. Poço
T. Particular
Passeio
Rua Pedro e Inês

Av. Infante Dom Henrique

Rio Tejo

e   f   g

Cityatlas 245
☐ Liste der Karteneinträge Seite 248

ALTO DA AJUDA
- Cemitério da Ajuda
- Palácio da Ajuda (38)
- Largo da Ajuda
- Jardim Botânico d'Ajuda (108)
- Igreja da Memoria

AJUDA

Mosteiro dos Jerónimos (32)
- (3)
- Museu da Arqueológica
- Praça do Império
- Fonte Luminosa (30)
- dos Ferreiros (33)
- Palácio Nacional de Belém (37)
- Museu dos Coches (74)
- (110) Embaixador
- Universidade
- Biblioteca
- Padrão dos Descobrimentos (35)
- Doca de Belém
- Monumento das Descobertas
- Praça Afonso de Albuquerque
- BELÉM
- Museu da Electricidade (67)

Avenida da India · Avenida de Brasilia

Rio Tejo

Streets visible: Rua Tristão Vaz, Rua C. M. P. Teixeira, Rua Diogo Afons, Rua Paiva, R. C. Martins Carvalho, Rua Gonçalves Zarco, Calçada do Galvão, Rua da Ajuda, Rua do Guarda Jóias, R. das Florindas, R. d. Jardim Botânico, Tr. Madresilva, R.d. Bica d. Marquês, T. Guarda, R. Coronel Pereira da Silva, R. da Boa Hora, da Boa Hora, R. do Mirador, Calçada da Boa Hora, R. Detrás, Tr. de Dom Vasco, R. Dr. Sousado, Rua das Amoreiras, Rua dos Quartéis, R. Alfredo Silva, Rua Alexandre Sá Pinto, R. Gen. João Almeida, T. d. Zébras, Rua do, R. Pimenteira Velha, T. Alfand, Rua de Belém, Rua da Junqueira

G H I

22 23 24 25 26

244 Cityatlas

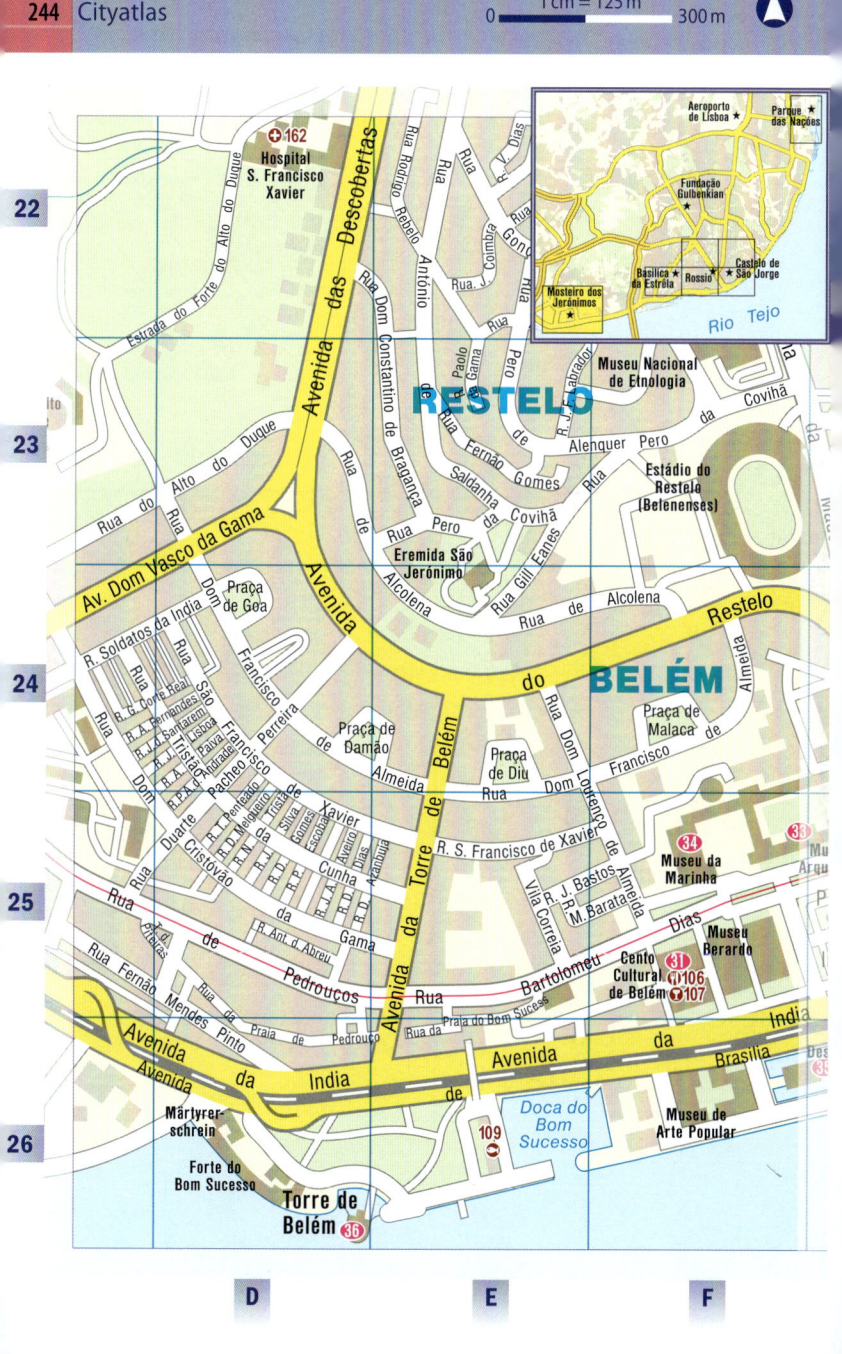

0 — 1 cm = 125 m — 300 m

Inset map
- Aeroporto de Lisboa
- Parque das Nações
- Fundação Gulbenkian
- Mosteiro dos Jerónimos
- Basílica da Estrela
- Rossio
- Castelo de São Jorge
- Rio Tejo

RESTELO / BELÉM

- Hospital S. Francisco Xavier (162)
- Avenida das Descobertas
- Estrada do Forte do Alto do Duque
- Rua do Alto do Duque
- Rua Rodrigo Rebelo António
- Rua J. Coimbra
- Rua Gonç. Dias
- Rua Paolo da Gama
- Rua Pero
- Rua Dom Constantino de Bragança
- Rua Fernão Gomes
- Rua R. J. Forjabrador
- Museu Nacional de Etnologia
- Rua Alenquer Pero da Covihã
- Estádio do Restelo (Belenenses)
- Rua Saldanha da Covihã
- Rua Pero
- Rua Gill Eanes
- Eremida São Jerónimo
- Alcolena
- Rua de Alcolena
- Av. Dom Vasco da Gama
- Avenida de Belém
- Avenida do Restelo
- Praça de Goa
- R. Soldatos da India
- Rua Dom Francisco
- R.G. Corte-Real
- R.A. Fernandes Lisboa
- R.J.D. Santarém
- R. Tristão Paiva
- R.P.A. Andrade
- Pacheco Pereira
- Praça de Damão
- Praça de Diu
- Rua Dom Lourenço de Almeida
- Praça de Malaca
- Duarte
- Penseado
- R. Meireles
- Silva Gomes
- R.H.M. Escobar
- Cristovão
- R. Aveiro Dias
- R.D. Cunha
- R. Adahuja
- Xavier
- da Gama
- R. S. Francisco de Xavier
- Vila Correia
- R.J. Bastos Almeida
- M. Baratal
- Museu da Marinha (34) (33)
- Rua de Pedrouços
- R. Ant. d'Abreu
- R. J. Albergue
- R. das Alfácias
- Museu Berardo
- Centro Cultural de Belém (31) (106) (107)
- Avenida da India
- Avenida Fernão Mendes Pinto
- Rua da Praia de Pedrouços
- Avenida da Torre de Belém
- Rua de Bartolomeu Dias
- Rua da Praia do Bom Sucesso
- Avenida da Brasília
- Doca do Bom Sucesso (109)
- Museu de Arte Popular
- Märtyrerschrein
- Forte do Bom Sucesso
- Torre de Belém (36)

D E F

22 23 24 25 26

Cityatlas 243
☐ Liste der Karteneinträge Seite 248

242 Cityatlas

1 cm = 75 m
0 — 200 m

MOURARIA

Rua da Costa do Castelo

Castelo de São Jorge

ALFA

Museo de Artes Decorativas

BAIXA

Sé Patriarcal

Ministérios

Praça do Comércio

TERREIRO DO PAÇO

Transtejo-Fähre (Christo-Rei-Statue)

Aeroporto de Lisboa ★ — Parque das Nações
Fundação Gulbenkian
Mosteiro dos Jerónimos ★ — Basílica da Estrela ★ — Rossio — Castelo de São Jorge ★
Rio Tejo

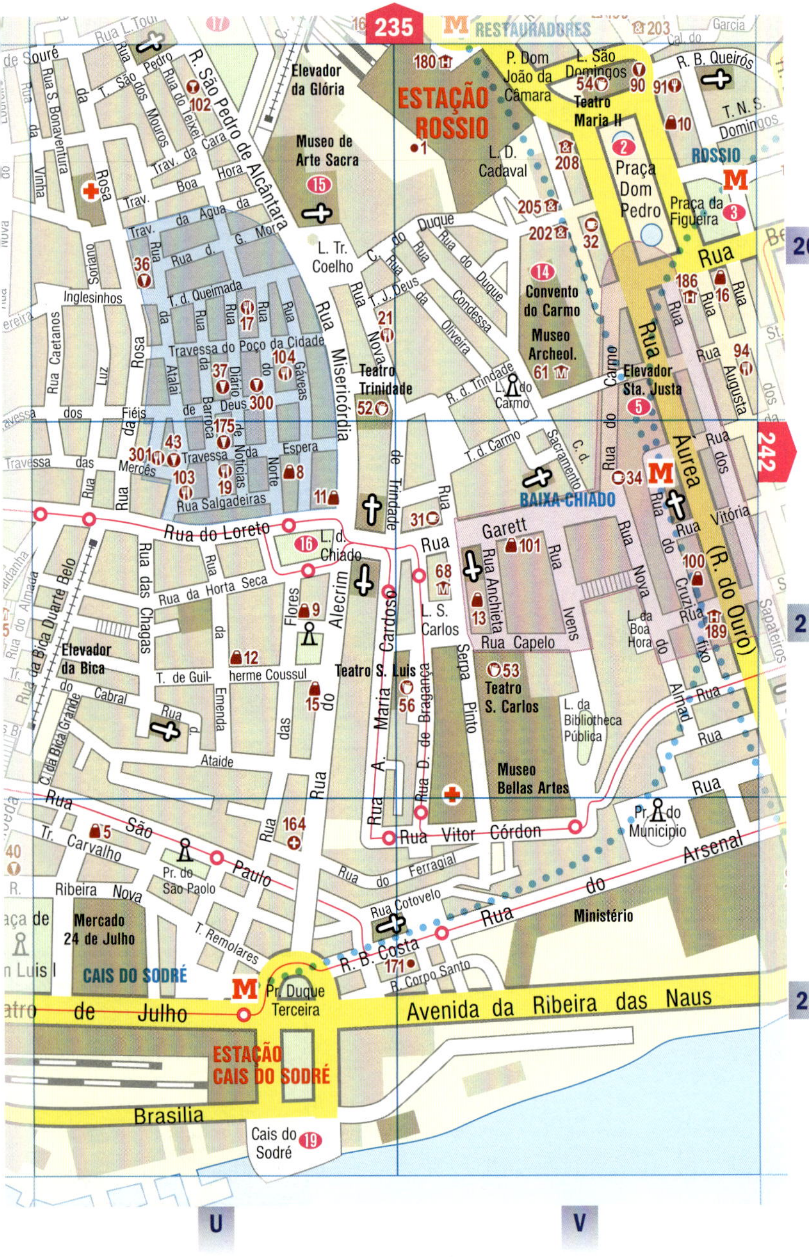
235
Restauradores
Estação Rossio
Elevador da Glória
Museo de Arte Sacra
R. São Pedro de Alcântara
Rua Misericórdia
P. Dom João da Câmara
L. São Domingos
Teatro Maria II
Praça Dom Pedro
Rossio
Praça da Figueira
R. B. Queirós
T. N. S. Domingos
L. D. Cadaval
Rua do Duque
Rua da Condessa
Convento do Carmo
Museo Archeol.
Elevador Sta. Justa
L. do Carmo
R. d. Trindade
T. d. Carmo
Sacramento
Baixa-Chiado
Rua Áurea (R. do Ouro)
Rua Augusta
Rua dos Fanqueiros
Rua da Vitória
Rua Garett
Rua Nova do Almada
Rua Anchieta
Rua Ivens
Rua Capelo
L. da Boa Hora
L. Tr. Coelho
Rua Nova da Trindade
Teatro Trindade
Rua da Trindade
Travessa do Poço da Cidade
Rua do Diário de Notícias
Rua da Barroca
Rua das Gáveas
Rua do Norte
Rua da Atalaia
Rua da Rosa
Rua da Luz
Rua dos Caetanos
Inglesinhos
Rua da Vinha
Rua S. Bonaventura
Rua dos Mouros
Rua do Teixeira
Rua Salgadeiras
Travessa das Mercês
Travessa dos Fiéis
Rua da Espera
Rua do Loreto
L. d. Chiado
Rua do Alecrim
Rua das Flores
Rua da Horta Seca
Rua das Chagas
Elevador da Bica
Rua da Bica Duarte Belo
T. de Guilherme Coussul
Rua da Emenda
Rua do Ataide
L. S. Carlos
Teatro S. Luis
Rua Serpa Pinto
Rua A. Maria Cardoso
Rua D. de Bragança
Teatro S. Carlos
L. da Bibliotheca Pública
Museo Bellas Artes
Rua Vitor Córdon
Pr. do Municipio
Rua do Arsenal
Rua do Ministério
Rua do Ferragial
Rua Cotovelo
R. B. Costa
R. Corpo Santo
Rua São Paulo
Pr. do São Paolo
T. Remolares
Rua Ribeira Nova
Mercado 24 de Julho
Cais do Sodré
Pr. Duque Terceira
Avenida 24 de Julho
Avenida da Ribeira das Naus
Estação Cais do Sodré
Brasilia
Cais do Sodré
242
20
21
22
U
V

Cityatlas

1 cm = 75 m
0 — 200 m

BAIRRO ALTO

Praça das Flores
Rua das Palmeiras
T. Conde de S.
Século
Rua Nova da Piedade
Prazeres
Tr. da Piedade
Rua das Adelas
Palmeira
Rua Eduardo Coelho
Horta
Loureiro
Rua do Vinha
Tr. Sta. Teresa
Tr. da São José
Tr.
Rua dos Poiais
Academia
Ciências
Rua Nova do
Pr. de S. Bento
Quintinha
Academia das Ciências
Rua do Século
Pereira
Palacio de São Bento
Assembleia de República
Rua de
Travessa da Arrochela
Tr. da Arrochela
Rua Caetano
R. Pedro Dias
Rua do Vale
Rua Convento de Jesus
Travessa
Calçada da Estrêla
São Bento
Rua dos Poiais de São Bento
Calçada do Combro
81
Francesinhas
Avenida de Dom Carlos I
Travessa
Rua Sol
à Santa Catarina
Tr. de Sta. Catarina
Rua Mal. Saldanha
R. dos Industrías
Rua Fresca
R. C. Palha
R. d. Gaivotas
Rua Poço de Negros
Travessa Terreiro
Rua Sta. Catarina
Rua da Bica Duarte
65
Rua das
Rua dos Mastros
Rua da Silva
Tomás
Rua Fernandes
Calçada S. Correia Sá
R. dos Cordoeiros
Tr.
Borga
Madres
Avenida de
Largo do Conde Barão
Boqueirão
Rua do Instituto Industrial
Rua da Boavista
41
Esperança
Rua dos Ferreitos
R. d. Moeda
40
Marquês de Abrantes
Largo V. Damásio
Rua de Dom Carlos I
Rua do Duro
Dom Luís I
R.
Praça de
Largo Santos
Avenida
ESTAÇÃO SANTOS
Rio Tejo

Aeroporto de Lisboa ★
Parque das Nações ★
Fundação Gulbenkian ★
Castelo de São Jorge ★
Basílica da Estrêla ★ Rossio
Mosteiro dos Jerónimos ★

S T

Cityatlas 239
☐ Liste der Karteneinträge Seite 248

Map

Jardim da Estrêla

ESTRÊLA

MADRAGOA

LAPA

Streets and places visible on the map:
- Rua Dom. Sequeira
- R. da Estêla
- Travessa do Jardim
- Rua do Jardim
- Santo António à Estrêla
- Praça de Estrêla
- Calçada Estrêla
- Basílica da Estrêla
- Rua de São Bernardo
- Rua St. Amaro
- Rua dos Ferreiros
- Rua Dr. Teófilo Braga
- Rua de Imprensa
- Santos
- Infante
- R. de Deus
- T. Oliveira
- T. Pinheiro
- Rua da Estrêla
- Rua de São Ciro
- R. dos Navagantes
- Rua da Bela Vista
- Rua Borges Caneiro
- Rua Almeida Brandão
- Rua Miguel Lupi
- Rua Rego
- Rua Santo Vento de
- T. M. do Vento
- T. Conceição
- Sant'Ana
- Buenos Aires
- Travessa do Combro
- Rua à Lapa
- Rua da Lapa
- Rua do Pracas
- Rua do Meio
- Rua do Quelhas
- Caetano
- Rua de Lapa
- Rua dos Remédios
- Rua de São João da Mata
- Rua de São Félix
- Calçada Trinas
- Rua Castelo Picão
- Rua Machadinho
- Rua Vicente
- Rua da Horta
- Rua Garcia
- Rua G. Mor
- Rua Sant-o-Velho
- Calçada Ribeiro Santos
- Rua do Prior
- Rua Domingos
- Rua de São Francisco de Borja
- Rua do Conde
- Rua do Olival
- Arriaga
- R. das Janelas Verdes
- Avenida Vinte e Quatro de Julho

Grid: Q, R — 73, 20, 240, 21, 22

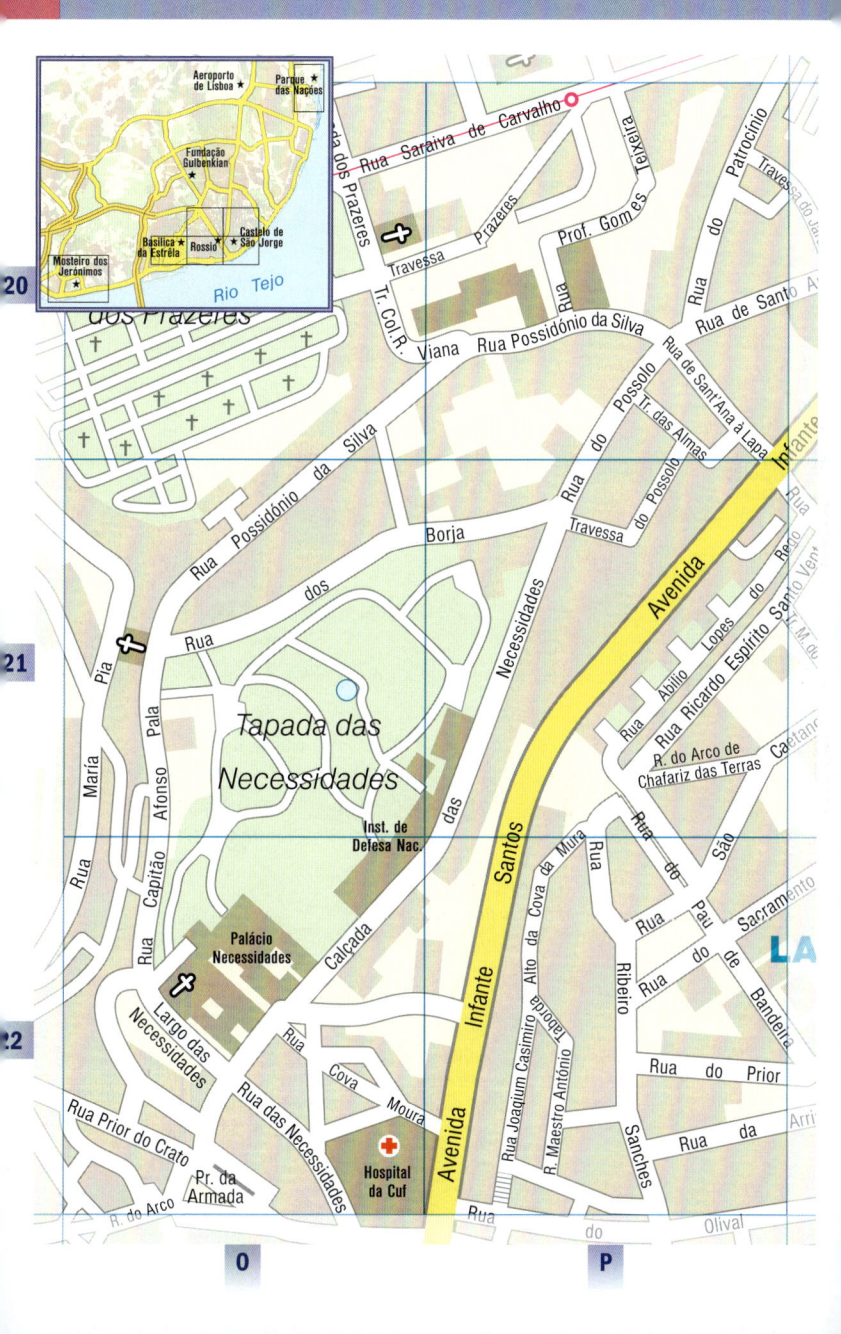

Cityatlas 238

1 cm = 75 m — 0 ... 200 m

Overview inset
- Aeroporto de Lisboa
- Parque das Nações
- Fundação Gulbenkian
- Mosteiro dos Jerónimos
- Basílica da Estrela
- Rossio
- Castelo de São Jorge
- Rio Tejo

Streets and places

- Rua Saraiva de Carvalho
- Rua dos Prazeres
- Travessa dos Prazeres
- Tr. Col. R. Viana
- Rua Prof. Gomes
- Rua do Patrocínio
- Travessa do ...
- Rua Possidónio da Silva
- Rua de Santo ...
- Rua de Sant'Ana a Lapa
- Rua do Possolo
- Tr. das Almas
- Travessa do Possolo
- Rua Borja
- Rua dos ...
- Rua das Necessidades
- Avenida Infante Santos
- Rua Abílio Lopes do Rego
- Rua Ricardo Espírito Santo Vent...
- R. do Arco de Chafariz das Terras
- Rua Maria Pia
- Rua Pala
- Rua Afonso
- Rua Capitão
- Tapada das Necessidades
- Inst. de Defesa Nac.
- Calçada das ...
- Alto da Cova da Mura
- Rua Ribeiro
- Rua do Pau
- Rua de Sacramento
- Rua de Bandeira
- Palácio Necessidades
- Largo das Necessidades
- Rua Cova Moura
- Rua Joaquim Casimiro
- R. Maestro António
- Rua Sanches
- Rua do Prior
- Rua da Arri...
- Hospital da Cuf
- Rua Prior do Crato
- Pr. da Armada
- R. do Arco
- Rua do Olival

Grid: 20, 21, 22 / O, P

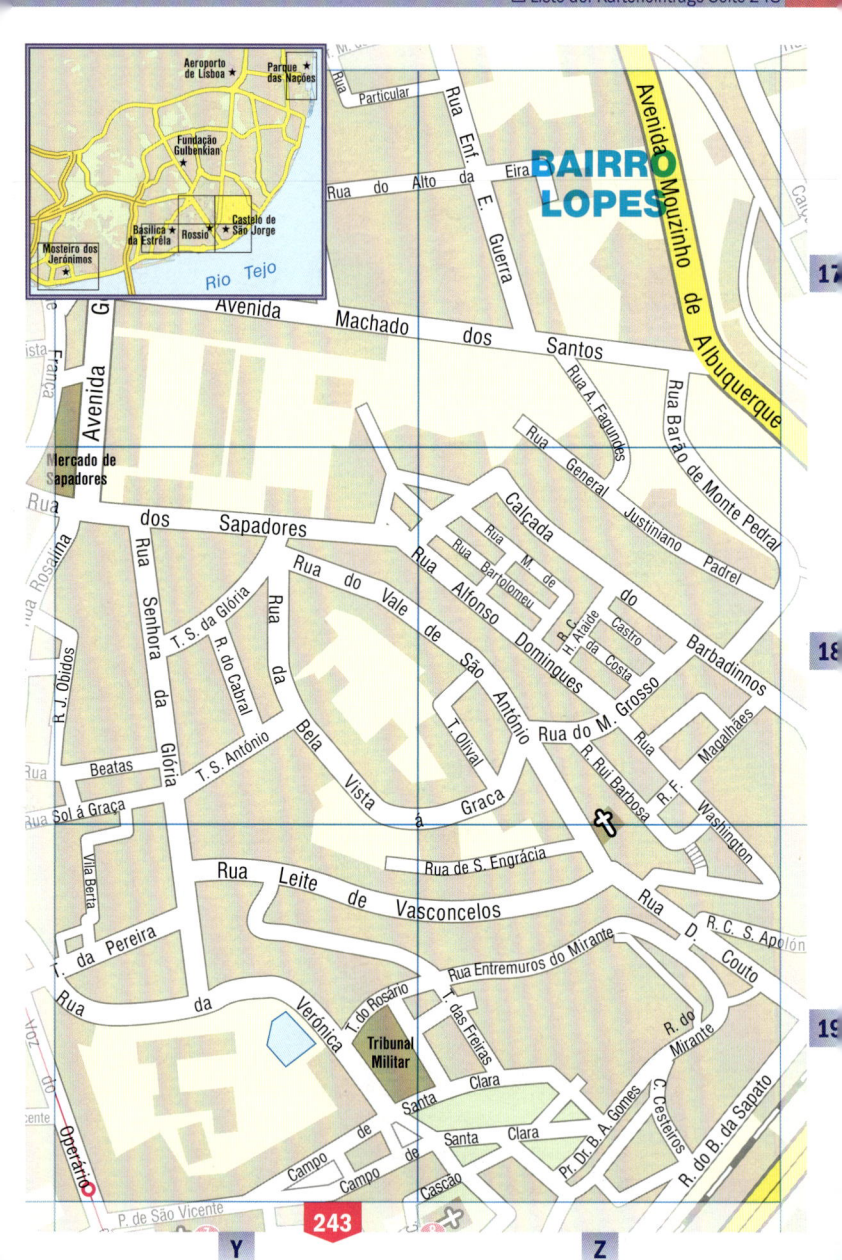

Cityatlas **237**
□ Liste der Karteneinträge Seite 248

Overview map
- Aeroporto de Lisboa
- Parque das Nações
- Fundação Gulbenkian
- Castelo de São Jorge
- Basílica da Estrêla
- Rossio
- Mosteiro dos Jerónimos
- Rio Tejo

BAIRRO LOPES

- Rua Particular
- Rua Enf. Eira
- Rua do Alto da E. Guerra
- Avenida Mouzinho de Albuquerque
- Avenida Machado dos Santos
- Rua A. Fagundes
- Rua General Justiniano Padrel
- Rua Barão de Monte Pedral
- Mercado de Sapadores
- Rua dos Sapadores
- Rua Rosxima
- R. J. Obidos
- Rua Senhora da Glória
- T. S. da Glória
- R. do Cabral
- Rua da Bela Vista
- T. S. António
- Beatas
- Rua Sol á Graça
- Vila Berta
- Rua do Vale de São António
- T. Olival
- Calçada do Barbadinnos
- Rua M. de Bartolomeu
- R. C. H. Alaide da Costa
- Castro
- Rua Alfonso Domingues
- Rua do M. Grosso
- R. Rui Barbosa
- Magalhães
- R. F. Washington
- Graca
- Rua de S. Engrácia
- Rua Leite de Vasconcelos
- Rua D. Couto
- R. C. S. Apolón
- Rua Entremuros do Mirante
- R. do Mirante
- T. do Rosário
- T. das Freiras
- Rua da Verónica
- Tribunal Militar
- Santa Clara
- Pr. Dr. B. A. Gomes
- C. Cesteiros
- R. do B. da Sapato
- Campo de Santa Clara
- Cascão
- T. da Pereira
- Rua da Voz do Operário
- P. de São Vicente

243

Y   Z

17   18   19

1 cm = 75 m
0 200 m

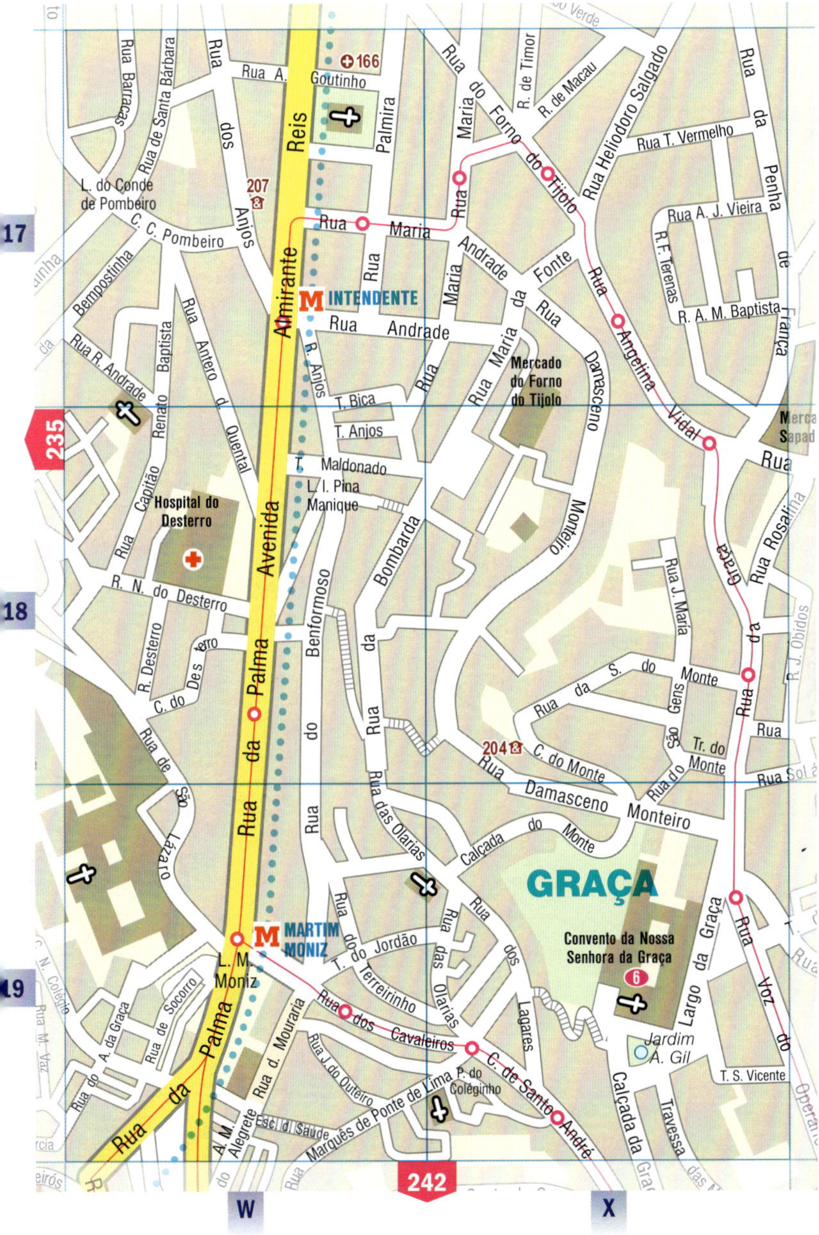

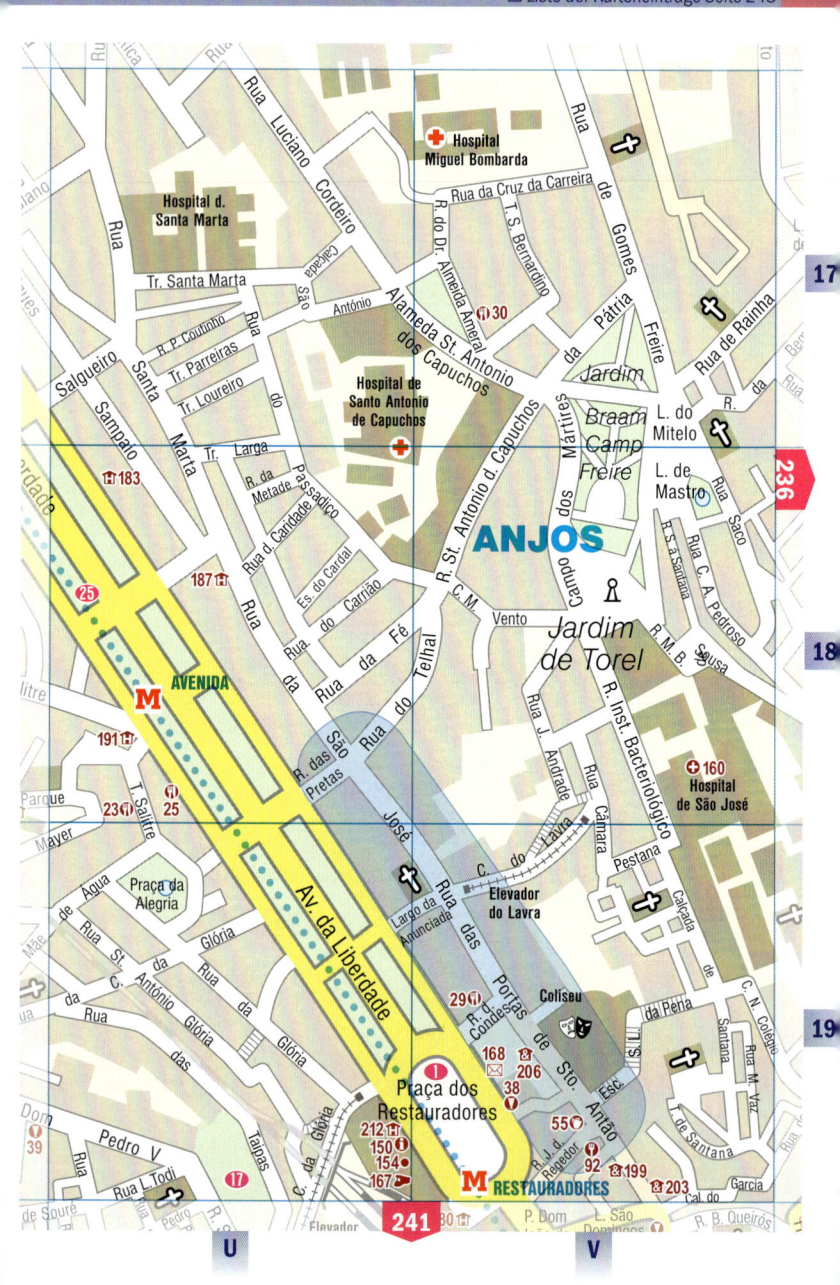

Cityatlas **235**

☐ Liste der Karteneinträge Seite 248

234 Cityatlas

1 cm = 75 m
0 — 200 m

Inset map (overview of Lisbon)
- Aeroporto de Lisboa
- Parque das Nações
- Fundação Gulbenkian
- Mosteiro dos Jerónimos
- Basílica da Estrêla
- Rossio
- Castelo de São Jorge
- Rio Tejo

Main map

Streets and places:
- Aguiar
- Praça Marquês de Pombal (185)
- M MARQUÊS DE POMBAL
- Avenida da Liberdade
- R. Duq. Palmela
- Rua Castelo Branco
- Rua Mouzinho
- Rua R. A. Herculano
- Rua Rodrigues
- Rua J. Penha
- Rua de São Filipe Néri
- R. S. F. Sales
- Rua Braamcamp
- Rua Alexandre Herculano
- Rua da Araújo
- Rua Rosa Silveira
- Rua Barata (197)
- Rua Fonseca
- Rua Castilho
- Largo do Rato
- M RATO
- Rua do Salitre
- Rua do Salitre
- C. Bento
- Roche Cabral

RATO
- Rua da Escola Politécnica
- Museo João da Silva
- Rua Nova de São Mamede
- R. Cascais
- Teatro do Cornucópia
- R. T.
- Rua M. F. Branco
- Rua São Mamede
- Rua Noronha
- Museo Zoológico e Antropológico
- Rua da Escola Politécnica (62, 177)
- Jardim Botânico (18)
- Parque (182)
- Universidade Internacional
- Alegria (35)
- Rua do Arco
- T. do Noron
- Rua Gustavo
- Matos
- Imprensa
- R. Manuel Bernardes
- Miguel Pais
- Monte Olivete
- Sequeira
- Marçal
- Sousa
- Patriarcal
- Rua Mãe
- Praça do Príncipe Real
- Rua das Palmeiras
- Rua de São Bento
- Rua da
- Rua dos
- T. do Cego
- Portugal
- T. São Sebastião
- Cecílio (172)
- R. Jasmim
- Abarracamento do Peniche
- Dom (176, 39)
- 73 M
- Praça das Flores (173)
- 240
- T. Conde de Soure

S   T

17 18 19

☐ Liste der Karteneinträge Seite 248

Cityatlas 233

Lissabon, Umgebung

Cityatlas

Der Autor

Nach abgeschlossenem Studium der Slawistik, Sinologie und Geschichte arbeitete **Werner Lips** u.a. als Offizier im Balkaneinsatz, Manager bei namhaften Unternehmen und Betriebsleiter in der Baunebenbranche. Heute unterrichtet er an Gymnasium und Hochschule Chinesisch, Russisch, Geschichte und Sport. Nebenbei beriet der gefragte Europa- und Asien-Experte wiederholt Fernsehsender (WDR, VOX) und Behörden.

Als Taucher, Motorradfahrer und Trekker ist er seit etlichen Jahren intensiv über und unter Wasser in Südeuropa und Fernost auf der Suche nach interessanten Reisezielen unterwegs. Dabei fiel ihm häufig echte Pionierarbeit zu, etwa als erster Reisejournalist überhaupt auf den seinerzeit taiwanesischen Militärinseln KinMen und MaTsu, mit dem ersten Reiseführer zu ausschließlich Nordzypern oder einem der ersten deutschsprachigen Reisebücher zu Montenegro. Von ihm sind im REISE KNOW-HOW Verlag u.a. Reiseführer zur Algarve, zu Kroatien und Malta erschienen.

Danksagung

Zahlreiche Leserinnen und Leser haben kleinere und größere Veränderungen zwischen den Auflagen festgestellt und sich die Mühe gemacht, uns darüber zu informieren. Ich bedanke mich daher herzlich bei allen Informanten. Als ganz besonders hilfreich erwiesen sich die Zuschriften von Hanna Honich, Astrid Reher, Florian Seifert, Susanne Zaske, Andrea Grzelak, Robert Jonas, Barbara v. Linde, Bruno Bissig, Susanne Schumann, U. Schmidt, Hugo Waschowski und Monika Knobloch.

Mit PC, Smartphone & Co.

Als **kostenlosen Begleitservice** für unsere Kunden stellen wir unter **www.reise-know-how.de** auf der Produktseite dieses Titels folgende Daten und Anwendungen bereit.

★ **Alle Ortsmarken des Buches unter Google Maps™**: Springen Sie im Internet direkt aus unseren thematischen Listen an den genauen Punkt auf der Karte. Luftbildansichten, Fotos und die Streetview-Funktion zeigen ein genaues Bild des Objektes und seiner Umgebung. Weitere Funktionen wie Routenplaner und Verkehrsplan erleichtern die Orientierung vor Ort. Nutzbar auf allen Geräten mit Internetbrowser und permanentem Internetzugang.

★ Smartphone-Nutzern empfiehlt sich der direkte Aufruf dieses Online-Kartenservices unter:
http://cg-lissabon14.reise-know-how.de

★ **Faltplan als PDF mit Geodaten**: Nach dem Speichern auch mobil nutzbar auf allen Geräten mit PDF-Reader. Der aktuelle Acrobat Reader™ stellt Zusatzfunktionen für die Geodaten bereit. Für iPhone/iPad empfiehlt sich die App „PDF Maps" von Avenza™.

★ **GPS-Daten aller Ortsmarken**: Die Listen in verschiedenen Dateiformaten erleichtern die Eingabe/das Importieren in GPS-Geräte, Navis und Geosoftware auf PCs und mobilen Geräten.

★ **Kapitel „Praktische Reisetipps" als PDF**: Nach dem Speichern auch mobil nutzbar auf allen Geräten mit PDF-Reader.

Darüber hinaus kann das Buch insgesamt oder eine persönliche **Auswahl einzelner Seiten als PDF käuflich erworben** werden. Nach dem Speichern auch mobil nutzbar auf allen Geräten mit PDF-Reader.

Register

Sportmöglichkeiten Estoril 144
Sprache 189
Sprachhilfe 217
Stadtblätter 182
Stadtbusse 210
Stadtfeste 15
Stadtpark (Estóril) 143
Stadtteile 50
Stadttouren, organisierte 190
Stadtviertel 50
Stierkampf 189
Stierkampfarena 108
Strände 188
Strandpromenade „Muralha" 143
Straßenbahnen 209
Straßenbahn, Lissaboner 82
Südportal (Hieronymus-Kloster) 122
Supermärkte 23

T

Tabak 66
Tagestrip 10
Taxi 211
Teatro Nacional Dona Maria II 38
Telefonieren 192
Tempelritter 56
Termine 13
Terrakotta 19
Theater 37
Tickets 14, 179
Ticketverkaufsstellen 179
Torre de Belém 126
Torre Vasco da Gama 139
Tourada 189
Touristeninformationen 178
Tram 209
Tramlinien 12 und 28 82
Trinkgeld 26
Türsteher 34

U

Uferpromenade 118
Uhrzeit 192
Unterkunft 192
Unterkunft, Cascais 149
Unterkunft, Estoril 145
Unterkunft, Sintra 163
Unterstadt 80

V

Vasco da Gama 55, 63
Vegetarische Küche 32
Veranstaltungen 13
Verhaltenstipps 206
Verkehrsmittel 207
Verkehrsmuseum 119
Verkehrsvorschriften 173
Versicherungen 212
Verständigung 190
Vertrag von Lissabon 62
Vinzenz, heiliger 83
Viva Viagem 208
Vorwahl 192

W

Wein 19, 28
Weltkriegsdenkmal 109
Wetter 213
Wirtschaft 65
Wirtschaftsflüchtlinge 63
Wochenendtrip 10

Z

Zeitalter der Entdeckungen 53
Zeitungen, deutschsprachige 182
Zentrum für Moderne Kunst 106
Zitadelle (Cascais) 148
Zoo 107
Zug 171

Register

Pantheon 85
Parken 172
Parks 47
Parque da Pena (Sintra) 161
Parque das Nações 138
Parque Eduardo VII. 108
Parque Gulbenkian 107
Parque Municipal (Cascais) 148
Parteien 64
Pastelarias 28
Pensionen 201
Pensões 201
Pessoa, Fernando 43
Piri-Piri 27
Planetário Gulbenkian 125
Politik 64
Polizei 184
Polyptychon „Veneração a São Vicente" 118
Ponte de 25 de Abril 119
Popmusik 35
Porto 185
Portugiesisch 189
Portwein 28
Post 185
Pousadas 203
Praça Comércio 80
Praça da Alegria 109
Praça da Figueira 76
Praça de Camões 97
Praça de Espanha 105
Praça do Império 121
Praça Dom Pedro IV 75
Praça dos Restauradores 74
Praça Martim Moniz 82
Preiskategorien Restaurants 29
Preiskategorien Unterkünfte 7, 193
Preisniveau 178
Preistipps 177
Privatzimmer 205
Problembezirke 51
Programmhefte 182
Promenaden 47

Q

Queer Lisboa 187
Queluz 151
Quinta da Regaleira (Sintra) 159

R

Radfahren 185
Rechnung 26
Reconquista 53
Reisezeit 213
Residenciais 202
Restaurants 29
Rochuskirche 96
Rock in Rio 15
Rodrigues, Amália 37
Römer 52
Rossio 75
Rua Augusta 80
Rua das Portas de Santo Antão 32
Rua Garrett 97

S

Salazar, António de Oliveira 61
Saramago, José 42
Saudade 70
S-Bahn 210
Schiff (Anreise) 172
Schwule 186
Seebad 142
Segelregatten 145
Sé Patriarcal 92
Serra da Sintra 153
Shoppen 19
Shoppingzentren 20
Sicherheit 187
Sintra 153
Socrates, José 62
Sommerresidenz, königliche 151
Souvenirs 19
Spermotruf 184
Spielzeugmuseum (Sintra) 160
Sport 188
Sporting Lissabon 188

M

Maestro-(EC-)Karte 178, 184
Magelhão, Fernão de (Magellan) 55
Malerei 41
Manuelinik, portugiesische 123
Marisqueira 26
Marquês de Pombal 58, 110
Märtyrerschrein 132
Maurenherrschaft 53
Maurenkastell (Sintra) 160
Medizinische Versorgung 183
Medronho 28
Menschenschlag 70
Metro 209
Mietwagen 173
Miguelistenkriege 58
Militärmuseum 94
Militärmuseum Forte de Bom Sucesso 132
Minimärkte 23
Miradouro Santa Luzia 87
Miradouro São Pedro Alcântara 102
Mitbringsel 19
Mittagessen 24
Mobiltelefone 192
Mode 23
Mosteiro dos Jerónimos 121
Mouraria 82
Museen 41
Museu Arqueológico do Carmo 42
Museu Bocage 42
Museu Calouste Gulbenkian 105
Museu da Água 42
Museu da Carris 119
Museu da Cidade 42
Museu da Farmácia 44
Museu da Marinha 125
Museu da Música 44
Museu de Arte Moderna (Sintra) 162
Museu de Electricidade 44
Museu de São Roque 97
Museu do Brinquedo (Sintra) 160
Museu do Chiado 44
Museu do Design 44
Museu do Mar (Cascais) 148
Museu do Oriente 41
Museu do Teatro 44
Museu do Traje 45
Museu Escola des Artes Decorativas 45
Museu Fundaçao Amalia Rodrigues 45
Museu Militar 94
Museu Nacional da Ciência 103
Museu Nacional de Arqueológia 124
Museu Nacional de Arte Antiga 116
Museu Nacional do Azulejo 137
Museu Nacional dos Coches 45
Museu Teatro Romano 46
Musikszene 35

N

Nachtleben 31
Nationalgerichte 27
Nelkenrevolution 61
Neustadt (Sintra) 163
Notfälle 184
Notrufnummer 184
Nunes, Mariza 37

O

Obelisk 74
Oceanário 138
Öffnungszeiten 185
Open-Air-Konzerte 15
Oper 37
Ordem de Christo 56

P

Padrão dos Descobrimentos 125
Palácio dos Marquêses de Fronteira 107
Palácio Nacional 151
Palácio Nacional da Ajuda 133
Palácio Nacional da Pena (Sintra) 161
Palácio Nacional de Belém 132
Palácio Nacional de Sintra 157
Palast der Stadtverwaltung 80
Pannenhilfe 174
Panteão Nacional 85

Register

G
Galerien 46
Gastronomie 29
Gastronomie, Cascais 149
Gastronomie, Estóril 145
Gastronomie, Sintra 164
Geldfragen 177
Geldnot 184
Geschichte 51
Getränke 28
Ginjinha 13
Glossar 216
Goldenes Zeitalter 53
Golf 188
Grillhähnchen 27
Großflughafen Alcochete 71

H
Handel 65
Handy 192
Hard Rock Cafe 32
Hauptpost 185
Heinrich der Seefahrer 54
Hieronymus-Kloster 121
Hotels 193

I
Iberer 52
Igreja de Nossa Senhora da Assunção (Cascais) 148
Igreja de Santa Maria 121
Igreja de Santo Antonio da Sé 93
Igreja (de São José) da Memoria 135
Igreja de São Vicente de Fora 83
Igreja São Roque 96
Informationsbroschüren 182
Informationsquellen 178
Internet 182
Internettipps 179

J
Jardim Botânico 103
Jardim Botânico da Ajuda 134
Jardim do Ultramar 133
Jardim Zoológico 107
Jazz em Agosto 16
Jugendherbergen 203

K
Kabeljau 27
Karmeliterkonvent 95
Kartensperrung 184
Kastell 87
Kathedrale 92
Kinder 48
Kinos 46
Kirschlikör 13, 29
Kleidung 23, 174
Kleinkriminalität 187
Klima 213
Klubs 34
Kneipenviertel Bairro Alto 31
Kolonien 53
Kombitickets 207
Krankenhäuser 183
Kreditkarte 184

L
Lapa 116
Largo Chiado 97
Largo São Domingos 76
Lebensmittel 23
Lebensqualität 69
Lesben 186
Linienbusverbindungen 170
Lisboa-Card 177, 207
Lissaboner 70
Literatur 41
Literaturtipps 180
Lobo Antunes, António 42
Lokale 29
Lokalheiliger 93
Lusiaden 98
Lusitaner 52
Lusitania 52

Register

Christusritterorden 56
Churrasqueira 25
Citybummeln 18
Colares 163
Condes Castro Guimarães (Cascais) 148
Convento da Nossa Senhora da Graça 83
Convento do Carmo 95
Couvert 25
Cristo-Rei-Statue 140

D

Delgado, Humberto 86
Delikatessen 23
Denkmal der Entdeckungen 125
Diebstahl 184
Diktatur 61
Diplomatische Vertretungen 175
Discos 34
Docas 34
Docas de Santo Amaro 118

E

Eiffel, Gustave 81
Einkaufen 19
Einkaufszentren 20
Eintopf 27
Eintrittskarten 14
Ein- und Ausreise-
  bestimmungen 175
Elektrizität 177
Elevador 211
Elevador da Glória 102
Elevador da Lavra 111
Elevador de Santa Justa 81
Entdecker 54
Entspannen 47
Erbeben von 1755 58
Erholung 47
Erkundungsfahrten 54
Erste Republik 60
Essen und Trinken 24
Estado Novo 61
Estoril 142

Estoril Jazzfestival 16
Estoril Open 15
Europäische Union 62
Events 13
Expo-Gelände 138

F

Fado 36
Fado-Lokale 37
Fähren (Tejo) 211
Fahrrad 185
Fahrscheine 207
Familie 71
Feiertage 16
Feiertagsprozessionen 13
Ferdinand II. 158
Ferienwohnungen 204
Festas de Lisboa 15
Festival der Ozeane 16
Festival de Sintra 15
Festival do Jazz Europeu 16
Festival do Teatro
  Amador de Sintra 15
Festivals 13
Film 46
Fischfest „Peixe em Lisboa" 14
Flanieren 18
Fliegen 166
Flohmärkte 20
Flugbuchung 166
Flughafen Lissabon 168
Flughafentransfer 168
Franco, José 41
frango 27
Frauen, alleinreisende 187
Fregatte D. Fernando II. y Gloria 80
Fremdherrschaft,
  spanische 57
Frühgeschichte 51
Frühstück 24
Fundação Gulbenkian 105
Funicular 211
Fußball 188

Register

A
Abendessen 24
Alarcão, Eduardo 41
Albergarias 202
Albuquerque, Afonso de 134
Alcântara 116
Alfama 82
Altstadt Cascais 145
Amoreiras Shopping Center 20
Anreise 166
Antiquitäten 23
Antonius von Padua 15, 53, 93
Apotheken 183
Aqueduto das Águas Livres 136
Architektur 39
Arco Triunfal 80
Ärzte 183
Ascensor 211
ATP-Tennisturnier Estóril 144
Auslandskrankenversicherung 212
Ausrüstung 174
Aussichtspunkt 83, 87, 102
Autodiebstahl 173
Autoeinbruch 187
Autofahren 172
Avenida da Liberdade 109
Azulejo-Museum 137
Azulejos 22

B
Bacalhau 27
Baden 188
Bahn 171
Bahnhof Oriente 139
Bahnhof Rossio 74
Bairro Alto 102
bairros 50
Baixa 80
Banken 177
Barrierefreiheit 174
Basilica da Estrela 136
Basisdaten 51
Belém 120
Benfica Lissabon 188
Beschwerdebuch 27
Bier 28
Bildende Kunst 41
Bildung 68
Billigfluglinien 167
Boccia 188
Bodenspekulation 70
Bootsfahrt auf dem Tejo 190
Botschaften 175
Boule 188
Boutiquen 23
Bragança-Dynastie 58
Buchhandlungen 21
Bus 170, 209

C
Cabo da Roca 163
Cabral, Pedro Álvares 54
Cafés 31
Caís do Sodré 104
Calatrava, Santiago 139
Camões, Luís de 98
Camping 205
Campo Grande 136
Campo Pequeno 108
Capele de São João Baptista 96
Casa Fernando Pessoa 41
Casa-Museu Dr. Anastácio Gonçalves 41
Cascais 142
Casino Estóril 143
Casinos 35
Castelo dos Mouros (Sintra) 160
Castelo São Jorge 87
Centro Colombo 20
Centro Cultural de Belém 121
Centro de Arte Moderna 106
Centro Vasco da Gama 21
Cervejaria 26
Charakter der Stadt 50
Chiado 95

Weiterer Titel für die Region von REISE KNOW-HOW

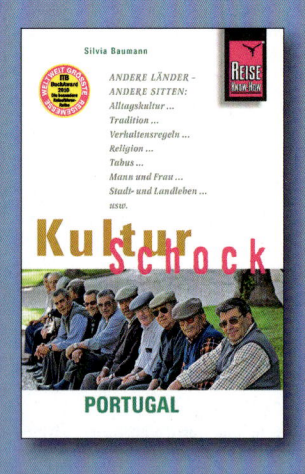

Ausgezeichnet von der Internationalen Tourismusbörse 2010 mit dem Preis "Besondere Reiseführer-Reihe"!

KulturSchock Portugal
Silvia Baumann
978-3-8317-1927-3
312 Seiten

Aus dem Inhalt:
Streiflichter aus dem portugiesischen Alltag
Land der drei F: Fado, Fußball, Fátima
Portugiesisch – Weltsprache mit Tücken

14,90 Euro [D]

Der Kulturführer beschreibt die Denk- und Verhaltensweisen des Landes. Geschichtliche, religiöse und soziale Hintergründe, die zu diesen Lebensweisen führen, werden erklärt. Familienleben, Moralvorstellungen und Anstandsregeln werden genauso erläutert wie das Verhältnis zum Ausland oder die landestypischen Besonderheiten von Sprache und Musik. Damit bietet das Buch eine Orientierung im Alltag des fremden Landes. Besonders nützlich sind die ausführlichen Verhaltenstipps für Geschäftsreisende, Urlauber und Auswanderer.

www.reise-know-how.de